KB048764

이 사람을 보라
2

국립중앙도서관 출판예정도서목록(CIP)

이 사람을 보라 : 인물로 보는 한국 민주화운동사. 2 / 지은
이: 김정남. -- 서울 : 두레, 2016
p. ; cm

ISBN 978-89-7443-106-8 04910 : ₩23000
ISBN 978-89-7443-107-5 (세트) 04910

민주화 운동[民主化運動]

911.07-KDC6
951.904-DDC23 CIP2016000651

이 사람을 보라

인물로 보는 한국 민주화운동사

2

김정남 지음

두레

| 서문 |

이제야 밝히는 이야기들

지난날의 치욕을 잊는 민족에게는 그 불행한 역사가 반복될 수 있다는 말이 있다. 오늘 우리가 처한 상황이 자칫 옛날을 반복하는 것이 아닌가 하는 우려를 지울 수 없게 하고 있다. 우리가 지난날의 역사를 다시 되돌아보는 것은 그때의 비극과 불행을 다시는 반복하지 않기 위해서다.

여기에 실린 이야기 가운데는 예전에는 공개할 수 없었던 내용도 있다. 관계된 사람의 이름을 실명으로 공개할 수 없는 사정도 있었다. 그러나 이제는 말할 수 있게 되었다. 전병용 씨와 관련된 일련의 이야기가 특히 그렇다.

또 이 책을 통해 바로잡고자 하는 것도 있다. 1972년 10월 17일의 유신정변 이후 최초의 반유신투쟁으로 1973년 10월 2일의 서울대생들의 시위를 꼽는 것이 일반적이다. 그러나 그 사건보다 앞서 전남대

《함성》지 사건이 있었다는 것을 아는 이는 드물다. 나는 이 책에 수록된 김남주 편을 통해 늦었지만 진실을 밝히고자 했다.

감추어진 진실을 빛 속에 드러내는 것, 그것이 내가 이 책을 쓰는 이유이기도 하다.

2015년 12월 31일

김정남

차례

| 일러두기 |

책은『 』, 글이나 성명, 선언문은「 」, 잡지나 신문은《 》, 시와 노래, 영화는〈 〉등으로 표시했다.

| 사진 제공 |

장일순 · 신현봉 · 최기식: 무위당기념관, 윤한봉: (사)합수윤한봉기념사업회, 김남주: 김남주기념사업회, 전병용 · 김도연: 전병용, 강용주: 재단법인 진실의 힘, 정수일: 한국문명교류연구소, 그 밖의 사진: 도서출판 공동선, 김정남

1

그가 거기 있었네

장일순

무위당 장일순(1928~94)만큼 죽은 뒤에 사람들이 요란스럽게 기리고, 또한 사람들에게 추앙을 받는 사람도 흔치 않을 듯하다. 일찍이 김지하는 〈말씀〉이라는 시에서 장일순을 이렇게 그리고 있다.

> 하는 일 없이 안 하는 일 없으시고
>
> 달통하여 늘 한가하시며 엎드려 머리 숙여
>
> 밑으로 밑으로만 기시어 드디어는
>
> 한 포기 산속 난초가 되신 선생님
>
> 출옥한 뒤 내게 이렇게 말씀하셨다.
>
> 비록 사람 자취 끊어진 헐벗은 산등성이

사철 그늘진 골짝에 엎드려 기며 살더라도
바위틈 산란 한 포기 품은 은은한 향기는
장바닥 뒷골목 시궁창 그려 하냥 설레노니
바람이 와 살랑거리거든 인색지 말고
먼 곳에라도 바람 따라 마저 그 향기 흩으라

《녹색평론》의 김종철은 정색을 하고 이렇게 말한다.

"선생님을 실지로 늘 뵙고 가르침을 얻었던 많은, 제한된 범위를 벗어나서, 이제 무위당 장일순 선생님은 우리 시대의 큰 스승으로 우리 마음속에 살아 계신 것이 틀림없습니다. 백 년 전 지금보다 훨씬 더 혹독하고 앞이 보이지 않던 시대에 이 땅의 들 뿌리 백성을 하늘처럼 섬기고, 사람 사는 근본 도리를 가르쳤던 해월 최시형 선생님이 지금 단순히 동학이나 천도교인들의 스승이 아니라 이 겨레, 이 나라 사람들 전체의 스승이듯이 무위당 선생님의 자리도 그러한 것이 아닌가 합니다."

무위당 장일순과 '노자 이야기'를 나눈 목사 이현주는 "선생님께서는 내 짧은 인생에서 초등학교에 처음 등교하는 막내의 손을 잡아 교실 문 앞까지 데려다주는 부모 없는 집안의 맏형 같은 그런 분이셨다"라고 말한다. 깐깐하기로 유명했던 '시대의 촛불' 리영희조차도 그의 마지막 저서라 할 수 있는 『대화』(한길사, 2005)에서 장일순을 다음과

무위당 장일순.

같이 이야기하고 있다.

"분야는 다르지만 원주의 장일순 선생이 나보다 나이는 1년 반 정도 위인데 인격, 사상, 품위, 경륜 모든 것으로 해서 내가 10년 위로 모시고 싶은 분이었어요. 마음으로는 항상 웃어른으로 모셨어.…… 그 분과의 인간관계가 깊어지면서 수시로 가서 자고 오곤 했지요. 마을 앞에 강이 있어요. 그때는 맑고 차고 깨끗했거든. 어두워지면 강으로 나가 멱 감고 소주 한잔 하면서 이야기하다가는 집에 들어가 자곤 했어.…… 내가 일면적이고 평면적인 사고나 사상과 정서로 인간적 포용력을 못 가진 데 비하여 그분은 다면적이고 복합적이고도 중층적이면서 아무 모순 없이 이질적으로 보이는 제반 사상들을 하나의 커다란 용광로처럼 융화시켜 나가는 분이었어요. 그 인간의 크기에 압도되지.…… 그분의 생활양식은 노자적이면서 불교적이고, 오히려 비기독교적이라 볼 수 있었어요. 그분의 생활양식은 가톨릭의 규율이나 범주에는 전혀 매이지 않았어. 어느 이념이나 종파에도 매이지 않았기 때문에 모든 것을 포용할 수 있었다고 봅니다. 지학순 주교가 반독재, 한국 기독교 개혁에 큰 역할을 했는데, 장 선생이 그 뒤에서 영향을 줬다고 얘기하잖아요? 그런데 정작 본인은 '난 아무것도 한 일이 없어'라고 말씀하셨어.……

그는 한마디로 말해서 살아 있는 '노자'라고 할 수 있어. 어쩌면 예수에 제일 가까운 인간이었을지도 몰라.…… 또 나는 그의 무소유의 삶과 어느 누구나, 심지어 박정희 · 전두환 시대에 그를 박해한 상대 당사자들마저도 너그러운 아량으로 품에 안을 수 있었던, 애증을 초월한 인간이었다는 뜻에서 부처님에게도 제일 가까운 한국인이 아니었을까 싶어.…… 장일순은 동서 성현들의 원리를 터득한 사람으로서 '처무위지사, 행불언지교(處無爲之事, 行不言之教)', 즉 '함이 없이 일을 처리하고, 말하지 않고 가르침을 행한다'는 노자의 정신을 실천했지.…… 또 사회문제에 대해서 설교 같은 언사를 전혀 말한 일이 없음에도 불구하고, 그의 사상은 은연중에 온 누리에 번졌어.…… 생명존중사상을 원리로 하는 생명운동을 전파하고 실천했지."

어디 이들뿐이랴. 그를 가리켜 '원주의 예수'였다고 말하는 사람도 있다. 그가 죽은 뒤에 나오고 있는 소식지《무위당 사람들》에는 생전에 그와 접했던 수많은 사람들이 들려주는 일화(逸話)가 끝없이 이어져 나온다. 생전에 그래도 그와 자주 만났고, 또 그를 안다고 나름대로 자부심을 가지고 있는 나에게도 낯선 이야기들이요, 나올 때마다 새삼스러운 것이 많다.

당신의 이름을 걸고는 사후에 아무것도 하지 말라는 유언을 남겼다는 이야기를 들었기 때문에, 한때는 이렇게 무위당을 기리는 일을 하는 것이 옳은가, 하늘에 가 있는 그는 이런 살아 있는 사람들의 부질없는 짓(?)을 어떻게 말할까 하는 생각도 한 적이 있었다. 그리고 무위당을 감히 이야기하는 사람들이 과연 무위당을 안다면 얼마나 알고 있을까 하는 오만인지 질투 같은 괜한 감정을 가져 본 적도 있었다. 그러나 날이 가면 갈수록 보면 볼수록 무위당은 이런 사람이었구나 하는 깨달음이 더해지고 있다.

'일화와 함께 보는 장일순의 글씨와 그림'이라는 부제가 붙은『좁쌀 한 알』(도솔, 2004)이라는 책에는 무위당 장일순이 어떤 사람인가를 보여 주는 일화들이 많이 나온다. 그가 어떤 사람인가를 빨리 알게 하기 위해, 그리고 '인간 장일순의 모습'을 빨리 그려 보게 하고 싶은 마음으로 그 가운데 몇 편을 소개해 그의 체취를 공유하고자 한다.

밥집을 하는 사람들에게 그는 이렇게 말했다. "자네 집에 밥 잡수시러 오시는 분들이 자네의 하느님이여. 그런 줄 알고 진짜 하느님이 오신 것처럼 요리를 해서 대접을 해야 해. 장사 안 되면 어떻게 하나, 그런 생각은 일절 할 필요가 없어. 하느님처럼 섬기면 하느님이 알아서

다 먹여 주신다 이 말이야."

정호경 신부가 장일순에게 '불취외상(不取外相)하고 자심반조(自心返照)하라'는 글귀를 붓글씨로 써 달라고 부탁했다. 팔만대장경을 여덟 자로 압축한 말로 "껍데기에서 찾아 헤매지 말고 제 마음속에 비춰 보라"는 뜻이다. 그런데 그때 장일순이 써 준 글은 '불취외상 자심반조'에 '천지여아동근 만물여아일체(天地與我同根 萬物與我一體)'(천지는 나와 한 뿌리요, 만물은 나와 한 몸이다)라는 글을 보탰다.

정호경 신부는 이 글씨를 받고 장일순의 마음과 뜻을 이렇게 헤아려 봤다고 한다. "가톨릭 신부가 불교 경전의 알맹이를 화두로 삼는다! 거참 좋구나! 그래 종교의 벽을 넘나들며 산다는 것, 그게 하느님의 뜻일 테고, 예수 석가의 길이니까 마땅하고 옳은 일이야! 하지만 거기서 그냥 머물러서야 쓰겠는가? 끝도 없이 나아가야지! 천지만물과도 하나로 살아야지. 애당초 한 뿌리였고 애당초 한 몸이었으니까! 그렇지! 이념의 벽도, 종교의 벽도 허물고, 인간과 자연 사이의 벽도 허물고, 생물과 무생물 사이의 벽도 허물고, 보이는 것과 보이지 않는 것 사이의 벽도 허물고 모두가 하나로 통일될 때, 그때 거기서 참 생명이신 하느님도, 너도 나도 제대로 만날 수 있을 테니까! 정 신부, 아우님!(장일순은 정 신부를 술자리에서 그렇게 불렀다) 그렇지 않소이까. 하하하."

아마도 장일순의 뜻도 정호경 신부가 헤아린 뜻과 같았을 것이다. 지금은 정호경 신부도 장 선생을 좇아 타계했으니, 두 분이 하늘에서 만나 지금은 어떤 담소를 하고 있을까.

한 시골 아낙이 장일순을 찾았다. 딸 혼수 비용을 몽땅 소매치기당했는데 찾아 달라는 하소연을 하기 위해서였다. '원주의 예수'로 소문난 지역 어른인지라 막무가내로 매달린 것이다. 아낙을 돌려보낸 뒤 역으로 간 장일순은 별난 행동부터 시작했다. 인근 노점상과 소주파티부터 열어 이야기를 나눴다. 그러곤 사흘, 역을 무대로 한 소매치기들을 알아낼 수 있었고, 드디어 범인을 찾아냈다. 그를 달래서 남은 돈을 받아 냈다. 이미 썼다고 한 금액은 자기 돈까지 얹어 아낙에게 돌려줬다. 정작 장일순의 진면목은 그 뒤의 행동이다. 장일순은 가끔 원주역에 가는데, 그것은 그 소매치기에게 밥과 술을 사 주기 위해서였다. 그때 장일순은 그 소매치기에게 술을 사며 이렇게 말했다. "미안하이, 영업방해를 해서…… (내가 주는 술) 한잔 받고 용서하시게나." 앞으로 소매치기 같은 짓 다시는 하지 말라는 말은 일절 하지 않았다.

> "똥물에 친구가 빠져 있을 때 바깥에 선 채 욕을 하거나 비난의 말을 하기가 쉽습니다. 대개 다 그렇게 하면서 살고 있어요. 그러나 그럴 때 친구가 몸 담고 있는 똥물에 내 몸을 함께 집어넣어야 합니다. 그렇게 들어간 뒤 '여기는 냄새가 심하니 나가서 이야기하는 게 어떻겠느냐'고 하면 됩니다. 그러면 친구도 금세 알아듣습니다. 바깥에 서서 손가락질하면서 소리를 치면 친구는 똥통에서 나오지 않는 법입니다."

또 장일순의 이런 말도 나온다. "도둑을 만나면 도둑이 돼서 (그 사람) 얘기를 들어야 돼. 도둑은 절대로 샌님 말을 안 듣는 법이여." 이쯤에서 장일순의 모습이 어렴풋이 그려지지 않는가.

그의 결혼 주례 이야기도 남다르다.

"오늘날 세상은 온통 경쟁으로 가득 차 있네. 너나없이 남보다 한 발 앞서서 남을 밟고 이겨야 내가 산다는 이상한 생각을 가진 채 살고 있어. 그렇지만 삶이란 건 일등부터 꼴찌까지 다 저마다 할 일을 하며 함께 도우며 사는 거라. 이 이치에서 벗어날 수 있는 사람은 하나도 없어. 사람만이 아니고 자연과 더불어 이 지구상에 있는 생명체 모두가 서로 존귀하게 여기며 서로 돕고 살아야 한다 이 말이야. 그게 참다운 공생의 삶인 거지. 오늘 새로 결혼하는 두 사람도 이웃과 더불어, 자연과 더불어, 천지신명과 더불어 그 모든 것을 귀하게 여기는 마음으로 함께 살아가는 모습을 세상에 보여 준다면 그보다 아름다운 것이 어디 있겠는가……"

하객들 가운데는 반말하는 주례를 보고 소곤소곤 귓속말을 하는 사람들도 있었다. 다른 결혼 주례 자리에서 신랑신부가 하객들에게 인사하는 순서가 되어 신랑신부가 천천히 단상 아래로 내려갔다. 그런데 난데없이 장일순은 "신랑신부는 단상 위로 다시 올라오시오" 하는 것이었다. 영문을 모른 채 다시 단상으로 올라갔더니 장일순이 "이 눔아! 니가 주인공이여" 하니, 장내는 온통 웃음바다가 되었다.

지극한 사람

1982년 범하 이돈명 변호사의 회갑문집을 낼 때, 장일순은 제자(題字)와 함께 지인평범(至人平凡)이라는 휘호와 '무위이 무불위야(無爲而 無不爲也)'라는 화제가 실린 '난'을 그려 보냈다. 언뜻 그래 보이지 않지만 무위당 장일순이야말로 지인(至人) 바로 그 사람이었다고 나는 생각한다.

"나는 귀천이나 남녀노소를 가릴 것 없이 많은 사람들과 일상생활을 즐기고 생활을 나누며 삽니다. 저녁으로는 대체로 박주일배(薄酒一杯)를 나누는 형편인데, 집으로 돌아오는 길에 혼자 걷는 방축 길은 나의 도량(道場)이나 다름없습니다.

저녁밥과 술자리에서 나누었던 좋은 이야기와 못마땅했던 이야기를 반추합니다. 이런 것, 저런 것을 생각하다가 문득 걸어가는 발밑의 풀들을 접하게 되는 순간 나는 큰 희열을 맛봅니다. 수많은 사람들이 짓밟아서 풀잎에 구멍이 나고 흙이 묻어 있건만 그 풀은 의연하게 대지에 뿌리를 내리고 있습니다. 상처와 먼지에 찌들린 풀잎이 하늘의 달과 대화를 하고 있는 모습을 볼 때 형편없는 나의 그날의 생활이 떠오릅니다.

그 밥자리에서 술 한잔에 거나해 가지고, 제대로 생활화하지 못하고, 다만 머리에 기억만 남아 있는 좋은 글귀를 동학(同學) 또는 후배들에게 어른처럼 말했던 몇 시간 전의 나의 모습을 생각할 때 창피하기 이를 데 없음을 누가 짐작하겠습니까. 정말 부끄럽기 한이 없습니다.

그러나 그 길가의 짓밟힌 풀들이 말 없는 나의 위대한 스승님들이라는 사실을 취중에 알게 되었을 때 그 기쁨은 말로 표현이 되지 않습니다. 그것을 맛본 후로는 길가의 잡초들이 나의 스승이요, 벗이요, 이 미약한 사람의 도반(道伴)이라는 것을 알게 되어서 길 걷는 동안 참 행복한 세상에 살고 있구나 하고 즐겁게 길을 걷습니다."

위의 글은 『나락 한 알 속의 우주』(녹색평론사, 1997)의 맨 첫머리에 나오는 자신의 고백이다. 한 번쯤 동행해 본 사람은 다 아는 일이지만, 시내에서 한잔 술 걸치고, 방축을 걸어 봉산동 자택으로 향하는 귀갓길은 부딪치는 사람들과 인사하는 일로 항상 지체되기 마련이었다. 그런 와중에서도 짓밟힌 풀들이 하늘과 달과 대화를 하고 있는 것을 보았다는 것이 놀랍다. 이렇게 그 길은 장일순에게 세상과 통하고, 우주와 대화하는 도량이었다.

그에 따르면, 그는 학교에 다닐 때 잘하면 3등, 그렇지 않으면 5~8등 정도에서 맴돌았다고 한다. 그런데 일찍 돌아간 형님과 누님은 매번 1등만 했다. 그래서 집안에서 장일순은, 특히 아버지한테 '먹통' 소리를 들었다. 그러나 할아버지는 그런 성적표를 보여도 "잘했다. 앞으로 더 잘해라" 하면서 격려해 주었다. 장일순의 형이 15살에 세상을 떠난 후 할아버지는 둘째 손자인 장일순에게 한문과 붓글씨 쓰는 것을 가르쳐 주었다.

봉산동 자택에서 난을 치는 모습.

5살쯤 되었을 때 할아버지 앞에서 천자문의 한 구절을 외우는데 수십 번을 가르쳐 주어도 단 석 자를 외우지 못하니까 할아버지는 이렇게 말했다.

"옛날에 아주 머리가 둔한 아이가 있었는데, 천지현황(天地玄黃)을 삼 년 동안 꾸준히 익혔단다. 그래서 나중에 문장을 지었는데, 천지현황을 삼년독(三年讀)하니 언재호야(焉哉乎也)는 하시독(何時讀)일고' 라고 했단다. 너도 책 덮고 나가 놀아라."

이런 할아버지한테서, 한문과 붓글씨는 물론 유교적인 예의범절과 자신에게는 엄격하되 남에게는 관대한 품성을 배워 몸에 익혔으리라. 그러기에 그에게는 작위적인 일탈은 있었을지 몰라도 스스로 흐트러진 일은 없지 않았을까. 그를 가장 오래 가까이 모셨던 이경국의 말을 들어 보자.

> "국회의원에 출마했을 때 매일 밤 10시나 11시경에 일정을 마치고 나면 우리 둘(김영주와 이경국)은 선생님을 모시고 함께 댁으로 향했어요. 댁에 도착하면 늦은 시간이라 부모님은 이미 취침하셨지요. 그런데 불이 꺼지고 이미 잠드셨을 부모님 방 앞에 조용히 가셔서 무릎을 단정히 꿇고 앉으셔서는 '아버지, 어머니, 다녀왔습니다' 하시며 꼭 절을 하셨어요. 사모님께서는 계란을 한 개씩 깨서 참기름과 소금을 뿌려서 주시는데, 저한테는 목을 쓴다고 꼭 두 개를 주셨어요. 어려운 살림 속에서 해 주실 수 있는 최고의 정성이었지요. 그리고 늘 셋이서 한 방에서 잤어요"(이경국, 《무위당 사람들》, 제22호).

장일순은 1938년에 형이 15살의 나이로 죽으면서 자신을 가톨릭 묘지에 묻어 달라고 해서 천주교회와 인연을 맺게 되었다. 형은 그곳에 묻히면 버려지지 않고 잊히지 않을 것이라고 생각해서 그렇게 말한 듯하다. 그리하여 장일순은 1940년에 천주교에 입신한다. 그때 가톨릭에서는 조상에 제사 지내는 것을 금하고 있었다. 그러나 할아버지가 제사를 안 지내는 것은 안 된다고 해서 신부와 약속하고 제사를 지내면서 천주교회에 다니기 시작했다.

장일순은 5살 많은 이웃 형님이 천도교 포교소를 하고 있었던 덕분에 동학과 만나게 된다. 이름이 오창세인 그 형을 통해 동학의 수운 선생이나 해월 선생의 사상과 접하게 된다. 특히 해월 최시형이 37년 동안 피해 다니는 동안 농민들과 가난하게 사는 사람들과 같이 살면서, 남녀를 평등하게, 아이들까지도 지극히 섬기는 모범적 삶을 산 데 대해 깊은 감명을 받았다.

해월은 땅에 침을 뱉는 것은 부모님 얼굴에 침을 뱉는 것이요, 나막신을 신고 딱딱 소리 나게 걷는 것은 부모님을 상하게 하는 것이라고 했으며, 영원한 생명의 진리가 자기 안에 있다고 염송하면서 살았다는 사실을 알았다. 장일순은 거기에 인간은 어떻게 살아야 하는가 하는 데 대한 답이 있다고 생각했다.

장일순은 해월의 향아설위(向我設位)라는 법설에 매혹되었다. 대개의 종교는 늘 저쪽에다 목적을 설정해 놓고 무엇을 해 달라고 바라는 것이 일반적인데, 해월은 그게 아니라 "일체의 근원이 내 안에 있다. 조상도 내 안에 있다. 그러므로 제사는 내 안에 있는 영원한 한울님을 향해 올려야 한다"라고 했다. '밥이 하늘'이라는 말씀은 수운(水雲) 최제우도 했지만 최해월이 몸소 실천했기 때문에 장일순은 해월을 따르고 존경하게 되었다. 이 때문에 뒷날(1990년 4월 12일), 최해월의 피체지(被逮地)에 치악고미술동우회와 함께 표지석과 추모비를 세우게 된다.

장일순에게 영향을 미친, 또 하나 빼놓을 수 없는 사람이 차강(此江) 박기정(朴基正) 선생이다. 차강 선생은 일제에 부역하기 싫어서 강원도 평창군 도암에 낙향한 뒤 강원도와 충북, 그리고 경기 일원을 묵객(墨客)으로 돌아다녔는데, 영동(嶺東)에서는 강릉의 열화당(悅話堂)에서 묵고 영서(嶺西)에서는 장일순의 할아버지 여운(旅雲) 장경호(張慶浩)의 집에서 묵었다. 장일순은 어려서부터 그와 할아버지한테서 한문과 글씨, 그리고 유학(儒學)을 배웠다.

이러한 섭렵과 배움을 통해 그의 마음에는 어떻게 사는 것이 인간의 도리인가, 우리는 어디서 와서 어디로 가고 있는가, 하늘과 인간, 인간과 우주 만물의 관계 등에 대해 고뇌하게 되었고, 그러한 고뇌가 씨앗이 되어 그의 일생의 삶과 사상을 결정짓게 되었다. 그는 그 어느 것 하나도 소홀히 하지 않았고, 그 정수(精粹)를 놓치지 아니했다. 그 모든 배움과 깨우침이 응축되어 바로 장일순의 삶이 되고 사상이 되었다.

그의 말과 행동 그리고 글씨 하나도 흐트러짐 없이 그 모두가 장일순의 진실을 담고 있다. 언뜻 파격과 일탈이 있는 것처럼 보이지만 그의 삶, 그의 일거수일투족, 한 획의 글씨도 지성스럽지 않은 것이 없었다. 그는 지성스러운 사람이었다.

스스로 일구어 낸 장일순 사상

원주교육청은 '2013, 원주를 빛낸 4월의 인물'로 무위당 장일순을 선정했다. 원주교육청은 장일순을 "교육자이며 사회운동가, 생명운동가"로 소개하면서 "대성학원 설립 참여, 1971년 10월 지학순 주교와 함께 박정희정권의 부정부패를 폭로하는 등 반독재투쟁 참여, 1980년대 도시와 농촌이 직거래를 하고 자연농법으로 농사를 짓는 한살림운동을 통해 산업문명으로 파괴된 자연의 복구를 주장하는 생명사상운동을 펼쳤다"라고 설명하고 있다.

이는 물론 간략한 그의 행적이지만, 전후좌우에 다소의 부연설명이 필요하다. 장일순은 일제 말 경성공업전문학교(서울공대의 전신)에 입학해 학교를 다니다가 해방을 맞이했으나 서울대 초대총장으로 미군 대령이 부임해 오자 그에 반대하다가 제적된다. 이 무렵, 그는 인류가 평화롭기 위해서는 하나의 세계연립정부를 만들어야 한다는 '원 월드(One World)' 운동을 전개하고 있었는데, 이 운동을 이끌었던 아인슈타인과 서신도 두 차례 교환했다. 장일순의 평화사상은 이때부터 이미 싹트고 있었다.

이후 학업을 계속하기 위해 다시 진학한 곳이 서울대 미학과(제1회)였다. 그러나 한국전쟁을 맞아 학업을 중단하고 고향인 원주에 내려와 대성학원을 설립하고, 이를 운영하는 데 진력한다. 그가 설립한 대성중고등학교는 1952년부터 설립을 준비해, 1954년 3월에 고등학교가, 그 2년 뒤에 중학교가 정식으로 설립인가를 받는다. 이때 '참되자'라고 교훈을 정하고, 교가를 지은 것이 그였다. "뜻 높고 사랑 많은 대성의 교시는 / 천하를 포용하여 비리를 광정하는 / 의리의 근원이다. 힘차라 대성의 명랑한 건아야 / 희망이여 크거라 세계를 위하여"(1절)라는 교가는 '참되자'라는 교훈과 함께 인성의 고양과 세계를

대성학교 교비에서(1956).

향한 그의 이상과 사상이 담겨 있다. 그는 설립 이전까지 교장으로 있다가 후에 법인 이사장이 되었다.

1961년 5월 18일, 장일순은 5·16 군사쿠데타가 일어난 지 이틀 만에 체포되어 서대문형무소와 춘천교도소 등에서 약 3년간 옥살이를 하게 된다. 이는 "외세의 영향과 간섭을 벗어나기 위해서는 중립화 통일이 되어야 한다"라고 주장했기 때문이었다. 3년 만에 출옥했지만 '정치정화법'이 그의 앞을 가로막았고, 그와 대성학교의 공식적인 관계도 '잘되기를 바라는' 것으로 그쳐야 했다. 자유당 말기와 4·19 공간에 그가 혁신계로 국회의원에 두 차례 입후보한 것에 대한 보복이었다. 이후 그는 현실 정치와 맺은 모든 연(緣)을 끊는다.

1965년 원주교구가 창설되면서 초대 교구장으로 지학순 주교가 6

월 29일 성성(聖成)되었을 때 장일순은 신도회 회장으로 두 사람은 역사적인 첫 인연을 맺는다. 지학순 주교가 사목지침으로 교육·사회복지의 확충과 교세 신장을 내세우면서 신용협동조합 설립을 제창하자 장일순은 이를 적극 밑받침하기 시작했다. 장일순이 1966년 11월 원동성당에서 신용협동조합을 창립하고 그 초대 이사장을 맡는 것을 시작으로 1960년대에 이미 원주에서는 문막, 단구동, 세교 신협이 연이어 창립되었다.

1972년 8월 19일, 남한강 유역 일대가 억수같이 내린 비로 엄청난 수재를 입자, 원주교구는 독일 선교기관의 지원을 받아 재해대책사업을 전개하면서, 그 핵심 사업으로 신용협동조합과 생활협동조합을 설립하는 데 주력해, 오늘날 원주가 협동조합의 메카가 되는 기틀을 마련했다.

이보다 앞서 1971년 10월에는 원주교구 차원에서 반부정부패 가두시위운동이 벌어졌다. 원주MBC의 경영권을 쥐고 있던 5·16재단의 부정부패를 더 이상 묵과할 수 없다는 것이 그 직접적인 이유였지만, 이는 한국 민주화운동사, 특히 '하느님의 역사 참여'라는 점에서 한국교회사의 새로운 한 장을 여는 사건이었다.

1974년 7월, 지학순 주교의 구속은 천주교 원주교구는 물론 깊은 침묵에 빠져 있던 한국 천주교회를 흔들어 깨웠다. 천주교정의구현전국사제단이 자생적으로 기도회를 조직하고, 말씀의 폭풍을 몰아쳤다. 그것이 천주교회가 한국 민주화의 전면에 나서는 계기가 되었다. 지학순 주교의 양심선언은 한국 민주화운동의 새로운 이정표가 되었다.

평신도의 중심에 섰던 장일순은 조용히 원주에서 그 모든 뒷바라지를 맡아서 했다.

장일순은 뒷날, 그의 붓으로 표연란을 치면서 먼저 타계한 지학순 주교에게 이런 헌사를 바쳤다.

아아, 온 천하가 비바람 거세게 불던 날,
눈보라치며 얼어붙던 날,
죽지 않고 그대는 따사롭게 파고드는 맑은 향기였어라.
지학순 주교의 생을 기리며
무위당은 이 난초를 칩니다.

장일순은 1977년 무렵부터 이제까지의 방향만으로는 안 된다, 새로운 패러다임이 필요하다는 것을 절감한다. 정치투쟁만으로는 안 된다는 것을 깨닫기 시작한 것이다. 그것이 오랜 숙성기간을 거쳐 1983년 도농직거래 조직인 '한살림'의 창립과 1989년의 「한살림선언」으로 나타난다. '한살림'은 "생산자는 소비자의 생명을 책임지고 소비자는 생산자의 생활을 책임진다"는 것을 목표로 하여 창립되었다.

장일순의 생각과 사상이 그대로 반영되어 있는 「한살림선언」의 마지막은 이렇게 되어 있다.

"새로운 세계를 바라보고 이를 준비하고 있는 각성되고 해방된 인간의 정신은 '자기 안에 있는 우주 안에 자기가 있음'을 깨닫고 있다.

한살림 모임에서 강연하는 모습

진화의 분기점에서 방황하고 있는 이 시대는 '우주 속의 인간' '인간 안의 우주'라는 자기 이미지를 지닌 새로운 이념이 나와야 할 때이다. 그러기에 우리는 바로 지금 여기에서 새로운 생명의 이념과 활동인 한살림을 펼친다.

'무궁한 그 이치를 무궁히 살려내면
무궁한 이 울 속에 무궁한 내 아닌가'(水雲)"

이와 관련해서 그의 어록(語錄) 몇 가지 더 들어 보자.

"자연과 인간, 인간과 인간 일체가 하나 되는 속에서 '나'라고 하는 존재는 고정적으로 있는 것이 아니에요. 일체의 조건이 나를 있게끔 해 준 것이지 내가 내 힘으로 한 게 아니다 이 말이에요. 따지고 보면 내가 내가 아닌 거지. 그것을 알았을 적에 생명의 전체적인 함께하심이 어디에 있는 줄 알 거예요. 우리는 연대 관계 속에서, 유기체적인 관계 속에서, 헤어질 수 없는 관계 속에서 투쟁의 논리가 아니라 화합의 논리, 서로 협동하는 논리에 있을 때 비로소 존재할 수 있다고 봅니다."

"티끌 하나에 우주가 들어 있는데 그렇게 모든 것이 융합되어 있다는 그런 안목에서 사물을 봐야 비로소 실체를 제대로 보는 게 되고, 그렇게 되면 어딜 가나 내 집이요, 내 형제요, 내 몸이 되는 거라. 그러면 뭐이 부족할 게 있나? 수처작주(隨處作主)요 입처개진(立處皆眞)이라, 가는 곳마다 임자요 서는 곳마다 거기가 바로 참의 자리인데, 내가 난초를 본다고 하지 말고 난초가 돼서 난초를 봐라 이 얘기야. 난초가 누구여? 바로 난데. '나'라고 하는 게 어디 따로 있나?"

그는 특히 해월 최시형의 어록을 많이 인용해 말하고 또 글씨로 썼는데, 그가 굳이 힘을 주어 말한 메시지는 대개 다음과 같다.

"'일찍이 동학의 2대 교주인 해월 선생님께서 말씀하시기를 내 밥 한 그릇을 알게 되면 세상의 만 가지를 다 알게 되나니라' 했습니다. 그게 다른 얘기가 아니야. 풀 하나, 돌 하나, 나락 한 알도 땅과 하늘이 없으면, 불과 빛이 없으면, 공기가 없으면, 미물들이 없으면, 이 우주가 없으면 그 어느 것 하나도 되지 않는다 이거예요. 그렇지 않습니까. 그 나락 하나가 우주 없이 될 수 있느냐 이 말이에요. 바로 그 나락 하나는 하늘이다 이거야. 그래서 해월께서는 무슨 말씀을 했느냐. 이천식천(以天食天)이라, 하늘이 하늘을 먹는다 이 말이야. 우리가 다 하늘이다 이거야. 우리 안에 불생불멸의 영원한 아버지께서 함께하신다 이 말이야.

해월 선생은 천지만물(天地萬物)은 막비시천주야(莫非侍天主也)라, 하늘과 땅과 세상의 돌이나 풀이나 벌레나 모두가 한울님을 모시지 않은 것이 없다고 했어. 새알이나 제비알을 깨뜨리지 말아야 하고, 풀잎이나 곡식의 싹을 꺾지 말아야 되거든요. '새알이나 제비알을 깨뜨리지 않으면 봉황이 날아 깃들 것이고, 풀이나 나무의 싹을 자르지 않으면 숲을 이룰 것이고, 그렇게 하면 그 덕이 만물에 이르고 미물까지도 생명을 함께한다'고 했어요.

또 해월 선생은 '시(侍)'는 무위이화(無爲而化)다 했어요. 공자는 이런 말을 했습니다. '하늘이 뭔 얘기가 있더냐. 그래도 사철이 돌아가고 있다. 그렇기 때문에 만물이 나지 않느냐! 그러면 무위이화 속에 사람이 어떻게 해야 하나? 그 조화 속이 무위이화한 얘기인데, 그 무위이화 속에 사람은 그 이치를 알고 참여하는 것, 그러니까 창조적 참여라고 할까요. 그것이 바로 시천주조화정(侍天主造化定)의 핵심이지요."

그가 거기 있었네

장일순은 1928년 10월 16일(음력 9월 3일), 원주시 평원동 406번지에서 아버지 장복흥과 어머니 김복희의 6남매 중 차남으로 태어났지만, 형이 일찍 죽는 바람에 장남 노릇을 했다. 태어나서 죽을 때까지(1994년 5월 22일) 그는 중등학교 시절, 짧은 대학 시절과 군복무 기간, 그리고 감옥에 들어갔던 3년을 빼고는 원주를 떠난 적이 없었다.

1955년 봉산동에 손수 토담집을 지어서 살기 시작했는데, 봉산동 그의 집은 측백나무 울타리로 되어 있지만, 누구나 쉽게 드나들 수 있도록 언제나 개방되어 있었다. 그 집에 수백, 수천 사람이 다녀갔다. 경찰이 출입을 감시하거나 다녀가는 사람을 확인한 일은 있었지만 장일순이 사람을 가린 적은 없었다.

아마도 원주에는 치악산이 가로막아 인물이 나지 않는다는 풍수설 비슷한 속설이 내려오고 있었던 모양이다. 그런 속설에 대하여 장일순은 단호히 '아니'라고 말한다. "원주는 치악산이 막혀서 인물 안 나온다고들 하지. 하지만 이완용이 같은 사람이 나와도 인물이 나왔다고 할 수 있겠어? 이 동네는 이 동네에서 최선을 다하는 사람들이 모여 살며 거룩해지는 것 아니여?"

과연 장일순은 그 동네에서 최선을 다하는 사람들과 모여 살며 스스로 거룩해지는 데 그 밑거름이 되었다. 김지하를 끌어들였고, 박재일과 김헌일을 끌어들여 그 동네에서 최선을 다하도록 했다. 지학순 주교와 협의해 주교관 부지에 속한 조그마한 기와집 한 채에 김지하의 어머니와 아버지를 이사 오게 했다.

언젠가 충주 땅을 방문해서는 "여기가 참 좋은 땅, 명당"이라고 했다. "여기가 장부들이 꿈을 펼치려고 세상에 나갔다가 그만 좌절을 하고 만 땅이 아닌가? 임경업이 여기서 났고, 신립이 여기서 죽었고, 또 근래에는 남로당의 김삼룡이 여기 사람이지?" 했다. 꿈을 이루지 못했지만, 그들이 꾼 꿈이 훌륭했기 때문에 그들이 낳고 살았던 땅이 명당이라는 말이다. 그는 원주를 그런 명당으로 만들고 싶어 했고, 그것을 위해 원주를 떠나지 않았다.

치악산은 예전에는 가을 단풍이 무척이나 좋아 적악산(赤岳山)으로 불렸다고 한다. 그러던 것이 꿩에 얽힌 전설에 따라 치악산으로 그 이름이 바뀌었단다. 장일순은 그 치악산의 이름을 모월산(母月山)으로 바꾸고 싶어 했다. 거기에도 물론 내력이 있을 테지만, 그는 이렇게 말했다. "원주에 오는 사람은 누구나 어머니처럼 대접을 해야 해. 모두 배불리 잡수시고 편히 주무실 수 있도록 해야 한다는 거야. 그런 눈길로 원주를 보며 살라는 거야. 어머니가 제 자식 생각하듯 말이야."

한때 그는 모월산인(母月山人)이라는 호를 쓰기도 했는데, "저 산은 경상도 도둑놈도 품어 주고, 지아비 잃은 충청도 아낙도 푸성귀 일구어 먹고 살게끔 품어 주는 그런 산이야. 다 품어 주는 산이다 이거야"라고 한 그의 말에서 그 뜻을 짐작할 수 있다. 그러나 치악산이 그렇기를 바라기보다는 원주가 그런 도시가 되어야 한다는 이야기였을 것이다.

그는 원주를 매우 사랑했다. 그가 지은 것으로 알려진 대성중고등학교 교가 2절은 "예로부터 내려오는 대성의 학사는 / 유구한 문화배경 안연히 향기롭다 / 이곳이 우리들의 전당이다. 모여라 대성의 학당에 / 이상을 닦아라 인류를 위하여"라고 되어 있다. 원주가 갖고 있는 역사와 문화에 대한 자부심과 애정이 담겨 있는 내용이다.

또 하나 장일순이 원주를 사랑하고 자부심을 느끼는 저변에는 해월 최시형이 이곳에서 오랜 세월 도피생활을 하면서 해월사상을 전파한 고장이라는 사실도 크게 자리 잡고 있는 것이 아닌가 싶다. 실제로 장일순은 동학사상을 단지 잊혀진 지식의 복원이라는 수준이 아니라, 그것을 오늘날 가장 필요한 삶의 실천적 원리로서 살려 냈다. 그는 동학의 한울님 사상을 사람과 사람, 사람과 생명계 모든 이웃들과의 조화로운 관계를 보장하는 생명사상으로 읽어 내고, 이것을 현실의 사회생활에 적용해 한살림 공동체운동으로 풀어냈다.

1898년 음력 4월에 도피와 은신을 거듭하며 민중을 가르쳤던 해월이 경군(京軍)에 체포되어 간 원주시 호저면 송골에는 "모든 이웃들의 벗인 최 보따리 선생을 기리며"라고 장일순이 쓴 글씨가 새겨진 추모비가 있다. 그 아래 밑돌에는 역시 장일순의 글씨로 "천지(天地)는 부모(父母)요 부모(父母)는 천지(天地)니 천지부모(天地父母)는 일체야(一體也)니라"라는 해월의 말씀이 새겨져 있다.

이 비석이 세워지던 날, 해월 최시형의 증손자 격이 되는 경상남도 하동에 사는 도예작가 최정간이 참석해서, 해월의 뜻을 장일순이 살려 내고 있는 것에 대해 감사의 마음을 전한 것은 결코 우연이 아니다. 최해월의 도피처와 피체지가 천도교의 성지가 된 것은 모두 무위

해월 최시형 추모비 제막식 때(1990).

당 장일순의 덕이다.

이처럼 원주를 떠나서 장일순을 생각할 수 없고, 장일순을 빼 놓고 원주를 말할 수 없다. 원주가 곧 장일순이었고, 장일순이 곧 원주였다. 원주에서 있었던 현대사의 여러 장면들, 거기에는 항상 장일순이 있었다.

내가 무위당 장일순을 처음으로 만났던 것은 아마도 1960년대 말이었을 것이다. 처음에는 김지하한테 자신의 스승 같은 분으로 소개받아 만났고, 박재일이 원주 사람이 된 이후로는 갈 때마다 뵙고 가르침을 받았다. 원주를 찾으면 대개는 박재일이나 김지하의 집에서 묵었지만, 때로는 방축길을 따라 무위당의 댁에 가서 하룻밤 신세를 진 적도 여러 번 있었다. 어떤 사람이든 함께 하룻밤을 지내 보면 그 사람과 한결 가까워지게 마련이다. 또 굳이 말이 아니더라도, 그 하룻밤은 그때마다 깨우치고 배우는 것이 많았다. 가정에서도 무위당은 자신에게 엄격했으며, 전통적인 예의범절에 철저했다. 들고 날 때 부인과는 꼭 경어로 인사했으며, 바로 이웃에 살고 있는 동생 장화순 교장과 나누는 우애와 범절 역시 지나치거나 모자람이 없었다. 내가 알기로 그 많은 손님을 접대하면서도 부인께서는 한 번도 싫은 내색을 보이지 않았다고 한다.

최근에야 알았지만, 집안의 가훈이 할아버지 장경호의 유훈에 따라 "하늘과 땅에 부끄러움이 없어야 한다"였다는데, 그것을 실천하기 위해 무위당은 얼마나 날마다 자신을 추슬렀을까. 그가 즐겨 불렀던 애창곡 〈검은 장갑〉에는 5·16 군사쿠데타 뒤 감옥에 잡혀간 무위당과 면회 간 부인이 헤어질 때의 애잔함이 배어 있는 노래라는 것도 이제야 알았다. 그가 가장 좋아하는 음식이 칼국수였다는 것도 이참에 알았다.

1974년의 민청학련 사건으로 지학순 주교가 구속되고, 김지하가 1심 군법회의에서 사형 선고를 받았다. 김지하는 그 이듬해 형집행정지로 출소하지만 석방된 지 23일 만에 다시 구속되고 만다. 감옥에서 쓴 옥중메모와 《동아일보》에 기고한 "인혁당 사건은 조작되었다"라는 내용의 글 「苦行(고행)… 1974」, 그리고 집 안에서 압수당한 몇 가지의 책을 문제 삼아 유신정권은 그를 죽음으로 몰아넣고 있었다. 이 무렵 나는 재판의 진행과정과 향후의 전망을 논의하기 위해 자주 원주를 찾았다.

무위당은 김지하가 변소해야 할 내용을 정리해, 깨알 같은 글씨로 써서 옥중의 김지하에게 전하게 했다. 나는 그때 그 정성, 그 노심초사를 보고, 그가 김지하를 얼마나 사랑하는지를 절감할 수 있었다. 신현봉 신부를 회장으로 김지하 구명위원회를 구성해, 그의 구명운동을 벌이게 한 뒤켠에 장일순이 있었다. 오랜 옥고 끝에 석방된 김지하에게 가장 어렵다는 표연란(飄然蘭)부터 치게 한 것도 그였다. 최후진술에서는 물론 그 이후 김지하가 말하는 '밥이 하늘이다', '시천주 양천주(侍天主 養天主)', '모심'이 모두 무위당을 통해서 가르침 받은 해월 사상이 반영된 것이라 할 수 있다.

1980년 초반의 부산 미문화원 방화 사건으로 1970년대와 80년대에 원주는 쫓기는 사람들이 숨어드는 피신처였던 사실이 세상에 알려졌지만, 사실 수많은 사람들이 그렇게 원주를 거쳐 갔다. 나만 하더라도 1975년 이른바 '서울대 오둘둘(5·22)' 사건으로 쫓기는 신동수를 신현봉 신부에 딸려 원주에 보낸 것을 비롯해, 이른바 박형규·김관석 목사의 수도권 특수지역 선교자금 사건으로 절박하게 쫓기게 된 손학규가 원주에서 그 소낙비를 피하게 한 적이 있다. 이렇게 쫓겨오는 사람들을, 누구는 어디, 누구는 누가 보살피도록 안배하고 뒤를 봐 준 것이 무위당 장일순이었다.

1970년대와 80년대 원주를 말할 때 '민주화의 성지'니 '원주캠프'니 하는 말을 흔히 쓴다. 그러나 '민주화의 성지'라는 말은 지학순 주교 그 한 사람을 떼어 놓고 말할 수 없고, '원주캠프'라는 말을 할 때 장일순 그 한 사람을 떠올리지 않을 수 없다. 그때 원주는 그가 있어

주교관에서 이야기를 나누는 장일순(맨 왼쪽)과 지학순 주교(가운데).

따뜻했다. 오늘날 흔히 세계화와 함께 지방화를 말하는데 그런 점에서 원주는 역사적으로 주목받아 마땅한 도시라 할 수 있다. 장일순이 구상했고 지향했던 원주, 장일순 없는 원주는 지금 제대로 된 길을 가고 있는가?

그가 남긴 말과 글씨

장일순은 말과 글씨는 남겼지만 글을 남긴 것은 많지 않다. 그가 글을 남기지 않은 것은, 그가 삶의 상당 부분을 정보정치 치하에서 보냈기 때문이었다. 그는 목사 이현주에게 말하길 "한참 세월이 수상할 적에 필적을 남기면 괜히 여러 사람 다치겠더구먼. 그래서 편지는 말할 것도 없고, 일기도 쓰지 않게 됐지. 그 버릇이 여직 남아서……"라고 했다.

그의 말 역시 그가 자유스럽게 여기저기 강연 나갈 수 있을 때에야 비로소 공개적일 수 있었다. 대체적으로 1980년대 이전에는 조심스러웠고, 그래서 남아 있는 그의 말이 거의 없다. 그러나 1980년대 이후 그의 발언이 정치 권력의 비위를 거스르지 않는 것이 되었을 때 그의 말을 비로소 들을 수 있었고, 그래서 그의 말이 남을 수 있었다.

아마 그의 말이 책이 되어 나온 건 『무위당 장일순의 노자 이야기』(삼인, 2003)가 처음이 아닌가 싶다. 이는 장일순과 목사 이현주가 노자의 『도덕경』을 놓고 둘이 대담한 것을 책으로 엮은 것인데, 캐나다에 있는 종교학자 오강남 교수는 이 책을 현존하는 '노자 도덕경 역주본' 가운데 단연코 최고라고 평가했다. 오강남 교수 자신이 『도덕경』 역주본과 『장자』 역주본을 낸 사람이면서도 그렇게 고백했다고 한다. 이현주는 대담할 때의 소감을 이렇게 말하고 있다.

"선생님과 대담할 때는 미리 책(『도덕경』)을 읽지 않은 상태로 만나서 말씀 나누기로 약속했어요. 대담을 하다 보면 몇 시간을 흐르는 물처럼 막힘없이 대화하다가도 또 한동안은 아무 말도 않고 마주 앉아 있을 때가 있었지요.…… 대담은 선생님(장일순)의 서재에서 했었는데, 그 서재는 선생님께서 암 투병으로 병원에 입원하신 동안 주변의 제자들이 선생님께서 퇴원하시면 쓰시라고 연탄광을 개조하여 꾸민

방이었습니다. 그래서 가구 하나 없는 방에 한지 벽지만 바른 텅 빈 방이었습니다. 그 텅 빈 방에 선생님과 나, 그리고 중간에 『도덕경』 한 권, 그리고 침묵…… 그냥!…… 참! 좋았어요…….”

장일순의 난초와 글씨는 그 내용과 지향성이 시대에 따라 달라졌고, 또 그때마다 그가 쓴 호(號)도 달랐다. 그에게는 호암(湖岩), 일초(一草), 이암(夷菴), 한도인(閑道人), 청강(靑江), 일충(一虫), 무위당(無爲堂), 모월산인(母月山人), 일속자(一粟子) 또는 조한알이라는 호가 있다. 그렇지만 장일순이 그 가운데서 많이 썼던 것은 청강, 무위당, 일속자였다. 초기에는 대체적으로 청강을, 그다음에는 무위당을, 그리고 1980년 중반 이후 만년까지는 무위당과 일속자를 함께 썼던 것으로 보인다. 이는 그의 삶의 철학이랄까 사상이 무르익어 자리를 잡는 것과도 궤를 같이하는 것이었다. 청강이라는 호는 아무래도 차강(此江) 박기정과 무관치 않아 보인다. 차강 박기정은 혜강 김규진이 “대는 내가 낫지만, 난은 당신 것이 낫다”라고 칭송했을 만큼 난을 잘 그렸고, 일제 강점기 때에는 창씨개명을 거부할 만큼 민족의식이 투철했다. 그의 아들이 호를 화강(化江)이라 했으니, 그의 제자라 할 수 있는 장일순이 젊은 차강, 또는 청구(靑丘)라는 뜻을 반영해 청강이라 한 것이 아닌가 싶다.

청강이라는 호를 쓰면서 그린 난초와 화제로 쓴 글씨는 대체로 문자향(文字香) 서권기(書卷氣)가 문인화(文人畵)의 색깔이 짙은 그런 것이었다. 이때도 물론 그의 난과 글씨는 정판교의 말처럼, “무릇 난초를 그리고, 대나무를 그리고, 돌을 그리는 것은 천하의 힘든 사람들을 위로하고자 함이지 천하의 편안하고 형통한 사람들에게 바치고자 함이 아니었다." 그가 잘 아는 사람에게 같은 도반(道伴)으로서 이렇게 이렇게 하자는 뜻으로 좌우명이 될 만한 글을 청강의 이름으로 써 주었다. 말하자면 난과 글씨로 무언이교(無言以敎)를 행했던 것이다. 무위당이라는 호는 그보다는 늦게부터 쓰기 시작했다. '무위'란 말에 크게 심취한 뒤부터의 일이다. 그는 무위당이라는 호를 아주 애용하고 또 오랫동안 써서 이제는 그의 이름보다 더 알려졌다. 그는 왜 그렇게 '무위'라는 말을 좋아했을까, 그의 말을 들어 보면 조금이나마 이해가 되리라.

> "무위란 배고프다 하면, 그 사람이 날 도운 적 없고, 그 사람이 날 죽일 놈이라 할지라도 배고픈데 밥 좀 줄 수 있느냐 했을 적에 밥을 줄 수 있어야 한다. 헐벗어서 벌벌 떨고 있으면 등이 따시게끔 옷을 입혀 주는 것이 무위다. 저놈은 옷을 입혀 줘 봤자 뒤로 또 배반할 테니 옷 줄 수 없어! 그것은 무위가 아니야! 우리가 얼핏 생각할 때 건들거리고 노는 것을 생각할지 모르지만, 그런 것이 아니라 계산 보지 않는 참 마음이 무위지요."

일속자와 관련해서는 이런 이야기가 있다. 어떤 신문사 기자가 물었다. "선생님은 어째서 '좁쌀 한 알[一粟子]'이라는 그런 가벼운 호를 쓰십니까?" 이 물음에 장일순은 "나도 인간이라 누가 뭐라 추어주면 어깨가 으쓱할 때가 있어. 그럴 때 내 마음 지그시 눌러 주는 화두 같은 거야. 세상에서 제일 하잘것없는 게 좁쌀 아닌가. '내가 좁쌀 한 알이다' 하면서 나를 추스르는 거지."

그러나 '좁쌀 한 알'에는 자신을 낮추는 이런 겸양과 함께 '나락 한 알 속에 우주가 있다'는 것처럼 그의 생명과 협동, '천지조화 재일초지중(天地造化 在一草之中)'의 사상이 들어 있다. 그리고 이 말 속에는 '생각하는 자유인'이라는 장일순이 강하게 각인되어 있다.

무위당의 난초는 살아 있는 풀이었으며, 표정은 민중의 희로애락을 담았으며, 글씨는 예서체가 많은데, 이는 누구나 알아볼 수 있는 서체이기 때문이었다. 어느 추운 겨울날 저잣거리에서 군고구마를 파는 사람이 써 붙인 서툴지만 정성이 가득한 '군고구마'라는 글씨를 보고 '저것이 진짜 글씨'라고 새삼 깨닫게 된 이후에는 한글로 된 글씨를 많이 썼다. 무위당은 군고구마 장수가 쓴 그 글씨를 보고 그곳을 지나다니는 많은 사람들에게 얼마나 반갑고 따뜻할 것인가, 또 얼마나 삶의 절박성을 보여 주고 있는지를 느꼈다.

그의 글씨는 그것을 받는 사람에 따라 자신의 메시지를 달리하는 맞춤형 글씨였다. '개문유하(開門流下, 문을 활짝 열고 밑바닥 놈들과 하나가 되어야 해!)'라는 말을 많이 했지만, 그렇게 말해 줄 사람과 그렇지 않은 사람은 구별되었다. 특히 그의 한글 글씨는 구체적인 한 사람에 대한 애정과 충고를 담고 있었다.

서울 인사동의 '그림마당 민'에서 전시회를 할 때였다. 어느 날 내가 전시장에 있을 때 걸레 스님 중광(重光)이 들어왔다. 그가 장일순

그림마당 민 전시회에서.

의 난을 획 한번 훑어보고 나서 개구일성(開口一聲) 첫 마디가 "아, 천하제일 난이 여기 있구나" 하는 것이었다. 그 역시 선화(禪畵)를 그리는 사람이었으니 그의 말이 허튼 것이 아니었음은 물론이다.

간필법(簡筆法)의 난초, 그리고 다섯 점의 먹으로 사람의 얼굴을 그린 의인화(擬人畵)와 그 화제에 이르면 문인화의 경지를 한참 내려와 민초체 또는 민초란(民草蘭)이라 할까, 밑으로 밑으로 내려와 이미 깨진 사람과 하나가 되고자 하는, 또는 이미 되어 있는 무위당을 만나게 된다. 까짓 격식 따위는 걷어치우고, 구체적인 한 사람을 향하여 말하고 있는 무위당을 만나는 것이다. 받은 사람 역시 처음에는 당황했다가, 뒤에는 마침내 "아, 무위당이 나를 진정으로 사랑했구나" 하는 느낌을 갖지 않을 수 없게 한다. 한문은 일단 제쳐 두고 그가 난을 그리면서 한글로 쓴 글씨를 대충만 봐도 재미있다. 무위당의 철학과 사상은 더욱 간결, 명료해진다. 거기에 해학도 있다.

나는 미처 몰랐네 그대가 나였다는 것을, 달이 나이고
해가 나이거늘, 분명 그대는 나일세
천하에 남이란 없습니다.
기도란 치사하게 살지 말자는 거여.
좋은 일은 남이 모르게 해야 가치가 있다.
사랑은 패자가 알 수 있는 것, 세상에서 이기고만 살자는
놈은 사랑을 끝내 모르지. 자연의 꽃 속에 얼마나 많은
패자의 십자가가 있는가.
나 없이 너 없고 너 없이 나 없다.
이것이 생기니 저것이 생기고 저것이 생기니 이것이 생긴다.
이것이 없으면 저것이 없고, 저것이 없으면 이것이 없다.

하늘과 땅이 있어 제가 있는데 역사란 그 속의 이러저러한 것 아닙니까. ○○○, 건방떨지 말게. 그러면 역사가 보이지 않아.

밤이면 달처럼 사랑할 수 있었으면 좋겠네. 낮이면 해처럼 사랑할 수 있었으면 좋겠네.

조석으로 끼마다 상머리에 앉아 한울님의 큰 은혜에 감사하자. 하늘과 땅과 일하는 만민과 부모에게 감사하자. 이 모두가 살아가는 한 틀이요 한 뿌리요 한울이니라.

눈물겨운 아픔을 선생이 되게 하라.

바람 바람 바람은 서 있는 놈이 없으면 바람도 아니야. 나라는 놈은 찌꺼기일세. 맑은 물같이 그렇게 사람은 한울을 떠날 수 없고 한울은 사람을 떠나서 이루지 못하나니. 그러므로 사람의 호흡과 동정(動靜)과 의식(衣食)은 이것이 서로 도와주는 기틀이니라. 한울은 사람에 의지하고 사람은 먹는 데 의지했나니 만사를 안다는 것은 밥 한 그릇을 아는 데 있나니라.

무엇을 이루려 하지 마라. 앉은 자리 선 자리를 봐라. 이루려 하면은 헛되니라. 자연은 이루려 하는 자와 함께하지 않느니라.

나는 한적한 들에 핀 꽃 밤이슬 머금었네. 나를 돌보는 사람 없지마는 나 웃으며 피어났네. 누구를 위해 피어나서 누구를 위해 지는 것일까. 가을바람이 불면 져야 해도 나는 웃는 야생화.

오늘은 1990년 입추 산길을 걸었네. 소리없이 아름답게 피었다 가는 너[蘭]를 보고 나는 부끄러웠네. 그 누가 무엇이라 해도 나대로 거짓없이 삶이 있네.

어머니는 끝이 없네.

버리고 버리고 또 버리면 거기에 다 있대요. 죽일 수도 없고 살릴 수도 없네.

목에 힘 빼 그래야 살아. 옛날에 어디서 보니까 성서가 밑씻개가 되더군. 역시 예수님이 사람 살리더군.

이 눈과 코 입은 거저 눈 코 입이 아니다. 자기 뱃속에서 나온 자기를 위해서 치성 드리는 눈 코 입이니라.

싸움은 말리랬지. 우리말에 풀쟁이는 접착도사이니 너 알아서 해 이놈아.

가도 가도 거기야 결국은 돌아갈 거지.

나 세상에서 깨진 놈들 속에 있노라.

○○○, 큰 계산은 계산이 없네.

2

무등(無等)의 대인

홍남순

"장성 갈재 굴을 나가면 / 틀림없이 거기 계시는 / 우리 무등이여 / 진정코 무등과 형제이신 / 우리 취영 홍남순옹이여 고향이여"

고은의 취영송이 아니더라도, 홍남순(1912~2006)은 곧 무등(無等)이요 광주였으며, 광주와 무등이 곧 홍남순이었다. 홍남순이 버티고 있어서 광주였고, 거기에 홍남순이 있었기에 무등이었다. 특히 이 나라 '민주화 30년'에서 더욱 그랬다. 1960년대 이래 크고 작은 민주화 투쟁에 홍남순 변호사의 이름이 빠진 적이 없었다. 그 어둡고 괴롭고 살벌했던 시절, 민주화투쟁이 서울에서 일어나면 어김없이 광주가 그 뒤를 이었다. 서울에서 벌어지는 투쟁에 달려와 힘을 보탠 것이 광주였고, 그 중심에 항상 홍남순 변호사가 있었다. 광주에 무등산이 우람하게 한 자리에 서 있는 것처럼 민주화투쟁과 관련해서는 홍남순 변호사가 거기 광주시 궁동 15번지에 버티고 있었다.

광주와 재야 민주화투쟁

취영(翠英) 홍남순이 재야 민주화투쟁의 길에 들어서 첫 번째로 맞이한 사건은 1960년대 중반의 한일협정반대투쟁이었다. 1964년 서울에서 시작된 한일협정반대투쟁은 요원의 불길처럼 전국에 걸쳐 일어났고, 광주에서도 한일협정반대투쟁위원회가 결성되었다. 변호사 개업을 한 지 얼마 안 된 홍남순은 그 위원회 부위원장으로 선임된다. 대인시장 건너편 중앙예식장에서 창립대회가 끝나고 곧바로 시위에 돌입했는데, 홍남순은 어느덧 데모대의 중심이자 주동자가 되어 있었다. 아직 최루탄이 등장하기 전이라 시위는 곧 육탄전일 수밖에 없었다. 홍남순은 경찰이 곤봉 끝으로 복부를 쑤셔 대는 고통을 맛보아야 했다. 이때 홍남순은 이미 50대 중반이었지만, 이와 같은 난세에 자기 방어를 위해서는 무언가 운동을 해야겠다 싶어 태권도를 배우기 시작했다. 4~5년 뒤 유단자(공인 2단)가 되었다. 태권도를 배우고 나니까 데모할 때 겁이 안 나더라는 것이 홍남순이 뒷날 밝힌 소회다.

그의 재야 민주화투쟁은 이렇게 시작되었다. 1966년 1월 6일에 발족한 '호남 푸대접 시정위원회'에서, 이 운동에 적극적이었던 국회의

홍남순 변호사.

원 김녹영과 함께 열심히 참여했고, 이어 1967년의 6·8 부정선거와 관련하여 광주에서 '6·8 부정선거 전면무효화 투쟁위원회'가 발족되면서 홍남순은 그 위원장을 맡았다. 이때 위원장 홍남순이 선택한 투쟁방식은 그전까지와는 다른 단식농성이었다. 홍남순의 단식농성은 3일 동안 계속되었는데, 이와 같은 국민적 저항은 재선거를 쟁취해내는 데까지는 성공했지만, 재선거에서 야당을 당선시키거나 여·야 간의 의석비례를 바꾸지는 못했다.

1969년에는 '3선개헌반대 범국민투쟁위원회 전남지부'를 발기하여 그 위원장으로 활동했으나 그해 9월 14일 새벽, 3선개헌안이 국회 제3별관에서 날치기로 통과되면서, 한국의 민주주의는 돌아오지 못할 다리를 건넜다. 저 암울했던 1970년대가 시작된 것이다. 재야 민주화운동의 출발점이라 할 '민주수호국민협의회(민수협)'가 1971년 4월, 김재준 목사, 이병린 변호사, 천관우《동아일보》주필, 함석헌《씨알의 소리》발행인 등이 중심이 되어 결성되자, 광주 · 전남 지역에서 지부가 결성되면서 홍남순은 그해 4월 25일, 만장일치로 전남 대표로 추대되었다.

1972년 10월 17일, 박정희가 국회를 해산, 10월 유신을 선포하고 철권통치로 민주주의를 짓밟자, 재야 민주 진영에서는 1973년 11월 5일, 이른바 '재야 지식인 15인 시국선언'을 통해 유신헌법 반대와 민주회복의 목소리를 가다듬는데, 이때 홍남순도 그 가운데 한 사람으로 참여한다. 이때 참여한 사람은 함석헌, 김재준, 법정, 천관우, 계훈제, 김지하, 정수일, 이재오, 조향록, 이호철, 지학순, 홍남순, 강기철, 김숭경, 박삼세 등이었다. 그해 말에는 장준하와 백기완 등이 주도하는 개헌청원 1백만인 서명운동에 발기인으로 참여한다. 이렇게 하여 홍남순은 광주 · 전남 지방에서뿐만 아니라 중앙에서도 꼭 필요한 민주화투쟁의 중심인물이 되어 갔다.

1975년에는 긴급조치하에서 재야 민주화투쟁의 구심점으로 새롭게 결집된 민주회복국민회의 전라남도 상임대표위원이 되어 지부조직을 군단위까지 확대해 나갔다. 1977년에는 국제사면위원회 전남지부 고문에 취임, 법률구조활동의 국제적 연대에도 깊이 관여하기 시작했다. 1978년 7월에는 민수협, 민주회복국민회의에 이어, 다시 결성된 '민주주의와 민족통일을 위한 국민연합'에 참여, 이 땅에 명멸했던 재야 민주화투쟁에 줄기차게 동참했을 뿐만 아니라 전남·광주의 민주화투쟁을 이끌었으며, 그때마다 그에 따른 수난도 감내해야 했다.

인권변호사 홍남순

해방 전 법원의 서기직 일을 보면서 틈틈이 공부에 열중하던 홍남순은 1948년 10월, 제2회 광복 조국의 변호사시험에 합격하는 영광을 안았다. 1년 6개월의 시보(試補) 과정을 거쳐 변호사 업무를 개시했지만, 한국전쟁의 한가운데서 그는 판·검사, 변호사들에 대한 법무관 소집의 부름을 받았다. 그때 그는 이미 40대를 눈앞에 둔 나이였지만, 일제시대 때 호적등재가 늦게 되는 바람에, 군대입영 소집대상이 된 것이다. 그리하여 전후 혼란기에 4년의 군 법무관 생활을 거친다.

전역한 뒤, 그는 광주지방법원 판사로 발령을 받았다. 1948년도에 변호사시험에 합격했으니, 10년 가까운 세월이 흘러서야 법조계의 일원이 된 것이다. 그리고 때는 바야흐로 자유당 말기였다. 1958년 4대 국회의원 선거 때 그는 광주 을구 선거관리위원장을 맡게 되는데, 이것이 그의 인생항로를 결정하게 되는 중요한 계기가 된다. 그는 철저하게 또 공정하게 투·개표를 관리하려 애썼다. 그러나 문제는 개표과정에서 불거졌다. 야당의 표가 계속 나오자 여당이 트집을 잡기 시작하더니 마침내는 깡패까지 동원되는 사태가 발생했다. 그들은 투표함까지 날치기하려 했다. 이런 모든 어려움을 뚫고 투표함을 끝까지 지켜 개표를 완료할 수 있었지만, 이 사건은 홍남순에게 '불의에는 굴복하지 않는다'는 신념을 심어 주었다.

1961년에는 대전지방법원 강경 지원장으로 발령을 받아 나갔으나 오래지 않아 다시 광주의 고등법원 판사로 돌아온다. 그리고 얼마 뒤, 마침내 법복을 벗고 1963년 10월 1일 광주시 궁동 15번지에서 변호사를 재개업하기에 이른다. 사람들이 왜 변호사 생활을 시작하느냐고 물으면 그는 "아이고, 먹고 살기가 어떻게나 힘들든지 변호사를 하면 좀 더 나아질랑가 싶어서……"라고 대답하곤 했지만, 형편은 그렇게 쉽게 나아지지 않았다.

그리고 그때는 박정희 군사정권이 굳어져 가는 시국이었다. 따라서 홍남순 변호사가 법정에 선다면 그것은 시국변론일 수밖에 없었고, 법정 밖에서는 돌아가는 세상을 외면할 수 없었다. 홍남순이 변호사로서 최초로 맡은 시국 사건은 국회의원 유옥우에 대한 국가원수 모독 사건이었다. 대일굴욕외교반대투쟁위원회 주최로 야당 인사들이 광주 서중학교 교정에서 반대연설을 했는데, 그중 유 의원의 발언이 문제되어 구속, 기소된 사건이다. 또 학원의 대일굴욕외교반대투쟁과 관련하여 구속된 전남대 학생회장 정동년의 집회 및 시위에 관한 법률위반 사건도 맡았다.

광주에서 발생하거나 광주지방법원 또는 고등법원에서 재판을 받는 사건은 거의 예외 없이 홍남순 변호사의 몫이었다. 그러나 점차 그 범위가 넓어져 변론활동은 전국 방방곡곡, 권력에 의하여 불의의 희생을 당하거나 어디 호소할 데 없는 사람들의 절규가 있는 곳에는 어김없이 홍남순 변호사의 발길이 이어졌다. 『취영 홍남순 선생 고희기념논총』에 적시된 홍 변호사가 개입한 인권변론 사건은 45건에 이르고, 전국에 그의 발길이 닿지 않은 곳이 없었다.

오랫동안 홍남순 변호사를 보필했던 사무장 정광진에 따르면, 홍남순이 인권변호사로서 수임한 정치범(시국사범)의 숫자가 93명에 이른다. 그러나 이는 정식으로 수임한 피고인의 숫자일 뿐 사건 관련자의 숫자는 아마도 그 열 배인 930명이 넘을 것이다. 예컨대 3·1 민주구국선언 사건에서 그가 수임한 사람은 김대중 한 사람일지 모르지만, 실제로 그가 변론을 담당한 사람은 그 사건 피고인 전원이었을 것이다. 그것은 민청학련 사건에서도 마찬가지다. 그는 광주에서 잡혀 올라온 이강, 윤한봉, 박형선 등의 선임계만 제출했지만, 그가 변론한 것은 205명 전원이었다고 할 수 있다.

홍남순 변호사는 뒤늦게 법조계에 발을 들여놓았지만 그가 인권변론에 투신해 바친 그 열정과 헌신은 장엄했다. 뜻있는 사람들이 겪은 1960년대, 70년대의 법정 그 어디에든 그가 있었다. 광주에서 있었던 《함성》지 사건, 고영근 목사 사건(1977), 〈노예수첩〉 필화 사건(1977), 「우리의 교육지표」 사건(1978)에는 물론 서울의 동아투위 사건, 김재규 사건의 공판정에도 그가 있었다. 틈만 나면 전국 각지의 교도소를 돌면서 의로운 사람들, 고통받는 사람들을 격려하고 위로했다. 감옥에 있는 김대중 한 사람을 찾아간 횟수만도 39회에 달한다.

법정에서의 변론 못지않게 감옥에서 신음하는 양심수를 찾아 위로하는 '법정 밖의 애정'이 더욱 절절했고, 구차한 법조문으로 따지기보다는 정의와 양심으로 그들과 함께함으로써 변론을 대신했다. 말로 변론한 것이 아니라 관심과 사랑으로 변론했으며, 피고인과 변호인으로 만난 것이 아니라 민주화운동의 동지로 만났다. 정광진 사무장이 작성한 변론사건목록은 곧 홍남순이 발로 달려가 만난 '동지적 사랑의 목록'이었다.

이렇게 인권변론 사건에 달려간 이유를 그는 이렇게 말했다. "노인네가 다들 미쳤다고 했다. 서울이건 부산이건 내 돈 들여 가며 뛰어갔으니까. 그러나 한 번도 고달프거나 짜증나지 않았다. 시국의 물줄기를 바꿀 수는 없다 하더라도 내 힘으로 정의의 작은 불씨를 일으키는 일이라고 생각했다." 인권변호사로서 그가 피고인의 무죄를 이끌어 낸 것은 1973년의 《함성》지 사건이 처음이자 끝이었다. 무죄를 끌어내기 위해 인권변론을 하는 것이 아니라, 그들 옆에 있기 위해 인권변론을 했기 때문이다.

법조인 이전의 인간 홍남순

그가 광주지방법원 판사로 있을 때의 일이었다. 밀수꾼에 사기범을 겸한 죄질이 좋지 않은 피고인에 대한 사실심리를 하는데, 피고인은 빠져나갈 궁리와 궁색한 변명만 거듭해 정상참작의 여지가 전혀 없었다. 공판을 끝내고 나오다 보니, 그가 가족을 향해 손을 흔들고 있었다. 죄를 짓고도 반성하지 않는 철면피한 모습을 본 것이다. 홍남순은 나오던 발길을 돌려 법정 안으로 다시 들어가 그 피고인을 향해 호통을 쳤다.

"예끼, 이 불량한 놈 같으니라구. 너 같은 사기꾼은 아무리 변명을 해도 결코 빠져나가지 못할 것이니 그리 알아라." 물론 이는 재판관으로서 올바른 태도는 아니다. 감정과 흥분을 앞세운 것은 분명 잘못된 일이나, 인간 홍남순의 진면목을 보여 주는 한 대목이라 아니할 수 없다.

1978년 전남대 송기숙 교수의 「우리의 교육지표」 사건과 관련한 이야기다. 「우리의 교육지표」에서 교수들이 박정희정권의 이른바 '국민교육헌장'을 비판한 것 등을 긴급조치 위반으로 몰아 기소했는데, 나는 동대문 고서점을 뒤져 관련 변론자료를 수집, 작성하는 일을 맡았다. 홍성우 변호사가 광주를 오르내리며 변론을 했는데, 홍성우 변호사가 홍남순 변호사에게서 느꼈던 따뜻한 회고담이 있다. 이 역시 홍남순 변호사의 훈훈한 인간의 냄새를 느끼게 해 주는 이야기다.

"하루는 부장판사가 피고인석에 앉아 있는 송기숙 교수를 고압적인 언동으로 깔아뭉갰다. 그걸 지켜보던 홍남순 변호사는 판사가 현역 교수인 피고인에게 그래서는 안 된다는 표정으로 들릴 듯 말 듯한 목소리로 '예끼' 하며 고개를 좌우로 저었다. 판사는 홍 변호사가 짧게 내뱉은 그 소리를 들었는지 금세 얼굴색이 발그스름하게 변하면서 고개를 아래로 떨구는 것이었다. 나는 그때 홍 변호사의 표정이 너무 재미있어 터져 나오는 웃음을 참느라 혼이 났다. 그걸 보면서 나는 광주란 이런 동네구나, 광주 사람의 인정과 교류가 이런 거구나, 그 한 가운데 홍남순 변호사가 있구나 하는 생각을 했다. 홍남순 변호사가 아니면 판사를 나무랄 사람이 또 누가 있겠는가 하는 마음이 들었다. 그 판사는 나와 고시 동기였다"

10·26 사태 바로 뒤의 일이다. 서울에서 YWCA 위장결혼 사건이 일어날 무렵, 광주에서도 무엇인가 선언을 하자 해서 모의한 것이 들통나서 사람들이 모두 잡혀 들어갔을 때의 일이다. 일단 피신했다가 대책을 마련하고자 홍남순 변호사를 찾아온 송기숙을 홍남순이 서둘러 택시에 태워 데리고 간 곳은 천만뜻밖에도 실내체육관이었다. 홍남순은 체육관 앞에서 표를 두 장 사 들고서는 말했다. "오늘 큰 게임이 있어. 한·일 배구전인디 말이여, 이게 보통 대결이 아니거든……." 들어가 보니 코트에서는 선수들이 연습을 하고 있었다. "아따 저놈 짬뿌하는 것 좀 봐라. 어허 지난번에 발목을 삐었는데, 하, 저 스파이크 봐, 저놈이 키가 5센티만 더 컸더라면 큰 물건 한번 되는 것인디, 키가 쪼깐 그것이 섭섭하단 말이여."

송기숙에게 운동경기가 눈에 들어올 리 없었다. 한편에서는 숱한 사람이 잡혀간 마당에 한가하게 운동경기나 구경할 기분이 전혀 아니었지만 어찌할 것인가. 뒤에 안 일이었지만 홍남순 변호사는 여자 농구에도 일가견이 있었다. 박찬숙의 컨디션이 좋은지 나쁜지도 꿰고 있었다.

광주민주화운동의 한가운데서

1980년 5월 16일 오후 2시, 서울이 소강상태를 보이는 것과는 달리 전남도청 앞에서는 뜨거운 열기 속에 민주화대성회가 열렸다. 분수대를 중심으로 대학생들과 시민들이 모이기 시작하더니 나중에는 3만여 명 이상의 시위 군중들이 도청 앞과 노동청 앞, 금남로 1가에서 3가까지 꽉 메웠다. 전남대 학생회장 박관현은 감동적인 사자후를 토해 냈고, 성회는 식순에 따라 진행되었다. 그리고 횃불행진이 시작되었다. 밤 9시 30분, 박관현은 다시 도청 앞 분수대에 올라 생전의 마지막 연설을 했다.

> "최규하 대통령이 귀국하면 정부는 정치일정을 소상하게 밝히고 우리의 민주회복운동에 부응하는 반응을 즉각 보여 주리라 믿습니다. 이에 희망을 걸고 굳게 기다려 봅시다. 그러나 만약의 경우 납득이 안 가는 결과가 생길 것을 대비하여 대학생 여러분은 19일(월요일) 일단 여기 도청 앞 광장으로 나와 주실 것을 바라마지 않습니다."

그러나 그즈음 재야 민주인사들에 대한 예비검속이 있으리라는 불길한 소식들이 들려오고 있었다. 5월 17일 오후, 광주시 대의동 YWCA에서는 각계 인사들이 참석한 가운데 긴급회의가 열렸다. 모임의 결론은 일단 사태의 추이를 지켜보자는 것이었다. 회의를 끝내고 집에 돌아온 홍남순에게 들려오는 다급한 목소리는 빨리 피하라는 재촉이었다. 내가 왜? 그리고 피할 데도 없었다. 그렇게 5월 18일이 왔고, 라디오는 0시를 기해 계엄이 전국적으로 확대되었다는 소식을 알리고 있었다.

5월 18일 새벽 1시경, 특전사 제6여단 제33대 대원들이 전남대를 접수하고, 등교하는 학생들을 개 패듯 팼다. 그 소식이 알려지자, 18일 오후 7시 광주는 분노하고 있었다. 학생들과 시민들의 분노가 들불처럼 타오르기 시작했다. 그리고 광주 지역 민주인사들 역시 하나둘씩 어디론가 잡혀가고 있었다. 이른바 광주민주항쟁이 벌어진 것이다.

5월 19일 아침, 홍남순 변호사 내외는 예비검속의 예봉을 잠시라도 피하자는 심산으로 일단 광주를 떠나기로 결심하고 순천을 거쳐 저녁 무렵에 서울고속버스터미널에 도착했다. 두 아들이 마중 나와 있었다. 그러나 광주를 떠나온 것이 마음에 걸려, 잠을 한숨도 자지 못했다. 20일 홍남순은 가족회의를 소집한 뒤, "아무래도 광주로 내려가야 할 것 같다. 이렇게 살아남는다 해서 그것이 어찌 홍남순의 삶이라고 말할 수 있겠느냐. 죽더라도 광주에 가서 죽고, 살더라도 광주에 가서 살겠다"는 뜻을 밝히고 소지품을 챙겨 집을 나섰다.

광주로 가던 고속버스는 정읍휴게소에서 멈춰 섰다. 그곳에서 택시로 장성까지 와서 광주 소식을 단편적으로 들었다. 5월 21일 아침, 홍남순 내외는 광주로 진입하는 택시 한 대를 얻어 타고 외곽까지 올 수 있었고, 거기서부터 4km 넘게 걸어서 자택에 도착했다. 5월 22일, 남동성당에서 김성용 신부, 조아라 YWCA 회장, 이애신 YWCA 총무, 이성학 장로, 이기홍 변호사, 송기숙 전남대 교수 등을 만나 수습위원회 구성 문제를 논의했다. 한편 도청에서도 수습대책위원회 구성이 논의되고 있어서 5월 23일 현재 자생적으로 발생한 수습대책위원회는 모두 3개가 있었다. 도청 부지사가 주관하는 수습대책위, 중앙교회의 정기호 목사를 중심으로 하는 수습대책위, 그리고 남동성당 김성용 신부가 발의한 수습대책위 등이 그것이었다. 이들 3개 그룹에서 나온 사람들이 앞으로의 수습 문제를 논의하기 시작했다. 이들이 결정한 뒤 발표한 수습안은 이런 내용을 담고 있었다.

1. 국가 최고 원수인 대통령이 광주사태가 정부의 과잉진압 때문임을 인정할 것
2. 정부는 사죄하고 광주시민들에게 용서를 청할 것
3. 모든 책임은 국가가 보상책임을 질 것
4. 정치적 보복은 절대로 있을 수 없다는 것을 국민 앞에 명확히 밝힐 것

홍남순이 가까스로 광주로 들어올 무렵인 21일 정오, 금남로에 집결해 있던 10만 명 이상의 시민들을 비롯해 광주 전역에서 40여 만 명의 시민들이 이미 항쟁에 돌입했지만, 11공수 부대원들과 직접 충돌해 가장 많은 희생자가 났다. 오후 1시에는 도청 쪽에서 집단 발포가 시작되어 금남로에서만 적어도 54명이 숨지고 총상을 입은 사람만도 족히 500여 명에 이르렀다.

이날 오후 3시 15분경부터는 금남로에 칼빈과 M1 소총으로 무장

한 이른바 광주시민군이 등장했다. 오후 5시 50분, 계엄군은 광주 밖으로 물러났고, 광주는 말 그대로 '해방광주'가 되었다. 화순 지역 시민군들은 화순광업소에 들어가 엄청난 양의 다이너마이트를 실어 왔다. 25일 오후, 다이너마이트를 지키기 위해 성직자들이 청년들을 모아 왔다. 그러나 25일 밤 9시 무렵, 도청 지하실에는 계엄사에서 파견한 탄약처리반이 은밀히 진입해, 무기들을 분해하기 시작했다.

26일 새벽, 탱크를 앞세운 계엄군이 화정동 통합병원 앞에서 농촌진흥청까지 진입한 상태에서, 계엄군의 시내 진격이 초읽기에 들어갔다. 홍남순을 비롯한 수습대책위 대표 17명은 도청상황실을 나와 '죽음의 행진'에 나섰다. 이들은 탱크와 바리케이트를 넘어 상무대 계엄사령부로 들어갔다. 회의는 오전 10시부터 오후 2시 30분까지 계속되었다. 계엄군은 수습대책위의 요구는 외면한 채, 무기를 회수하여 계엄군에 반납하라는 말만 되풀이했다. 얻은 것도 없이 수습대책위는 계엄사를 나와야 했고, 김성용 신부는 광주의 급박한 상황을 알리기 위해 광주를 빠져나갔다. 홍남순도 이 급박한 상황을 서울에 알리기 위해 송정리역으로 나갔지만, 검문에 걸려 잡히고 말았다. 군인은 이렇게 무전을 쳤다. "독수리, 독수리, 독수리 잡았다. 오버."

광주민주항쟁의 수괴로 몰려

수사는 시나리오에 따라 진행되고 있었다. 홍남순 변호사는 수괴로 몰리고 있었다. 이들 수습대책위원들은 거의 예외 없이 수습을 위해 노력한 것이 아니라, 내란죄를 범한 국사범으로 둔갑되어 갔다. 수괴는 사형 또는 무기징역에 처하도록 되어 있었다. 그 진행과정은 따로 쓰지 않아도 충분히 짐작되고도 남을 것이다.

송기숙 교수가 전하는 검찰신문 과정에서의 이야기가 있다. 이들은 물론, 검찰에서 한 진술이 어떤 결과를 가져올 것인지를 잘 알고 있었다. 그러나 검찰 수사관은 여기서 부인하면 또 저쪽(수사기관)에 끌려가 매 맞고 고생만 더할 것이니 여기서 도장 찍으라고 협박 아닌 사정을 했다. 조비오 신부와 송기숙 교수는 수사관이 눈물까지 보이며 애원하다시피 하는 데 결국 무너지고 말았다. 그 수사관의 진정성과 성실성에 차라리 내가 찍고 말지 하는 심정이었다. 그렇게 시인하고 돌아온 송기숙 교수에게 홍남순 변호사는 처음에는 야단을 쳤지만, "안 찍어 주는 것인디……" 하는 말로 마감했는데 그 뒷이야기가 재미있다.

어색하고 긴장된 순간이 지나고 홍 변호사가 벙그렇게 웃으면서 송 교수더러 오라는 손짓을 했다. 홍 변호사는 "그건 그렇고 이 중에서 이쁜 놈 하나 골라 봐! 이쁘기는 다 이쁜디 그중 하나만 잘 골라 보셔!" 하며 펴 보이는 것은 잡지에 실린 여자 아나운서 24명의 천연색 사진이었다. 이 판에 여자 사진이라니! 그러나 자신은 이미 골라 놨다고 말하는 홍 변호사의 얼굴은 이만저만 만족과 희열에 차 있는 표정이 아니었다. 그 살벌하고 목숨이 경각에 달린 마당에서도 홍 변호사는 이런 여유와 낭만이 있었다. 재판이 시작되었다.

"제1피고인 홍남순은…… 반정부 인사들의 무료변론을 하는 등 반정부활동을 해 오다가…… 대학생들로 하여금 반정부 시위를 하도록 유발, 이를 제지하는 군경과 유혈충돌을 일으켜 국가의 통치기능을 마비시킨 다음…… 학생과 폭도들을 불순세력이 폭도화하여 공공건물을 방화·파괴…… 전남 일대에서 통치기능이 마비되는 사태가 발발하자 동년동월 21일 광주로 잠입하는 등……."

검찰의 공소장 낭독이 이 대목에 이르자 느닷없이 호령이 터졌다. "뭣이 잠입? 잠입이 뭣이여, 잠입이? 잠입이라니, 내가 빨갱이처럼 잠입을 했단 말이여?" 이렇게 홍남순 변호사는 법정을 한번 불끈 들었다가 놓았다. 홍남순 변호사의 호령이 한바탕 쓸고 지나가자 검찰관은 주눅이 들어 목소리가 작아졌다.

홍남순 변호사 등에 대한 재판은 1980년 8월 22일에 기소되어 제1차 공판이 10월 16일 오전 9시에 개정되었다. 그러나 홍남순은 변호인 면담 한번 갖지 못한 상태에서 재판이 개정되었으므로 변호인 면담을 위해 공판기일을 연기해 줄 것을 주장했다. 그리하여 재판이 이틀 뒤로 연기되면서 변호인을 만나볼 수 있었다.

홍남순 변호사가 구속되었을 때 이기홍 변호사도 피고인이 되어 있었기에, 광주에는 이 사건을 맡을 변호사가 없었다. 결국 서울에서 유현석 변호사가 급히 내려왔다. 유현석 변호사가 군검찰 측 조서 내용을 검토한바, 홍남순에 대한 조서가 변조된 것임을 밝혀냈다. 애초 원본은 만년필로 작성되었는데, 제출된 조서는 타자기로 다시 작성된 것이었다. 거기에다 교묘하게 간인과 피고인의 무인까지 찍혀 있었다. 군법회의 당국의 탈법성을 지적했지만, 재판부는 마이동풍으로 그냥 넘어갔다. 유현석 변호사는 재판과정을 이렇게 말했다.

"5·18 광주사태에 대한 재판은 재판이 아니라 차라리 개판이라고 부르는 것이 더 정확할 것이다. 그런 재판을 할 바에야 차라리 혁명적 상황이라고 까놓고 얘기하면서 재판이라는 요식행위를 거치지 않았어야 했다. 그 재판에 본의 아니게 관여한 재판관들이 그 후 두고두고 느끼는 양심의 가책은 영원히 벗을 수 없는 짐이 되고 말았다. 나 역시 법조인의 한 사람으로 분노를 넘어 한동안 심한 자괴감에 빠진 적이 있다."

1980년 12월 17일, 항소심 재판에서 홍남순 변호사가 이렇게 최후진술을 해서 법정을 울음바다로 만들었다.

"나는 살만치 살았고, 저기 있는 두 여자분들(이애신, 조아라)이 여성운동과 사회운동을 하며 불의에 항거하며 올바르게 산 것이 무슨 죄가 있는가! 또 청년들이 무슨 죄가 있나. 모두 석방해야 한다. 나는 나이 먹어 가면서 법조인으로서 할 일을 했을 뿐 수습위원 활동을 불법한 일이었다고 생각하지 않는다."

이 재판에서 홍남순은 무기징역형을 선고받았다. 그러자 이 재판을 지켜보던 셋째 아들 기섭이 냅다 "이 개자식들아, 이게 재판이야?" 하고 재판장을 향해 의자를 집어던졌다. 홍남순은 1981년 12월 형집행정지로 석방되기까지 1년 7개월 동안 감옥에서 더없는 고난의 세월을 보냈다. 1982년 3월에 이어 12월에 광주민주화운동과 관련하여 구속되었던 인사들이 대부분 석방되었다. 이들은 얼마 뒤 광주 5·18구속자협의회를 결성했다. 홍남순은 사양했지만, 송기숙, 박석무 등의 삼고와 사고초려 끝에 회장직을 맡았다. 그리고 1985년 5월 10일에는 5·18광주민주혁명희생자 위령탑 건립 및 기념사업 범국민 추진위원회(5·18추위) 결성을 위한 준비위원회가 결성되면서 홍남순은 그 위원장이 된다. 그러나 명칭과 관련한 안기부의 방해공작과 고질적인 내부 분열로 홍남순은 적지 않은 고역을 치러야 했다.

취영 홍남순 선생 고희기념논총

1982년 10월에 서울에서는 『범하(凡下) 이돈명 선생 화갑기념문집』 출판기념회가 있었다. 이때 홍남순은 서예가 근원 구철우 선생이 쓴 〈대춘춘추(大椿春秋)〉라는 작품을 이돈명 변호사에게 선물했다. 그때 홍남순 변호사는 이 변호사의 회갑논총 발간을 여간 부러워하는 눈치가 아니었다. 내가 따져 보니 홍 변호사는 이 변호사보다 10년이나 나이가 많아 이미 칠순을 넘긴 상태였다. 아마도 『취영 홍남순 선생 고희기념논총』은 이돈명 변호사의 회갑문집에 자극을 받아 서둘러

간행되었을 것이다.

물론 홍남순 변호사가 고희를 맞았을 때는 그가 감옥에 있을 때였기 때문에 기회를 놓친 후학들이 고희기념논총 간행을 서두르자 홍남순 변호사를 존경하고 따르는 사람들이 스스로 나서서 글을 쓰고 모으는 데 앞장서, 그 내용이 충실하고 두툼한 논총이 나올 수 있었다. 간행위원으로 이기홍, 이애신, 명노근, 강신석, 송기숙, 문병란, 박석무 등이 나섰고, 필진으로는 이상식, 이이화, 박석무, 임영천, 이재오, 문익환, 백기완, 리영희, 이광우, 이호철, 이태호, 김홍명, 변형윤, 유인호, 송건호, 임채정, 이효재, 한승헌, 김진균, 서남동, 이우정, 안병무, 김용복, 조비오, 김병걸, 성내운, 백낙청, 문순태 등 이 나라의 진보적인 학계, 언론계, 종교계, 문화계 인사들이 거의 총동원되었다. 고은, 문병란, 김준태는 송시(頌詩)를 썼다. 송기숙은 〈대인(大人) 홍남순〉이라는 제목으로 '내가 본 인간 취영 선생'을 썼다. 이 책의 발간은 홍남순 변호사의 삶이 보람을 맛보는 순간이었다. 논총집 증정식은 광주 YWCA 무진관에서 열렸는데, 그날의 행사는 박석무의 말대로 5공 군부세력에 위축될 대로 위축되었던 민주 진영이 새롭게 전열을 가다듬고 기지개를 켜는 발대식을 방불케 했다. 5 · 18 광주민주화운동 이후 첫 공식 대중집회였다.

홍남순은 어려서부터 선비 집안에서 태어나 유가(儒家)의 수기치인(修己治人), 문자향서권기(文字香書卷氣)를 몸에 익히며 자랐다. 더구나 그가 태어난 화순은, 조선조 중엽 사림파의 비조라 할 정암(靜庵) 조광조(1482~1519)가 유배되어 와 사약을 받은 곳이다. 홍남순은 일찍부터 정암의 우국시를 외우고 있었다.

愛君如愛父　　애군여애부
憂國如憂家　　우국여우가
白日臨下土　　백일임하토
昭昭照丹衷　　소소조단충

임금 사랑하기를 아버지 사랑하듯 했고
나라 걱정하기를 집안 걱정하듯 했는데
하늘이 이 땅을 굽어보시니
내 일편단심 충성을 밝게 비추리

홍남순의 변호사 사무실 벽에는 액자 하나가 걸려 있었다. 송(宋)대의 선비였던 문천상의 글귀였다. '시궁절내현(時窮節乃現)', 궁할 때 그 사람의 절도가 비로소 드러난다는 뜻이다. 비록 궁해도 권력이나 금력에 비굴하거나 구차하지 말자는 뜻을 밝힌 것이다. 그의 책상에는 『논어(論語)』가 언제나 펼쳐져 있었고, 고서화도 힘이 닫는 대로 모았다.

또 홍남순은 한번 인연을 맺으면, 그 인연을 담담한 모습으로 이어갔다. 해위 윤보선과의 인연은 1964년 한일협정반대투쟁 때 맺어졌지만, 홍남순은 해위 선생을 친부모처럼 모시고 공경했다. 서울에 오면 해위댁을 찾아 안부를 여쭙는 것을 잊지 않았고, 해가 바뀌면 세배하는 것을 빼놓지 않았다. 창평엿, 한과 등 세찬을 보내는 것을 게을리하지 않았고, 홍남순이 감옥에 있을 때 해위는 생활비를 보냈다.

함석헌과 장준하와의 교유도 담수지교(淡水之交)라 할 만했다. 아직 호텔 문화가 익숙하지 않았던 1960, 70년대, 홍남순의 집을 가장 많이 찾았던 재야인사가 함석헌이었다. 장준하하고는 한일협정반대투쟁 이후 민추협 및 개헌청원 1백만인 서명운동 등을 통해 동지적 관계 그 이상의 지순한 담수지교를 맺어 왔다. 장준하의 깔끔한 용모와 변하지 않는 지조를 홍남순은 좋아했다.

장준하가 약사봉에서 의문의 죽음을 맞이하기 바로 전인 1975년 8월 13일, 장준하는 광주에 내려와 홍남순과 함께 무등산에 올랐다. 산행에는 물새 아늘 기운이 농행했다. 그날 밤을 이늘은 산사에서 보냈다. 이튿날 일행은 비로봉을 거쳐 약사암 쪽으로 내려왔다. 그때 장준하는 옥중에서 얻은 협심증약을 복용하고 있었다. 이 무등산 종주가 장준하와 홍남순의 마지막 만남일 줄이야. 장준하가 죽고 난 뒤, 해마다 장준하 기일(忌日)이 돌아오면, 홍남순 댁에서는 어김없이 제사를 올렸다. 제사상에는 《사상계》와 영정이 간단한 주과포와 함께 올려졌다. 이 밖에도 홍남순의 교유는 넓고 은은하게 펼쳐졌다. 김영삼(YS), 오지호 화백, 청화 스님과의 교유도 많은 일화를 남기고 있다.

그의 육성을 담은 일대기를 쓰고 싶었는데……

내가 홍남순 변호사의 존안을 직접 뵌 것은 1970년대가 지나고 1980

년대, 그가 감옥에서 나온 이듬해(1982년)가 아니었던가 싶다. 그때 그가 자신을 변론하기 위해 광주를 오갔던 유현석 변호사에게 감사의 인사차 제일합동법률사무소에 들렀을 때 처음 뵈었다. 윤곽이 뚜렷한 얼굴, 호랑이 상이었지만 강골이라는 느낌보다는 인자한 노인의 인상이었다.

제일합동법률사무소는 소장 격인 김제형 변호사(김재규 사건 때 대표 변호사)를 비롯해 이돈명, 유현석 변호사가 포진하고 있었다. 광주민주항쟁 당시 이돈명 변호사는 강제휴업 상태였기 때문에 유현석 변호사가 홍남순 변호사의 변론을 맡게 되었던 것이다. 그때 홍남순 변호사는 어느 택시 기사 이야기를 하고 있었다.

"화순서 친지 한 사람이 쌀 한 가마를 가지고 와서 광주서 택시를 타고 홍남순 변호사 집으로 가자고 해서 왔는데 아 글쎄 그 기사가 한사코 요금을 받지 않더랍니다. 홍 변호사님을 도와드리지는 못할망정 제가 어떻게 그 돈을 받겠냐면서 한사코 거절하더라는 겁니다. 감옥 사는 동안에도 많은 사람들로부터 분에 넘치는 도움을 받았거든요. 제가 무얼 한 게 있다고, 이런 분에 넘치는 대접을 받는지 몸 둘 바를 모르겠습니다."

대충 이런 이야기였는데, 이 이야기를 끝내고 멀리 창밖을 내다보는데, 홍 변호사의 그 큰 눈에 눈물이 그렁그렁 고여 갔다. 투사 이미지보다는 선량한 이웃 같은 인상을 나는 그때 받았다.

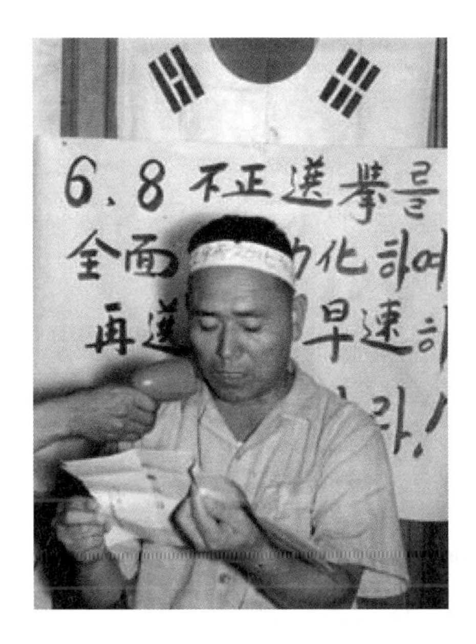

6·8 부정선거 전면무효화투쟁 당시의 모습(1967).

나는 홍남순 변호사의 고희기념논총에 아무런 기여도 하지 못했다. 그런데 홍남순 변호사는 그 책이 나오자마자 공식행사가 있기 훨씬 앞서 1983년 12월 17일자로 당신이 손수 서명한 책을 내게 보내주었다. 아마도 당신의 기념논총이 나온 것을 내가 누구보다 기다리고 있을 거라고 생각했기 때문이 아닐까. 홍 변호사는 내가 이돈명 변호사 회갑기념문집을 낸 것을 매우 고맙고 자랑스러운 일로 생각하고 있었던 것이다.

2000년을 전후해서 홍남순 변호사의 셋째 아들 기섭을 만나 '홍남순 평전'에 대해 이야기를 나누었다. 그분이 법조 경력 이외에도 지사와 선비로 살아온 삶은 가히 호남의 대로(大老)라 할 만한 것이라, 그것을 두루 취재, 섭렵, 기록으로 남길 필요성을 이야기했다. 그 얼마 뒤, 광주에 내려가 홍남순 변호사를 뵙게 되었는데 홍 변호사도 다소간 쑥스러워하긴 했지만, 자신의 육성으로 당신의 삶을 정리하고 싶은 눈치였다. 당신을 내세우기보다는 당신이 남기고 싶은 메시지가 많아 보였다. 그래서 서로 시간이 맞으면, 며칠 동안 함께 지내면서 홍 변호사의 말씀을 듣기로 했다. 그러나 피차 뭐가 그렇게 바빴던지 차일피일 시간을 끌다가 끝내 그분의 육성을 몇 날 며칠 담는 것은 불가능하게 되었다. 2001년에 그분이 뇌출혈로 쓰러졌기 때문이다. 홍 변호사가 쓰러졌다는 소식을 듣고 나는, 잔잔하면서도 진솔한 목소리를 더 이상 듣지 못하게 된 것은 물론, 남아 있는 사람들이 그 불찰과 그 불경을 어떻게 속죄할 것인가 막막하기만 했다.

그분이 쓰러지신 충격 탓이었을까. 우리는 서둘러 2004년에 있는 사료들을 끌어 모으고, 홍 변호사가 아닌 다른 사람들의 이야기도 보충해 『영원한 재야, 대인 홍남순』(나남, 2004)이라는 제목의 평전을 간행했다. 그 발문(맺음말)을 내가 썼는데, 솔직히 고백하거니와 그것은 호랑이를 그리려다 고양이를 그린 것에 지나지 않는 것이었다. 이번에 다시 보니 더욱 그랬다. 홍남순 변호사는 1992년에 평생의 반려였던 아내를 약화(藥禍) 사고로 잃었다. 1987년 이후 야권이 분열되었을 때, 그는 무작정 DJ를 따라가지 않고 거리를 두었으며, 가톨릭인권상(1985), 무궁화훈장(1993), 심산(心山)상(1997) 등을 받았다.

대인(大人)의 풍모

『영원한 재야, 대인 홍남순』의 출판을 기념하는 자리에서 신경림이 취영 홍남순 선생을 기리며 쓴 축시 〈우리들에게 용기를 주고 자유를 주고, 행복을 주고 큰 나무처럼〉의 맨앞과 뒤는 이렇게 되어 있다.

헐벗은 사람들에게 빛을 주고
목마른 사람들에게 물을 주고
쓰러진 사람들에게 꿈을 주면서
비바람치는 들판에 나선
우리들 모두에게 용기를 주고
……
용기를 주어 우리를 말하게 하고
꿈을 주어 우리들 눈 뜨게 하고
자유를 주어 우리들 일어서게 하면서
우리들에게 행복을 주고
우리들에게 기쁨을 주고

신경림의 시가 홍남순 변호사의 법조인, 그리고 민주화 투사로서의 면모를 그린 것이라면, '인간 홍남순'의 진면목을 드러내 보여 주는 글은 송기숙이 썼다. 『취영 홍남순 선생 고희기념논총』에 쓴 송기숙의 글 「대인(大人) 홍남순」의 일절을 옮기는 것으로 이 글을 맺는다.

"소박하실 때는 그 소박함을 측량할 길이 없고 분노를 터뜨리면 그 노기를 헤아릴 수가 없는, 그 소박함과 분노의 거리, 이런 거리를 반경으로 한 광활함이 홍남순 변호사의 인간적인 폭, 아니 넓이일 것이다. 무등산의 밑바닥이 어디서 어디까지인지 가늠할 수가 없듯이 범상한 눈으로 그 광활함을 측량할 길이 없다. 대인이란 어린아이의 심성을 잃지 않는 사람[大人者不失其赤子之心者也]이라고 한 것은 맹자(孟子)의 말이거니와, 범인의 눈으로는 도무지 어이없고 엉뚱하기만 한 그 어린애 같은 일들은 바로 대인의 인간적인 탄력이자 그대로 인간됨의 바탕일 것이다.

곤경에 처하여 허덕이는 사람을 보면 측은해하기를 스스로가 그런 일을 당한 것같이 그 안타까움에 도무지 분별이 없고, 불의를 보면 그 분노가 열화 같아 일신의 안위를 돌보지 않음이 그에 더 위태로울 수가 없어, 그 분별없고 위태롭기가 어린아이 한 가지이고, 눈앞의 이익을 보면 남 앞에 큰 감을 놓고야 만족하되 그 만족해함이 큰 감을 차지하는 것보다 더 컸으니 속인의 눈으로 보면 이 또한 어린아이요, 시비곡직을 분간하되 지질한 사변의 훤화(喧譁)를 헤쳐 대쪽 빠개듯 하니 그 명쾌하고 분명하기가 호오(好惡)를 가리는 어린아이에 진배없었다.

사람의 사람됨은 이 불인(不忍)과 수치(羞恥), 사양, 시비의 사단(四端)을 기준하여 가르거니와 '큰 것을 기르는 사람이 대인[大者養育者大人]'이라 할 때의 큰 것[大者]이란 바로 이 사단을 일컬음이다. 부귀영화가 아무리 크고 화려하다 하더라도 그것은 어디까지나 소인이 소관할 바 작은 것이요, 대인은 오로지 큰 것만을 괘념하니 따라서 대인은 제왕의 영예와 권력을 부러워하지 않고, 재벌의 부를 탐하지 아니한다. 소인의 소관사와 대인의 소관사가 처음부터 스스로 다르기 때문이다. 대인은 애초에 자나깨나 이 큰 것만을 괘념하매 스스로를 돌이켜 그 부실을 염려할지언정 작은 것에서 오는 근심은 처음부터 남이요, 하루아침에 갑자기 닥치는 근심 또한 없다. 무등산이 폭풍으로 흔들리며 겨울철의 찬바람에 움직이던가?

우리는 곁에 이런 대인을 가져 그 든든함이 무등산과 같거니와 그 덕이 더 오래오래 사회에 떨치기를 빌 뿐이다."

3

닭의 목을 비틀어도 새벽은 온다

김영삼

내가 당시 야당 정치인이었던 김영삼(YS, 1927~2015)을 처음으로 만난 것은 1975년 연초가 아니었을까 싶다. 그때는 YS가 1974년 8월, 선명노선을 기치로 내걸고 제1야당 신민당의 당권에 도전, 마침내 46세의 나이로 최연소 야당 당수로 당선된 뒤였다. 유진산의 불투명한 노선에 반기를 들고 탈당해 선명노선을 걷고 있었던 양일동과 장준하의 통일당과 더불어 김영삼의 신민당 역시 이제 막 선명야당 노선을 걷기 시작할 무렵이었다.

3선개헌과 유신정국에서 재야 민주세력의 결집체였던 민주수호국민협의회는 유신정권의 가혹한 탄압에 천관우와 이병린이 가까스로 그 명맥만 유지하고 있을 뿐이었다. 이에 유신정권에 맞서는 투쟁을 더욱 광범위하고 효과적으로 해야겠다는 각성 위에, 각계각층의 민주 인사 71명의 서명을 받아 발표한 민주회복국민선언(11월 27일)에 뒤이어 그해 12월 25일에는 YMCA에서 민주회복국민회의 창립총회를 가졌다.

YS와의 인연

민주회복국민회의는 "민주체제를 재건, 확립하기 위한 전 국민적인 운동을 발전시킬 것을 목적으로 하는 국민연합체"라는 규약을 채택하고, 상임대표위원에 윤형중 신부, 대표위원에 이병린, 이태영, 양일동, 김철, 김영삼, 김정한, 강원룡, 함석헌, 운영위원에 홍성우(사무총장), 함세웅(대변인), 한승헌, 김정례, 김병걸, 임재경 등이 선임되었다. 윤형중 신부가 상임대표위원이 되면서, 실무책임자로서 당시의 민주회복국민회의를 이끌어 간 것은 대변인 함세웅 신부였다.

민주회복국민선언에 서명을 받을 때부터 나는 김철, 김정례와 더불어 그 작업을 맡았을 뿐만 아니라, 민주회복국민회의가 정식으로 발족, 활동을 하면서, 나는 함세웅 신부를 도와 그 실무작업에 참여했다. 예컨대 성명서의 작성, 회의 소집 등의 연락, 주요한 사안에 대한 대표위원 및 고문 등과의 협의와 의견 청취 등이 그것이었다.

이 과정에서 나는 안국동의 윤보선, 상도동의 김영삼, 동교동의 김대중(DJ)의 집에 드나들며 이것저것 민주회복국민회의와 관련된 문

제7대 국회 원내총무(오른쪽에서 두 번째) 시절 장준하(왼쪽에서 두 번째) 등 동료들과 함께.

제를 상의하게 되었다. 원래 이들을 민주회복국민회의에 끌어들인 것은 김철이었으나, 그때 김철은 신변이 자유롭지 않았다. SI(사회주의 인터내셔널) 관계로 당국에 수배를 받고 있었기 때문이다. 내가 이분들을 만나는 것은 굉장히 위험한 일이었다. 그런데도 달리 맡을 사람이 없으니 내가 그 위험을 떠안을 수밖에 없었다.

맨 처음 내가 상도동으로 YS를 만나러 갔을 때는 아주 이른 새벽이어서 그의 비서들도 나와 있지 않았다. 1층과 2층 사이의 YS 방에 들어가 그와 독대하여 민주회복국민회의의 활동 방안과 신민당과의 협력 문제를 논의하고는 했다. 그는 보온병에서 물을 따라 커피나 차를 타 주기도 했는데, 위엄 있는 지도자라기보다는 고생 모르고 곱게 자라 성공한 서방님 타입이었다는 것이 내가 받은 첫인상이었다. 대개의 경우, 나는 볼일만 보고 서둘러 나와 뒤도 돌아보지 않고 상도동에서 벗어나는 데만 신경을 썼다. 정보원들과 마주치거나, 그들의 검문을 받기가 두려웠기 때문이다.

그러던 어느 날, 서둘러 나오다가 그의 비서로 근무하던 김덕룡을 만났다. 나는 그가 YS를 돕고 있다는 이야기는 일찍부터 들어 알고 있었다. 그렇지만 그와 만나는 것은 꺼렸다. 내가 하는 일을 들키는 것 같은 느낌이었기 때문이다. 그는 나와 대학 동기동창으로, 대학 1학년 교양과정을 함께 들은 클래스메이트였다. 그와 만나면서부터 나는 그의 부탁으로 YS와 재야를 이어 주는 가교 역할을 자연스럽게 맡게 되었다. 때로는 그의 부탁으로 YS의 성명이나 연설문안을 쓰기도 했고, 간접적이지만 이것저것 자문에 응하게 되었다. 나와 YS의 인연은 이렇게 시작되었다.

김지하의 어머니, 정금성 여사를 비롯한 구속자 가족들은 수시로 상도동에 들어가 구속자들의 소식을 전하고 자식들의 구명을 호소했다. 1975년 3월 김지하가 민청학련 사건으로 구속되었다가 나온 지 23일 만에 다시 투옥되었을 때, 그가 옥중에서 쓴 양심선언을 들고 어머니는 YS를 찾아갔다. 이 양심선언을 대량으로 복사해 상도동계 당원들을 중심으로 돌렸던 김덕룡이 긴급조치 9호 위반으로 투옥된 것도 이 무렵의 일이었다.

3·1 민주구국선언 사건 때도 구속자 가족들은 YS를 찾아가 구명을 호소했고, 그들의 법정진술은 신민당원들에 의해 복사되어 세상에 알려졌다. 그러나 1976년 9월 당권이 이철승에게 넘어가면서 신민당은 재야 민주화투쟁을 철저히 외면하고 재야와의 연계는 물론 연락

마저 차단했다. 심지어 신민당 의원들의 3·1 민주구국선언 사건 재판 방청마저 금지시키기에 이르렀다.

이보다 앞선 1975년 5월 21일, YS와 박정희의 회담은 그의 선명성을 훼손한 사건으로 지금도 기억에 남아 있다. 1975년 4월은 국내외 정세가 크게 요동치던 시기였다. 4월 17일 캄보디아 공산군이 수도 프놈펜에 진입해 우파 정부군을 붕괴시켰고, 4월 30일에는 월남 정부가 월맹군과 베트콩에 무조건 항복했다. 국민들은 월남적화로 큰 충격을 받았다. 박정희에게는 국민들의 관심을 민주화에서 안보강화로 돌릴 수 있는 절호의 기회였다.

YS와 박정희의 영수회담은 이런 상황 속에서 이루어졌다. 이날 오전 10시 30분에서 12시 30분까지 2시간 동안 계속된 회담이 끝난 뒤 나온 발표는 허망했다. "박 대통령과 김 총재는 지금 미증유의 난국에 처해 이를 극복하기 위해서는 여·야가 다 함께 국가적 차원에서 노력을 기울여야 한다는 데 의견을 같이했다…… 이것은 여·야와 사회 각층 간의 총화를 굳히는 효과적이며 실질적인 촉진제가 될 것으로 확신한다." 이것이 전부였다.

YS는 더 이상의 면담 결과를 내놓지 않았다. 당내에서는 물론 민주화 진영 내부에서도 설왕설래가 많았음은 물론이다. 그가 뒷날 회고록에서 밝힌 바에 따르면, 박정희가 그때 자신의 처지를 짝을 잃은 새에 비유하면서 "김 총재, 나 욕심 없습니다. 집사람은 공산당 총 맞아 죽고, 이런 절간 같은 데서 오래 할 생각 없습니다. 민주주의 하겠습니다. 그러니 조금만 시간을 주십시오"라고 했는데 눈시울이 젖어

김영삼과 박정희(오른쪽)의 영수회담(1975).

있었다고 한다. YS는 그의 이런 모습을 보고 "이번 임기를 마지막으로 물러나겠다"는 뜻으로 알아들었다고 한다. 그리고 그 이야기는 둘만의 비밀로 하자고 했다고 한다. 나는 이 말이 사실일 것이라고 믿지만, 그때 YS의 행동은 지금도 여전히 미스터리에 싸여 있다.

영광에서 수난으로

1976년 이철승에게 당권을 잃었던 YS는 1979년 5월 30일의 전당대회에서 당권 탈환을 위한 타이틀 매치에 도전한다. 그러나 이때 박정희 유신정부는 '다른 사람은 몰라도 김영삼만은 안 된다'는 확고한 집념을 가지고 김영삼의 당권 행보에 딴지를 건다. YS는 이때도 "이번 도전은 당권 도전이 아니라 정권에 대한 도전"이라며 "만약 이번 대회가 야당으로서의 투쟁을 다하지 못하고, 권력의 그늘 밑에 안주하면서 집권당을 도와주는 타락된 행위를 인준하는 결과를 가져온다면 우리 모두는 역사와 국민 앞에 준엄한 심판을 면치 못할 것"이라고 단언했다. 그러면 그럴수록 정권 차원의 방해공작이 더욱 치열해져 갔다.

차지철이 직접 나서서 방해공작을 진두지휘하는 것은 물론 김재규 중앙정보부 부장까지 나서서 만약 총재 경선을 강행하면 그 결과는 물을 보듯 뻔하다고 위협하는가 하면, 총재 출마를 포기하지 않으면 구속될 수도 있다고 협박했다. 이에 대응해 YS 진영의 참모들도 죽기살기로 당권 경쟁에 뛰어들었고, 재야 세력도 당권 경쟁에 개입해 YS를 미는 데 총력을 기울였다. 윤보선은 일찍부터 정당 관계자들을 불러 YS를 지원하라고 당부했고, 김대중도 5월 29일 을지로 아서원에서 있었던 YS 지지 '민권의 밤' 행사에 나와 김영삼 지지를 호소했다.

신민당 마포 당사에서 열린 5·30 전당대회는 정치 부재의 땅에 정치의 열풍을 불러일으킨 하나의 드라마였다. 오랜 유신의 얼음장 밑에서 민주주의를 향한 타는 목마름이 솟구쳐 오르는 현장이었다. 1차 투표 결과 YS는 267표를 얻었고, 이철승은 292표, 이기택은 92표, 신도환은 87표를 얻었다. 아무도 과반수를 득표하지 못했다. 이기택과 신도환의 표가 어디로 가느냐가 대세를 가늠할 상황이었다. 그때 당사 밖에서는 민주화를 열망하는 시민들이 '김영삼'을 연호하고 있었다. 김영삼이 이기택을 끌고 창가로 다가가자, 그때까지 '김영삼'을 외쳐 대던 함성이 '김영삼! 이기택'으로 바뀌었다. 바로 이 순간 대세가 판가름 난 것이다. 이기택이 김영삼 지지로 돌아선 계기가 바로 이 함성에서 비롯되었다. 2차 투표 결과 김영삼이 378표를 얻고 이철승이 367표를 얻는 역전극이 펼쳐졌다. 그날 승리의 환호가 장내를 휩싼 가운데 다시 한 번 야당 총재로 선출된 YS는 이렇게 말문을 열었다.

> "오늘의 결의는 우리 신민당이 곧 여당이 될 수 있음을 보여 준 것이며, 수권 준비태세가 되어 있음을 입증하는 것입니다. 이제 민주주의는 개막하기 시작했고, 마침내 새벽이 돌아왔습니다. 아무리 새벽을 알리는 닭의 모가지를 비틀어도 민주주의의 새벽은 오고 있습니다."

YS의 어록 가운데, 국민의 뇌리 속에 깊이 박혀 있고, 또 많이 회자되고 있는 "닭의 목은 비틀어도 새벽은 온다"는 말이 이때 나왔다. 이 말은 박우사에서 『한국인물대계』를 만들 때 관련 책을 읽다가 내가 무릎을 치면서 "바로 이 말이다"라고 환호했고, 그것을 YS의 연설문에 내가 써서 유명해진 바로 그 말이다. 새벽은 잠자는 사람에게 찾아오는 것이 아니라 그것을 찾아나서는 사람에게만 온다는 말과 함께 '민주주의 새벽론'의 결정적으로 중요한 메시지다.

이 전당대회를 계기로 YS는 윤보선 전 대통령과 김대중을 상임고문으로 하고, YS는 선명야당의 총재로서 박정희정권과 정면대결하는 길에 나선다. 1979년 7월 23일, 제102회 임시국회에서 YS는 1978년의 총선에서 공화당이 신민당에 1.1% 뒤진 것은 무엇보다도 박정희 19년에 걸친 장기집권 때문이라면서 "박정희는 이제 정권을 이양할 준비를 해야 할 것"이라고 정면으로 공격했다. 4년 2개월이나 계속되고 있는 긴급조치 9호를 들어, 긴급조치로 유지될 수 있는 정권이라면 당장 내놓으라고 요구했다.

YH 사건으로 비롯된 시련

그러나 YS의 당권 탈환은 어떤 의미에서 또 다른 시련의 시작이었다. YH 사건이 바로 이 시점에서 터졌다. 그해 8월 9일 오전 9시, 상도동 YS 집으로 문동환, 이문영, 고은 등 재야 민주화운동 인사들이 찾아와, YH 여공들이 신민당사로 찾아가고 있는 중이니 그 호소를 들어보고 해결책을 마련해 달라고 요청했다. YS는 처음에 그들이 호소차 방문하는 것으로 알았다. 그러나 YH 여공들은 농성장소로 신민당사를 선택한 것이었다.

YS와 신민당은 찾아온 YH 여공 200여 명을 강당에서 자게 하고, 모포 등을 사 주고 당사 앞 식당에서 설렁탕, 비빔밥 등을 시켜 끼니를 해결해 주었다. 경찰이 쳐들어올 것이라는 소문이 신민당사에서 농성 중인 여공들 사이에 퍼진 것은 10일 밤 10시 40분께였다. 여공들은 긴급총회를 열어 경찰이 강제 해산을 시키려 하면 모두 투신자살하겠다는 결의를 다졌다. 나이 어린 여성 노동자들은 4층 창살에 네댓 명씩 매달려 울부짖었다. 실신해서 이웃 녹십자병원으로 옮겨지는 여공도 있었다.

YS는 "경찰은 결코 신민당사에 들어오지 못한다. 나와 신민당원들이 여러분을 지킬 것"이라고 안심시키려 노력했지만, 둘러싼 경찰 병력은 늘어나기만 했다. 자정이 넘어 11일로 접어들면서 경찰은 2층 유리창을 부수고 복도로 뛰어들어 왔다. 청년당원들이 총재실 문을 지켰지만 경찰은 벽을 부수고 들어와 YS를 끌어내고는, 여공들이 농성 중인 4층 강당으로 쳐들어갔다. 잠자리에 들었던 여공들이 처절하게 저항했으나 이내 10여 분 만에 모두 끌려 나갔다. 그리고 그 과정에서 김경숙 양이 숨졌다.

신민당은 8월 11일 정무회의와 의원총회를 열어 국회의원 전원이 중앙당사에서 농성투쟁에 들어갔다. 당사 전면에는 "밤이 깊을수록 새벽이 가깝다"라고 쓴 대형 플래카드가 걸렸다. 신민당의 농성은 18일 만인 8월 28일 오전, 의원총회와 김경숙 양의 추도식을 끝으로 막을 내렸다. 18일간의 농성은 의정사상 최장이라는 기록을 남겼다. 그리고 이 사건과 관련, 전후 사태 전개과정을 담은 「최후의 발악」이라는 제목의 조사보고서를 발간한 것이 문제가 되어 김덕룡은 긴급조치 위반으로 구속되고, 몇몇은 수배되는 사태를 맞기도 했다.

김덕룡이 구속되면서 YS와 나의 연결 통로가 차단됨으로써 나는 별도의 연락 채널을 구축해야 했다. 당시 재야 민주화 진영은 긴급조치 9호의 발동으로 그 활동이 위축, 제한되었던 민주회복국민회의와 그 이후에 결성된 인권운동협의회를 거쳐 '민주주의와 민족통일을 위한 국민연합'을 결성해 윤보선, 함석헌, 김대중이 공동대표를 맡아 활동하고 있었다. 마침 YS의 신민당 총재 당선으로 개헌 논의가 부상해, 재야와 신민당의 협의가 진행되고 있었다. YS 쪽 창구였던 김덕룡

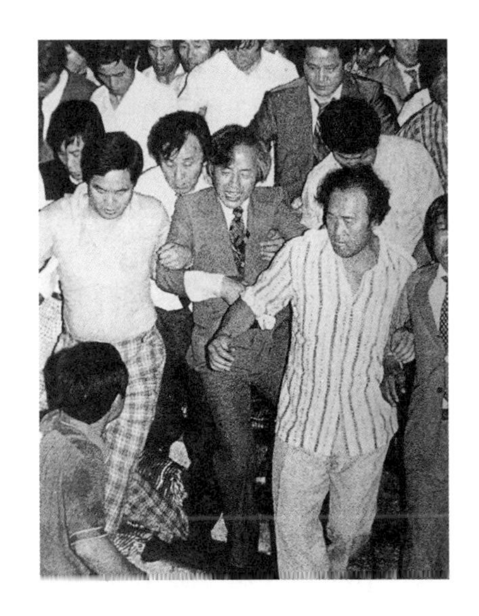

YH 사건 당시 신민당사에서 끌려 나오는 김영삼(가운데)과 당직자들(1979).

이 구속되면서 나는 신민당 출입기자를 통해 YS와 연락하는 방법을 모색했다. 당시 《부산일보》 기자로 신민당을 출입하는 이수언을 통해 연락하기로 하고, 우선 해위 윤보선으로부터 해위용전(海葦用箋)이라고 씌어진 용지에 '정의(正義)' 두 글자를 써 달라고 해서, 그것을 신표(信標)로 삼았다. 그러나 정작 이 신표는 별로 써 먹지 못했다. 바로 얼마 뒤, 10 · 26 사태가 벌어졌기 때문이다.

YS의 의원직 제명

YS와 그의 신민당의 시련은 YH 사건만으로 끝난 게 아니었다. 마포

당사에서 신민당 의원들이 농성을 벌인 지 사흘째 되는 8월 13일, 원외지구당 위원장 3명이 YS에 대한 총재직무 집행정지 가처분신청을 제출한 것이다. 이들은 5·30 전당대회에 참가한 일부 대의원의 자격에 문제가 있다고 주장하면서, 따라서 YS의 총재 당선도 무효라는 내용의 소송을 제기했다. 이는 물론 박정희 유신정권이 벌인 공작정치의 소산이었다. 9월 8일, 서울민사지법 합의 16부 조언 부장판사는 이 가처분신청을 받아들여, 정운갑 전당대회 의장을 총재직무 대행자로 선임했다. 참으로 어처구니없는 일이었다.

이런 사태들은 국민들을 크게 자극했다. 천주교 전주교구 김재덕 주교는 전주의 중앙성당에서 있었던 기도회에서 이런 가처분신청을 조롱하는 뜻으로 '박 정권에 대한 직무정지 가처분'을 주장해 한때 구속될 위험을 겪기도 했다. 이런 가운데 정운갑은 9월 25일 중앙선관위에 총재 대행을 등록하면서, 총재가 관변 대행과 직선 총재 두 명인 사태가 발생했다. 주류 측은 마포당사에서 김영삼 총재 수호 전국당원대회를 열고, YS가 유일한 법통임을 선언했다.

이런 가운데《뉴욕타임스》기자회견 사건이 터졌다. YS가 그의 집에서 가진 회견에서 "미국은 국민과 끊임없이 유리되고 있는 정권, 그리고 민주주의를 열망하는 다수, 둘 중에서 어느 쪽을 선택할 것인지를 분명히 할 때가 왔다." "내가 미국 관리들에게 공개적이고 직접적인 압력을 통해서만 박정희 유신정권을 제어할 수 있다고 말할 때마다 미국 관리들은 한국의 국내정치에 개입할 수 없다고 한다"라는 등의 발언을 한 것이, 내정간섭을 요청해 국회의원의 품위를 손상했다

국회의원 제명 직후 의사당에 홀로 남은 김영삼(1979).

고 주장하면서 박정희정권은 YS의 의원직 제명을 추진했다. 그것은 박정희의 최종결정에 따른 것이어서 일사천리로 진행되었다.

어떻게든 의원 제명만은 막아 보겠다는 생각으로 중앙정보부장 김재규는 YS에게 보도내용이 와전된 것이라고만 말해 주면 어떻게 자신이 사태를 수습해 보겠노라 했지만 YS는 이를 단호하게 거절했다. 1979년 10월 4일 오후, 공화당과 유정회는 여당 의원 총회실로 본회의 장소를 옮겨 여당 의원들만 참석한 가운데 18분 만에 의정사상 첫 번째로 국회의원, 그것도 야당 총재를 제명 처리했다.

YS는 이때 발표한 성명에서 "나를 아무리 의회에서 축출하고 감옥에 가둔다 해도 민주회복을 위한 나의 소신, 나의 철학, 나의 시국관까지 축출하거나 감옥에 가둘 수는 없다.…… 나는 잠시 살기 위해 영원히 죽는 길을 택하지 않고 잠시 죽는 것 같지만 영원히 살 길을 선택할 것이다"라고 했다. 신민당 의원들은 제명에 항의, 소속의원 66명 전원이 국회의원직 사퇴서를 제출했다. 통일당 의원 3명도 이에 동조했다.

이런 상황 속에서 10월 16일 오후부터 부마항쟁이 폭발했다. 시위대원들은 '독재타도', '유신철폐', '언론자유', '김영삼 총재 제명을 철회하라'는 구호를 외쳤다. YS에 대한 총재직 정지 음모와 의원직 제명이 부마항쟁을 촉발시킨 셈이다. 박정희는 10월 18일 새벽 0시를 기해 부산직할시 일원에 비상계엄을 선포했다. 부산 사태는 바로 인접 마산으로 인화되었다. 마산에서는 18일 밤부터 부산보다 더 격렬한 시위가 일어났다. 언론사와 방송국 경찰서와 세무서 등이 데모대에 의해 파손되었다.

10·26 사태와 안개정국

이러한 사태들은 마침내 그해 10월 26일, 김재규에 의한 박정희의 살해로 나타나게 되었다. 김재규에 대한 재판기록과 그가 남긴 육성에 의하면, 그날의 총성도 YS와 무관치 않다. 그날 결행하겠노라 결심은 하고 있었지만 좀처럼 총을 쏠 기회를 잡을 수 없었던 김재규에게 그 기회를 만들어 준 것은 박정희였다.

박정희는 YS를 제명에 이어 구속시킬 생각이었지만, 정무수석 유혁인의 반대로 구속을 보류하고 있었다. 그날 저녁 박정희는 또 YS 구속 문제를 꺼냈다. 이때를 놓치지 않고 김재규는 "각하 대국적인 정치를 하십시오" 하면서 차지철에게 총격을 가했고, 이어서 박정희에게도 권총을 발사했다. 그리고 밖으로 나가서 다른 총을 들고 와 아직 꿈틀거리고 있는 박정희를 확인사살했다. 이때 김재규는 비서실장 김계원에게는 "각하를 똑바로 모셔요"라고 하고, 차지철을 향해서는 "이런 버러지 같은 놈"이라고 질타했다.

김재규에 따르면, 부마항쟁은 국민적 항거의 표본이었고, 삽시간에 전국의 5대 도시로 확산될 것으로 확인되었기 때문에, 박정희와 3천7백만 국민의 자유민주주의는 숙명적인 관계에 놓여 있었다고 했다. 자신이 정보를 책임졌던 사람으로, 이제는 다른 방법이 없다는 결론에 도달했고, 그것이 10 · 26 민주국민혁명으로 나타났다는 것이다.

10 · 26으로 유신의 원천은 깨졌는데도 유신은 의연히 계속되고 있었고, 김재규는 그의 말대로 전쟁에서는 승리한 장군이 적에게 포로가 되어 외로운 법정투쟁을 이어가고 있었다. 그리고 아무 일도 일어나지 않았다. 그러는 사이 12 · 12 사태가 일어났고, 1980년에 들어서면서 이른바 안개정국이 펼쳐졌다. YS는 "신민당이 집권하는 것이 역사의 순리"라는 것을 강조하면서 신민당 조직 정비에 나섰다. YH 사건, 야당 총재의 의원직 제명, 부마항쟁, 10 · 26에 이르기까지 유신체제를 무너뜨린 장본인이 자신과 신민당이라고 할 수 있는 만큼, 그의 주장이 터무니없는 것은 아니었다. 실제로 통일당 지구당위원장들도 속속 신민당에 입당하고 있었다.

그러나 YS만 집권의 희망에 부풀어 있었던 것은 아니다. DJ도 복권과 더불어 대권행보를 가속화하고 있었다. 이런 가운데 3월 6일, YS와 DJ는 외교구락부에서 단독으로 만나 앞으로의 정국 전망을 논의했다. YS는 지난 1979년의 5·30 전당대회에서 DJ를 윤보선과 함께 상임고문으로 위촉했으니 DJ의 당적이 신민당에 있다는 입장인 반면, DJ는 신민당 입당 문제는 재야 인사들 영입 문제와 관련, 원점에서 협상해야 한다는 논리를 들고 나왔다. 벌써 야권 분열의 조짐이 나타나기 시작한 것이다.

이 무렵 나는 1주일에 한두 차례씩 YS를 만나고 있었다. 그의 요청으로 점심시간이 끝난 뒤, 내가 먼저 상도동에 가 있으면 오찬을 마친 YS가 집으로 들어와 나와 만나곤 했다. 그의 집권 준비의 일환이라고 할 수 있었다. 재야의 움직임 등 정세에 관한 의견도 교환했지만 좀 더 원론적인 문제라 할 수 있는 '정치란 무엇인가', '대통령이란 어떤 자리인가' 등에 관해 토론하기도 했다. 지금 내 기억으로는 "정치는 정의(正義)를 실현하는 것(政者正也)," "정치란 서로 상충하는 권익을 공동선의 방향으로 조정하는 역할" 따위의 얘기를 주고받았다. 그러나 그러한 만남은 오래가지 않았다. 5·17이 터졌기 때문이다.

5·17과 함께 YS는 상도동 자신의 집에 연금되었다. 연금 중 그는 서도(書道)를 익혔다. 또한 아마도 이때가 그의 생애 중 독서시간을 가진 유일한 기간이었을 것이다. 공식적으로는 아무도 상도동에 드나들 수 없었지만, 뒤에 듣기로 김덕룡은 지키는 사람들의 양해를 받아 드나들 수 있었다고 한다. 앞서 안개정국 아래서 나와 만나서 토론했

던 문제들, 그리고 한국의 정치 현실과 관련된 문제들을 정리하고 싶다고 해서, 내가 초고(草稿)를 쓰면 YS가 고치거나 첨가하면서 한편 한편 글을 정리해 나갔다. 그렇게 해서 뒤에 한 권의 책으로 나온 것이 『나와 내 조국의 진실』(일월서각, 1984)이다. 1982년에 미국에서 먼저 나오고, 국내에서는 2년 뒤에 나왔다. 1981년 잠깐 연금이 풀렸을 때는 부산에서 서도전시회를 열었는데, 이때부터 그의 글씨 '대도무문(大道無門)'이 그의 대표작이 되었다.

'민주산악회'라는 정치단체

YS의 1차 연금은 1980년 5월 17일에서 1981년 4월 30일까지 이어졌다. 그 기간 동안 좁디좁은 그의 집 정원은 잔디밭이 아니라 타작마당이 되었다. 좁은 정원에서 되풀이해서 뛰다 보니 잔디가 자랄 수가 없었던 것이다. 1차 연금이 끝난 뒤인 1981년 6월 9일 목요일, YS는 김동영, 최형우, 문부식, 김덕룡 등과 가벼운 마음으로 북한산에 올랐다. 이것이 계기가 되어 이후로도 목요일이면 산행을 하게 되었는데, 소문과 더불어 일행들이 계속 늘어났다. 이렇게 해서 자연스럽게 만들어진 것이 '민주산악회'다.

동양에서 산은 은둔의 장소이거나 정신적 수양의 도량이었다. 일찍이 남명 조식은 지리산을 내려오면서 "산을 보고 물을 보고 사람을 보고 세상을 본다(看山 看水 看人 看世)"고 했고, 퇴계 이황은 청량산을 오르내리며 "오르막길의 어려움은 선(善)을 행하기가 어려운 것과 같고 내리막길의 쉬움은 나태와 안일에 빠지기 쉬움과 같다"고 했다. 남명은 또 "한번 흘러간 물이 돌아오지 않는 것을 보고 인생의 무상함을 생각하고 굽실굽실 끝없이 흘러가는 강물을 보고 거대한 역사의 흐름을 생각하라"고 했다.

30여 년에 걸친 군사독재 기간 동안 많은 사람들이 산에 올라가 정보를 교환하고 가혹한 탄압으로부터 한때나마 해방감을 맛보곤 했다. 그리하여 곳곳에서 여러 가지 형태의 산행이 이루어졌다. 재야 민주화운동의 구심점이 되었던 거시기 산우회는 이돈명, 변형윤, 리영희, 송건호, 이호철, 박현채, 백낙청, 김정남, 박석무, 조태일 등을 구성원으로 하여 매주 산에 올랐으며, 신경림, 정희성 등 시인과 문인들을 중심으로 한 무명산악회도 있었다.

민주산악회가 생기기 전에도 대구경북 지역의 야당 인사들이 주축이 된 경민산악회가 있었다. 그러나 민주산악회는 YS가 산행을 하기 시작한 1981년 6월 9일 이후에 태어났다고 보는 것이 맞을 것이다. 이 산악회는 산행 자체가 정치행사였고, 민주화투쟁의 한 수단이었다. 그해 겨울쯤에는 회원이 20명으로 늘어났는데, 날이 갈수록 늘어나 전국 명산의 이름을 붙여 만든 조(組)가 1985년 2·12 총선 무렵에는 24개나 되었다.

민주산악회는 정상에 오르면 산행식을 갖는데, 이는 엄숙하고 질서 있게 진행되었다. 애국가 제창, 기도와 묵념, YS의 인사말, 그리고 마지막엔 야호 또는 민주회복 삼창을 하는 것이 정례화되었다. 해마다 봄에는 시산제, 기념식수 등의 행사가 있었고, 뒤에는 회가(會歌)와 회기도 마련했다. "인생의 목숨은 초로와 같고 / 전통의 신민당 양양하도다 / 이 몸이 죽어서 나라가 산다면 / 아아! 이슬같이 죽겠노라."

산행대장은 지리산 빨치산 수기 『남부군』을 쓴 이우태가 맡았다. 이들은 매주 목요일이면 북한, 도봉, 관악, 수락의 여러 봉우리와 때로는 설악, 태백, 속리, 덕유, 월악, 치악, 팔공, 두류, 계룡 등의 조국강산을 섭렵하며 현지의 동지들과 친교하면서 민주회복의 의지를 키웠다. 민주산악회의 산행에는 어김없이 정보요원들이 따라 붙었다. 연신 상부에 전화나 무전기로 보고하거나, 회원들이 붙인 리본들을 풀거나 기념식수를 뽑아내기도 했다.

이렇게 민주산악회의 산행은 취미나 건강 차원의 행사가 아니라 동지들을 규합할 수 있는 수단이었고 민주화투쟁의 방편이었다. 탄압에 대한 저항의 의지가 없다면 산행에 참가하는 것은 엄두도 내기 힘들었다. 제 기능을 상실한 언론을 대신해 국내외의 중요한 사건들을 유인물로 만들어 전파하고 군사정권의 행태를 비판 고발했다.

1982년 5월 31일, YS가 다시 2차 연금된 뒤에도 민주산악회는 산행과 조직을 멈추지 않았다. 1983년 5월 18일, YS가 목숨을 건 단식투쟁을 시작하자 민주산악회 회원들은 YS가 발표한 「국민에게 드리는 글」, 「단식에 즈음하여」 등의 성명을 유인물로 만들어 국민에게 몸으로 알렸다. 말하자면 민주산악회는 그 시기 가장 기동력 있는 정치단체였다고 할 수 있다. 산행이 투쟁이 되고, 산악회가 정치단체가 되어 독재권력과 투쟁한 것은 세계사상 그 유례가 없는 일이었다. 이 민주산악회가 모태가 되어 뒷날 민주화추진협의회를 결성하고 더 나아가 선명야당 신한민주당을 창당, 1985년의 이른바 2·12 선거혁명을 일으키게 된다.

목숨을 건 단식투쟁이 정치권을 묶다

1983년 4월 말쯤, 나는 김덕룡한테 시국 전반에 걸쳐 YS의 견해를 밝히는 「국민에게 드리는 글」을 써 달라는 부탁을 받았다. 어차피 국내 신문에는 한 줄도 보도되지 못할 것이므로 외신을 통해 자신의 입장을 밝히겠다는 계획이었다. 5월 2일자로 되어 있지만, 5월 16일에야 AP통신에 전달되어, 미국, 일본, 유럽 등 전 세계에 그 사실이 알려졌다. 이 성명은 원고지 70장 분량에 이르는 장문이었다. 나는 그 초고를 장기표에게 부탁했고, 최종 원고를 이돈명 변호사가 소속된 제일합동법률사무소에서 타자했다.

여기서 YS는 당면과제 다섯 가지를 민주화 요구로 제시했다. '1) 구속인사 전원 석방, 2) 정치활동규제 철폐, 3) 추방당한 교수, 학생, 근로자의 복직과 복권, 4) 언론의 자유 보장과 해직 언론인 복직, 5) 헌법 개정과 국가보위 입법회의에서 제정한 악법의 철폐' 등이 바로 그것이었다. 이 성명을 민주산악회 회원들은 복사하거나 등사하여 전국 방방곡곡에 힘이 닿는 대로 배포했다.

이어서 YS는 광주민주화운동 3주년을 맞은 1983년 5월 18일을 기해 생명을 건 무기한 단식투쟁에 돌입했다. 「단식에 즈음하여」라는 그 성명은 역시 앞서 「국민에게 드리는 글」처럼 제일합동법률사무소에서 타자했다. 인권변호사로 이돈명 변호사가 주목과 감시의 대상이었기 때문에 수시로 그 변호사 사무실에 정보원들이 드나들 때라 여간 조심스러운 것이 아니었지만, 달리 부탁할 데가 없어서 그곳에 있는 여성 사무원들의 힘을 빌리지 않을 수 없었다.

이 성명은 자못 비장하다. "나는 이번 단식투쟁에서 나의 생명을 잃을 수도 있다는 것을 잘 압니다"라는 격정적인 표현도 있다.

내가 김덕룡에게서 YS의 단식투쟁 결심을 들었을 때 나는 말렸다. 인도의 간디가 단식투쟁에 성공할 수 있었던 것은 그래도 인간의 생명을 중하게 여기는 영국의 정부를 상대로 했기 때문이었다. 그러나 전두환정권은 그렇게 인간의 얼굴을 갖고 있는 정부가 아니고, 자칫 생명을 잃을 수도 있다는 것이 나의 주장이었다. 그러나 YS는 막무가내였다. 그것이 YS식 정면돌파요, 결심하면 앞뒤 가리지 않는 저돌적인 투쟁방식이었다. 나는 조마조마한 심정으로 단식투쟁의 전 과정을 지켜볼 수밖에 없었다. 「단식에 즈음하여」라는 성명과 함께 중간에 어떤 변화가 있을 때, 그리고 단식을 끝내며 발표할 성명 역시 미리 준비했다.

단식 중인 5월 25일 YS는 서울대 병원으로 강제 이송되었고, 보도는 되지 않았지만 YS 단식은 '정치현안'이라는 이름으로 정치권의 최대 쟁점으로 떠올랐다. 그보다 앞서 24일에는 워싱턴에 있던 김대중이 YS의 단식투쟁에 대한 연대의사를 밝히는 성명을 발표했다. 그리

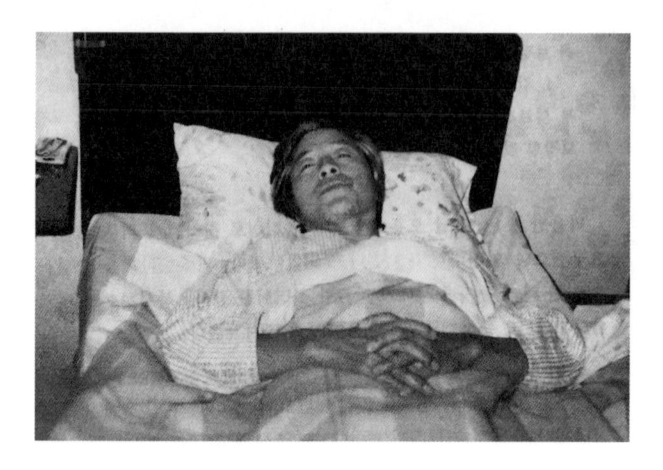

단식 중인 김영삼.

고 26일에는 재야에서 문익환 목사가 동조단식을 시작했다. 27일에는 민정당 사무총장 권익현이 병실로 찾아와 해외여행을 보장한다는 전두환의 메시지를 전했다. 5월 30일에는 YS에 대한 연금을 9시를 기해 해제했다. 이때부터 김수환 추기경을 비롯해 방문객이 찾아와 단식 중단을 호소하기 시작했고, 야당 인사들은 범국민연합전선 구축을 논의했다.

YS의 단식은 6월 9일, "부끄럽게 살기 위하여 단식을 중단하는 것이 아니라 앉아서 죽기보다는 서서 싸우다 죽기를 위하여 단식을 중단한다.…… 나의 투쟁은 끝난 것이 아니라 이제 겨우 시작을 알렸을 뿐"이라고 성명을 발표하면서 일단 끝을 맺는다.

YS의 단식투쟁 과정에서 나의 신상 문제가 정보선상에 첨예하게 올라 있었다는 이야기를 들었다. 민정당 의원이었던 염길정이 내게 전해준 바에 따르면, 권익현이 자신에게 YS의 단식에 김 아무개가 깊이 개입되어 있다고 하는데 당신이 그 사람을 혹시 아느냐고 묻더라는 것이다. 그 이야기를 전하면서 그는 내게 몸조심하라고 당부했다. 또 다른 하나는 민한당의 신상우 의원이 안기부 차장 현 아무개를 만났더니, 자신들의 고급정보망에 YS의 단식의 배후에 김 아무개가 있다는 사실이 드러났는데 그 사람을 아느냐고 묻더라는 것이다. 나는 저들이 혹시 나를 어떻게 하는 것은 아닌가 하고 몹시 조마조마했는데, 다행히 아무 일도 없이 넘어갔다. YS가 단식을 끝낸 마당에, 굳이 긁어 부스럼을 만들 필요는 없다고 여긴 것이 아닌가 싶다.

YS 단식과 관련해 6월 17일, 엉뚱하게도 YS 비서실장 김덕룡이 또 구속되었다. 외국의 언론기관에 반정부 유인물을 배포함으로써 국가모독죄, 정치풍토 쇄신에 관한 특별조치법, 집회 및 시위에 관한 법률을 위반했다는 것이었다. 그렇지만 YS 단식을 계기로 정치권은 아연 활기를 되찾았다. 그리고 YS 단식투쟁으로 고조된 민주화 열망을 지속시키기 위한 여러 가지 노력이 뒤따랐다. 재야 쪽에서도 문익환 목사 외에도 함석헌, 홍남순 등이 동조단식에 나섰고, 해외 특히 미국에서 YS 단식투쟁에 동조하는 집회와 시위가 잇따랐다.

YS 단식 직후인 그해 여름 한국을 방문한 재미교포 한 사람이 YS를 문안차 찾아온 기회에 YS는 DJ에게 8·15 광복절 공동성명을 발표하자는 메시지를 전했다. 성명문안은 국내보다 모든 것이 자유로운 처지인 DJ에게 일임한다고 했는데, DJ는 거꾸로 YS에게 성명문안을 일임해서 그 초안을 내가 작성했다. 이렇게 해서 「민주화투쟁은 민족의 독립과 해방을 위한 투쟁이다」라는 긴 제목의 성명이 서울과 워싱턴에서 동시에 발표될 수 있었다.

여기서 두 사람은, 1980년 봄 온 국민이 한결같이 열망하던 민주화의 길에서 두 사람이 하나 되지 못한 탓에 광주사태를 가져오게 했으며, 민주화의 길을 멀게 한 데 대한 사죄와 백의종군하는 자세로 하나가 되어 손잡고 가겠다는 다짐과, 민주화투쟁을 민족의 독립과 해방을 위한 투쟁의 차원에서 전개해 나가겠다는 결의를 다지고 있다. 그러나 무엇보다 8·15 공동선언은 상도동과 동교동이 하나로 결집되어 있다는 것을 국내외에 선포한 의미가 가장 크다고 할 수 있다. 그리고 그것이 밑받침이 되어 정치권의 투쟁이 조직화된다. 단식투쟁의 폭풍이 지나가고 난 뒤 나는 구속된 김덕룡의 집에서 초췌한 모습의 YS를 단독으로 만났다.

그 이후의 사태 전개, 민주화추진협의회 결성과 2·12 총선 참여와 선거 혁명, 그리고 재야 민주세력과의 연대 위에 강력한 개헌투쟁을 전개, 6월항쟁을 승리로 이끄는 전 과정은 이 나라 야당사에서 가장 찬연한 한 페이지라 할 수 있다. 그리고 그 중심에 YS가 있었고, 그는 강력한 추진력으로 이 시기 야당의 정치투쟁을 이끌었다. 민추협이나 신한민주당의 창당을 주도적으로 조직하고 이끈 것도 YS였다. 동교동 쪽에서는 김상현을 비롯한 몇몇이 동조했지만 그것은 단지 구색을 맞추는 데 협조했을 뿐이다. 신한민주당을 창당, 2·12 총선에서 이민우를 정치 1번지 종로에 출마시켜 선거돌풍을 일으킨 것은 YS의 절묘한 승부감각이 작동한 결과였다.

그 이후 과정에서 이민우 파동이 있었고, 그것이 YS와 DJ에 의한 통일민주당의 창당으로 이어졌다. 거의 같은 시기에 공교롭게도 전두환정권의 4·13 호헌조치가 발표되어, 통일민주당의 창당은 곧 대통령직선제 개헌 열망의 집중적인 표현으로 나타났고, 이제까지의 재야 중심의 민주화투쟁이 정치인 중심의 투쟁으로 이행되는 수순을 밟게 된다. 그리고 재야 민주화세력과의 연대 위에 6월항쟁을 수행한다.

6월항쟁의 한가운데서 한때는 위수령이나 계엄령의 발동설이 제기되기도 했지만, 6월 24일 YS는 전두환과 단독회담에 임해 대통령직선제를 수용한다는 분명한 입장을 요구했으나 이를 수용하지 않자 곧바로 결렬을 선언, 6월 26일의 평화대행진이 전국적으로 확산되는 계기를 만들었다. 6·26 평화대행진에는 전국에서 약 180만 명이 참가했던 것으로 기록되었다.

그리고 마침내 전두환을 굴복시켰다. 민정당 노태우 대표로부터 직선제 개헌, 김대중 사면·복권, 기본권 신장을 위한 제도적 개선, 언론의 자유 보장 등 시국수습 8개항이 담긴 6·29 선언을 받아낸 것이다. 이리하여 정치권이 중심이 되어 협상을 통해 이른바 '87년 체제'를 마련하기에 이르렀다. YS 자신이 스스로도 그렇게 확신했겠지만 어쨌든 1987년 체제를 도출해 내는 데 YS의 역할이 결정적이었다고 할 수 있다. 그러나 1987년 체제를 이끌어 갈 지도자가 되기에는 야권 단일화라는 지뢰가 기다리고 있었다.

야권 분열로 군정 연장되다

처음에는 야권 단일화는 반드시 된다고 YS와 DJ는 여러 차례 국민 앞에 다짐했다. 또 처음에는 야권 단일화가 순조롭게 진행될 조짐도 보였다. 6·29 선언 이후, 이제 관심의 초점은 야권후보 단일화에 모아지고 있었다. YS와 DJ가 힘을 합쳐 이민우 파동을 넘어 통일민주당을 창당했기 때문에 정당 내부에서 문제가 해결될 수 있을 것이란 기대도 있었다. 그러나 시간이 갈수록 단일화와는 다른 길로 가고 있었다. DJ는 자신은 민주당을 YS와 같이 만들었기 때문에 민주당에 입당하는 것이 당연하다는 듯이 말하다가 점점 말꼬리를 흐리기 시작했다. 또 1986년 11월 건국대 사태로 정국이 심각한 공안 국면을 맞았을 때 DJ가 한 발언, 즉 '대통령 후보 불출마 선언'을 번복할 조짐을 보였다. "현재로선 종래의 입장에 변화가 없지만, 국민여론에 따라 결정할 것"이라고 퇴로를 열어 놓더니, 7월 17일에는 "작년 11월의 성명은 현 정권이 자진해서 직선제를 수락하는 경우를 상정한 것이지만 이번 노태우 대표의 6·29 선언은 국민이 직선제를 쟁취한 것이므로 상황이 달라졌다"라고 말을 바꾸면서 자신의 대통령 불출마 선언을 백지화했다.

YS는 후보조정을 빨리 하자는 입장이었고, DJ는 급할 것 없다는 입장이었다. 이렇게 후보조정 노력이 진전을 보지 못하고 있던 8월 27일 동교동계의 원내 조직인 민권회(民權會)와 외곽조직인 민헌연(民憲硏)이 통합해 9월 1일 '헌정민권회'로 조직을 일원화하면서, 동교동계는 차기 대통령 후보로 김대중을 추대하는 문제를 공식화했다. 9월 8일부터는 DJ가 직접 광주, 목포 등 전라도 순회유세에 나섰다. 국민들의 현장 여론을 직접 듣겠다는 것이 유세의 변이었다. 이러자 YS계인 민족문제연구소 이사회가 9월 12일 YS를 공식적으로 대통령 후보로 추대하겠다고 발표했다.

9월 21일과 29일 YS와 DJ가 직접 만나 후보 문제를 담판했지만, 그 누구도 서로 양보하려 하지 않아 단일화는 돌아오지 않는 다리를 건너고 있었다. DJ는 이번에 지방에 가 보니까 국민적 지지가 크더라면서 후퇴하기 어렵다는 입장을 피력했다. 자신이 대통령 후보로 나가지 않는 것은 국민에 대해 정치적 배신자가 되는 것이라는 논리를 내세운 것이다. 10월에 들어서면서 양측, 특히 DJ 측은 지지세 모으기에 열중해 재야 민주세력으로부터의 지지성명을 유도했다. 이렇게 해서 나온 것이 이른바 '비판적 지지론'이다.

그것은 DJ 지지를 위한 구차한 논리였다. DJ 지지에 반대하는 입장에 선 사람들은 '단일화' 논리를 폈다. '단일화'론자들은 심정적으로 YS 지지에 가까웠는데, 다만 내놓고 YS를 지지하기에는 주저하는 모습이었던 것이다. 게다가 궤변이라고 할 '사자필승론(四者必勝論)'이니 단일화 불필요론 등이 DJ 진영에서 나왔다.

이렇게 단일화가 물 건너가는 조짐을 보이자 YS가 먼저 10월 10일 상오, 내외신 기자회견을 통해 대통령 후보 출마를 공식 선언했다. 그는 자신의 유신체제에 대한 도전과 타도, 그리고 23일간에 걸친 단식투쟁과 민추협 결성, 신민당의 창당과 2·12 선거혁명, 직선제 개헌 성취 등 험난한 정치사의 고비고비마다 온몸을 던져 압제의 사슬을 깨는 투쟁에 서 왔다면서 자신이 앞장서서 선거혁명을 통해 반독재 민주화투쟁을 완결하고자 대통령 후보에 나섰다고 밝혔다. 그리고 10월 17일, 부산 수영만에서 '군정종식 및 김영삼 대통령 후보 추대를 위한 부산대회'를 열었다. 이때 당시로서는 사상 최대인 100만 명이 모였다.

10월 22일 YS는 외교구락부에서 DJ를 만나 최후의 방법으로 당내에서의 경선을 제안했다. 그러나 그에 대한 대답은 며칠 뒤, DJ의 탈당으로 나타났다. 10월 28일 DJ는 대통령 출마 선언과 함께, 신당인 평화민주당의 창당을 공식 선언했다. 이로써 야권후보 단일화는 돌아오지 않는 다리를 건넜다. 단순한 후보 단일화의 실패뿐만 아니라 당이 두 쪽이 났고, 호남과 영남으로 지역이 분열됐다. 그것은 전체 민주화 진영마저 두 패로 갈랐다.

얼마 전 야당(새정치민주연합)이 야당 60년을 기념하면서 DJ에게 야당의 적통성을 부여한 바 있는데, 적어도 이 시기 야당의 적통은 평화민주당이 아니라 YS의 통일민주당에 있었다고 본다. DJ가 단일화를 회피하는 방법으로 정당의 입당 여부를 이용하고 있다는 점에서는 1980년 '서울의 봄' 때의 전철을 그대로 밟았다.

정승화의 통일민주당 입당, 지역감정의 폭발에 따른 유세 중단, 백기완과 YS의 단일화 합의, 김상현의 통일민주당 입당, KAL기 공중폭파 사건 등 우여와 곡절 끝에 치러진 제13대 대선의 결과는 예측한대로 노태우의 당선으로 나타났다. 2등이 김영삼, 3위가 김대중이었다. 총 유권자 2,587만 명 중 89.2%가 투표에 참가해, 노태우가 828만 표, 김영삼이 633만 표, 김대중이 611만 표로 집계되었다. 야권이 단일화되었으면 압도적인 표차로 이길 수밖에 없는 선거를 단일화 실패로 참패한 것이다. 따라서 군정종식과 민주화도 물 건너갔다.

3당 합당과 그 안에서의 투쟁

선거에 패배한 YS는 KAL기 폭파 사건만 없었더라면 자신이 대선에서 승리했을 것이라는 판단을 했지만, 패인은 그보다는 단일화 실패라고 보는 것이 맞다. 선거 패배 후 YS는 이제 갈라진 야당이 민주당의 깃발 아래 다시 모이는 것이 역사의 순리라고 보았다. 그리고 야권 통합을 위해 통합민주당의 총재직을 사퇴했다. 평민당은 통합을 전제로 총선을 앞두고 민주당의 중·대선거구제 당론을 소선거구제로 바꿀 것을 요구했다. 이에 YS는 1988년 2월 23일 DJ를 만나 소선거구제를 수용하는 결단을 내린다. 그러나 DJ의 총재직 사퇴와 야당 통합은 끝내 이루어지지 않았다.

소선거구제는 YS의 패착이었다. 4월 26일의 총선 결과 민정당 125석(전국구 38석 포함), 평민당 70석(전국구 16석), 민주당 59석(전국구 13석), 공화당 35석(전국구 8석), 무소속 9석, 한겨레민주당 1석으로 나타났다. 득표율에서 민주당은 민정당의 33.39%에 이어 23.83%를 획득함으로써 19.26%를 얻은 평민당을 앞질렀다. 민주당이 전국의 각 선거구에서 고루 득표했으나 의석수는 평민당에 뒤진 것이다. 만약 중·대 선거구제로 했더라면 YS의 통일민주당이 제1야당이 될 수 있었다.

이로써 여소야대, 1노 3김의 시대가 도래했다. 한때 국민에 의한 절묘한 선택이라는 말도 나왔으나 4당 체제는 5공청산과 광주문제, 노태우의 선거공약인 중간평가 신임투표 문제 등을 놓고 갈등과 이합집산을 거듭했다. 1노 3김이 1김 3노로, 또는 2김 2노로 되기도 하는 등 정국의 안정을 찾지 못하고 방황하기 일쑤였다. 이런 상황 속에서 YS의 3당 통합 구상이 싹트고 있었다.

어떤 사람은 YS의 3당 합당을 빌리 브란트의 두 차례 걸친 연정에 비유하기도 한다. 빌리 브란트는 1961년과 1965년 두 차례나 사민당 총리 후보로 출마했으나 그때마다 기민당에 패했다. 두 차례 선거전에서 패배한 브란트는 실의에 빠진 나머지 정계 은퇴까지 고려했다. 그때 브란트를 일으켜 세운 것이 '베너구상'이었다. 전략가였던 허버츠 베너 부당수는 기민당과의 연정을 구상, 1966년 기민당의 커징거 총리에 브란트 부총리라는 기민·사민 양대 정당의 대연정을 성립시켰다. 그다음으로 소연정(小聯政)을 통한 정권교체의 기회는 1969년에 왔다. 당시의 선거 결과는 기민당이 제1당이었다. 그러나 제2당인 사민당은 제3당인 자민당과 연립해 드디어 브란트 총리하의 소연정으로 정권교체를 성사시켰던 것이다.

YS에게는 베너가 따로 없었다. YS 스스로 뒷날 집권을 위한 드라마의 각본을 구상했고, YS 스스로 그 구상을 실현하는 주역이었다. 그리고 그 저변에는 YS의 어렸을 때부터의 집념이었던 집권욕이 있었다. YS는 DJ가 있는 한 야권 통합이나 야권 단일화는 영원히 어렵다고 보았다. 그것이 그로 하여금 3당 합당의 구상을 하게 했다는 것이 나의 생각이다. 내가 김덕룡에게 3당 합당의 움직임과 관련한 이야기를 들었을 때, 내가 직감으로 느낀 것은 어쩌면 그 길이 유혈 없이 민주화를 이루는 길이 될 수도 있겠구나 하는 것이었다. 나는 김덕룡한테 3당 합당의 진행 과정을 비교적 소상히 듣고 있었다.

1990년 1월 22일, 3당 통합 선언이 있었다. 온천지가 눈으로 덮여 있는 가운데, 노태우와 김영삼, 김종필(JP)은 9시간에 걸친 마라톤 회담을 갖고 3당 통합을 선언했다. 그것은 한국 정당사에서 일찍이 없었던 대사건이었다. 집권당이 스스로 간판을 내리고, 그동안 반독재 민주화투쟁으로 일관해 온 야당이 그 투쟁의 대상이었던 민정·공화양당과 합당키로 한 것은 놀랄 만한 일이었다. 이는 다른 사람에게도 큰 결단이었지만, YS에게는 일생일대의 대결단이었고, 이는 YS 아니면 할 수 없는 일이었다. 야당을 지지하는 사람들에게 그것은 엄청난 배신이었다.

YS는 3당 통합을 통해 통합민주자유당의 대표최고위원에 올랐지만, 그 이후의 과정이 순탄했던 것만은 아니었다. YS와 3당 통합은 했지만 집권층은 여전히 YS를 정보사찰과 관리대상의 표적으로 삼아, 감시하고 보이지 않는 제한을 가했다. 그 무렵 나는 김덕룡한테 안기부의 김영삼 관계 보고문서를 받아 본 적이 있는데, 그 제목이 '김영삼의 최근 특이동향' 또는 '김영삼 관리방안' 같은 것이었다. 그 문서에는 이런 구절들이 있었다.

* 김영삼에 대한 정치자금지원을 견제하기 위해
—경제5단체장들에게 정치자금지원 창구를 청와대로 일원화하도록 주지시키고
—재벌 기업 회장들의 은밀한 자금지원을 자제토록 촉구하며
—경남고, 서울대 동문들의 자금지원 차단과
—입각한 민주당 인사들의 자금조성 여부를 철저히 감시, 대응해 나가며
* 배후 지원 세력에 대한 견제 및 와해 차원에서
—민정계 지구당위원장의 책임하에 기존의 민주산악회 지방조직이 확산되지 않도록 저지하며
—부산 지역 학원, 재야 문제권의 반(反)김영삼 여론조장 책동을 방임하면서
—여권 화합 차원에서 김종필로 하여금 김영삼 독주를 견제해 주도록 설득하는 일방 여당 출신들의 김영삼에 대한 접근 여부를 철저히 감시해야 할 것임
* 또한 김영삼의 개인 이미지를 격하하기 위해
—국민 지지도에 있어 1노 3김 중 최하위를 차지하고 있는 것처럼 유포하고
—문제권의 김영삼 매도행위는 방임해 나가면서
—독자적인 북방외교추진 등에 제동을 걸어 나가야 할 것임

이러한 공작정치를 보고 그냥 넘어갈 YS가 아니었다. YS는 1990년

4월 17일 노태우, 김종필, 박태준과 함께한 오찬회동에서 6시간에 걸친 격론 끝에 노태우의 분명한 사과와 재발방지 약속을 받아 낸다. 그리고 정무장관 박철언의 교체를 요구해 관철한다. 후임 정무장관은 김윤환이었다. 그러나 YS에 대한 집요한 견제와 제동은 여기서 끝나지 않는다. 계획적으로 이루어진 것이 분명한 내각제 파동이 바로 그것이다.

공작정치와 내각제 파동

3당 통합이 있었던 1990년 1월 22일, 내각제를 꺼냈던 노태우는 YS의 반대로 논의 자체가 무산되자 5월 9일의 전당대회를 앞두고 다시 내각제를 당의 공식입장으로 확정하고자 했다. 노태우와 김종필은 내각제를 통합정당의 당론으로 확정하고 싶어 했다. 내각제를 한다고 해야 민정 · 공화계에서 통합을 흔쾌히 수용할 수 있을 것이란 이유에서였다. 그러면서 내각제 합의각서에 서명해 줄 것을 민자당 사무총장이 YS에게 요구했다. YS는 "내각제는 국민과 야당이 반대할 뿐만 아니라 나도 반대다. 다만 세 계파의 융화를 위해 필요하다면 서명은 해 주겠다"라고 하여 서명해 주었다.

당초 청와대 금고에만 보관해 두겠다던 이 합의각서가 불과 23일 만인 5월 29일, 《중앙일보》에 전당대회 직전에 노태우, 김영삼, 김종필이 내각제 3개항에 합의하고 각서를 만들었다고 보도되었다. 5개월 뒤인 10월 25일에는 합의각서가 사진으로 공개되었다. 각서는 고의적으로 유출된 것이 분명했다. 노태우의 지시 없이 각서가 유출될 수는 없는 노릇이었다. YS는 바로 이 점을 놓치지 않았다. 노태우의 공작정치에 정면으로 대든 것이다.

> "합의문서 공개는 처음부터 나를 궁지에 몰아넣어 고사시키려는 분명한 정치공작으로 군사정권식 발상이다. 내각제 개헌은 국민과 야당이 반대하는 한 절대로 할 수 없는 일이다."

YS의 정면 항의에 직면한 노태우는 10월 29일, 형식적인 수습방안을 제시했지만 YS는 내각제 반대의사를 공식적으로 분명히 하고 노태우의 공작정치를 비난하면서 대표최고위원으로서의 당무를 중지했다. 상도동 자택에서 가진 기자회견에서 "국민 다수와 야당이 반대하는 것이 확실한 데도 내각제 개헌을 끌고 가는 것은 있을 수 없다"고 개헌 반대 입장을 분명히 했다. "이승만과 박정희정권이 국민을 얕잡아 보아 어떻게 되었는가를 역사의 교훈으로 삼아야 한다"라는 말도 덧붙였다. 회견 후 YS는 마산으로 내려갔다. 분당(分黨)까지를 결심한 뒤의 결단이었다.

민주계 의원들은 마산으로 내려와 분당 불사의 의사를 표명한 서명철을 가져왔다. 그리고 이어서 김윤환이 내려와 노태우와 회동할 것을 간곡히 권유했다. 11월 6일 저녁 6시 30분부터 3시간에 걸쳐 노태우와 만난 자리에서, YS는 노태우에게 마침내 내각제 개헌 포기 약속을 받아 냈다. JP는 자신의 회고록에서, "노태우가 YS에게 무너졌다"(《중앙일보》, 2015. 10. 9)고 썼다. YS의 정면돌파가 마침내 성공한 것이다. 그러나 그의 대권행보는 이후에도 결코 순탄하지 않았다. 곳곳에 복병이 도사리고 있었고 단기필마로 온통 적뿐인 전장을 누벼야 했다.

그러나 그 이후 대선 고지까지는 멀고도 험했다. 우선 안기부는 공작을 통해 YS를 제거할 수 있다고 보고 공작을 계속했고, 노태우는 내각제를 끝까지 포기하지 않았다. 수구세력들은 구세력을 끌어모아 YS를 배제하는 작업을 물밑에서 계속했다. 1992년은 3월의 국회의원 총선과 12월의 대통령 선거가 치러지는 선거의 해였다.

이와 같이 밑으로 흐르는 작업과는 별도로 1992년에 접어들면서부터 김윤환을 중심으로 YS 대세론이 확산되기 시작했다. 총선이 끝나면서 후보 경선 문제가 제기되었다. 노태우가 누구에게 마음을 주느냐 하는 이른바 노심(盧心)이 정가의 관심사가 되었다. YS는 기회를 놓치지 않고, 완전자유경선을 주장했다. 소수파인 YS가 완전경선을 주장하자 이쪽이나 저쪽이나 깜짝 놀랐다. YS 대세론에 동조해 9명의 민정계 중진들이 모여 YS 추대를 결의한 데 이어, 4월 28일에는 YS를 추대하는 확대모임이 결성되어 민자당 지구당위원장 170명이 참여했다. 이들은 여의도 뉴서울빌딩에 캠프를 차려 대의원 득표활동에 나섰다. 이들의 노력으로 5월 19일, 올림픽공원 체조경기장에서 개최된 전당대회에서 YS는 총 6,660명의 투표자 중 66.3%, 4,418명의 지지를 얻어 집권 민자당의 제14대 대통령후보로 선출되었다.

그러나 대통령후보 선출로 모든 것이 끝난 것이 아니었다. 노태우가 대통령 선거를 앞둔 10월 5일 민자당을 탈당했다. 물론 명분은 선거의 공정관리를 내세웠지만, 요컨대 김영삼을 밀고 싶지 않았던 것이다. 그것은 이어진 탈당 도미노현상이 증명한다. 대선후보 경선에 불복해 이종찬은 8월 17일에 일찌감치 탈당했고, 10월 9일 민정계 좌장으로 최고위원이었던 박태준의 탈당을 시작으로 10월 13일 당고문인 채문식, 윤길중 등 11명이 탈당했고, 14일에는 박철언, 김용환, 이자헌, 장경우, 유수호(유승민 전 새누리당 원내대표 부친)가 탈당했다. 매일 조금씩 탈당함으로써 탈당의 파급효과를 높이려고 한 의도적인 연쇄탈당이었다. 이보다 앞서 YS는 노태우 대통령의 사돈인 최종현의 SK가 이동통신사업자로 지정되는 것을 막아 노태우와의 관계는 상당한 정도로 악화된 상태였다. 이제 YS는 여당이라고는 하지만 노태우가 탈당한 상태에서 단기필마로 선거를 치러야 했다. 그러나 그래도 자신을 처음부터 끝까지 엄호하고 지지하는 민주계, 23일간의 단식투쟁을 맨 몸으로 세상에 알린 민주산악회, 그리고 김윤환을 필두로 하는 민정계의 지지자들로 선거 진용을 꾸렸다.

나는 당시 YS의 외곽조직으로 자발적 지지자들에 의해 결성된 '신한국창조를 위한 시민연합'의 의장직을 맡고 있었다. 내가 뭐 대단해서가 아니라, 김대중을 지지하는 사람들의 면면에 비추어 YS 쪽에도 이런 사람이 있다고 내세울 만한 사람을 찾다가 내가 선택된 것이다. 실제로 나는 YS에게 조그마한 도움이라도 되고 싶었다. 내가 그때 자주 만났던 사람들로는 재야 인사로 한완상, 이명현, 윤무한, 유광언 등

1992년 대통령 선거에서 유세하는 모습.

이 있었고, YS 진영에 참여하고 싶어 하는 직능그룹으로 차동세(뒤에 KDI 원장) 등이 있었다. 지금 기억으로는 1992년 8월 28일 YS의 민주자유당 총재 취임연설, 그보다 앞선 5월 19일의 후보수락연설, 그리고 10월 13일에 있었던 국회의원직 사퇴연설과 그 이후 TV 후보연설 등의 원고를 쓰거나 의견을 개진했다. 이때 내세운 것이 '신한국 창조', '한국병', '군정종식', '참된 힘은 총구나 금력에서 나오는 것이 아니라 도덕성에서 나온다', '안정 속의 개혁' 등이었다.

대통령 선거 결과 YS는 유효투표의 41.4%인 997만 7,332표를 얻어 804만 1,284표(33.37%)를 얻은 김대중을 193만 6,048표 앞서는 표차로 제14대 대통령에 당선되었다. 국회의원에 당선된 지 38년, 40대 기수론을 제창한 지 22년, '미래대통령'을 꿈꾸던 소년 김영삼이 마침내 그 꿈을 이루어 낸 것이다.

문민시대를 열다

1993년 2월 25일, YS는 제14대 대한민국 대통령으로 취임했다. 그 얼마 전 나는 YS로부터 사회문화수석을 맡아 달라는 전화를 받았다. 전병민 정책수석 내정자에게 여러 가지 문제가 있어 경질하고 난 뒤의 일이었다. 취임식 날 나는 청와대 비서실 일행과 함께 YS 대통령을 따라 국립묘지에 참배하고 청와대 본관으로 돌아와 대통령 취임식에는 참석하지 못했다. 그렇지만 취임사의 작성과 독회에 참석, 첨삭과 수정을 내 손으로 거듭했다. YS는 논리적인 복문(複文)보다는 짧은 문장구조의 단문(單文)에 익숙했고, 경상도 억양이며 복모음에 약했다. 독회를 거듭하면서 내용뿐만 아니라, 문장과 발음을 모두 그의 어투에 맞게 조절해야 했다. 그렇게 최종 확정된 제14대 대통령 취임사는 이렇게 시작된다.

"오늘 우리는 그렇게도 애타게 바라던 문민민주주의 시대를 열기 위하여 이 자리에 모였습니다. 오늘을 맞이하기 위하여 30년의 세월을 기다려야 했습니다. 마침내 국민에 의한, 국민의 정부를 이 땅에 세웠습니다. 오늘 탄생되는 정부는 민주주의에 대한 국민의 불타는 열망과 거룩한 희생으로 이루어졌습니다."

나는 1993년 2월 25일, 문민정부의 출범은 1948년 8월 15일, 대한민국 정부의 수립에 버금가는 현대 한국정치사의 대사건이요 중요 장면이었다고 생각한다. 그러기에 나는 취임사에서 "민족진운의 새봄이 열리고 있다"고 썼다. 30여 년에 걸친 군사독재를 청산하고 마침내 이 땅에 문민민주정부를 세우는 것이야말로 획기적인 사건이 아닐 수 없었기 때문이다. YS는 취임사에서 개발독재와 군사정치문화 아래서 형성된 일련의 잘못된 반민주적 제도와 의식, 관행과 타성, 그리고 거기서 비롯된 정신적 패배주의 등 일체의 병폐를 한국병으로 규정하고, 한국병을 치유하기 위해서 변화와 개혁이 불가피하다는 점을 역설했다. 그 과정에서 국민에게도 고통의 분담을 요구할 수밖에 없다고 하면서, 이렇게 변화와 개혁을 통해 한국병을 치유해 신한국을 건설하고, 신한국을 건설하는 연장선 위에서 위대한 한민족시대를 열어나가자고 호소했다.

간간이 박수가 나오고, 서두르지 않고 또박또박 그 취임사를 낭독한 시간이 22분이었다. 제14대 대통령 취임사는 30여 년에 걸친 군사정치문화를 청산하는 문민정부의 출범에 걸맞게 그 내용과 형식을 구성하고 지향과 목표를 설정하며, 국민에게도 고통분담을 당당하게 요구하고 있다는 점에서 다른 취임사보다 호소력이 있었다고 평가받았다. 취임사는 이렇게 계속된다.

"신한국은 보다 자유롭고 성숙한 민주사회입니다. 정의가 강물처럼 흐르는 사회입니다. 더불어 풍요롭게 사는 공동체입니다. 문화의 삶, 인간의 품위가 존중되는 나라입니다. 갈라진 민족이 하나 되어 평화롭게 사는 통일조국입니다. 새로운 문명의 중심에 우뚝 서서 세계 평화와 인류의 진보에 기여하는 나라입니다. 누구나 신바람 나게 일할 수 있는 사회, 우리 후손들이 이 땅에 태어난 것을 자랑으로 여길 수 있는 나라, 그것이 바로 신한국입니다."

"부정한 수단으로 권력이 생길 때 국가의 정통성이 유린되고, 법질서가 무너지게 됩니다. 목적을 위해서 절차가 무시되는 편법주의가 판을 치게 됩니다. 이 땅에 다시는 정치적 밤은 없을 것입니다."

"지난날 우리는 계층으로 찢기고, 지역으로 대립되고 세대로 갈리고 이념으로 분열되었습니다. 우리 안에 있는 벽은 허물어야 합니다. 한은 풀어야만 합니다. 우리 사회에는 그늘 속에 살아온 사람들이 너무 많습니다. 그들은 위로받아야 합니다. 많이 가진 사람은 더 많이 양보해야 합니다. 힘 있는 사람은 더 큰 것을 양보해야 합니다. 너무나 성급하게 내 몫만을 요구하지 맙시다. 먼저 우리 공동체 전체를 생각합시다. 그리고 우리가 더 많은 몫을 갖기 위하여 더 큰 떡을 만듭시다."

숨 가쁜 변화와 개혁

취임식이 끝나고 돌아온 낮 12시, YS는 청와대 앞길과 인왕산 등산로를 개방했다. 인왕산은 1968년 1월 21일, 김신조 등 무장공비 청와대 습격 사건 이후 군부대가 주둔하면서 일반인들의 출입이 엄격히 통제되고 있었다. 30년 동안 민간인들은 얼씬도 하지 못했던 청와대 앞길이 이날부터 시민과 차량들로 북적거리기 시작했다. 집무실 한쪽 모퉁이 방 안의 대형금고도 떼어 냈다. 청와대 녹지원 안에 있던 골프 연습장을 철거케 하고, 재임 중 골프를 치지 않겠다는 결심을 밝혔다.

2월 27일, 청와대에서 열린 첫 국무회의에서 안기부장과 감사원장, 그리고 경호실장에게 국무회의 참석을 금지시켰다. 그리고 이날 첫 국무회의에서 자신의 재산을 공개하겠다고 발표하고, 이어 자신과 직계 가족의 부동산과 자동차, 선박, 어업권, 회원권 등 모두 17억 7천8백22만 원을 공개했다. 국무회의가 끝나고 국무위원들과 오찬을 가졌다. 오찬 메뉴는 칼국수였다. 재산공개는 공무원 사회에 적지 않은 파문을 일으켰지만, '공직자윤리법' 개정안이 1993년 5월 20일 여야 만장일치로 통과되어 문민정부 개혁법안 1호가 되었다.

청와대 칼국수가 오찬 메뉴로 자리 잡기까지는 다소의 우여와 곡절이 있었다. 칼국수는 우리 밀로 만든 것이었다. 국내에서 재배한 순수 우리 밀로 하다 보니, 밀가루를 확보하는 게 쉽지 않았다. 칼국수 메뉴가 계속되면서 우리 밀 재배농가와 장기계약이 불가피했고, 그러다 보니 청와대가 '우리 밀 살리기' 운동의 강력한 후원자가 되었다.

우리 밀로 만든 칼국수는 끈기가 없어 국수 가락이 쉽게 끊어지는 흠이 있었는데, 당시 청와대에 출입하던 MBC 기자 이인용 모친의 자문을 얻어 콩가루를 섞기 시작했고, 그 기술이 발전해 청와대 칼국수가 비로소 정착되었다. 그러나 청와대 칼국수는 오찬 참석자가 30명 내외일 때만 가능했고, 그보다 참석자가 많을 때는 설렁탕을 내놓았다. 그 결과로 청와대의 식사비가 앞 정부 때보다 5분의 1로 줄었다.

3월 4일, YS는 과거 군사독재정치의 상징물이라 할 청와대 주변의 대통령 안가(安家) 철거를 지시했다. 당시 청와대 주변의 궁정동, 청운동, 삼청동에는 안전가옥이라는 이름의 호화주택이 12채 있었고, 부지는 총 1만 9백여 평에 달했다. 그 가운데는 박정희가 이른바 대행사라는 유흥을 즐기다가 김재규의 총에 맞아 죽은 궁정동 안가도 있었다. 궁정동 안가는 무궁화동산으로 조성되어 서울시에 기증되었다. 3월 13일에는 부산, 대구, 광주, 전주, 제주 등 지방 청와대를 시민들의 공공시설로 개방토록 했고, 거제도에 있던 대통령 별장은 해군에 돌려주었다.

3월 4일, 청와대 출입기자들과의 오찬석상에서 YS는 폭탄선언을 한다. "대통령 선거 이후 나는 누구로부터도 단돈 일전을 받지 않았다. 나는 내 임기 동안 그 누구로부터도 떡값은 물론 찻값이라도 돈을 받지 않겠다." 이전의 대통령들은 안가에서 한 달에 한두 차례 30대 재벌 총수들을 불러들여 술판을 벌였는데, 재벌 총수들이 불려갈 때마다 자리 배정이 달라지곤 했다고 한다. 대통령에게 정치자금을 바치는 액수의 크기에 따라 좌석배치가 달라졌기 때문이다. YS는 이러한 이야기를 아는 기업인에게 듣고, 정치자금을 받지 않겠다는 결심을 굳힌 것이다. 나는 적어도 YS 자신만은 임기 말까지 이 약속을 지켰다고 믿는다.

3월 8일, 오전 7시 30분, 권영해 국방장관과의 청와대 조찬 자리에서, 육군참모총장과 기무사령관을 교체하겠다는 의사를 통보하고, 그 자리에서 인사에 착수해 김진영 육참총장과 서완수 기무사령관을 해임하고 김동진 연합사 부사령관과 김도윤 기무사 참모장을 청와대로 불러 간단한 후임 임명절차를 마친 뒤, 각각 부대로 돌아가 취임식을 서둘러 가지게 했다. 이야기를 꺼낸 지 4시간 5분 만에 이루어진 전광석화 같은 인사 조치였다. 군을 지배하고 있던 이른바 '하나회'의 제거를 단행한 것이다. 군정종식을 향한 YS의 행보가 시작된 것이다.

육참총장과 기무사령관을 전격 교체한 지 24일 만인 4월 2일, YS는 기무사와 함께 '실세 3사'로 불리던 수도방위사령부와 특전사령관을 한꺼번에 전격 교체했다. 이 역시 국방장관에게 인사를 지시한 지 하루 만에 이루어진 일이었다. 이때 특전사령관에 임명된 장창규 중장(임명과 동시에 소장에서 중장으로 승진)은 나의 고등학교 동기였지만 그가 임명장을 받으러 청와대에 왔을 때까지도 나는 그가 특전사령관이 되는지 까맣게 모르고 있었다.

5월 24일, 이른바 '5 · 24 숙군'으로 불리는 군 고위직 인사를 단행했다. 인사의 핵심내용은 12 · 12 사태 관련 고위 장성의 예편조치였다. 이날의 군 인사로 문민정부 출범 이후 육군 고위층에 자리 잡고 있던 하나회 회원 중 3성 장군 이상 전원과 소장급 일부가 군복을 벗었고, 소장 이하도 모두 한직으로 보직이 변경되었다. YS가 취임하고

난 뒤 석 달 만에 군복을 벗은 장군만 18명이었고, 떨어진 별만 무려 50개에 이르렀다. 이로써, "이 땅에 다시는 정치적 밤은 없을 것입니다" 하는 대통령 취임사의 말이 현실로 자리 잡았다. 마침내 '군정종식'이 이루어진 것이다.

박정희정권 이후 노태우정권에 이르기까지 군사독재체제의 핵심 지배세력이었던 하나회를 완전히 해체했고, 군부에 대한 문민적 통제를 완벽하게 회복했다. 대한민국 군대가 비로소 '정권의 군대'에서 '국민의 군대'로 자리매김되었다. 1993년 7월, 이충석 합참 작전본부장의 '합참회식발언 사건'이나 1994년 10월 오형근 3사 교장의 '이임식 연설 사건' 등 간헐적인 저항은 있었지만 이 땅에서 군사쿠데타의 망령은 사라지게 되었다. 뒷날 김대중정권과 노무현정권의 탄생이 가능할 수 있었던 것도, YS의 하나회 척결 등 군부에 대한 문민통제가 확보되었기에 가능한 일이었다. "개가 짖어도 기차는 간다"는 말이 이 무렵에 나왔다.

이 시기를 전후해서, 청와대 경호실의 경비수요가 높아져 경호실은 밤을 꼬박 새우며, 일선을 비롯해 군대 동향에 비상한 관심을 기울였다. 대통령도 이러한 주요 동향을 보고 받느라 밤잠을 설쳐, 아침 조깅 때 부석부석한 얼굴로 나올 때가 많았다. 그러나 YS는 단호하게 일이관지하며 하나회 척결을 관철했다. 우여곡절도 많았다. 대장과 중장급 장성에게는 대통령이 직접 계급장을 달아 주고 보직 및 진급 신고를 받게 되어 있는데, 준비된 별이 없어 국방부 간부들이 가지고 있는 계급장을 가지고 와서 그 별로 우선 달아 준 일도 있었다. 남미나 동남아시아 여러 나라들과 달리 한국의 민주화가 비교적 빠른 시일 안에 안정, 정착할 수 있었던 것은, YS의 하나회 척결이 성공한 것이 결정적이었다고 말할 수 있다.

역사 바로 세우기

문민정부가 수립된 후 4·19 혁명 기념일을 첫 번째로 맞아 YS는 수유리 4·19 묘소를 참배했다. 아마도 현직 대통령으로서는 최초의 4·19 묘소 참배였을 것이다. YS는 "4·19는 30여 년의 굴절된 역사를 거쳐 김영삼 문민정부 출현으로 비로소 미완성에서 완성으로 나아가게 됐다"고 선언하고, 뒤이어 4·19에 대한 재평가 작업을 통해 4·19 의거를 4·19 혁명으로 격상하고, 이에 대한 후속조치로 '국가유공자 예우 등에 관한 법률', '국가 유공자 등 단체설립에 관한 법률' 등 관계 법령을 개정, 초·중·고 교과서에 4·19 혁명을 반영하도록 했다. 또한 4·19 묘역을 국립묘지로 성역화해 1995년 4월 19일 처음보다 3배가량 더 큰 규모로 확장해 준공식을 가졌다.

5·18 광주민주화운동 기념일을 며칠 앞두고 나는 YS에게 5·18과 관련한 특별담화를 준비하라는 특명을 받았다. 5·18에 대한 문민정부의 특별한 관심과 애정을 표시하기 위해서인지 특별담화는 5월 13일자로 발표되었는데, YS는 이 담화에서 "문민정부는 5·18 광주민주화운동의 연장선 위에 있다"고 밝히고, 이제까지 광주 사태로 불리던

것을 '5 · 18 광주민주화운동'으로 명명하고 기념공원 조성과 관련자들에 대한 전과기록 말소와 명예회복 방향을 제시했다. 그러나 이때까지만 해도 YS는 군사정권 아래서 우리가 겪은 일련의 불행한 역사적 사건에 대해 "진상규명과 관련해 미흡한 부분이 있다면 이는 훗날의 역사에 맡기는 것이 도리라고 믿는다"면서 "다 같이 잊지는 말되, 과감하게 용서함으로써 새롭게 화해하자"는 입장이었다. 담화문을 쓰면서 이 부분에서 YS와 견해를 달리한다는 입장을 밝힌 기억이 내게는 아직도 진하게 남아 있다.

이와 함께 YS는 '부마사태'를 '부마민주화운동'으로 규정했다. 1993년 8월 5일, 박은식, 노백린, 김인전, 신규식, 안태국 선생 등 상해 임시정부 등에서 활동한 애국선열 5위의 유해가 광복 48년 만에 고국의 품으로 돌아오게 되었다. 광복 후 48년 동안 국내로 봉환된 선열의 유해는 23위에 불과했던 것을 YS 문민정부가 중국, 러시아 등지에 방치되어 있던 선열들의 유해 봉환에 각별한 정성을 쏟은 결과였다. 대통령은 애국선열의 유해봉환에 즈음한 담화를 발표했는데, 그 내용은 문민정부가 상해 임시정부의 법통을 잇고 있으며 그 문민적 정통을 계승하고 있다는 내용이었다. 또한 중국의 첸치천(전기침) 외교부장을 접견하는 자리에서 유해봉환에 협조해 줄 것을 정식으로 요청했다. 당시 문민정부의 민정수석실에서 유권적으로 해석한 12 · 12 사태나 5 · 18 광주민주화운동에 대한 공소시효는 1994년 8월 13일경에 끝나는 것으로 되어 있었지만, 관련자 또는 유가족들이 헌법재판소 등에 공소시효 산정이 잘못되었다고 소송을 제기해 공소시효가 이듬

붓글씨를 쓰는 모습.

해까지 더 남아 있는 쪽으로 판결이 있었던 것으로 기억한다.

이 무렵, 나는 YS와 독대해서 공소시효가 완료되기 전에 합법적으로 12 · 12와 5 · 18 발포명령 책임자 등을 법정에 세우는 것이 바람직하다는 의견을 개진했다. 그때 여당에는 12 · 12와 5 · 18 핵심 관련자들이 국회의원으로 활동하고 있었다. 나는 그들을 당장 구속하자는 것이 아니라 12 · 12와 5 · 18의 진상을 규명한다는 차원에서 불구속으로라도 법정에 세워 진실을 밝히고, 마땅히 그에 합당한 절차를 거쳐, 내년(1995년) 광복 50주년을 기해 일괄사면을 통해 50년 동안의 분열과 갈등, 미움과 적대의 세월을 끝내고, 이제 화해와 일치, 사랑과 포용의 시대를 열어 가자는 국민대화합을 선포할 수 있다고 있는 힘을 다해 건의했다. 그렇게 되면 진실도 규명하고, 국민화합도 해치지 않게 된다는 것이 나의 지론이었다. 그러나 나에게 동조해 주는 사람도 없었고, YS 역시 1993년 5 · 18 담화의 수준에서 한 치도 나아가지 못했다. 상황이 이렇다 보니 당시 검찰은 전두환, 노태우 등 12 · 12와 5 · 18 관련 피고소인 58명 전원을 공소권이 없다는 이유로 불기소처분하면서 "성공한 쿠데타는 내란죄의 처벌대상이 되지 않는다"는 해괴한 결론을 내렸던 것이다.

그 뒤 YS 문민정부가 12 · 12와 5 · 18 관련 범죄에 대한 특별법을 만들어 그 진상을 규명하고, 관련자들을 처단한 것은 국회에서 박계동 의원이 노태우비자금 사건을 폭로하면서 비롯된 것이었다. 말하자면 확고한 역사의식의 바탕 위에서 이루어진 것이 아니라 노태우 비자금 사건이 터지면서, 전두환 · 노태우의 천문학적 숫자에 달하는 부정에 대한 국민의 분노에 힘입어 비로소 12 · 12와 5 · 18의 진상규명에 착수한 것이다. 그러나 소급입법에 의한 것일지라도 12 · 12와 5 · 18에 대한 진상규명과 단죄는 YS의 문민정부가 아니면 영원히 불가능했을 것이다. 그나마 12 · 12와 5 · 18의 진상이 밝혀질 수 있었던 것도 YS가 있었기에 가능했다고 볼 수 있다.

교육문화사회수석으로서의 역할

처음 YS의 부름을 받으면서 나는 사회문화수석이라는 명칭으로 임명되었다. 5공 때 잠깐 교육문화수석이 있다가 없어진 뒤로 교육문화 분야가 역대 정권으로부터 소외되고 있다는 건의에 따라 나는 대통령의 재가를 받아 교육문화사회수석으로 그 명칭을 바꾸었다. 당시 내가 담당했던 분야는 광범위하게도 교육, 문공, 체육, 보건사회, 환경, 여성, 사회일반 등 안보와 경제 분야를 제외한 전 분야에 걸쳐 있었다. 공교롭게도 문(文)과 관련된 분야는 모두 나의 관장 소관이었다.

당시 교육문화사회수석으로 내가 해야 할 과제는 당시 대통령의 중요한 공약사항의 하나였던 교육재정을 GNP 대비 5%로 확충하는 일이었다. 5%의 기준을 어디에 둘 것이냐 하는 문제에서부터 교육재정의 개념을 어디까지로 보아야 할 것인가 등 많은 논의의 과정을 거쳐, 명실공히 GNP 대비 교육재정 5%를 정부 수립 이후 처음으로 확보했다. 경제부처 특히 예산부처와의 마찰과 실랑이가 없지 않았지만 공식적으로 교육재정이 GNP 대비 5%가 확보된 것은 이때가 처음이었다.

다음으로 나는 전교조 해직교사들을 복직시키는 문제와 씨름해야 했다. 그때만 해도 교육계 안은 물론 사회적으로도 반전교조 분위기가 팽배해 있었다. 전교조 해직교사의 복직은 YS의 공약사항은 아니었다. DJ는 전교조 해직교사 복직을 공약으로 내세웠기 때문에 전교조의 전폭적인 지지를 받았다. YS의 당선자 시절 우연히 해직교사 이야기를 한 적이 있었다. 선거개표를 하는데 DJ가 YS한테 계속 뒤지니까 전교조 가족들에게서 우리는 앞으로 어떻게 살 것이냐는 한탄이 나왔고, 끝내는 온가족이 울고 말았더라는 이야기를 했더니, 언뜻 고개를 돌리는 YS의 눈에 눈물이 비치는 것 같았다. 반드시 이 일을 믿고 벌인 일은 아니지만, 나는 전교조 해직교사 1,500명의 복직을 추진했다. 그것만도 엄청난 일이었다. 그러나 전교조 측은 무조건 전원 복직을 내세우며 투쟁적으로 나오고 있었다. 형사처벌 등 교육법상 결격사유가 있는 교사까지 무조건 복직을 관철할 수는 없는 노릇이었다. 그나마 교육부의 오병문 장관과, 최이식 보통교육국장의 실무적 밑받침을 받아, 그들을 복직시킬 수 있었던 것은 나에게 큰 보람이었다.

교육개혁은 역대 대통령의 한결같은 공약사항이었다. 교육의 중요성이 그만큼 날로 커지고 있기 때문이었다. 그것은 YS도 예외가 아니었다. 1993년에는 정치적으로 더욱 큰 변화와 개혁에 매달리다 보니 교육개혁위원회 구성은 1994년에 이루어질 수 있었다. 주로 실무적인 역할은 이천수 교육부차관과 송태호 교육비서관이 맡아서 했고 나는 위원장 선임과 중요 인사의 교육개혁위원 영입에 나섰는데, 위원장으로는 김준엽 전 고려대 총장이 극구 사양하는 바람에 YS가 추천한 이석희 전 중앙대 총장을 선임했다. 내가 영입에 실패한 사람은 당시《한국일보》논설위원이던 김성열 씨가 유일하다. 교육개혁에 유난히 관심이 많던 내 고등학교 은사 원영한 선생은 정말 순수한 열정으로 나를 찾아오기까지 했지만, 나는 끝내 그분을 추천하지 못했다. 아마도 그분은 무척이나 서운하고 또 나를 원망했을 것이다. 그리고 나는 교육개혁위원회에 그 어떤 외부 입김이 작용할 수 없도록 하고, 그들의 자율적인 토론과 결론에 따를 것임을 대통령의 이름을 걸고 약속했다. 대통령은 교육개혁위원회의 구성과 활동을 전적으로 내게 일임하고 일체 간여하지 않았다.

이 교육개혁위원회에서 내놓은 것이 1995년의 이른바 '5·31 교육개혁안'이다. 당시로서는 한국 교육의 패러다임적 전환이라고 할 수 있는 내용이었다. 발표는 내가 청와대에서 나온 뒤에 있었지만, 실질적인 작업은 내가 재임하던 중에 이루어진 것이었다. 이 교육개혁안으로 학교 환경 등 교육여건의 개선과 교육정보화, 학생들의 학업성취도 제고 등에서 괄목할 만한 성과를 거뒀다는 평가를 받고 있지만 이와 함께 폐쇄적으로 운영되던 교육이 자율과 경쟁을 지향하게 됨에 따라, 교육영역에서도 시장논리가 활성화되는 경향을 낳게 되었다. 그러나 최근 5·31 교육개혁에 대한 새로운 조명이 이루어지고 있는 것은 매우 다행스러운 일이다. YS 문민정부와 노무현정부에서 교육부장관을 역임한 안병영 교수가 5·31 교육개혁에 대한 새로운 평가와 시각을 연구, 발표하고 있다.

조선총독부 건물 철거와 위안부 문제

우리나라에서 정신대(일본군 위안부) 문제가 본격적으로 제기된 것은 1990년대에 들어오면서부터였다. 1991년 김학순 할머니가, 자신이 일본군 위안부로 강제 동원되었던 사실을 밝히면서, 국내에 정신대 문제 대책위원회가 결성되는 등 한일관계에서 중요한 의제로 떠오르기 시작한 것이다. YS의 당선자 시절 63빌딩에서 재야 인사와 오찬회동이 있었는데, 이 자리에서 홍성우 변호사가 정신대 문제를 제기했다. 그의 주장인즉, 종군위안부 문제를 놓고 일본 정부에 피해보상을 돈으로 하라는 이야기는 사칫 몸값(화내)을 내라는 것같이 구차해 보이니, 그분들은 우리 손으로 우리들의 돈으로 돌보겠다, 그 대신 일본 정부는 일본군 위안부 문제의 진실을 세상에 밝히고 세계와 인류 앞에 사과하라고 요구하는 것이 정도라는 것이다. 그때 YS는 별다른 반응 없이 묵묵히 듣기만 했다.

문민정부가 맞이한 첫 3 · 1절이 지난 어느 날이었다. YS가 불러 올라갔더니 대통령 명의로 정신대 대책위원회 앞으로 금일봉을 내놓으며, 그때 홍 변호사가 했던 이야기를 정리해 달라고 했다. YS는 그것을 그해 3월 13일, 수석비서관회의에서 정부로 하여금 그분들을 보살필 수 있는 방법을 찾아 시행하도록 하고, 일본을 향해서는 인륜을 파괴한 만행에 대해 진실을 밝히고 사과하라는 요구를 하도록 지시했다. 이 사실이 알려지자 일본 언론은 한국의 문민정부가 도덕적 우위에 서서 일본 정부를 궁색하고 부끄럽게 만들었다고 지적했고, 당시 공로명 주일대사가 내게 찾아와 대통령의 이번 언급으로 한국외교관의 입장이 일본에서 한결 당당하고 떳떳하게 되었노라고 했다. 물론 국내적으로도 그분들을 생활보호대상자로 지정하는 것은 물론 그분들의 생활에 보탬이 되는 정부지원책을 마련했다. 얼마 전 최갑순 할머니가 돌아가시어 생존자는 이제 46명이 남아 있지만, 정신대 문제는 그때로부터 한 치도 더 나아가지 못하고 있어 안타깝다. 그러나 일본군 위안부 문제에 대한 접근은 YS의 방향이 더 떳떳하고 현실성이 있는 것이 아닐까 지금도 생각된다.

또 하나 잊을 수 없는 것은 조선총독부 건물의 철거였다. 일본 제국주의가 조선왕조의 정궁인 경복궁의 광화문을 헐고 총독부 청사를 지으면서 궁궐의 정전인 근정전을 정면에서 가로막은 것은 물론 그 방향을 일본의 저희들 황궁을 향하게 교묘하게 틀었다는 것은 널리 알려진 사실이었다. 그리고 청와대 안에는 옛 경무대, 곧 총독관저가 남아 있었다. 총독 관저와 총독부 건물 그리고 서울시 청사가 일직선상으로 서 있던 것을 하늘에서 보면 '대일본(大日本)'이라는 글자로 보이게 했다는 것이다. 철거과정에서 드러나 내가 직접 확인까지 했지만, 헐린 총독부 건물의 지하에는 고문실과 유치장도 있었다. 조선총독부야말로 우리 민족에 대한 억압과 수탈의 총본부였던 것이다.

전두환정권 아래서 이 건물은 국립중앙박물관으로 쓰이기 시작했다. 1920년대에 일제가 지은 최고의 현대식 건물로 이 조선총독부 건물을 친다고 하는데, 일본인 관광객들이 와서 저희들이 지었다고 하는 박물관 앞에 와서 기념사진을 찍었다. 총독부 건물의 철거를 적극적으로 밑받침해 줬던 사람이 서울대의 신용하 교수와 연세대의 손보기 교수였다. 그분들은 한국의 고유한 전통문화재가, 조선총독부 건물에 갇혀 있는 것은, 그 안에서 민족정기를 죽이는 것과 같다는 주장을 폈다. 정신을 가지고 있는 사람도 조그만 문, 조그만 감방 안에 가둬 두면 그 몸이 일그러지는데, 전통문화재가 총독부 건물에 들어가 그 민족정신이 살아 숨 쉴 수 있겠느냐는 거였다. 그리고 우리는 해방 후 한 번도, 민족정기를 바로 세우기 위한 어떠한 노력도 한 적이 없이 오히려 그 총독부 건물을 중앙청이라는 이름으로 제헌국회와 대한민국 정부청사로 써 왔던 것이다. 또한 일제시대의 반민족 행위에 대한 응징이나 통렬한 반성 없이 정부를 수립해 오늘에 이르렀으니, 친일파가 여전히 득세하고 군림하는 굴절된 역사를 거듭하게 된 것이다.

적어도 자존심 있는 민족이요 국가라면 제 나라 수도의 핵심 한복판에 서 있는 타민족 지배의 상징적 건물을 그대로 놔둘 수 있느냐, 저것을 헐고서야 우리가 자신 있게 일본과도 손잡고 갈 수 있는 것 아니냐는 판단에서 문민정부는 그 건물의 철거를 결정했던 것이다. 그때의 여론도 철거에 찬성하는 쪽이었다. 지금은 헐려서 광화문에서 바라보는 북악산이 훤하게 잘 보이지만 그때는 조선총독부 건물이 가로막아 시야가 막혀 있었다. 총독부 건물의 철거와 함께 당연히 새로운 박물관을 짓는 문제가 제기되었고, 새 박물관을 용산에 세우는 역사(役事)가 바로 이때 착수되었다. 나는 "치욕의 역사도 역사"라면서 총독부 건물을 존속시켜야 한다는 사람들의 항의에 시달렸지만 지금도 그것이 잘한 일이라는 신념에는 변함이 없다. 실제로 총독부 건물의 철거와 새 박물관 건립을 실무적으로 주도한 사람은 박물관장 정양모 선생이었다.

1995년 8월 15일 총독부 청사는 중앙돔의 해체를 시작으로 1996년 12월 완전 철거되었다. 이어 통일한민족시대에 대비하고, 5천 년 문화민족으로서의 긍지에 합당하도록 국책사업으로 용산국립박물관 건립이 착수되었다. 2015년 10월 28일, 국립중앙박물관이 개관 10년을 맞았다. 그 10년 동안 누적 관람객이 3천만 명에 이를 만큼 세계

최고 수준을 자랑하는 박물관으로 우뚝 섰다. 외국에서도 이 박물관을 통해 한국의 문화적 정체성을 인식할 수 있게 되었다.

2002 월드컵 유치와 파주출판문화단지

내가 재직 중일 때 2002년 월드컵의 유치를 결정하고 추진한 일도 기억에 남는다. 당시 우리 교문사회문화비서실에 문화체육부에서 파견 나온 김철현 과장이 내게 2002년 월드컵 유치가 가능하다는 자신의 의견을 개진했다. 그는 고시 출신으로 88올림픽의 유치와 조직위원회 활동에도 간여한 사람이었다. 그때는 유일하게 일본이 월드컵 유치에 적극적이어서, 거의 그 방향으로 결정된 것이나 다름없는 상황이었다. 뒤늦게 유치경쟁에 뛰어들다 보니 특단의 결단과 지원이 필요했다.

YS는 유치위원장으로 자신의 오랜 친구이자 지원자이던 LG그룹의 구평회 회장을 위촉하고, 이홍구를 사무총장으로 하여 유치경쟁에 뛰어들게 했다. 당시 축구협회 회장이던 정몽준은 뒷전에 있었을 뿐만 아니라 재정적 지원에도 소극적이었다. 오히려 유치한다고 비용만 축내서, 사실상 총무역할을 했던 체육진흥공단에서 애를 먹고 있다는 이야기를 들었다. 열세에 몰려 있던 유치운동이 탄력을 받으면서 일본과의 경쟁관계로까지 발전하자, FIFA 규정상 불가능하다던 공동개최가 논의되기 시작했고, 마침내 그런 방향으로 결정이 났다.

2002년 월드컵을 일본과 공동으로 개최하게 된 것은, 대한민국으로 하여금 국제사회에서 일본과 동열(同列)에 설 수 있는 시금석이 되었다. 친절과 질서에서 세계 일류를 자랑하는 일본과의 공동개최는 한국인의 시민의식과 문화수준을 일거에 끌어올리는 계기가 되었다. 북한까지 포함된 공동개최였다면, 2002년 월드컵이 우리 민족으로서는 금상첨화의 제전이 되었을 것이라는 아쉬움이 남는다. 그러나 2002년 한·일 월드컵은 한국인의 역동성을 세계에 알리는 축제였다는 점에서 그때 무리를 해서라도 위치경쟁에 뛰어든 것이 잘한 일이라는 생각이 든다.

또 하나 빼놓을 수 없는 것은 파주출판문화단지를 건설하는 일에 힘을 보탠 일이다. 원래 노태우정부의 일산 신도시 개발 때 출판단지가 일산에 들어서도록 되어 있었다고 한다. 그러나 신도시 개발로 땅값이 올라가자 이런저런 이유로 출판단지의 입지가 없어지게 되어, 그것을 추진하던 사람들이 크게 실망에 빠져 있을 때 문민정부가 들어섰다. 그들은 다시 일을 시작했고, 마침 출판정보문화단지를 주도적으로 추진하던 이기웅 이사장과 토지공사 김윤기 부사장(뒤에 건설부장관 역임)이 동향이라, 그들은 이심전심으로 파주 문발리를 단지의 부지로 뜻을 맞추고 있었다. 토지공사 소유의 이 땅은 당시로서는 크게 쓸모 있지 않았다. 출판정보문화단지가 이 땅에 설 수 있게 하는 데 정부가 협조하도록 뒷받침하는 일이 내가 할 일이었다. 다행히 청와대 건설비서관으로 내 고등학교 후배 이규방이 와 있어서 그의 도움을 많이 받았고, 문화체육부에서는 김도현 차관이 적극 협조했으며, 군사보호지역과 관련한 문제는 국방부의 도움을 받았다. 아마 이런 유형의 테마파크가 민·관의 원활한 협조하에 이루어진 예는 국내외를 통틀어 많지 않은 일인 줄로 알고 있다. 나는 단지 뒤에서 밑받침만 한 것이 고작이었지만, 출판정보문화단지가 서고 그곳에 국제적으로도 널리 알려진 테마도시가 형성된 것은 매우 보람되고 자랑스러운 일로 기억하고 있다.

청와대 수석이 해야 하는 일 중에 중요한 것이 관련 분야의 예산을 확보하는 일이다. 내가 청와대 교육문화수석으로 들어간 뒤 국립중앙박물관의 유물구입비가 한 자리 숫자에서 두 자리 숫자로 늘어났다. 10억이 안 되던 예산에서 수십억 예산으로 늘어난 것이다. 그때까지는 유물구입이 사실상 불가능하거나 정지된 상태였다. 이와 함께 민속박물관 예산도 획기적으로 증액돼, 당시 민속박물관에 근무했던 사람들을 만나면 지금도 그때 일을 회상하곤 한다. 이와 함께 문화분야 일로 생각나는 일은, 문민정부하에서 민예총과 민족문학작가회의가 정식 사단법인문화단체로 등록된 일이다. 변방의 문화단체로 정부의 지원이나 협찬을 못 받던 단체에서 일약 문화계의 중심으로 떠오른 것이다. 이애주 교수가 승무와 태평무의 인간문화재로 지정된 것도 내가 청와대 수석으로 있을 때였다.

금융실명제 담화와 성수대교 붕괴

1993년 8월 초순쯤이 아니었나 싶다. 당시 나는 공식적으로 하계휴가 중이었다. 그러나 한가롭게 휴가 갈 형편은 아니라고 판단해서 사무실에 나가 있는데, YS한테서 올라오라는 호출이 왔다. 그랬더니 곧 금융실명제를 실시하는데, 그 실무진들이 써 온 대통령 담화문이 영 마음에 들지 않으니 완전히 새로 써 달라고 했다. YS는 취임 초부터, 금융실명제의 실시를 계획하고 있었다. 이경식 부총리와 홍재형 재무장관에게 실무 작업을 부탁했고, 이렇게 하여 대통령 긴급명령의 형식으로 국회 동의 없이 실명제 작업이 진행되고 있었다. 재무부 김용진 세제 실장을 팀장으로 김진표, 진동수 등이 007 작전처럼 해외여행을 위장, 비밀아지트에서 작업을 했다.

나 역시 이러한 일련의 작업이 진행되고 있다는 사실을 물론 몰랐다. 심지어 청와대 경제수석조차 모르고 있었다. YS로부터 실무진이 작성한 담화문 초안과 긴급명령안을 보고서야 비로소 알았다. 1993년 8월 13일 오후 7시 45분, '금융실명제 및 비밀보장에 관한 대통령 긴급재정 경제 명령권의 발동'이 대통령의 담화로 발표되었는데, 이 담화문은 완전히 새로 쓴 것이었다. 그것은 이렇게 시작된다.

> "친애하는 국민 여러분! 드디어 우리는 금융실명제를 실시합니다. 이 시간 이후 모든 금융거래는 실명으로만 이루어집니다. 금융실명제가 실시되지 않고는 이 땅의 부정부패를 원천적으로 봉쇄할 수가 없습니다. 정치와 경제의 검은 유착을 근원적으로 단절할 수가 없습니다."

이렇게 하여 금융실명제는 1993년 8월 13일 오후 8시부터 실시되기 시작했다. 이 시간 이후 은행, 증권, 보험, 우체국, 새마을금고 등의 모든 예·적금 통장과 주식, 자기앞수표, 양도성예금증서(CD), 채권의 발행 이자의 지급과 상환은 반드시 실명으로만 하게 되었다. '목요일 저녁의 충격'이었다. 30여 년 동안 국내 저축의 확대를 통해 산업자금의 수요를 뒷받침한다는 명분으로 유지되던 비실명금융거래관행이 금융실명제로 뒤집어진 것이다.

1994년 10월 21일, 한강 성수대교가 무너졌다. 아침 7시 40분 성수대교 상판 50여 개가 붕괴되면서 등굣길의 학생들을 포함해 32명이 사망하고 17명이 부상을 당하는 참혹한 사고였다. 박정희정권 말기인 1979년 9월 서둘러 개통해 15년 만에 무참하게 무너져 내린 성수대교는 성과제일주의, 빨리빨리 문화로 비롯된 부실공사가 빚은 인재(人災)였다. 개발독재가 판을 치면서 성과와 외형에만 치우쳐 온 한국사회의 자화상이 드러난 사건이었다.

서울시장의 사표를 수리했지만, 야당과 언론은 문민정부의 책임을 들고 나왔다. 이에 따라 이영덕 국무총리가 서둘러 사의를 표명했다. 그때 나는 이제까지의 개발정책 자체가 빚어낸 사고라는 점에서, 정권 차원의 사과는 할 필요가 없다는 입장이었고, 그러한 뜻을 대통령에게 전했다. 그러나 야당과 언론은 수그러들지 않았다. 23일인가 대통령은 나를 불러 "어쨌든 관리를 제대로 못한 책임은 우리 정부에게 있잖아? 사과담화 하나 써 봐!" 하는 것이었다. 나는 대통령의 충정을 담아 담화문을 작성했다. 이튿날 대통령은 총리와 조찬을 하면서 그의 사표를 반려하고, 그날 오후 사과담화문을 발표했다.

"국민 여러분의 참담한 심경과 허탈감, 정부에 대한 질책과 비판의 소리를 들으면서 대통령으로서 부덕함을 뼈저리게 느끼고 있다.…… 이번 사건을 계기로 정부는 만성화, 상습화되어 있는 부실공사를 영원히 추방하는 데 진력하겠다."

이 담화문의 발표가 끝날 무렵 충주호에서 관광유람선이 불타는 사고가 뉴스로 나오고 있었다. 그때는 왜 그렇게 사고가 많이 났던지, 하루하루가 불안했다. 그렇지만 YS가 흔쾌히 사과를 하는 데 대해서는 역시 대범한 사람이라는 느낌을 받지 않을 수 없었다. 그는 사과에 인색하지 않은 큰 사람이었다.

남북관계와 김일성 사망

"김일성 주석에게 말합니다. 우리는 진심으로 협력할 자세를 갖추지 않으면 안 됩니다. 세계는 대결이 아니라 평화와 협력의 시대로 나아가고 있습니다. 다른 민족과 국가 사이에도 다양한 협력이 이루어지고 있습니다. 그러나 어느 동맹국도 민족보다 더 나을 수는 없습니다. 어떤 이념이나 어떤 사상도 민족보다 더 큰 행복을 가져다주지 못합니다. 김 주석이 참으로 민족을 더 중요하게 생각한다면, 그리고 남북한 동포의 진정한 화해와 통일을 원한다면 이를 논의하기 위해 우리는 언제 어디서라도 만날 수 있습니다. 따뜻한 봄날 한라산 기슭에서도 좋고 여름날 백두산 천지 못가에서도 좋습니다. 거기서 가슴 터놓고 민족의 장래를 의논해 봅시다. 그때 우리는 같은 민족이라는 원점에 서서 모든 문제를 풀어 나갈 수 있을 것입니다."

다소 길지만 이 글은 취임사에서 말한 대북한 메시지의 전문이다. 다분히 낭만적인 요소가 없지 않지만, 그러나 대통령에 취임하면서 남북 민족의 화합과 통일에 대한 포부와 의지를 누군들 피력하고 싶지 않으랴. 바로 위의 글 때문에 나는 이른바 보수 진영으로부터 수도 없는 질문과 공격을 받았다. 요컨대 동맹보다 민족이 더 중요하냐, 또 그렇게 해서 얻은 게 무엇이냐는 것이었다. 동맹보다 민족이 더 중요하다는 일반론을 말했을 뿐인데도 저들은 이 구절을 붙잡고 늘어지곤 했다.

이 취임사의 연장선 위에서 문민정부는 인민군 출신으로 미전향 장기수(34년 복역)였던 이인모 노인을 북한으로 보냈다. 그는 1993년 3월 19일 우리 정부에 감사하다는 뜻을 표한 뒤 판문점을 통해 북한으로 넘어갔다. 그러나 나는 화해와 협력을 위해 이인모 노인을 북한으로 보내는 기본구도에는 찬성하지만, 그와 관련해 깊은 검토나 복안 없이 일단 보내 놓고 본 것은 커다란 실책이었다고 생각한다. 아마도 이 같은 결정은 한완상 통일원 장관이 주도했을 것이나, 생각이 짧지 않았나 생각한다.

특히 3월 12일, 북한은 '핵확산금지조약(NPT)'에서 탈퇴하겠다고 전격 선언한 상황이었다. 이인모 노인이 북한으로 넘어간 뒤, 북한은 수십만 군중이 모인 가운데, 김일성이 직접 이인모를 껴안으면서 영웅으로 떠받들었다. 예상대로 정치적으로 십분 이용한 것이다. 남북 관계 역시 북핵 문제를 둘러싸고 긴장이 고조되었다. 이런 상황 속에서 납득할 만한 반대급부 없이 이인모 노인만 보내 버린 것이다.

YS가 취임 100일을 맞아 기자회견을 할 때, 그 회견문을 내가 썼는데, 나는 요한 23세의 유엔총회 연설문(1965년 10월 4일)을 인용해 "핵을 든 손으로는 악수할 수 없다"고 쓴 것을 공보비서실에서 "핵을 든 사람하고는 악수하지 않겠다"는 내용으로 고쳤다. 이렇게 고쳐 씌어진 기자회견문을 보고 북한 측은 자신들과 대화하지 않겠다는 이야기 아니냐, 그렇다면 취임사의 이야기는 거짓이 아니냐고 거세게 반발했던 기억이 난다. 공보비서실 쪽에서는 대통령이 나에게 연설원고 맡기는 것을 못마땅해했다. 그래서 내가 쓴 연설원고를 어떻게든 뜯어 고치려고 했다. 나는 공보비서실의 이러한 태도는 어쩌면 당연한 것이었다고 이해하면서도, '어' 다르고 '아' 다른 문장에서, 고치는 데 좀 더 신중하거나 상의해 주는 것이 도리가 아니었나 생각한다.

1994년 7월 9일 정오 무렵, 내가 관장하고 있던 여성비서실 주관으로 청와대에서는 15명의 여성정책 심의위원들과 함께 대통령의 오찬이 칼국수로 진행되고 있었다. 당연히 나도 그 자리에 있었다. 대통령 영부인 손명순 여사와 김숙희 교육, 권영자 여성 등 두 여성장관도 참석한 자리였다. 12시가 조금 넘어 의전 비서관이 대통령에게 쪽지 하나를 가져와 건넸다. 그것을 본 대통령의 얼굴이 굳어졌다. 김일성 사망소식이었다. 북한의 중앙방송이 9일 낮 특별방송을 통해 김일성이 7월 8일 새벽 1시 심근경색과 심장쇼크 합병으로 사망했다고 발표한 것이다.

오찬을 끝내고 YS를 모시고 집무실에 갔더니 거기에는 이홍구 통일부총리와 안기부장, 국방장관이 와 있었다. 거기서 우리는 김일성 사망에 대한 YS의 코멘트를 "7월 25일의 정상회담을 앞두고 대단히 아쉽게 생각한다"는 것으로 정리했다. 그때 정부는 평양에서의 정상회담을 앞두고 준비에 열중하고 있었다. 나는 그때 만약 정상회담이 이루어졌다면 남북관계의 역사가 달라졌을지 모른다고 생각한다.

청와대를 나와 광야로

1994년 12월 22일로 나는 청와대를 떠났다. YS 역시 대중정치인지라 결국 일부 언론과 보수 진영의 성화에 굴복했다. 조선일보를 비롯한 보수우익 진영은 끊임없이 나를 내칠 것을 요구하고 있었고, 몇몇 골통분자들은 수시로 대통령에게 전화를 걸어 나를 집중 공격하고 있다는 이야기를 들어서 알고 있었다. 대단히 미안한 표정으로 내게 후속 자리 이야기를 꺼냈을 때, 그것이 한직이면 내게 맞지 않고, 그것이 높은 자리면 내가 맡기에 너무 커서 나에게 주어지는 자리가 어떤 것이든 맡고 싶지 않다는 뜻을 분명히 했다. 이는 언젠가 유진산이 당 상임위 의장을 맡으라 했을 때, 그 자리가 한직이면 내가 가기 싫고, 그 자리가 그렇게 중요한 자리라면 내가 맡기엔 벅차다며 사양했다는 일화를 원용한 것이었다.

청와대를 나온 뒤, 만델라 대통령이 국빈 방문했을 때 등 공식만찬에 초대된 경우를 제외하고는 나는 청와대에 얼씬거리지 않았다. 단 한 번 내가 YS 독대를 요청한 적이 있다. 아마도 1995년 12월 무렵이었던 것 같다. 내가 그 시기를 기억하는 것은 김광일 비서실장이 부임하기 직전, 나는 바로 그 비서실장 선임 문제로 대통령 면담을 요청했다. 박관용, 한승수에 이어 신임 비서실장을 물색하고 있을 때였다.

나는 집권 중반기를 넘기고 있는 상황에서 국정과 청와대를 YS 색깔로 장악하는 것이 중요하다고 보고 김덕룡을 비서실장으로 추천했다. 당시 그는 국회의원으로 차기를 꿈꾸고 있었다. 나는 김덕룡이 취임 때도 비서실장으로 같이 청와대에 입성하려 했으나 김덕룡의 고사로 박관용이 대신 차출된 것으로 알고 있다. 한승수는 주미대사를 하다가 왔으니 정치적 색깔보다는 업무능력을 인정받았다고 보아야 할 것이다. 자칫, 임기말 누수현상이 빨리 올 수 있으니, YS정신, YS맨으로 다잡기 위해서는 김덕룡이 적임이요, 그것이 정권을 안정시킬 수 있는 정도라고 봤던 것이다.

YS는 김덕룡이 과연 맡아 줄까를 걱정하고 있었다. 나는 YS에게 김덕룡의 손을 꼭 잡고, 시작을 같이 했으니 끝도 같이 하자고 간곡히 말하면 거절할 수 없을 것이라고 했다. 나는 내가 YS를 만났던 사실을 김덕룡에게도 말하고, 가능하면 YS의 청을 들어줄 것을 호소했다. 과연 김덕룡이 불려 들어갔고, YS의 간곡한 청을 거절하지 못한 김덕룡이 정리할 시간을 달라고 하면서 지리산으로 산행을 떠났다. 나도 김덕룡도 비서실장으로 그가 발표되는 일만 남았다고 생각했다. 그러나 엉뚱하게도 김광일이 비서실장으로 발표되었다. 나는 그 막간에 누군가가 재주를 부린 것이 아닌가 생각했다. 정권 말기의 누수와 레임덕은 결국 스스로가 만드는 것이다.

1997년 대선이 끝나고 나서부터 YS가 나를 찾기 시작했다. 이때는 이미 정권의 황혼이었다. 아들 현철은 구속되고, IMF 사태로 정권은 빈사상태였다. 서로가 우리는 일찍부터 이런 사태를 예견하고 대책을 보고했으나 정책을 결정하는 재경부가 펀더멘털이 튼튼하다는 소리로 묵살하고 대책을 마련하지 않아 나라가 이 지경에 있노라 누구를 원망하고 탓하는 소리만 난무하고 있을 때였다. YS도 이미 힘이 빠지고 심신이 지쳐 있을 때였나. 나는 이 무렵, 강경식 전 재경부장관과 김인한 청와대 전 경제수석을 만나고 있었다. 강경식 장관은 독서량도 많을 뿐만 아니라, 경제관료로서의 해박한 지식, 전두환정권하에서 비서실장을 지낸 경륜으로 그에게서는 듣고 배울 것이 많았다. 따라서 다분히 자기변호이긴 했지만 IMF 사태의 전개과정에 대해 그로부터 들어 알고 있는 게 있었다.

강경식 장관은 비록 금융전문가는 아니지만 외환위기가 올지도 모른다는 위기감을 느끼고 있었다. 우리 경제의 펀더멘털이 튼튼하다고 계속 이야기한 것은 그것이 사실이기도 했지만, 위기라고 했을 때의 혼란을 피하기 위해서였다. 무엇보다 위험을 피하기 위해서는 금융개혁과 노동개혁이 필요했다. 그러나 야당과 노조가 한사코 반대, 결국 외국 자본의 신뢰를 잃고 말았다. 그래서 강경식과 김인호는 IMF 구제금융을 신청할 수밖에 없다는 판단을 하고 캉드쉬 (IMF) 총재를 극비리에 초청 IMF 연착륙을 진지하게 논의, 합의했다.

IMF로 가게 된 사정과 IMF와의 협상과정을 공개하기 위한 발표 작업이 진행 중일 때 경제팀의 경질이 있었다. 강을 건너는 중에 장수를 교체한 것이다. 물론 강경식 경제팀은 일련의 사정을 대통령과 관계 경제부처 장관에게도 보고했기 때문에 경제부처 장관들은 이러한 전후사정을 알고 있었다. 이때 산업부장관은 임창렬이었다. 임창렬이 재정경제부장관이 된 것은, 지난날 그가 IMF에 근무한 경력을 내세웠기 때문이 아닌가 생각된다. 그는 장관이 되면서 이제까지 IMF와의 협의내용을 완전히 처음부터 무시했다. 장관이 바뀌면서 한국 정부의 태도가 뒤집어지자 IMF 측은 한국의 정부를 신뢰할 수 없다는 입장으로 변했다. 이것이 그 이후 IMF 관리를 더욱 혹독하게 했고, IMF로 하여금 주요 대선 주자 이회창, 김대중, 이인제의 각서를 요구하기에 이르게 했다. 그뿐만 아니라 정치권 특히 야권은 이러한 절박한 시점에서 기아자동차를 국민기업이라고 엄호하는 등 외국 자본이 한국을 떠날 명분을 계속 만들어 주고 있었다. 이상이 대체로 그때까지 IMF 사태와 관련한 전후 진행과정이었다.

모든 책임과 질타가 강경식 경제팀에 몰아치는 것은 옳지 않다고 보고 나는 YS에게, "모든 책임은 나에게 있다. 강경식 경제팀도 나름대로 최선을 다했다고 믿는다"는 대통령의 입장을 밝힐 것을 건의했다. 내가 그렇게 대통령께 건의하고 청와대에서 나오는데, 라디오에선 IMF와 관련 모든, 그리고 최종적인 책임은 자신에게 있다고 YS가 밝혔다는 뉴스가 나오고 있었다. 그러나 강경식, 김인호 두 사람에게 모든 정책 실패의 책임을 들씌워 매도하는 정치권과 임창렬 경제팀의 공세는 여전히 계속되었다. 결국 두 사람은 형사소추까지 되는 전무후무한 고통을 겪었지만 결국 무죄로 끝났다. IMF와 관련해서 그 책임으로부터 자유로운 사람은 없다. 특히 DJ와 야권이 그 책임을 오로지 YS에게만 들씌우는 것은 사실도 아니려니와 정치도의상 지나치게 무책임했다고 말할 수 있다. 그리고 이때 YS 문민정부가 나라를 거덜 낸 무능한 정권으로 매도한 것이 YS와 문민정부에 대한 이제까지의 저평가를 가져오게 한 근원이라 할 수 있다.

YS와 DJ

이렇게 시작된 나와 YS의 만남은 퇴임할 때까지 1주일에 한 번꼴로 계속되었다. 나는 후임 대통령 DJ와의 관계가 원만하기를 진심으로 바랐다. 주한 미국대사를 비롯한 미국 정부 측도 두 사람이 원만한 인수인계는 물론 퇴임과 취임 이후에도 돈독한 관계가 유지되기를 바라고 있었다. 실제로 DJ의 대통령 당선에는 YS의 역할이 결정적이었다고 나는 생각한다. 광주 지역에서 DJ 비자금으로 의심되는 계좌가 여럿 발견되었고, 이를 기화로 이회창 진영은 DJ 비자금 수사를 요구하고 나섰지만, YS는 선거의 와중에 자칫 엄청난 부작용을 부를 수 있다는 이유로 이를 차단했다. 선거관리를 하는 총리도, 법무부장관도 모두 호남 출신이었다.

그때 대통령과 대통령 당선자로서 YS와 DJ는 매주 화요일에 청와대에서 회동하는 것을 정례화하고 있었다. 그 무렵 내가 경호실 관계자로부터 들은 재미있는 에피소드가 하나 있다. 어느 날 어느 여자가 청와대에 와서 문을 열라고 호통을 쳤다. 왜 그러느냐고 하니까 오빠를 만나러 왔다고 해서 오빠가 누구냐고 물으니 DJ가 오빤데 지금 급하게 만나야 한다고 하더라는 것이다. 그 여자는 당시 재정경제부장관의 부인이었다고 나는 들었다. 경제부처 장관들은 YS보다는 DJ에게 먼저 보고하고 지침을 받을 만큼 정권은 이미 넘어가 있었다.

나는 YS와 DJ, 두 분 현직 대통령과 대통령 당선자가 부인을 대동하고 청와대 경내를 산책하는 모습이 국민에게 공개된다면 참으로 아름다운 장면으로 비쳐질 것이라는 생각에 가급적 눈 오는 날, 그렇게 해 보시라고 권했다. 얼마 뒤, 두 분 현직 대통령과 대통령이 되실 분 내외가 산책하는 모습이 언론에 보도되었다. 나는 두 분 사이의 관계가 그 이후에도 국민에게 아름답게 비쳐질 수 있기를 바랐다. YS는 나를 믿고 이 나라를 이끌어 달라고 부탁하면서 정권을 이양하고 DJ는 YS의 그동안의 노고를 위로하면서 청와대를 떠나는 것을 바래다주는 그런 모습을 기대했다. 그러나 끝내 그와 같은 모습은 볼 수 없었다.

두 분 사이의 관계는 동지이자 경쟁자, YS의 말대로 이 세상에 그 유례가 없는 관계라고 말할 수 있다. YS의 제14대 대통령 취임식에 DJ는 참석하지 않았을 뿐만 아니라, 민주당 소속 의원 전원에게 취임식 참석을 거부하도록 지시했다. YS가 당선되었을 때 DJ는 '당선을 축하하며 영광을 빈다'고 전화를 했었다. 그러나 32년 만에 맞는 문민시대의 개막 첫날을 그는 의도적으로 외면하고 취임식이 있기 전인 1월 26일 영국으로 떠났다. 그날 아침 YS는 동교동으로 전화를 해서 DJ와 짧은 통화를 했다. 이날 DJ는 "나는 정치를 떠났으며 앞으로도 영원히 정치를 하지 않을 것이다"라는 말을 남긴 채 영국으로 출국한 것이다. 뒷날 우연히 청와대에서 YS와 환담할 때, YS는 DJ의 영국유학을 "내가 저를 잡아 넣을까 봐 도망간 것 아니가!" 하면서, 자신이 그렇게 옹졸한 사람이 아닌데 DJ가 그걸 모른다면서 연민인지 아쉬움인지 여운이 남는 말을 하는 것을 들었다.

인간적인 너무도 인간적인

YS 퇴임 이후 나는 상도동으로부터 자주 호출을 받았다. 대개의 경우 연설 원고를 부탁했는데, 전화로만 말해도 될 일을 꼭 오찬약속을 만들어 나를 상도동으로 들어오게 했다. 오찬 때는 김기수 실장과 김상학 비서관도 배석했는데, 식사에 앞서 꼭 기도를 인도했다. 기도의 내용은 간결하면서도 내용이 있고 애국심이 담겨 있었다. "나라가 매우 어렵습니다. 저희들에게 이 어려움을 헤쳐 갈 수 있는 지혜와 용기를 주시옵고 각별히 오늘 김정남 수석이 이 자리에 함께하오니 그에게도 건강과 축복 내려주시옵소서" 하는 것을 줄기로 해서 한두 마디 보태는데 우선 명료하고 길지 않아 좋았다.

연설원고는 날이 갈수록 그 매수가 짧아졌다. 처음 퇴임 직후 일본 방문 때 대학, 교포사회에서 할 연설원고는 재임 때와 크게 달라지지 않았으나, 그의 마지막 러시아 방문 때는 연설시간이 5분을 넘어가지 않게 했다. 내 나이 이순(耳順)이 지나면서 글에 점점 자신도 없어지고, 새로운 세상과 세계를 호흡하는 젊고 참신한 인재를 골라 원고를 맡기라고 말씀드려도 한사코 내가 쓰는 글이라야 안심이 된다면서, 내가 쓸 것을 고집했다.

DJ와 노무현정부 때 YS는 순전히 자비로 해외여행을 했다. 그러다 보니 항상 비용에 쪼들렸다. 일본의 재일교포 재벌 한창우의 도움을 받기도 했지만, 이마저 시간이 갈수록 여의치 않았다. 이명박정부 때는 외교부 협조로 일본과 러시아를 방문할 기회가 있었는데, 그때마다 나도 수행했다. 일본 와세다 대학에서 행한 마지막 연설에서 YS는 "나는 일본을 미워하며 자랐다. 그러나 정치에 입문하면서 일본이 한국과의 불편한 과거에도 불구하고, 자유민주주의라는 가치를 공유하는 이웃을 받아들여야 했다. 2002년 월드컵을 유치, 한 · 일 간의 협력관계가 비로소 이루어진 것은 2000년 한 · 일 간의 역사에서 초유의 일이었다. 나는 2002 월드컵 한 · 일 공동개최를 이루어 낸 것을 아주 자랑스럽게 생각한다. 내가 죽을 때 한국의 청년들을 향해 일본의 청년들과 손에 손 잡고 미래로, 세계로 나가라고 자신 있게 내가 말할 수 있기를 기원한다. 그러기 위해서는 일본이 과거의 잘못에 대해 사과할 수 있어야 한다. 사과를 어렵게 생각하지 말라. 사과는 용기다. 나는 일본에서 사과의 용기가 나오기를 바라마지 않는다"라고 했다. 장내가 숙연해졌고, 마침내 엄청난 박수가 뒤늦게 쏟아졌다.

겨울 산행 중에.

오사카, 교토, 나라 등지를 방문했을 때는 음식도 호텔에서 나오는 음식이 아니라 교포들이 일일이 장만한 한국음식이 나왔다. 어디 소풍 나온 기분이었다. 대부분이 나이 든 분들이었지만, 여성들은 한복을 입고 나왔다. 그리고 비록 현직 대통령은 아니지만, 대통령과 사진 한 장을 찍기 위해 줄을 섰다. 방문만으로도, 그들을 만나는 것만으로도 그들에게는 위로가 되고 자랑이 되고 영광이 되었던 것이다. YS와의 마지막 여행이라 할 러시아 방문 때는 YS도 좀 설레는 분위기였다. 한·러 수교는 세계 외교사상 특이한 케이스라고 한다. 대개의 수교는 강대국이 약소국을 찾아가 수교를 요구하는 것이 관례인 데 반해, 한국이라는 작은 나라가 소련이라는 강대국에 수교를 먼저 요청한 것이 그렇고, 특히 동서냉전하에서 자유 진영의 맨 앞자락에 섰던 분단국가 한국이 다른 한쪽의 종주국이라 할 러시아를 향해 수교를 요구한 것이 더욱 그렇고, 또 수교를 처음 일구어 낸 것이 정부나 여당이 아니라 야당이 그 역할을 수행한 것은 일찍이 외교역사에 그 사례가 없다는 것이다.

YS 역시 한·러 수교에 자신이 첫 발을 디디고 그리고 그것을 마침내 수교로 연결시킨 데 대해 상당한 자부심을 가지고 있었다. 러시아 방문을 수행하면서, 이전에 자신이 접촉했던 관계자(정부, 언론, 연구소)를 만날 때마다 YS가 보여 주는 일련의 행동에서 나는 그런 자부심을 느꼈다. 러시아 국제문제연구소에서 박사학위를 드리려고 하는데 다시 오실 수 있겠느냐고 묻자 YS는 "물론 온다"고 했고 수행원들에게도 그때 다시 다 함께 오자고 하더니, 끝내 YS의 러시아 방문은 이루어질 수 없었다. 병석에 쓰러진 것이다.

YS는 언젠가 여럿이 모인 식사 자리에서 나를 가리켜 이 세상에서 제일 머리 좋은 사람, 제일 글을 잘 쓰는 사람이라고 소개해 내 얼굴이 화끈거리게 만들었다. 술이 생기면 그것은 나의 차지가 되었다. 그리고 상도동에서 오찬이 끝나면 꼭 나를 뒤에 남으라고 해서는 원고료라고 챙겨 주는데, 어떤 때는 19장이 들어 있고, 어떤 때는 21장이 들어 있기도 했다. 건조한 손으로 자신이 직접 돈을 헤아려 넣다 보니 그럴 수밖에 없었던 것이다. 제발 그러지 마시라고, 그러지 않아도 된다고 말씀드려도 마지막까지 꼭 그렇게 당신이 직접 나를 챙겨 주었다. 나는 그 돈을 차마 함부로 쓸 수가 없어서 언제부터인가 모으기로 했다. 몇 년을 그렇게 모으니까 꽤 상당한 목돈이 되었다. 그 무렵 내 큰딸아이가 아이를 낳게 되어 그 돈을 병원비, 산후조리원비 등에 썼다. 이 과정에서 아이 하나를 낳고 키우는 데 얼마나 많은 돈이 드는지를 비로소 알았다. 내 큰딸 결혼식 때는 마침 YS도 오셔서 축하해 주신 데다 YS로부터 받은 돈이 그 딸아이 낳고 키우는 데 쓰였던 것이다. 그래서 나는 지금 큰손녀 홍가인(洪可仁)이를 보면, 너는 대통령 덕으로 낳고 큰 아이라고 말한다.

YS를 너무 가까이서, 또 오래 보다 보니, 그의 단순함이나 실수까지도 나의 눈엔 너무 인간적이어서, 나는 차마 그를 욕할 수도 미워할 수도 없다. 그리고 너무 많은 크고 많은 사연이 나와 YS 사이엔 깔려 있다. 이 글의 전편을 쓰고 나머지를 쓰기 전 YS는 영면에 들었다. 다행히 정치인으로는 보기 드물게 추모열기가 국민 가운데서 일어났고, YS에 대한 재평가 분위기도 함께 일어나서 슬픔 속에서도 위안이 되었다.

YS는 민주화의 큰 길에서 길을 내면서 온 사람이었고 문민민주주의를 제도적, 정치적으로 완결했으며, 하나회를 척결함으로써 한국 민주주의에 치명적 장애가 되었던 군사쿠데타의 위험을 제거해 줬다. 한국 민주주의에서 그는 민주주의의 길을 내고, 민주주의를 정착시키고, 그리고 민주주의에 대한 위험과 장애를 제거하고 뿌리쳐 준, 한국 민주화의 원훈이었다. 한국 민주주의는 그에게 큰 빚을 지고 있다.

4

광주의 전설

윤한봉

광주의 윤한봉(1947~2007)은 나에겐 항상 외경의 대상이었다. 그의 범상치 않았던 삶, 그의 맑고 순정한 영혼, 그리고 칼 같은 결단, 그 모든 것이 그를 외경치 아니할 수 없게 했다. 그는 분명 만나고 싶은 사람들 가운데 하나였지만, 생전에 자주 만나지는 못했다. 만나도 그냥 지나치기만 했다. 아마도 그를 마지막으로 만났던 때는 홍남순 변호사의 평전 『영원한 재야, 대인 홍남순』의 광주 출판기념회 날이 아닌가 싶다. 그때도 일정을 마치고 서둘러 올라오느라 그와 그냥 인사만 나누고 헤어졌던 듯하다.

몇 년 전부터 그의 매제 되는 박형선이 여름이면 몇몇을 신안으로 초청했는데, 그러다 보면 언젠가는 그와도 만날 수 있겠지 하고 막연

윤한봉.

하게 기대하고 있었다. 언제 한번 몇 날 몇 밤을 새우면서라도 그와 이야기를 나누고 싶었는데, 끝내 그런 기회는 오지 않았다. 텔레비전 연속극에서 보면 "있을 때 잘해!"라는 말이 곧잘 나오던데, 정말 있을 때 만나 보지 못한 것이 이렇게 한이 될 줄은 미처 몰랐다.

그의 육성이 아니라 글로 남겨진 그의 족적을 좇다 보니, 그는 비할 데 없이 크고, 순정하고, 분명해서, 더욱 그가 그립고 아쉽고, 또한 그 빈 자리가 더욱 크게 느껴진다. 그는 이제 우리 모두에게 전설의 사람이 되었다.

민청학련 사건과 윤한봉

고등학교를 졸업한 뒤 자원입대해 최전방 부대에서 근무하다 35개월 만에 제대하고 1971년에 전남대 농과대학 축산학과에 입학한 윤한봉은 늦깎이에다가 눈 딱 감고 그저 공부만 열심히 하는 모범생이었다. 1971년은 전국 대학가가 교련반대 시위로 들끓던 해였다. 서울에는 위수령이 내려지고, 전남대 교정에도 경찰이 진입했다. 그때 전남대에서도 30여 명이 제적 또는 무기정학을 당하고 4명이 강제 징집되었다. 윤한봉은 시위에는 더러 참여했지만 큰 동요 없이 공부만 계속했다.

그를 "공부만 하고 있을 때가 아니다. 이제 싸우자"라며 들고 일어나게 한 계기는 1972년 10월 17일의 유신쿠데타였다. 유신을 보고 그는 읽고 있던 책을 볼펜으로 찍어 버리고 한참동안 벽에 머리를 박았다. 그러나 학생회 활동에 참여해 본 적도 없고, 동아리 활동마저 해 본 적이 없는 그는 어디서부터 어떻게 해야 할지 막막하기만 했다. 그가 주목한 것은 당시 전남대의 학내 동아리 교양독서회였다. 교양독서회는 1971년에 전남대에 최초로 만들어진 사회과학 동아리 민족사연구회의 후신이었다.

1972년 12월이 되자 휴교령이 해제되었는데, 기다렸다는 듯이 곧바로 이강, 김남주가 전남대와 시내 일부 고등학교에 《함성》이라는 유인물을 뿌리고 뒤이어 《고발》이라는 유인물의 전국 배포를 추진하다 적발되는 사건이 터졌다. 이것은 시간적으로 전국 최초의 반유신 투쟁이라고 할 수 있다. 이 사건으로 졸업생인 박석무와 재학생 이강,

김남주, 김정길을 포함한 10여 명이 고문당한 뒤 투옥되었다. 이 사건은 윤한봉의 각오를 다져 주고 발걸음을 재촉하는 계기가 되었다.

1973년 봄, 윤한봉은 첫 번째 사업으로 돈 안 쓰는 깨끗한 선거를 통해 농대학생회를 장악한다는 계획을 세웠다. 뜻이 맞는 친구 민상홍을 후보로 내세우고 단 돈 700원으로 선거자금을 정한 뒤, 그에 기꺼이 동조한 박형선, 문덕희와 함께 미친 듯이 뛰어다녔다. 선거 결과는 단독 입후보에 따른 일방적 승리였다. 두 번째 사업은 농과대학의 시험부정행위근절운동을 택했고, 욕은 많이 먹었지만, 그 사업 또한 성공시켰다. 세 번째 사업으로는 학교 당국의 과도한 등록금 인상 규탄을 택했다. 2학기가 시작되자마자 윤한봉과 박형선은 학교 당국과 싸움을 시작했다. 등록금 인하 자체를 목표로 하지 않고 학교 당국과의 싸움 그 자체를 목표로 했기 때문에, 학교 방송국 기자들의 예상 밖의 협조까지 받은 그 싸움도 성공적으로 끝났다.

전남대 차원의 영향력을 어느 정도 확보했다고 판단한 윤한봉은 9월 하순에 반유신 시위를 결행키로 하고 본격적인 준비 작업에 들어갔다. 이 계획은 우연치 않은 계기로 당국에 알려져서, 윤한봉과 박형선이 시위 3일전, 화엄사와 송광사 부근의 여관에 각각 연금되어 버리는 바람에 무산되었다. 아마도 이 계획이 성공했다면 유신 이후 최초의 대학가 시위를 선도한 곳은 전남대가 되었을 것이다. 서울대 문리대에서 최초의 반유신 시위를 벌인 날이 10월 2일이었으니까.

그해 12월 7일, 10월 2일 이후 구속되거나 징계받은 학생들이 모두 풀려나서, 해빙무드로 접어드는가 싶더니 1974년 1월 8일 긴급조치 1호와 2호가 발표되었다. 이때 윤한봉은 "규탄이나 반대만으로는 안 되겠다. 뒤집어엎어 버려야겠다. 엎어 버리기 위해서는 산발적인 바위치기로는 안 되고 4·19처럼 같은 목표를 내걸고 동시다발적인 시위를 해야겠다. 그러자면 전국 조직이 필요하다. 우선 자금부터 모으자"라고 생각했다. 제적당하고 감옥에 갈 것이 뻔하니 학교 등록을 하지 말고 등록금을 자금으로 돌려쓰는 것이 자금 준비의 출발점이었다. 장학금을 수령해 그 돈을 자금으로 돌리기도 했다. 3월 하순경에는 자금이 떨어져서 시집 간 누님한테서 돈을 꾸기도 하고, 심지어 화투를 쳐서 딴 돈으로 충당하기도 했다.

3월에 들어서면서, 《함성》지 사건으로 투옥되었다가 집행유예로 풀려난 김정길의 소개로 서울에서 온 황인성, 이철, 나병식을 만났다. 그들은 윤한봉에게 "전국적 조직을 갖추고 동시다발 시위를 해야 승산이 있다. 전국을 서울권, 영남권, 호남권으로 나누어 조직사업을 해 나가야 하니 호남권을 맡아 달라"고 제안했다. 전북 쪽에 연고가 없어서 자신이 없다고 하니까 이철이 전북대생 한 명을 소개해 주겠다고 해서 응낙했다.

3월 5일에는 대전역 앞의 어느 중국집에서 황인성과 경북대생 임규영을 만나 지역정보를 교환하고, 함께 점검했다. 그때 임규영에게 들은 경북대 상황은 전남대와 비교가 안 될 정도로 대단했다. 만일의 사태에 대비해 다음부터는 비상연락을 맡을 사람을 같이 데리고 모이기로 하고 헤어졌다. 윤한봉은 문리대 복학생 김상윤을 만나서 저간의 경과를 설명하고 다음 모임부터는 함께 가자고 제안해서 쾌락(快諾)을 받았다.

3월 9일에 윤한봉과 김상윤은 속리산 법주사 부근 어느 여관에서 서울대의 황인성, 전홍표 그리고 혼자서 온 경북대의 임규영을 만나 '3월 11일, 한신대 시위 예정', '경북대가 3월 18일에서 22일 사이 대규모 시위 계획' 등의 정보를 교환했다. 또 화염병을 만들어 시위 때 활용하자는 이야기와 시청 · 도청이나 언론기관 같은 공공건물을 점거 농성하는 문제도 논의했다.

전북대와는 좀체 조율이 되지 않았다. 윤한봉은 자신의 능력 부족을 한탄했지만, 전북대에서 나온 사람들은 끝내 젊은 가슴을 열지 않았다. 화염병 실험도 실패했다. 그러나 전남대의 조직은 김상윤을 중심으로 튼튼하게 짜여 갔다. 김상윤은 문리대의 윤강옥을 끌어들였고, 윤강옥은 무서운 집념으로(7번이나 새벽에 찾아가는 등) 상대의 이훈우, 문리대의 이학영과 하태수를 끌어들였다.

3월 13일에는 대전에서 황인성과 임규영을 만나 경북대와 영남대의 시위 계획을 들었고, 그 며칠 뒤에는 조치원에서 임규영 대신 온 경북대 졸업생 이강철과 황인성을 만나 상황을 점검했다. 이때 이강철이 하도 대규모 시위를 장담하기에 그 비결을 물었더니 이강철이 기가 막힌 대답을 했다. 유인물을 뿌리고 선동해도 학생들이 안 나오면 강의실로 돌아다니며 몽둥이로 두들겨 패서 몰아낸다는 것이다. 눈에다 잔뜩 힘을 주고 강한 사투리로 "쌔리 패는기라" 하던 이강철의 그 강렬한 인상이 오랫동안 선명했다고 한다.

3월 22일, 윤한봉은 부산시 구포역 앞에서 황인성, 이강철과 만나

21일의 경북대 시위의 실패 경위를 듣고, 전남대가 일단 3월 28일에 시위를 결행해 보겠다는 뜻을 밝혔다. 그러나 이 계획은 그다음 날 김상윤, 박형선과 의논한 끝에 연기하기로 결정했다.

3월 23일, 윤한봉은 광주 지역 시위 때 쓸 선언문 문안을 작성하기 시작했다. 생전 처음 해 보는 일이라 이틀간을 끙끙댔다. 3월 26일, 박형선, 문덕희, 최철 등과 초저녁부터 유인물 등사를 시작했지만, 글씨가 또렷하게 나오지 않아 애를 먹었다. 최철의 동생 최훈을 깨워 데리고 와서야 자유수호구국 비상광주학생총연맹 이름으로 된 '자유수호구국선언문' 1천 장을 등사할 수 있었다.

3월 29일, 회합 장소인 부산 구포에는 김상윤이 내신 갔나. 4월 3일에 일제히 동시다발로 시위하기로 했다는 이야기를 31일에 전해 들었다. 김상윤이 전남대의 4월 3일 시위는 준비 부족 때문에 어렵다는 뜻을 전했다는 이야기를 들었다. 윤한봉은 4월 2일, 광주 시내 중국집 아서원에서 김상윤, 박형선, 유선규(사범대), 최철과 만나 의논한 뒤 준비 관계로 4월 3일 시위는 어려우니 4월 9일 오전 10시에 결행하기로 최종 합의했다.

4월 3일에 조치원역 대합실에서 이강철을 만났다. 황인성은 끝내 나타나지 않았다. 이강철한테서 3월 21일 시위를 주동한 경북대생들이 전원 구속되었다는 소식을 들었다. 윤한봉은 전남대가 4월 3일에 시위를 못 하고 4월 9일에 하기로 했다고 말하고, 4월 8일 오후 1시에 같은 자리에서 다시 만나기로 하고 돌아왔다(황인성과는 약속에 차질이 생길 경우 1주일 뒤 그 시간, 그 자리에서 다시 만나기로 약속이 되어 있었다).

그날 밤에 긴급조치 4호가 발포되었다. 윤한봉은 직감적으로 '전국민주청년학생총연맹(민청학련)'이 자신이 참여해 준비하고 있는 전국적인 연합시위 추진세력을 지칭하는 것으로 판단하고 큰 충격을 받았다. 깊은 곳에서 분노가 끓어올랐다.

4월 4일 오전에 윤한봉은 전남대 문리대 교정에서 김상윤에게 3월 29일 부산 구포회합 때 황인성한테 받아 온 전국민주청년학생총연맹 명의의 공동선언문 1매를 받았다. 그때 전국민주청년학생총연맹은 조직명이 아니라 선언 주체를 어디로 할까 의논하다가 여러 이름들 중에서 그 이름이 제일 낫다고 의견이 모아져 그렇게 결정된 것이라는 설명도 들었다.

윤한봉과 박형선은 그런데도 4월 9일 보란 듯이 시위를 결행하자고, 죽을 각오로 밀어붙이자고 굳게 다짐했다. 이들은 앞서 만들었던 선언문 1천 여 장을 하숙집 아궁이에서 소각해 버리고, "긴급조치 제4호를 독재정권의 최후 발악으로 단정하고 전면 부정한다"는 내용을 추가한 새 선언문 초안을 만들어 1,700여 장을 등사해 김상윤에게 보관시켰다.

윤한봉은 4월 6일에 고향인 강진으로 내려가 자신에게 기대가 크셨던 아버지에게 큰절을 올린 뒤 죽을 각오에 대해서는 숨기고 재적당할 각오, 감옥에 갈 각오로 독재정권과 맞서 싸우기로 결심했다는 뜻을 말씀드렸다. 한참을 눈감고 계시던 아버지는 "해라"라고 말씀하시고, 조금 있다 눈을 뜨고 윤한봉을 향해 "그러나 앞장서지는 마라"라고 덧붙이셨다. 윤한봉은 광주로 올라와 박형선, 문덕희에게도 죽을 각오를 하고 부모님께 남길 유서를 써 두라고 당부했다.

터질 듯한 긴장 속에서도 윤한봉은 4월 3일에 이강철과 했던 약속 때문에 4월 8일 오후 1시, 조치원역 대합실에서 황인성과 이강철을 1시간가량 기다렸으나 두 사람 모두 끝내 나타나지 않았다. 대리인을 보낼 때의 약속이 있어, 주변을 두리번거리며 대리인을 찾았으나 대리인도 발견할 수 없었다. 광주로 돌아오자마자 다음 날의 시위 준비를 최종 점검했다. 밤 7~8시경, 윤한봉은 김상윤, 박형선, 윤강옥, 하태수, 유선규, 정환춘, 이훈우, 최철과 만났다. 그 자리에서 윤한봉은 농대의 문덕희가 연행되었다는 소식을 들었다.

당연히 시위를 연기하자는 주장이 나왔다. 그러나 윤한봉은 "연기하자는 것은 가만히 앉아서 잡혀 가자는 이야기와 다를 바 없다. 시시각각 위험이 다가오고 있다. 준비가 덜 되었으면 덜 된 대로 내일 강행해야 한다"고 시위 계획을 강력히 밀고 나갔다.

오전 10시에 본관 앞으로 최선을 다해 학생들을 집결시키고, 윤한봉이 선언문을 낭독한 뒤 스크럼을 짜고 교문 밖으로 밀고 나가기로 하고, 다음 날 아침 8시에 사직공원 팔각정 앞에서 학교버스를 타고 함께 들어가기로 약속했다. 헤어지기 직전 문리대의 이학영도 연행되어 갔다는 소식을 들었다. 윤한봉은 박형선, 최철과 함께 최철의 후배 집으로 가 다락방에서 뜬눈으로 밤을 새웠다. 뒤에 안 일이지만, 윤한봉의 아버지가 그날 밤 도경 정보과로 연행되었다. 도경 정보과장 유길종은 전날의 원한 때문에 윤한봉의 아버지에게 악감정이 있었다. 그다음 날 윤한봉이 연행되었다는 보고를 받고, 아버지가 있는 자리에서 그는 "윤한봉이 그 새끼 사형당하도록 조서 꾸며!"라고 큰 소리로 명령했다고 한다. 아버지는 1975년 2·15 조치로 윤한봉이 석방되기 1주일 전에 간질환으로 돌아가셨다.

4월 9일 아침 8시에 윤한봉과 박형선, 김상윤, 최철, 윤강옥은 사직공원 팔각정 앞에서 만났다. 이들은 이미 저들이 비상을 걸었을 테니 버스를 타면서 바로 선언문을 뿌리자고 의견을 모았다. 학교버스에 올라 버스가 출발하자마자 박형선이 유인물을 배포하기 시작했다. 학교버스가 학교 안으로 못 들어가고 후문 앞에서 정차하자 이들은 학생들 사이에 섞여 들어갔다. 박형선이 뛰다시피 농대로 가서 강의실을 돌며 유인물을 뿌리고 시위 참여를 호소하다 교수들에게 쫓겨 왔다. 뒤따라 농대로 가던 윤한봉은 쫓겨 오던 박형선을 만나 함께 온실 속으로 피하려다 교수들에게 붙잡혀 곧바로 형사들에게 넘겨졌다. 김상윤, 윤강옥도 선언문 한번 제대로 뿌려 보지도 못하고 붙잡혔다.

윤한봉과 박형선은 전남도경 공안분실로 끌려가 도경국장 손달용과 공작분실장한테 어금니가 깨지도록 두들겨 맞았다. 이어 4일간 계속해서 몽둥이로 얻어맞으며, 잠 한숨 못 자고 집중적으로 수사를 받았다. 5일째 되는 날, 윤한봉은 머릿속에서도 바람이 분다는 사실을 처음으로 경험했다. 그러나 다행히 물고문이나 전기고문은 받지 않았다.

수사를 받을 때나 감옥살이를 할 때 가장 괴로웠던 것은 두 가지였다. 하나는 맡은 바 책임을 다하지 못한 데 따른 부끄러움이었다. 전북대와 광주일고를 끌어들이는 데 실패했고, 전남대 시위도 타 지역과 한 약속을 지키지 못했을 뿐만 아니라 4월 9일의 시위마저 실패했다. 도무지 어느 쪽으로도 고개를 들 수가 없었다.

또 하나는 제대로 한 일 없이 여러 사람에게 큰 피해를 입혔다는 죄책감이었다. 등사 장소를 제공하고 도와줬던 김윤봉과 이현택을 비롯해, 문리대의 성찬성, 전영천, 박진 등 선의의 사람들이 모두 끌려와 징역을 살게 된 것이 가슴 아팠다.

공안분실의 수사가 끝나자 윤한봉은 광주 동부경찰서 유치장으로 넘겨졌고, 거기서 불려나가 도경수사과의 신문을 받았다. "정부를 전복하려고 했나요?" 윤한봉은 오기가 치밀어 올라 "그렇소. 엎어 버리려고 했소"라고 툭 쏘듯 대답해 버렸다. 이 답변이 내란예비음모죄에 해당된다는 것을 윤한봉은 모르고 있었다. 뒤에 이 대목을 우려한 친구들이 그것을 부인해야 한다고 주장했다. 검찰관의 직접신문을 받을 때 윤한봉은 눈 딱 감고 "아니오"라고 부인해 버렸다. 당황한 검찰이 다시 따져 물을 때 그는 또 눈 딱 감고 "때려서 시인했다"고 거짓말을 했다.

윤한봉은 동부경찰서 유치장에 50일 정도 갇혀 있다가 6월 초순, 이강, 김정길과 함께 서울 종로경찰서를 거쳐 서대문구치소의 독방에 수감되었다. 6월 15일부터 군사재판이 일사천리로 진행되어 윤한봉은 긴급조치 1 · 4호 위반 등의 죄목으로 징역 15년, 자격정지 15년을 병과받았다. 항소는 했지만 상고는 포기했다. 윤한봉은 안양교도소, 대전교도소를 거쳐 1975년 2월 15일 형집행정지로 출감했다.

재판정에서 전남대생들을 제외한 나머지 사람 등 모두는 하얀색 한복을 입고 있었다. 변호사들 사이에서 전남대생을 찾으려면 까마귀를 찾으면 된다는 이야기가 나왔다. 그 얼마 뒤 윤한봉에게 전혀 이름도 모르는 사람에게서 한복 한 벌이 들어왔다. 윤한봉은 그 한복을 입고 갈까 말까 고민하다가 "내가 한복을 입고 가면 다른 전남대생들이 더 외로울 것이다" 생각하고 그냥 나갔다. 그러나 나중에 알고 보니, 그들도 다 같은 날 한복을 차입받았지만, 같은 이유로 모두 한복을 안 입고 나왔다고 한다. 그 한복은 방청석에서 이들을 보고 안타깝게 여긴 서중석의 형님이 넣어 준 옷이었다.

'타도 박정희' 맹세

1975년 4월 9일은 1년 전 윤한봉이 전남대 교정에서 형사들에게 연행되어 간 날이었다. 그날 인혁당 관련 8명이 사형당했다는 소식을 도서관 앞 잔디밭에서 들었다. 그 말이 믿어지지가 않아 한참을 멍하니 앉아 있다가 정신을 차리고 벌떡 일어나 하늘을 향해 악을 썼다. "이 악랄한 박정희 군사정권을 반드시 타도해 버리고 말겠다. 내 모든 것을 다 바쳐 없어 버릴 것을 맹세한다."

이러한 용서할 수 없는 분심의 연장선 위에서 윤한봉은 정상용, 박형선, 조계선 등과 더불어 조금 황당하기는 하지만 박정희 암살계획을 세운다. 영화에 나오는 것처럼 그런 정밀한 방법은 그만두고, 수류탄이나 다이너마이트를 구해서 가까운 거리에서 자폭 형식으로 안고 뛰어드는 방식, 너 죽고 나 죽자는 식으로 폭탄을 안고 뛰어드는 방식

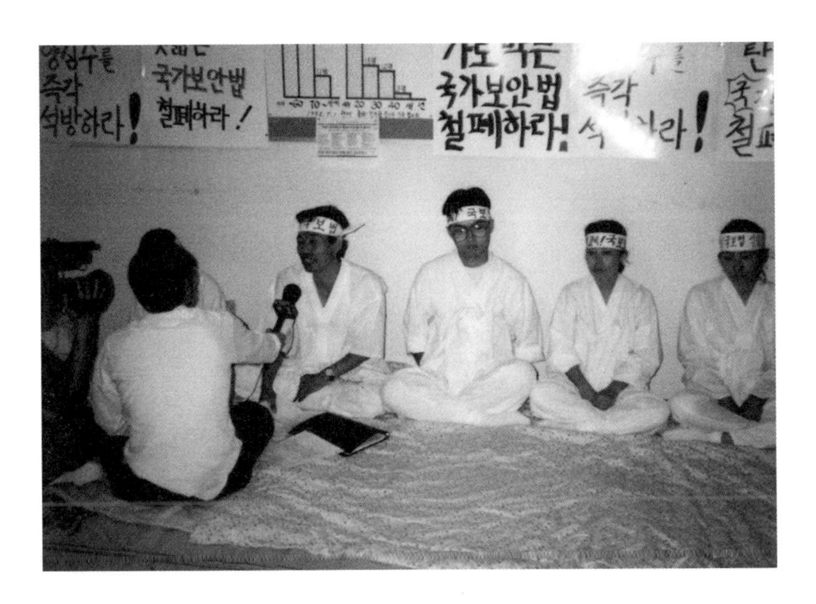

미국 망명 당시 활동하던 모습.

을 채택하기로 하고 수류탄을 세 개, 다이너마이트를 뇌관까지 두 박스를 준비하고, 더 모으는 작업을 계속하던 중에 윤한봉이 두 번째로 감옥에 들어가는 바람에 모든 계획이 무산되었다.

윤한봉이 긴급조치 9호 위반으로 1976년 4월 두 번째 투옥된 것은 3·1 민주구국선언 때문이었다. 윤한봉이 가까스로 3·1 민주구국선언문을 구해서 후배들 앞에서 읽어 준 일이 있었다. 그런데 그 글을 후배들이 또 친구들에게 읽어 준 일이 문제가 되어, 거슬러 올라와 윤한봉이 구속된 것이다. 이 일로 윤한봉은 1년 6월을 선고받아 20개월을 복역했다. 대구에서 복역 중 28년을 독방생활을 하는 장기수를 보고, 윤한봉은 저렇게 28년, 30년, 40년 내내 변함없이 자신을 지켜 낼 수 있을 만큼 확고한 신념체계가 서지 않는 한, 함부로 자신이 무슨 주의자니 뭐니 하는 이야기를 하지 않겠다고 다짐을 한다.

1977년 12월, 두 번째 징역에서 풀려난 윤한봉은 1978년 4월의 함평 고구마 사건 피해보상투쟁에 참여한다. 함평 고구마 사건 피해 농민들이 북동성당 교육관에서 단식농성을 하는데, 하다못해 치약, 칫솔, 침구조차 없이 시작해 버렸다. 농민들의 수도 늘어나고, 전국에서 지원팀은 내려오는데, 아무 준비조차 없이 단식농성을 시작한 것이다. 윤한봉은 이강, 박형선, 조계선과 함께 생활필수품을 조달하는 역할을 맡았다.

그해 11월 계림동성당에서 추곡수매가 인상 등 다양한 요구들을 내걸고 전국농민쌀생산자대회를 열었을 때는 2박 3일 동안 800여 명의 8끼 식사를 식당에 맡기는 대신 윤한봉 등 청년들이 맡아 하기로 했다. 딱히 자신이 있거나 준비가 되어 있어서가 아니라, 지식인운동, 민중운동, 여성운동, 청년·학생운동의 연대와 연합을 위해서 필요하다고 판단해 자청해서 떠맡았고, 여성과 후배 등 모든 역량을 동원해 마침내 성공적으로 그 일을 수행해 냈다.

이것이 모체가 되어 여성들을 중심으로 송백회(松柏會)가 결성되어 양심수들의 옥바라지와 뒷바라지를 하게 된다. 이때 윤한봉은 여성들에게 털양말 짜기를 권유했다. 두 번의 징역을 경험해 보니, 감옥 안은 밖보다 훨씬 추워 동상에 잘 걸렸다. 동상을 막는 길은 털양말을 신는 것이었다. 이 경험을 되살려 여성 운동가들에게 털양말 짜기를 권고한 것이다. 당시 광주교도소에는 정치범이 40명 있었는데, 여성들이 짠 양말은 147켤레나 됐다. 그 양말을 자신들의 이름으로 직접 넣게 했다. 그것이 1단계 작업이었고, 그 일들이 쌓이고 모여 마침내 송백회를 결성하는 데까지 이른다.

또한 1978년 6월 송기숙 교수가 추동하고 있던 「우리의 교육지표」 사건에도 참여했다. 전남대 교수들한테 서명을 받을 때 윤한봉은 누구누구가 서명을 했는지 훤히 알고 있었다. 그것은 교수들을 만났을 때, 뭔가 미안해하고 괴로워하는 표정과 그 정도를 가지고 윤한봉이 판단한 결과일 뿐 정보를 들어서 안 것은 아니었다. 교수들이 구속되고 난 뒤에는 학내에서 기도회부터 시작해서 교내에서는 물론 더 나아가 시가지까지 진출해서 시위를 벌였다.

1979년에는 사람들이 모여 앉아 이야기할 수 있는 공간으로 현대문화연구소를 냈다. 옥바라지용 책들을 왕창 모아 놓고, 가족들이 와서 그 책들을 감옥에 넣어 주기도 하고, 다시 찾아 갖다 놓기도 하는 등 다목적 연구소였다. 초대 소장은 문덕희가 맡았고, 김희택, 정용화가 그 뒤를 이었다. 서울에 있는 출판사들을 돌아다니며 책을 모아 2천여 권을 빽빽하게 채워 넣었다. 그곳은 극단 '광대'가 출범하는 데도 요긴하게 쓰였고, 구속자협의회(뒤에 민주청년협의회)도 이 연구소를 회의실 겸 사무실로 썼다. 그러나 이 연구소는 5·18을 겪으면서 작살이 났다.

1979년 10월 초에 전남대 본관 화재 사건이 벌어졌다. 본관 안에 정보부 직원과 경찰서 정보형사들의 휴게소 비슷한 게 있었는데, 그곳을 겨냥한 방화였다. 그러나 피해액 1만 5천 원의 경미한 방화였다.

하지만 이 사건을 빌미로 10월 23일 당국은 윤한봉을 연행한 뒤, 오금에다 장대 끼우고 물 먹이는 물고문을 3일 동안 계속했다. 이는 부마항쟁이 광주로 옮겨 붙을 것을 예견하고, 사전에 위험을 제거한다는 차원에서 계획적으로 벌인 작전이었다. 윤한봉은 이 고문으로 벽을 잡고 일어서고, 벽을 잡고 미끄러지듯이 간신히 앉을 만큼 몸이 심하게 상했다. 그러다가 박정희가 죽고 나서야 풀려났는데, 박정희 사망 소식을 듣고 윤한봉은 온몸이 간질간질한 쾌감과 희열을 느꼈다.

잡히면 죽는다

윤한봉은 부마항쟁 소식을 듣고, 부산을 찾아가 직접 돌아본다. 그곳에서 자신이 그동안 운동하면서 민중이 어떻다고 떠들었는데, 그것은 완전히 추상적이고 관념적인 민중이라는 사실을 확연히 깨달았다. 즉 생활 현장에서 살아 숨 쉬는 그들 민중을 놓치고 있었다는 사실을 깨닫는다. 그래서 당초 들를 예정이었던 마산을 빼놓고 광주로 돌아왔다. 돌아와 검증해야겠다고 생각한 대로 광주·전남 지역 시장 상인들을 만나 갑남을녀의 이야기를 들었다. 그동안 운동하는 자신들이 앞서가면 언젠가는 따라오겠지 하는 식으로 교만방자한 생각을 했다는 것을 깨닫는 데에는 시간이 오래 걸리지 않았다. 그들에게서 지금 지진이나 화산 같은 변화를 갈망하고, 정치적이고 사회경제적인 변화를 갈망하는 마음이 엄청나게 뜨겁게 솟구쳐 오르고 있다는 사실을 느끼기 시작했다.

그래서 윤한봉은 '광주가 터진다'는 결론을 내린다. 즉 광주항쟁을 예감한 것이다. 이때가 1980년 3월 말경이었다. 12 · 12 쿠데타를 일으킨 전두환 신군부 일당은 절대로 물러서지 않을 것이다. 그렇게 되면 민주화를 갈망했던 사람들은 당연히 절망하게 되고, 절망하면 분노하게 되고, 마침내 분노가 쌓이면 폭발하게 된다. 특히 전남과 광주가 가장 열망이 크고, 또 차별과 소외, 빈곤으로 대표되는 곳이기 때문에 충돌할 수밖에 없게 된다. 결국 광주와 전남은 피바다가 될 것이다. 이것이 그의 정세 전망이었다.

윤한봉은 이 같은 자신의 전망을 중요한 모임이 있을 때마다 이야기했다. 그때 만들어진 각 지역 간의 정보교환의 틀에서도 이야기했고, 5월 5일 식영정(息影亭) 민주가족야유회에 가서도 이야기했다. 하지만 아무도 윤한봉의 이야기를 귀담아 듣지 않았다. 쓸데없는 이야기를 한다느니, 회의 분위기를 깬다느니, 다른 나라 이야기를 하고 있다느니 하며 무시했다. 나중에는 윤한봉이 신들렸다는 말까지 나왔지만 당시에는 아무도 안 믿었다.

윤한봉은 자기 혼자라도 준비해야 한다면서 15,000분의 1 지도를 사서 연구도 했다. 광주는 어차피 깨지는데, 깨지더라도 정치적으로는 성공을 해야 한다. 그러기 위해서는 도청을 장악해야 한다. 저놈들이 무기를 발포할 것이 뻔한데, 그에 대항하려면 이쪽에서도 무장할 수밖에 없다. 총, 다이너마이트 등이 있는 곳을 체크하고, 도청 주변의 도로도 새삼스럽게 살폈다. 그리고 국민에게 또 국제 사회에 호소하는 내용의 성명서도 구상했다. 5월 15일에는 의사 전홍준의 아기 돌인지 백일 때 8인모임(정상용, 정용화, 이양현, 윤강옥, 김영철, 박용준, 윤상원, 윤한봉)에서도 이야기했다.

윤한봉은 당시 5월 20일에 국회 소집이 예정되어 있었기 때문에 21일 이후에 그와 같은 사태가 일어나리라고 예견했다. 그리고 이에 대비한 준비를 일찌감치 했다. 목욕도 하고 문건들과 사진 같은 자료도 모두 치웠다. 그리고 이 집 저 집을 옮겨 다니며 숙식을 했다. 17일에는 19일에 있을 농민 시위를 준비하고 있다가, 서울에서 신군부가 총학생회 회장들 회의를 급습했다는 소식을 들었다. 다행히 박관현은 피했다고 했다. 그리고 이어서 비상계엄이 전국으로 확대되고, 친구들이 잡혀갔다는 소식이 잇따라 들어왔다. 박형선도, 김상윤도 잡혀갔다고 했다.

뜬눈으로 밤을 새우고 이튿날 정용화와 헤어져 서울 가는 열차를 탔다. 상황을 알아보기 위해 대전서 내렸더니 군인들이 명단 들고 검문하는 등 살벌하기 짝이 없어 되짚어 내려오는데, 자칫 형사한테 잡힐 뻔했다. 가까스로 장성역에서 뛰어내려 택시를 타고 광주로 돌아왔다. 문병란 선생 댁에 가서 아무리 불러도 대답이 없어 의대 앞에 있는 동생(경자) 집에 갔다. 동생은 오늘 두 번이나 경찰이 다녀갔는데 개죽음당하려고 여기 왔느냐고 하며, 윤한봉을 벽장에 숨겨 주고 밖에서 열쇠로 잠가 버리고 나갔다.

얼마 뒤 작은형이 와서, "지금 잡히면 무조건 죽음이다. 개죽음이다. 다음을 기약하기 위해서라도 빠져나가라"고 등을 떠밀어 우선 택시를 타고 남평을 거쳐 나주로 갔다. 나주에서 강진을 오락가락하면서 며칠을 보내고, 5월 27일 도청이 함락됐다는 뉴스를 듣고 성전, 강진을 거쳐서 순천으로 갔다가 열차를 타고 서울로 갔다. 우선은 이철용의 집에 몸을 풀었다.

이때부터 그의 긴 도피생활이 시작되었다. 도피하면서도 짐에다 칼을 넣고 다녔다. 언제 어떻게 갑자기 들이닥쳐 체포당할지 몰라, 그럴 때에는 자살하기로 결심했기 때문이다. 오른손이건 왼손이건 언제라도 칼을 잡고 정확하게 자신의 심장을 찌르는 연습도 했다. 양말을 벗지 않고 자면서 그 속에 항상 칼을 꽂고 있었다. 그것이 실패했을 때를 대비해 경동맥을 자를 수 있는 면도날도 항상 몸에 지니고 다녔다. 목욕하는데 급습할 수도 있다고 보고 입에 칼을 물고 목욕을 했다.

윤한봉은 미국으로 망명하기 전까지 11개월 동안을 주위의 도움을 받으며 도피생활을 했다. 화가 홍정경 씨 부모님 댁, 소설가 윤정모 씨 댁, 오송회 사건의 이광웅 시인 매제 신옥재 씨 댁, 성염 교수 댁 등 7~8군데를 옮겨 다녔다. 11개월간의 도피생활 내내 윤한봉은 5월 영령들과 고문당하고 투옥된 분들과 병상에 누워 있거나 불구가 된 분들에게 죄송하고, 한 목숨 바치자고 앞장서 떠들었던 놈이 제 몫도 못하고 죽지도 않은 채 도망쳐 나와 숨어 있다는 사실이 부끄럽고, 정세 전망을 잘못해서 제대로 대책도 못 세우고 기습을 당한 자신이 혐오스럽고, 악화일로에 있는 정세마저 절망스러워 그 괴로움 때문에 수도 없이 몸부림쳤다. 쭈그리고 앉아 고개를 처박고 끝없이 울었다. 그러면서도 한 가지 각오를 했다. "어떻게든 적들에게 체포되지 않겠다."

5월 27일 이후 윤한봉은 즉각 현상수배가 되었다. 수천만 원의 상금과 1계급 특진이 걸린 수배였다. 저들은 윤한봉을 폭동의 수괴로 만들려 했다가 잡히지 않자 전남대 복학생 정동년을 수괴로 만들고, 김대중(DJ)의 배후조종으로 일어난 폭동으로 조작했다. 1980년 8월에는 독일에 망명할 뻔한 일도 있었다. 그 와중에서도 광주에서 전해진 소식은 '절대 잡히면 안 된다', '잡히면 죽는다'는 말이었다. 광주 운동권이 윤한봉의 신변 안전에 신경을 곤두세웠던 이유 중의 하나는 광주가 터진다는 예언, 무장투쟁론 등을 적은 '자유노트'가 저들에게 압수되어 그걸 빌미로 사건을 재조작할 위험성이 있었기 때문이었다. 다행히 '자유노트' 사건은 늦게 잡힌 송선태가 자기 혼자만의 구상이었다고 버텼기 때문에 일단은 봉합되었다.

윤한봉은 광주에서 들려온 소식을 듣고, 결심했다. 아무런 활동도 못 하면서 주위 사람들 신세만 지고, 여러 사람들을 불안하게 하고, 광주 운동권에 걱정만 끼치는 기약 없는 도피생활을 벗어나 해외로 나가 망명투쟁을 하자는 결심이었다. 탈출 방법을 모색하고 있는데, 윤한봉에게 꿈에도 생각지 못했던 탈출의 길이 열렸다. 무역선을 타고 북미 대륙까지 가는 길이 갑작스럽게 열린 것이다.

12년 동안의 망명생활: 『운동화와 똥가방』

경남 거창에서 농민운동을 하고 있던 정찬용(전 청와대 인사 수석)에게

『운동화와 똥가방』 출판기념회에서.

외항선에서 2등 기관사로 일하는 정찬대라는 동생이 있는데, 그 사람이 윤한봉의 밀항을 돕겠다고 나섰다. 매우 공교롭게도 같은 배에서 3등 항해사로 일하는 최동현이 이미 박형선한테 그런 부탁을 몇 차례 받고 있었다. 최동현이 가세하면서 밀항 계획은 급진전했다. 윤한봉은 이들을 '동생들'이라 불렀다.

1981년 4월 29일 밤 9시, 윤한봉은 정찬대, 최동현과 함께 3만 5천 톤급 무역선 표범호에 승선하는 데 성공했다. 윤한봉이 숨어 있는 공간은 표범호의 병실에 딸린 한 평 반 정도의 환자용 화장실이었다. 이 병실은 원래 무역선의 항해 도중 발생하는 환자들을 위해 마련된 공간이었다. 그러나 외항선원들은 아프면 그냥 자기 방에 누워 있기 때문에 병실을 사용하는 일이 거의 없었다.

유한봉은 화장실문을 안에서 잠그고 그 속에서 생활했다. 무려 35일을. 그 35일간의 밀항 기간 동안 식사라고 한 것은 여덟 차례뿐이었다. 그것도 동생들이 남몰래 밥이나 라면에 김치를 섞어 비닐봉지에 담아 넣어 준 것들이었다. 그 밖의 먹을 거라고는 배에 오를 때 비상식량으로 마련한 두 주먹 정도의 잣, 마른 멸치, 마른 새우와 항해 12일째 호주에 상륙했을 때 정찬대와 최동현이 가져온 꿀뿐이었다. 꿀은 하루에 두 숟갈 정도를 먹었다.

굶주림보다 더 참기 힘든 것은 더위였다. 바람 한 점 들어오지 않았으며, 사방이 철판이었다. 게다가 철판 벽 옆으로 나 있는 연통은 엄청난 열기를 뿜어 댔다. 특히 배가 적도를 통과하는 2~3일은 정말 견디기 힘들었다. 그러나 윤한봉은 정신력 하나로 버텼다. 마침내 6월 3일, 미국 워싱턴 주 벨링햄에 도착했다. 35일 만에 미국 땅에 첫발을 디딘 것이다. 망명지에 무사히 안착한 뒤, 윤한봉은 지니고 있던 칼들을 어두운 밤바다에 던져 버렸다.

망명 이후의 이야기는 윤한봉이 쓴 책 『운동화와 똥가방』(한마당, 1996)에 씌어 있다. 소제목을 책의 제목으로 썼는데, 그 소제목 아래에 적힌 내용은 이렇다.

"나의 생활은 '민족학교' 초기에는 좀 어려웠지만 시간이 가면서 서서히 해결되어 1985년부터는 별 걱정이 없게 되었다. 내 생활이라 해 봤자 가족도 없고 집도 절도 없고 자동차도 없고 통장이나 수표도 없는 데다 술도 체질이 특이해 전혀 못 마시기 때문에 먹고 자고 입는 것이 해결되고 담배만 있으면 충분했다.

나는 조국에서 운동할 때처럼 손톱깎이, 빗, 이쑤시개, 칫솔, 치약, 양말, 속옷과 필기도구, 자료철, 책 한두 권이 들어 있는 가방(그 가방을 모두들 '똥가방'이라 불렀다) 하나 달랑 어깨에 메고 운동화나 고무신을 신은 채 드넓은 미국 땅을 누비고 다녔다. 각 지역 마당집이나 회원들과 후원자들의 집에서 자고 먹었다. 옷은 주위로부터 얻어 입거나 중고품 옷 중에서 골라 입었으며, 신발과 담배 또한 주위의 도움으로 해결했다(전남대 송기숙 교수님이 오셨을 때 나는 고무신을 신은 채로 라스베이거스 관광을 시켜 드렸는데, 세계적인 환락의 도시와 내 고무신이 영 안 어울리게 보였는지 송 교수님은 돌아오는 길에 무조건 나를 신발가게로 끌고 들어가셔서 '운동을 하려면 운동화나 신고 해라'고 하시며 반강제적으로 운동화 한 켤레를 사 주셨다).

활동비 문제 또한 시간이 가면 갈수록 회원들과 후원자들의 도움이 늘어 서서히 해결되어 갔다. 철따라 옷을 선물해 주신 분들, 자동차로 나를 태우고 다니느라 수고해 주신 분들, 정성으로 대접해 주고 재워 주신 분들, 그리고 활동비에 보태 쓰라고, 용돈으로 쓰라고, 보약을 사 먹으라고 하면서 쓸 데 안 쓰고 절약한 돈을 내놓은 전진호 형과 같은 분들, 땀 흘려 번 돈, 특히 사업하느라 잠도 제대로 못 자고 시간을 낼 수 없어 행사나 학습이나 회의에도 잘 나오지 못하고 가끔 나왔다 하면 피곤에 못 이겨 꾸벅꾸벅 졸 정도로 잠 안 자고 번 돈을 내놓은 강병호 씨 같은 회원들과 후원자들, 그리고 이름을 숨기고 몰래

내 똥가방에 돈을 넣어 놓곤 하는 고마운 분들 덕분에 나는 마음껏 활동할 수 있게 되었다.

그런 분들 덕분에 나는 각 지역을 돌아다니며 조직 관리도 하고 사업활동 지도도 하고 학습 지도도 하고 수련회도 하고 후원자 관리나 상근자들 격려도 하고 대중강연도 하는 등의 활동을 할 수 있었을 뿐만 아니라, 탄압 속에서 고생한 조국의 운동가들이 손님으로 오면 관광도 시켜 드리고, 조국의 옥중에 있는 친지들에게 영치금도 보내 주고, 건강이 안 좋은 조국의 운동가들에게 가끔 보약도 보낼 수 있었던 것이다."

윤한봉이 망명생활을 어떻게 했는지를 극명하게 보여 주는 그의 고백이다. 망명생활 동안 그는 자신에게 엄격했다. 미국에 도착해서 윤한봉은 마음속으로 망명생활을 위해 다음과 같이 각오와 다짐을 했다.

"내가 미국에 있을 기간이 5년일지 10년일지 모르지만 그 세월을 하루같이 광주의 원혼들과 고난 속에서 싸우고 있는 조국 동포들과 동지들, 그리고 헌신적으로 도와주신 모든 분들을 생각하면서 전라도 촌놈 '합수'로 변함없이 살아가자. 부끄러움 없이 살아가자. 절대로 그들을 배신하지 말자. 몸은 비록 이역만리에 있지만, 마음으로는 항시 그들 곁에 있다고 생각하며 살아가자. 절대로 그들의 원망과 지탄을 받는 생활은 하지 말자. 절대로 편안한 생활을 하지 말자. 조국에 돌아갈 때는 떳떳하게 갈 수 있도록 살아남은 죄와 도망친 죄를 깨끗이 씻고 갈 수 있도록 성실하고 철저하게 운동을 하자."

그리고 생활수칙을 이렇게 정했다.

· 이승만처럼 미국화되지 않기 위해서는 미국 생활에 적응하지 말아야 한다. 영어를 안 쓰고 운전을 안 하고 샤워를 안 한다.

· 영어는 어쩔 수 없는 경우에만 쓰고, 샤워는 조국에서처럼 한 달에 두어 차례 목욕하는 것으로 대신한다.

조국의 가난한 동포들과 감옥에서 고생하는 분들을 생각해서 침대에서 자지 않는다.

· 조국에서처럼 절대로 '내 것'을 갖지 않는다.

· 생활의 긴장을 유지하기 위해, 도망자라는 것을 잊지 않기 위해 조국에서 도피생활 할 때처럼 잠잘 때도 허리띠를 풀지 않는다.

광주항쟁과 미국의 역할

윤한봉은 미국이 전략적으로 러시아와 중국의 남하를 막으려고 한국에 말뚝을 박아 놓고 있다고 본다. 그가 볼 때 그러한 말뚝은 곳곳에 박혀 있었지만, 터키와 베트남에서 그 말뚝이 빠져나갔고, 이란과 한국에서만 그 말뚝이 유지되고 있었다. 그런데 1979년 11월 4일, 이란 학생들이 테헤란 시의 미국대사관을 점거해, 직원 60여 명을 인질로 1981년 1월 20일까지 장기 농성을 벌이는 사태가 발생했다. 그리고 그 과정에서 미국대사관에 있는 비밀문서의 내용을 근거로 그동안 미국이 어떤 짓을 했는지를 폭로해 미국은 곤경에 처하게 된다.

윤한봉은 바로 이 시점에서 카터 정부의 대한정책은 온건한 친미 · 반북 · 반공정권 수립을 통한 제2의 이란화 예방책에서, 강경하고 확실한 친미 · 반공 · 반북적인 군사정권 수립으로 급선회했다고 생각한다. 미국대사관이 이란에서 점거된 바로 그다음 날 카터 정부는 극비리에 백악관 내에 '체로키(Cherokee)'라는 비상한국대책반을 만든다. 이 대책반은 대통령을 비롯해 국방장관, 국무장관, 중앙정보국장, 백악관 안보보좌관, 국가안보회의 아세아담당 책임자, CIA 한국지부장, 주한 미국대사, 국무부 차관, 국무부 동아시아태평양 차관보 등 10명으로 구성되었다. 체로키팀은 특별암호를 사용해 서울의 미국대사관 측과 비밀전문을 주고받는데, 주한 미국대사관에서 유일하게 그 전문을 접할 수 있는 사람은 글라이스틴 주한 미국대사 오직 한 사람뿐이었다.

요컨대 이란에서 벌어진 사건 때문에 미국이 한국을 전보다 엄청 더 경계하고 살피게 되었으며, 한국을 대하는 정책을 변경하는 등 그러한 배경 속에서 12 · 12 사태가 가능했다는 이야기이다. 윤한봉은 그 내용을 입증할 수 있는 실증적인 자료들을 제시하면서, 5 · 18은 한미연합작전의 결과라고 주장했다. 5월 7일에 보낸 글라이스틴의 비밀전문은 "한국 군부가 우발적 상황과 학생들의 시위 가능성에 대비하기 위해 2개 공수여단을 서울과 김포공항 지역으로 이동시킨다는 사실을 주한미군 지휘관들에게 알려 왔다"라고 되어 있다.

5월 8일의 비밀전문은 "김대중, 김영삼 및 기타 인사들이 학생들에게 전두환은 물론 신현확 국무총리의 사임을 요구하는 등 위험스러운 행동으로 몰고 가고 있다. 이는 결과적으로 현재의 충돌상황을 고조시킬 것이다.…… 이런 상황을 조성한 많은 책임이 성숙하지 못한 정치인과 급진적인 학생 지도자들한테 있다"라고 되어 있다.

이런 상황 속에서 5월 14일, 위컴 주한 미군 사령관이 미국 정부 당국자들과 한반도 주변 정세와 한국 사태를 협의하기 위한다는 명목으로 미국으로 출국한다. 윤한봉이 보기에 이는 5월 17일 밤의 구데타(비상계엄의 전국 확대와 대대적인 민주인사 검속) 당시 자신이 한국에 없었다는 것을 증명하기 위한 쇼였다. 더구나 5월 13, 14일은 한국에서 '코프제이드80Ⅱ'라는 한미연합훈련이 실시되고 있는 상황이었다. 합동군사훈련이 진행되고 있는 상황에서 주한 미군 사령관이 미국으로 빠져나가 버린 것이다.

그리고 5월 17일, 공포 분위기 속에서 모인 국무회의 석상에서 국방장관이 일방적으로 계엄확대를 선언해 버린다. 그리고 민주화투쟁을 했던 많은 사람들이 법적 근거도 없이 잡혀 들어갔다. 김대중은 잡혀 들어가고, 김영삼은 가택에 억류되었다. 광주에서도 학생운동 출신으로 잡혀 가지 않은 사람은 윤한봉과 또 한 사람뿐이었다. 윤한봉은 가방을 메고 오늘은 이 집, 내일은 저 집을 돌아다니면서 생활하고 있었기 때문에 예비 검속을 피할 수 있었다.

5월 14~16일 3일 동안에 광주에서는 '민주화대성회'라고 해서 광주의 모든 대학, 전문대, 그리고 대동고등학교, 전남고등학교 등의 고등학교 학생들까지 참여한 대규모 시위를 감행했다. 서울에서는 15일에 서울역 회군으로 시위가 끝났지만, 광주에서는 16일까지 계속되었다. 17일은 쉬었다. 전국적으로 대학생들은 만일 휴교령이 내리면 그 다음 날 10시에 모두 자기 대학교 정문에 모여서 싸우기로 약속했지만, 그 약속을 지킨 것은 몇 개 대학에 지나지 않았다.

전남대에서는 이 약속을 지키기 위해 200여 명이 준비를 하고 정문 앞으로 모여들었다. 그러나 이때는 이미 계엄군들이 도서관에서 공부하던 학생들을 모조리 잡아다 작살나게 두들겨 패고 난 뒤였다. 이들은 착검한 총 끝으로 학생들을 쑤셔 댔다. 피를 흘리며 시내로 도망쳐 나온 학생들은 시위를 벌이기 시작했고, 공수부대원들은 구경하는 시민들까지 내려찍기 시작했다. 이렇게 해서 5 · 18이 학생 시위에서 민중항쟁으로 발전하게 된다. 이에 시민들은 분노가 지나쳐서 공포에 떨지 않고 공수부대에 도망 다니다가 맞서서 대항하기를 반복했다. 처음 18, 19일에는 계엄군들이 시민을 쫓아다녔고, 시민들은 도망갔다가 다시 모여 시위를 계속했다.

그러나 20일부터는 시민들이 계엄군이 있는 곳을 찾아다니며 공격하는 상황으로 바뀐다. 발포하면 도망가다가 피를 흘리면서 다시 돌아와 싸웠다. 〈아리랑〉, 〈봉선화〉, 〈애국가〉를 부르며 울면서 싸웠다. 이렇게 세계사에서 찾아볼 수 없는 특이한 항쟁이 벌어졌다. 21일 오후 4시경에는 계엄군이 도저히 못 견디고 시내에서 빠져나갔다. 전남대, 조선대, 도청에서도 빠져나갔다. 그리하여 5월 21일부터 도청을 시민들이 장악했다. 그리고 우리도 무장을 하자면서 지방으로 내려가 나주부터 경찰서 무기고를 깨부수고 무장을 했다.

21일 클라이스틴은 "의심할 여지 없이 대규모 폭도가 광주시를 일시적으로 장악했다. 정부 당국은 매우 어려운 선택에 직면했다"라는 전문을 보낸다. 22일, 최전방에 있었던 20사단의 광주 파견을 요청받고 백악관은 이 요청을 받아들인다.

5월 24일, 김재규와 그의 부하들이 사형을 당했다. 5월 22~24일까지 광주는 해방세상, 대동세상이었다. 광주 시민들은 그동안에 어디선가 민주항쟁이 일어나기를 기대했다. 그러나 24일까지 외부에서는 그 어떤 봉기도 일어나지 않았다. 25일부터 광주 시민들은 불안에 빠지기 시작했다. 전화는 끊겼고, 광주는 완전히 포위 봉쇄되었다. 절망에 빠진 사람들은 집으로 돌아가 나오지 않았다. 최후항쟁을 준비하는 사람들이 도청항쟁 지도부를 만들었다. 최후의 결사항전을 준비하고 있었다.

5월 27일, 20사단이 내려오고 공수특전단은 탱크를 앞세워 광주로 들어오기 시작했다. 5월 27일은 미국의 항공모함 하나가 부산항에 들어오는 날이기도 했다. 북의 오판을 막기 위해서라고 했지만, 5월 27일의 광주진압작전은 사실상 한미연합작전이었다. 이렇게 해서 5·18 광주민주항쟁은 5월 27일에 끝났다.

8월 7일, 주한 미군 사령관 위컴은《LA 타임스》와 한 회견에서 "전두환이 부자연스럽지만 지도자로 부상하게 될 것이고, 한국인은 맹목적으로 우두머리를 따르는 들쥐들처럼 그의 주위로 몰려들 것이다"라고 말한다. 그다음 날 그는 AP통신 서울 특파원과 한 회견에서 "전두환이 합법적으로 권력을 잡고 한국 국민들의 광범한 지지를 받는 것을 보여 준다면, 그리고 한국의 안보를 해치지 않는다면 우리는 그를 지지할 것이며, 우리는 그것이 한국인이 원하는 바라고 생각한다"고 했다. 8월 27일, 전두환은 통일주체국민회의 대의원 대회에서 제11대 대통령에 당선된다.

국내에 돌아와서

윤한봉은 1993년 5월, 꿈만 같은 2주 동안의 조국 방문을 마치고 미국으로 돌아갔다. 그때부터 두 달 반 동안 미국 각 지역과 캐나다, 호주를 방문해 후원자들과 개인적으로 도와준 사람들에게 인사하고 '한청련-재미한국청년연합', '한겨레-한겨레운동재미동포연합' 회원들과 마지막 수련회를 열었다. 그는 회원들에게 '운동의 생활화', '꾸준한 학습', '동포사회에 뿌리 내리기'를 다시 한번 강조하고 '통일단결'을 간곡히 부탁했다.

그리고 마지막 환송식장에서 "해외운동이 나를 조국운동권에 파견한 것으로 생각하고 항시 여러분을 생각하며 열심히 일하겠다"는 내용의 인사를 했다. 그리고 우편으로 미국 국무성에 영주권 카드를 반납하면서 고맙다는 말을 전하고, '한청련'과 '한겨레'에 지도위원 사퇴서와 회원 탈퇴서를 제출했다. 그는 이렇게 12년간의 미국 망명생활을 정리하고 조국으로 돌아왔다. 1993년 8월 18일이었다.

그가 고국에 돌아왔을 때, 그를 아끼는 사람들은 그에게 말했다. "광주에는 3대 파워가 있는데, 첫째는 DJ 지지 세력이요, 둘째는 5·18 관련 세력, 셋째는 통일운동 세력이다. 이들과는 절대 부딪치지 말아야 한다." 그러나 그가 보기에는 DJ 지지 세력은 유신시대의 총리 김종필과 손을 잡아도 DJ를 끝까지 지지하는 맹종세력이었고, 5·18 관련 세력은 '5월'이 마치 자기 개인의 명예와 이권과 생업인 양 행세하는 사람들이었으며, 통일운동 세력은 거의 맹목적으로 북한을 옹호, 시시하는 이들일 뿐이었다.

윤한봉은 5월 항쟁과 관련해 그 어떠한 명예도 보상금도 원치 않았다. 그에게 광주는 그가 살아 있는 한 결코 내려놓을 수 없는 거대한 짐이요, 형벌일 뿐이었다. 윤한봉은 5·18기념재단을 창립하는 데 매달린다. 5·18 정신을 올바르게 계승하는 사업이 무엇보다 시급하다고 판단했기 때문이다. 윤한봉은 귀국 후 망월동 묘지에 찾아가 "저는 앞으로 5·18과 관련된 일체의 명예와 대표성을 가진 지위를 거부하고 5·18 정신의 계승과 도망자의 빚을 갚는 데 최선을 다하겠다"라고 다짐한 대로, 그 정신으로 그 일에 뛰어들었다. 그가 쓴 창립선언문에는 그의 뜻이 그대로 드러나 있다.

"5월은 명예가 아니고 멍에이며, 채권도 이권도 아니고 채무이고 희생이고 봉사입니다. 5월은 광주의 것도 구속자, 부상자, 유가족의 것도 아니고 조국의 것이고 전체 시민과 민족의 것이라는 것을 깨달은, 또한 5월이 광주의 5월로 올바로 서야 전국화, 세계화가 가능하다는 것을 깨달은……

5월이 다시 섰습니다. 구속자, 부상자, 유가족들이 5월을 더럽히고, 가신 님들을 욕되게 하고 광주를 부끄럽게 하고 분노케 한 지난날의 잘못을 뉘우치고 1980년 5월의 정신과 자세로 되돌아갈 것을 다짐하며 가신 님들과 7천만 겨레 앞에 옷깃을 여미고 싶습니다. 시민들 앞에 고개 숙이고 나란히 섰습니다. '5 · 18기념재단'이 창립되었습니다. 가신 님들이 환하게 웃고 계십니다."

윤한봉은 처음에 선언했던 대로 재단의 어떤 지위나 직책도 맡지 않았다. 그러나 재단을 설립하는 과정에서 협박전화와 폭언, 그리고 모함과 중상을 많이 받았다. 윤한봉은 또한 DJ 지지 세력과도 불화했다. 그는 고국으로 돌아와 1995년의 6 · 27 지자제 선거와 1996년의 4 · 11 총선을 보면서 DJ의 지역주의에 환멸을 느꼈다. DJ가 지역등권론을 주장하며 지역주의를 조장하자 윤한봉은 이에 분노해 지역등권론을 규탄하는 공개질의서를 작성하고 서명 작업까지 벌였다. 그는 끝까지 자신의 주장을 굽히지 않았고, DJ 정서에 위압당하지 않았다. 그래서 그의 귀국 후의 생활은 고독했다. 미국에 있을 때보다 더 외롭고 더 고통스러운 제2의 망명생활이 바로 그의 고향인 광주에서 계속된 것이다. 그러나 그는 외로웠지만 의연했다.

윤한봉은 만년에 '들불열사기념사업회'를 만드는 데 온 힘을 다 기

들불열사기념사업회 행사에서.

울였다. 그것은 광주민주항쟁 과정에서 주도적 역할을 했던 들불야학 출신 일곱 열사의 삶과 정신을 계승하기 위한 사업이었다. 일곱 열사란 박기순, 윤상원, 박용준, 박관현, 신영일, 김영철, 박효선을 말한다. 윤한봉은 이 사업회의 초대 이사장을 맡아 2006년에 들불열사추모비를 광주 5·18자유공원에 세웠다. 이 추모비는 지금 광주의 명물이다. 윤한봉은 이에 그치지 않고 들불상 모금운동을 전개했다. 들불상이란 타계한 순서대로 들불 박기순상(모범적인 여성 운동가), 윤상원상(모범적인 남성 노동운동가), 박용준상(모범적인 소년소녀 가장), 박관현상(모범적인 일반 인권운동가), 신영일상(소수자 인권운동가), 김영철상(모범적인 빈민운동가), 박효선상(모범적인 문화운동가)을 말한다. 모금을 해서 목돈을 만들고, 그 이자만으로 매년 하나는 국내, 하나는 동남아시아,

민족미래연구소 앞에서.

아프리카, 남아메리카 운동가에게 준다는 계획이다.

윤한봉은 1995년 3월에 '민족미래연구소'를 설립하고, 그 소장으로 일하며, 글쓰기, 자료 수집, 강연 등으로 바쁘게 살았다. 하지만 어느샌가 그의 몸은 그 연구소가 있는 3층까지 올라 다니기도 힘들어했다. 1994년에 윤한봉의 몸에서는 폐기종이 발견됐는데, 발견 당시 이미 병세가 상당히 진행되어 있었다. 폐기종은 폐가 천천히 파괴되는 병으로 윤한봉은 정상의 5분의 1밖에 호흡하지 못했다. 계단이나 육교 같은 데 올라가면 바로 문을 열지 못하고, 한참 숨을 고르고 나서야 문을 열 수 있었다. 그래서 하루 15시간씩 산소호흡기를 끼고 살아야 했다. 게다가 이 병은 대기오염이 심한 도시생활을 피해야 하는 고

약한 병으로, 그의 의욕과 열정까지도 앗아 갔다.

그를 괴롭힌 것은 병뿐만이 아니었다. 그는 미국에서 귀국해서 한참 동안 조국 생활에 적응을 못해 고통을 겪었다. 조국 생활에 적응하기가 미국 생활에 적응하기보다 훨씬 힘들었다. 적응이 힘든 까닭은 사회가 너무 야박해졌고, 정치 풍토, 가치관, 사고방식, 생활방식 등이 그동안 너무 많이 달라져 있었기 때문이었다. 그의 순정하고도 뜨거운 열정은 이들 속에서 그를 외롭게 했고 더욱 힘들게 했다. 그는 광주의 섬이었다. 귀국 후의 조국이, 광주가 그를 더 빨리 죽음으로 몰아갔을지도 모른다.

그는 그렇게 '명예'가 아니라 '멍에'를 지고 살다가 갔다. 1995년 4월, 팔순이 넘은 어머니의 하소연으로, 47살의 늙은 총각으로 결혼한 윤한봉은 34세의 부인 신경희 씨를 남겨 놓고 그의 굵은 삶을 마감했다.

5

아직 끝나지 않은 죽음

최종길

1973년 10월 25일 김치열 중앙정보부 차장은 최종길 서울 법대 교수 등 동서유럽을 거점으로 한 대규모 간첩단 사건을 발표했다. 당시 신문에서도 1면에 대서특필했다.

> "간첩단 54명을 적발, 이 중 3명을 구속 송치하고 17명을 불구속 송치했으며, 미체포 3명을 제외한 나머지 32명을 불문에 부쳤다. 이들은 공무원, 교환교수 등으로 유럽에 체재 중 북한 대남공작원에 포섭되어 직분과 전문분야별로 정부 주요기관을 비롯해 학원과 주요 기업체에 침투, 북한의 대남 적화통일혁명의 결정적 시기에 연합전선을 형성하려 했다. 이들 중 서울 법대 최종길 교수는 중앙정보부에서 구속 수사

를 받던 중 간첩임을 자백하고 범행사실을 털어놓은 후 변소 창문으로 투신자살했으며, 최 교수와 최근의 학원사태와는 관련이 없다."

간첩 없는 간첩단 사건

거창하게 "간첩단 54명 적발"이라고 했지만, 구속 송치된 것은 3명뿐이었고, 그나마 간첩죄가 아니라 억지로 씌워진 반공법 위반이 고작이었다. '간첩 없는 간첩단' 사건이 급조된 것이었다. 최종길 교수의 죽음 은폐조작의 성격이 더 짙은 발표였다. 거기에다 굳이 최종길 교수와 최근의 학원사태는 관련이 없다는 사족을 단 점이 특히 눈에 띄는 대목이다.

최종길(1931~73)은 해방 뒤 인천중학교(현 제물포고)에서 '유한흥국(流汗興國)'이라는 교육철학과 "학식은 사회의 등대요 양심은 민족의 소금"이라는 가르침으로 유명한, 인천이 낳은 당대의 교육자 길영희 교장의 지도와 사랑 속에서 젊음의 꿈을 키웠다. 그는 1955년 서울 법대를 거쳐 대학원을 마친 뒤, 낙후돼 있는 한국 법학계의 현실을 통감하면서 우리 법학을 하루빨리 선진 법학의 수준으로 끌어올리겠다는 포부를 가지고 1957년 스위스 취리히 대학으로 유학을 떠났다.

1961년, 그는 독일의 쾰른 대학에서 한국인으로는 최초로 독일 법학박사 학위를 받고 귀국해 모교인 서울 법대 교수가 되었다. 그는 누구보다 열정적으로 학문의 발전에 기여할 수 있는 연구논문을 발표

최종길.

하고, 제자들을 올바르게 교육하는 일에 전념하고자 했다. 그는 10년이 채 안 되는 기간에 60여 편의 연구논문을 썼다. 그러나 한국의 정치상황은 그가 편안하게 학자로서 자신의 포부를 펼치도록 가만두지 않았다. 대학 강의실에는 프락치들이 들어와 교수와 학생들의 동태를 감시했고, 경찰을 비롯한 기관원들은 학교 안에까지 들어와 활보하면서 학생들을 마구 때리고, 끌고 갔다. 그는 1967년부터 도서관장과 학생과장 등의 보직을 맡으면서 유신 전후 한국 대학의 현실을 온몸으로 겪어 내야 했다.

그는 시위하는 학생들을 부둥켜안고 울음을 터뜨렸고, 중앙정보부로 끌려가는 제자를 보고서는 "거기 가면 성해서 나오지 못한다는 데……" 하면서 돌아서 눈물을 훔쳤다. 학생들이 도서관에서 농성할 때는 올라가 학생들의 손을 잡고 함께 울었다. 그는 교권의 숭배자였고, 그의 대학 사랑은 가히 신앙 수준이었다. 그에게 학원은 성전이었다.

그는 특히 학생 징계에 대해서는 누구보다 분명하게 소신을 밝혔다. 1973년 10월 4일의 서울 법대 반유신 시위와 관련해서 열린 긴급 교수회의에서 최 교수는 "학생들의 행동에 정당한 이유가 있다는 것"을 역설했다. 경찰의 무자비한 폭력 진압과 연행 사태에 대해서는 "우리는 결코 스승으로서 모른 체할 수 없다. 총장을 통해 대통령에게 항의해야 한다"고 역설했다.

따라서 최 교수의 죽음이 최근의 학원사태와 관련이 없다는 발표와는 달리, 학원사태와 관련해서 죽었다는 의문을 증폭시켰고, 뒤이어 고문치사설, 더 구체적으로는 고문 과정에서 기계가 오작동해 심장파열로 죽었다는 소문이 나돌기 시작했다. 이렇게 하여 최 교수의 죽음은 박정희 유신정권의 '의문사 1호'로 기록된다.

그는 왜 죽어야 했나

최종길 교수의 의문의 죽음은 유신정권의 포악성을 알리는 매우 상징적인 사건이었다. 이보다 두 달 앞선 8월에는 일본 도쿄에서 '김대중 납치 사건'이 일어났고, 10월 2일부터는 유신 이후 최초로 유신반대투쟁이 학원가를 중심으로 본격화하기 시작했다. 그것이 그 이듬해의 '긴급조치 1, 4호 사태'로 발전하게 된다. 최 교수의 죽음은 이 유신 반대투쟁의 예봉을 꺾기 위해 유신권력이 공작들을 벌이는 과정에서 일어난 사건이었다.

부검은 사망진단서나 시체검안서도 없이 이루어졌으며, 중앙정보부는 부검의를 궁정동 안가로 불러 보안을 당부하는 형식으로 압력을 행사했다. 증거인멸을 위해 부검감정서 원본의 반출을 시도하기까지 했다. 최 교수의 의문사가 이후 일어나는 일련의 의문사와 다른 점은 그 주검이 화장되지 않았다는 점이다. 의문사 주검을 서둘러 화장해서 증거까지 인멸하는 관행이 아직 정착되기 전의 일이었기 때문이다.

최 교수는 결코 간첩이 될 수 없는 사람이었다. 그는 민법, 그 가운데서도 가장 심혈을 기울인 사상과 연구의 핵심은 사유재산제도를 창달하기 위해 그 기초를 탐구하는 물권법이었다. 더욱이 소유권 이론에서 그 극한적인 영역인 물권적 기대권까지 보호하자고 주장했다. 1972년 하버드 대학 옌칭연구소에서 최 교수와 만났던 에드워드 베이커 교수는 "그는 차라리 우익적인 인사였다"고 했다. 변호사 강신옥은 "최 교수의 죽음은 자신의 양심뿐만 아니라 타인의 양심까지 지키려 했던 한 지식인에 대한 어처구니없는 폭력의 결과"라고 말한다. 그는 차다예프의 말을 인용해 최 교수야말로 "나라를 사랑하는 데, 눈을 뜨고 사랑하고, 입을 열고 사랑하고, 귀를 열고 사랑"했던 사람이라고 증언하고 있다.

사제단, '고문치사'를 폭로하다

"최종길 교수는 고문치사되었다. 최 교수는 자살한 것이 아니라 고문치사되었다. 많은 사람의 증언과 해외 언론의 보도가 이를 밑받침하고 있다. 이렇게 죽어간 사람이 최종길 교수 한 사람이라는 보장이 없다. 인권유린의 수부(首府) 중앙정보부 등은 마땅히 해체되어야 하며, 인권유린을 인정하는 모든 법적, 제도적 장치는 철폐되어야 한다."

이 글은 1974년 12월 10일 세계인권선언일을 맞아 명동성당에서 열린 '인권회복을 위해 죽은 사람을 위한 기도회'에서 천주교정의구현전국사제단이 발표한 「우리의 인권 주장」이라는 제목의 성명 제2항 전문이다. 이것이 1973년 10월 19일 최 교수 사망 이후 국내에서 최초의, 공개적인 의문 제기요, 진상규명 요구였다. 이 성명을 듣는 사람들은 엄청난 충격을 받았다. 고문치사되었다는 사실 자체도 충격적이었지만, 그 사실을 공개적으로 밝히고, 나는 새도 떨어뜨릴 만큼 권세가 대단했던 중앙정보부를 해체하라는 요구는 당시로서는 언감생심 상상조차 할 수 없는 일이었다.

"1973년 10월 불의와 독재에 저항하는 학생들의 분노가 학원에서 폭발했습니다. 중앙정보부는 당신의 제자들인 학생들을 연행, 구속했습니다. 어찌 그뿐이었습니까. 학생들에게 무자비한 구타를, 몸서리치는 폭행을 권력의 이름으로 자행했습니다. 학생들뿐 아니라, 교수

미국 하버드 대학 근처 공원에서 백낙청(맨 오른쪽) 등과 함께(가운데가 최종길).

들도 데려다가 똑같이 폭행을 자행했습니다. 더 이상 참을 수 없었던 당신께서는 교수회의에서 정보부의 부당한 처사에 항의할 것을 주장하셨습니다. 이 일이 당신을 죽음으로 몰아넣을 일이 될 줄은 당신 자신도 몰랐을 것입니다.…… 당신의 자살은 날조된 것입니다. 당신이 고문치사당하셨다는 소문을 의심하는 사람은 없습니다. 또 당신이 전기고문에 의한 심장파열로 돌아가셨다는 말도 세상에 널리 알려졌습니다.…… 이제사 우리는 다 같이 모여 통곡으로 당신을 추모합니다."

이 글은 1974년 12월 18일 명동성당에서 있었던 '최종길 교수와 떠난 모든 형제들을 위한 추모미사'에서 역시 사제단이 최 교수에게 바친 추도사의 일부분이다. 감히 최 교수를 위한 추모미사를 계획적으로 명동성당에서 연 것이다. 이날의 미사는 신현봉 신부를 비롯한 사제단의 공동집전으로 진행되었다. 강론을 맡은 문정현 신부는 "최종길 교수는 고문기계의 오작동으로 고문치사되었다. 최종길 교수를 고문치사케 한 사람들을 처벌하고, 중앙정보부는 해체하라"고 요구했다. 그리고 오태순 신부가 추도사를 낭독했다. 추모미사에는 그동안 철저하게 외부접촉을 제한받았던 최 교수의 부인 백경자 씨도 아들 광준과 딸 희정을 데리고 명동거리를 배회하다가 성당에 들어오는데 성공했다. 백 씨는 '신자들의 기도'를 통해 "남편은 숨진 원인이 밝혀지지 않은 채 입에 오르내릴 수 없는 누명을 쓰고 갔습니다. 하느님만이 당신의 죽음을 아실 것이며, 저는 예수님 앞에서 그 죽음의 의미를 찾고 있습니다"라고 절규했다. 그날 부인을 기도회에 나오도록 연락한 것은 신학교 출신의 박기용(서울고전고대문헌연구소장) 씨였다.

12월 10일의 사제단 성명, 18일의 문정현 신부 강론 원고와 추도사의 초안을 썼던 나는 벅찬 감동과 흥분, 그리고 두려움을 안고 그 광경을 지켜보았다. 이는 사제단만이 할 수 있는 엄청난 모험이요 용기였다.

이에 앞서 10월 24일 함세웅 신부는 명동성당 인권회복 미사 때, 제의방에서 제임스 시노트 신부한테 10월 9일치 〈워싱턴 포스트〉에 실린 제롬 코언 교수(당시 하버드 대학)의 글 「한국의 우울한 1주년」에 대한 이야기를 들었다. 최 교수가 1년 전 중앙정보부에서 고문치사되었다는 의혹이 그 글에는 담겨 있었다. 사제단은 이를 계기로 최 교수 고문치사 사건을 공개적으로 거론한다는 원칙을 세우고, 최 교수 사건을 추적해 12월 10일에는 성명으로, 18일에는 추모미사를 봉헌하기에 이른다.

1975년 3월 1일에는 한국기독교교수협의회(회장 안병무)가 의문의 죽음을 당한 최 교수의 사인을 당당히 밝히라고 또 한 차례 요구했지만, 유신정권의 긴급조치 아래서 진상규명 노력은 더 확대되지 못했다. 그리고 박정희의 사후 1980년 '서울의 봄' 때 서울 법대생들에 의한 진상규명 노력이 잠깐 있었을 뿐이었다.

그때 만약 최 교수 사건을 두고 국민들이 떨쳐 일어나 고문치사 사건의 진실을 밝혀냈다면, 그 이후 이 땅에서 그렇게도 많이 꼬리에 꼬리를 물고 이어져 온 권력기관에 의한 의문사를 어느 정도는 막아낼 수 있었을지 모른다. 그것은 마치 나치 치하에서 독일 국민들의 경험을 다시 한번 우리가 반복한 꼴이다. 처음에 독일 국민들도 나치에 반대하던 신부가 끌려가고, 목사가 끌려가고, 그리고 죄 없는 다른 사람들이 끌려가 처형당해도 그것이 단지 남의 일이라고 방관했다. 그러다가 마침내 내 남편, 내 아들, 내 가족에게까지 화가 미치자 그제야 정신을 차렸지만 그때는 이미 늦은 뒤였다.

형과 함께 정보부로…… 그리고 마지막

1973년 10월 그때 최종길 교수의 막내 동생 최종선은 마침 중앙정보부 감찰실에 근무하고 있었다. 한 해 전에 그는 중앙정보부 정규과정 제9기에 수석으로 합격했다. 1973년 10월 13일 오전 11시께, 그는 총무국에 근무하는 동료에게 5국에서 동베를린(동백림) 사건 비슷한 수사를 벌이고 있는데 북한 공작원 이재원과 중학교 동창생인 최 교수에 대해 관심을 갖고 있는 것 같다는 이야기를 들었다. 사무실로 돌아온 그는 직속상관인 과장에게 직원 신상 문제로 정식 보고하고, 형이 혹시 조사받게 된다면 비인격적인 대우가 없도록 노력해 줄 것을 요청했다.

같은 날 오후 3시, 최종선은 5국의 담당 수사관을 만나 같은 요청을 했다. 그 수사관은 "이미 실질적인 조사는 종결되어서 최종적인 기자회견 발표문을 쓰고 있으니 신경 안 써도 된다"며 안심시켰다. 그날 저녁 그는 둘째 형, 최 교수에게 가서 정보부 안에서 있었던 일을 말해 주고, 혹시 수사협조 요청이 있을 땐 너무 불쾌하게 생각하지 말고 최선의 협조를 다해 달라고 이야기했다. 그리고 아무쪼록 교수회의 등에서 말을 자제해 줄 것도 조심스럽게 요청했다. 최 교수는 "어쨌든 그놈(이재원)이 빨갱이가 된 것이 사실이라면 딱하게 되었구나" 하면서, 그 일 때문이라면 국민의 한 사람으로 협조하는 것이 당연한 일이 아니겠느냐며 흔쾌히 수사협조 요청에 응하겠다는 뜻을 밝혔다. 형제는 오랜만에 술도 한잔씩 마셨다.

10월 16일 오후 1시 45분, 최종선과 그의 형 최종길 교수는 아스토리아호텔 지하다방에서 만나 차를 한잔씩 마시고, 중앙정보부 남산청사 정문에 도착해서는 담당과에 연락해 최 교수가 왔음을 알렸다. 담당과의 직원이 나와 최 교수를 안내하기 위한 절차를 밟았다. "형님, 이 못난 동생의 직장을 이때 한번 봐 주십시오"라고 동생은 말했고,

형은 "허허! 말로만 듣던 남산에를 다 들어와 보게 되었구나" 하면서 웃으며 헤어졌다. 이것이 그들 형제가 이승에서 함께한 마지막 순간이었다. 형은 다음 날에도, 그다음 날에도 나오지 못했다.

10월 19일 새벽 5시, 최종선은 중앙정보부 당직실로부터 7시까지 청사로 들어오라는 전화를 받았다. 아주 불길한 예감을 안고 들어간 그는 형이 10월 19일 새벽 1시 30분께 7층 화장실 창문에서 뛰어내려 사망했다는 사실을 통보받았다. 이미 주검은 어디론가 치워진 뒤였다. 그는 기회를 틈타 투신했다는 그 현장으로 달려갔다. 거기에는 유혈이나 물로 닦아낸 흔적 같은 것도 없었다. 그는 형이 투신한 것도, 자살한 것도 아니라는 사실을 그 자리에서 확신했다. 그러나 그에게는 달려가 호소할 곳이 아무 데도 없었다.

최 교수의 죽음 이후 가족으로서 최종선이 중앙정보부에 가장 먼저 요구한 것은 최 교수의 명예였다. 최종선은, 형의 죽음에 반역자의 누명을 조작해 발표함으로써 형의 명예를 더럽히지 말 것을 요구했다. 중앙정보부는 이 요구를 역으로 이용해 각서를 요구했다. 그들이 작성한 각서의 내용은 각서가 아니라 탄원서였다.

"존경하는 중앙정보부장님, 비록 조국을 배반하고 양심의 가책을 못 이겨 결국은 자기의 생명을 끊은 최종길이 한없이 밉고 원망스러우나…… 그 죄상이 신문에 보도되지 않고 호적에 기재되지 않는 등 사상적 제한이 없이 자손들이 밝게 살아갈 수 있도록 허락해 주십시오."

공소시효 앞두고 양심선언

최종선의 양심선언은 내가 1988년 10월《평화신문》에 처음으로 공개했다. 그때만 해도 이 양심선언이 실린 신문이 제대로 나올 수 있을까 조마조마했던 기억이 지금도 새롭다. 나는 이때 최종선을 처음 만났다.

이는 '양심선언'이란 말이 아직 나오기 전에 쓰인 것이지만, 양심선언이라 이름하여 마땅할 만큼 비장한, 그가 보고 느낀 자신의 진실을 그대로 담고 있다. 최 교수를 중앙정보부로 안내하기까지의 과정, 형님이 아직 조사받고 있다는 데서 오는 불안과 초조, 형의 죽음을 통보받았을 때의 그 낭패감과 분노, 그리고 최 교수의 죽음을 자살로, 간첩으로 몰아가는 모든 과정을 시간대별로 재생해 내고 있다.

최종선의 수기는 중앙정보부의 은폐조작 과정을 생생하게 보여 준다. 최 교수가 간첩임을 자백하고 나서 양심의 가책을 못 이겨(이러한 자살동기도 수시로 바뀐다) 투신자살한 것이 아니라, 그들에 의해 고문치사되었기 때문에 자살과 간첩으로 은폐·조작되고 있는 것이다. 그는 또 자신이 그 안에서 확인한 사실들을 증거로 낱낱이 기록하면서, "광준! 희정!…… 최 교수의 자식답게 눈을 똑바로 뜨고 당당히 세상을 보며 살아가거라"라는 말로 이 수기를 끝맺고 있다.

그의 수기는 1974년 겨울 최종선과 박기용 씨를 통해 함세웅 신부에게 전달되어, 상당한 기간 동안 수녀원 등에 깊이깊이 보관되어 있다가 최 교수 사건 공소시효를 며칠 앞두고 공개되었다. 이 양심선언을 바탕으로 천주교정의구현전국사제단은 "최종길 교수의 죽음은 그를 간첩으로 만들기 위한 혹심한 고문수사 과정에서 빚어진 폭압적 권력에 의한 살인이라는 확신을 갖게 되었다"며 서울지방검찰청에 재수사를 공개적으로 요청했다. 또한 관련자 명단도 적시했다.

검찰은 사건의 진상에 대한 국민적 관심이 고조되자 이 사건의 재수사에 착수했으나, 그 수사는 수박 겉핥기 식으로 성의 없이 진행되었다. 검찰에 출두한 최종선을 정보부 쪽 사람으로 착각한 검사가 "수고 많으십니다. 적당히 덮어 버리는 거지요, 뭐!"라고 말했다가 최종선의 거센 항의를 받은 일도 있었다. 검찰은 "최 교수가 간첩이라는 증거도, 자살했다는 증거도 찾지 못했다"는 발표로 수사를 종결했다.

그러나 이때의 수사기록은 2002년의 의문사진상규명위원회의 조사에 많은 참고가 되었으며, 그 밑바탕에는 최종선의 양심선언이 있었다. 최종선은 그 이후에도 공식적인 진술과 자신의 한 맺힌 저술 『산 자여 말하라』(공동선, 2001)에서 이 사건에 대해 피눈물로 증언하고 있다.

대를 이은 진상규명 노력

1998년 10월 '최종길 교수를 추모하는 모임'에 이어 '최종길 교수 고문치사 진상규명 및 명예회복 추진위원회'가 발족되었다. 이 위원회가 중심이 되어 학술심포지엄('의문사 문제 해결을 위한 법적 모색'), 자료집 발간, 추모식과 추모제, 추모 문집 발간(공동선, 2002) 등의 일이 이루어졌다. 그리고 2001년에는 대통령 소속 의문사진상규명위원회

아들(최광준)과 프랑스 파리의 에펠탑에서.

에 공식으로 진정하기에 이른다. 이 모든 일의 중심에는 이제 최 교수의 아들, 최광준 교수가 있었다.

최광준 교수와 최 교수 제자들의 헌신적인 노력의 결과, 2002년 5월 대통령 소속 의문사진상규명위원회는 최광준 외 347명의 진정에 대하여, '① 최종길 교수는 민주화운동과 관련하여 위법한 공권력의 행사로 인하여 사망했다고 인정한다 ② 이 사건에 관하여 민주화운동 관련자 명예회복 및 보상심의위원회에 최종길 교수 및 그 유족에 대한 명예회복 및 보상심의를 요청한다'는 결정을 내렸다. 이는 그동안 중앙정보부 관계자 182명을 조사한 결과와 7천여 쪽에 이르는 수사기록을 통해 얻은 최종결론이었다.

의문사진상규명위원회는 최 교수와 조작 기도된 수사에 자백하지 아니하여 권력의 의도를 달성하지 못하게 한 최 교수의 행동은 권위주의 통치에 항거, 민주화운동과 관련한 죽음으로 인정하기에 부족함이 없다고 하면서 당시 중앙정보부의 발표가 허위로 날조된 것이었음을 밝히고 있다.

즉, 1973년 최 교수 사망 사건 당시 최 교수가 간첩임을 자백한 사실이 없으며, 수사관들이 최 교수를 고문한 사실이 드러났는데도, 고문한 사실을 은폐하고, 마치 최 교수가 간첩임을 자백하고 조직을 보호할 목적으로 투신자살한 것으로 자살 동기를 조작했다는 것이다. 그뿐만 아니라 최 교수를 간첩 혐의 때문에 수사한 것이 아니라, 공작의 일환으로 조사에 착수했음에도 최 교수의 사후에 현장검증조서, 긴급구속장, 압수조서, 피의자 신문조서(여기에 간첩으로 조작한 내용이 남겨 있나), 신문보고안 등 허위문서를 만들어 이 사건이 간첩 사건의 수사과정에서 발생한 우발적인 사고인 것처럼 은폐·조작을 시도했다고 한다. 따라서 전체적인 상황을 종합해 판단한다면 최 교수는 타살된 것이 분명하다는 결론을 내리고 있다.

여전히 감추어진 진실

의문사진상규명위원회는 중앙정보부라는 국가기관이 위에서 아래까지 공모해서 사람을 고문해 죽여 놓고 그것을 자살로 은폐하고, 엉뚱하게 간첩으로 조작한 가증스러운 범죄행위를 밝혀냈다. 이렇게 해서 최 교수가 간첩이라는 누명은 벗었다. 그것을 밝혀내는 데 30년이 걸렸다. 또 타살되었다는 것까지는 밝혀냈지만 그가 어떻게 죽어갔는지는 여전히 미궁으로 남아 있다. 사망 당시의 수사관들이 진실을 밝히는 것을 의도적으로 회피하거나 진술을 번복, 거짓말을 하고 있기 때문이다.

지금 우리가 바라는 것은 오직 진실이다. 진실이 없이는 어떤 위로의 표현도, 용서의 기도도, 영혼의 안식도 이루어질 수 없기 때문이다. 진실만이 과거를 편히 잠들게 할 수 있다. 차철권 · 김상원 수사관을 비롯해 관련자 모든 사람들에게 '산 자여 말하라'고 거듭 간절히 말하고 싶다. 감춰진 것은 드러나기 마련이고, 비밀은 알려지기 마련이다.

2003년 10월 18일, 서울대학교 근대법학교육 100주년기념관에 최종길 교수 기념홀(소강당)이 만들어졌다. 입구에 최종길 교수의 얼굴 부조와 함께 명(銘)이 있는데 외람되게도 그 글을 내가 썼다.

최종길 교수(1931~73)는 이 대학에서 법과 정의를 가르쳤다. 그는 학문으로서 나라를 일으켜 세우고자 했던 학자요 선지자였으며, 내 몸을 던져 제자를 사랑했던 참 스승이었다. 달을 보고 해라고 말해야 했던 시대, 그는 진실을 말하고 정의를 외치다가 불의한 권력에 의해 희생되었다. 그는 진실 없이는 정의 없고, 정의 없이는 자유가 없다는 것을 그의 온 생애를 들어 증거하였다.

이 방에 들어오는 이는 누구나 이런 질문을 받고 있다. "오늘 당신은 이 땅의 인권과 정의를 위해 무엇을 하고 있는가?"

6

산 자여 말하라

최종선

최종선은 서울법대 교수로 재직하다가 1973년 10월, 중앙정보부에서 고문치사당한 최종길 교수의 동생이다. 내가 그를 언제 처음 만났는지 지금 내 기억에는 명확하지 않다. 그가 쓴 기록 『산 자여 말하라』(공동선, 2001)에 따르면 1988년 10월 8일 오후, 명동성당 입구의 '샤롬'이라는 다방에서 처음 만났다고 한다. 그때 나는 이제 막 창간한 《평화신문》의 편집책임을 맡고 있었는데, 그가 1973년에 쓴 '양심선언'을 《평화신문》에 게재하는 문제를 놓고 그를 불러 상의했다고 한다. 그의 말이 맞을 것이다. 나는 분명히 기억한다. 그의 양심선언을 최종길 교수 사후(死後) 15년 만에 처음으로 내 손으로 「평화신문」 1988년 10월 15일자에 공개한 것을 …….

그의 양심선언은 이렇게 시작한다.

"1973. 10. 26. 세브란스병원 정신병동! 나는 이 글을 쓰기 위한 최적의 장소로 이곳을 선택했다. 지금의 나에게 있어 무엇보다 시급한 것은 후일을 위해 형님(최종길 교수)의 죽음에 대한 오늘의 한(恨)을 생생히 남겨 두는 것이다. 나는 그들이 형님에게 반역자(간첩)의 누명을 씌워 대대적으로 보도케 한 어제 저녁, 쇼크를 가장하여 이곳으로 들어온 것이다. 그들의 감시 범위 속에 남아 그들을 안심시키면서 내가 뜻하는 글을 제한 받지 않고 쓸 수 있는 곳은 이곳밖에 없을 것이기 때문이다."

이 글은 그날부터 보름 정도가 지난 그해 11월 11일에 작성이 끝난다. 그러고 나서 그는 자신의 직장(중앙정보부)으로 복귀한다. 1년 뒤, 천주교정의구현전국사제단이 1974년 12월 18일 명동성당에서 올린 '최종길 교수와 떠난 모든 형제들을 위한 추모미사'가 끝난 뒤 박기용 씨를 통해 이 글이 함세웅 신부에게 전달되었다. 박기용 씨는 가톨릭 신학교에 다니다가 중퇴하고, 한때는 중앙정보부에도 근무했으나 퇴직하고 영어 개인교수를 하면서 함세웅 신부와 최종길 교수 가족들 사이에서 가교 역할을 했다.

지학순 주교가 "소위 유신헌법이라는 것은 1972년 10월 17일에 민주헌정을 배신적으로 파괴하고 국민의 의도와는 아무런 관계없이 폭력과 공갈과 국민투표라는 사기극에 의하여 조작된 것이기 때문에

스위스 취리히에서 공부할 때의 최종길 교수(1958).

무효이고 진리에 반대되는 것"이라는 저 유명한 양심선언을 발표한 것이 1974년 7월 23일이었으니, 최종선의 글은 아직 '양심선언'이라는 말이 세상에 나오기 전에 씌어진 글이라 엄밀히 말하면 '수기(手記)'라고 할 수 있다. 그러나 당시의 상황이나 씌어진 과정과 내용은 '양심선언'이라 이름하기에 충분했다. 그래서 세상에서는 최종선의 양심선언이라고 부르는 것이 자연스럽게 되었다.

양심선언을 쓰기까지

1987년 6월항쟁이 끝나고 민주화의 전망이 어렴풋하게나마 희망적일 때 최종선은 그의 형수와 함께 명동성당으로 함세웅 신부를 찾아가 "수기를 찾아서 공개하고 진상규명을 요구해야 하겠습니다"라고 했다. 이렇게 해서 15년 동안 감춰 두었던 수기의 행방을 역순으로 찾아 나서게 되었다. 함세웅 신부는 수소문해서 마지막으로 보관하던 수녀님을 찾기는 찾았는데, 그 수녀님이 로마에 유학 중이라 연락이 되지 않는다고 했다. 그렇게 해서 그 양심선언(수기)을 찾는 데 다시 1년이 걸렸다.

양심선언에는 그가 그의 형 최종길 교수를 중앙정보부로 안내하기까지의 과정이 아주 자세히 기록되어 있다.

> "1973년 10월 13일 오전 11시경. 나는 중앙정보부 감찰실 직원으로서 정보부 안의 정보부라는 중요 부서에 근무하고 있었다.…… 1972년 1월 23일, 중앙정보부 정규과정 제9기에 수석으로 합격, 장기간의 특수교육을 마치고 감찰실에 보직명을 받아 근무 중에 있었던 것이다. 그날 나는 본청 식당 건물 앞에서 나의 셋째 형 친구이며 당시 총무국에 근무 중이던 박응규 씨를 우연히 만났다. 그 자리에서 그는 나와 잘 알고 지내는 5국 김석찬 수사관이 출근길의 통근차 속에서 너의 둘째 형(최종길 교수)에 대해 아느냐기에 '훌륭한 분이고 그 동생도 감찰실에 근무하고 있다'고 말해 줬다면서, '5국에서 동백림 사건 비슷한 것을 조사한다는데 북괴 공작원 이름이 이재원이라는 것'과 너의 형과 이재원은 중학교 동창생으로서 같은 시절 구라파 지역에 유학했기 때문에 관심을 갖는 것 같다고 얘기해 주었다."
>
> "나는 그와 헤어져 사무실로 돌아와 직속상관인 이용섭 과장에게 그 사실을 직원 신상문제로 정식 보고하고 '형이 혹시 수사에 참고인

으로라도 조사 받게 될 경우 비인격적 대우가 없도록 노력해 줄 것'을 요청했다.…… 그날 오후 2시 30분경. 불안을 못 이겨 담당 수사과의 김석찬을 전화로 불러 구내식당에서 만났다.…… 그는 '이미 실질적인 조사는 종결되어서 최종적인 기자회견 발표문을 쓰고 있으니 신경 안 써도 된다'고 나를 안심시키는 것이었다."

"그날 저녁 나는 둘째 형(최종길 교수)에게로 갔다. 나는 형에게 그날 낮에 있었던 사실을 대강 말씀드리고 혹시 중앙정보부의 협조요청이 있을 경우 그들을 불쾌하게 하지 말고 최선의 협조를 다 하시도록 말씀드렸다. 그리면서 나는 앞으로 교수회의는 물론 매사에 당분간이라도 자제해 달라고 간곡히 말씀드렸다.…… 그로부터 사흘째인 1973년 10월 15일 저녁 퇴근 무렵, 나의 직속상관 이용섭이 나를 부르더니 5국 안흥용 과장에게 가 보라는 것이었다.…… (안 과장은) '형수께서 입원 중이시던데 형수께서 퇴원하신 다음에 형님으로부터 수사협조를 받는 게 좋으시겠습니까?'고 물었다. 나는 '수사에 협조하는데 형수가 입원한 사실이 무슨 관계가 있겠습니까. 언제고 좋습니다' 했다. 그래서 내일 아침 형님을 모시고 오기로 했다."

"다음 날인 10월 16일 오전 8시 30분경 나는 형에게 전화를 걸어 '부에서 형님으로부터 수사협조를 받았으면 좋겠다고 하는데, 오늘 아침에 저와 만나 들어가 끝내 버립시다'라고 말씀드렸다. 형은 데모로 휴강하다가 오늘에야 첫 강의가 시작된다면서 오전은 곤란하니 오후면 어떻겠느냐고 하여 안 과장에게 연락, 오후에 들어가기로 했다.

1973년 10월 16일 오후 1시 45분, 나와 형은 아스토리아 지하다방에서 차를 한잔 마시고 웃으면서 걸어서 남산(중앙정보부)청사 정문에 도착했다. 나는 담당과에 전화를 걸어 형님께서 오셨음을 알렸다. 담당과의 변영철 직원이 나와서 형님을 안내하기 위한 절차를 밟았다. 형님이 그를 따라 들어가기 전 나는 그들을 믿어도 좋을까 하는 불안을 감추고, '형님! 못난 동생의 직장 이때 한번 봐 두십시오' 하며 웃었더니 형도 '허허, 말로만 듣던 남산에를 다 와 보게 되었구나' 하면서 같이 웃으시더니…… 이것이 나와 형의, 우리 형제의 이승에서의 마지막이 될 줄이야."

그날 저녁, 최종선은 출입자 통제소에 들러 외부인 출입시 규정상 맡겨야 하는 주민등록증 보관함을 보니 형의 주민등록증이 그대로 있었다. 그다음 날인 17일 아침에도 그대로 있었다. 아직 최종길 교수가 수사를 받고 있다는 증거였다. 그날 오후 5시경 감찰실장이 저녁 과장회의하는 자리로 최종선을 불러 "형님에 대해 아는 것을 모두 말해 봐라. 그러면 5국에서 선처하도록 잘 말해 주겠다"고 했다. 최종선은 형 이야기를 처음 들었을 때 직속상관인 이용섭 과장에게 직원 신상사항으로 정식으로 보고했음을 상기시키면서 형을 즉각 석방해 줄 것을 요청했다. 그는 처음에 바로 직속상관에게 보고한 것은 훌륭한 태도라고 칭찬해 줬다. 그러나 퇴근 때도 형의 주민등록증은 그대로 있었다.

다음 날(18일) 아침 출근하자마자 직속과장 이용섭이 불러 "행정과에 올라가 행정과장의 지시를 받으라"고 했다. 관행적으로 행정과장의 통제를 받으라는 것은 직위가 해제되어 총무국 대기상태가 되었음을 뜻한다. 그날 최종선은 하루종일 행정과에서 대기상태로 아무 하는 일 없이 지냈다. 그러나 자기 형을 간첩 사건에 엮어 조작하고 있는 것이 아닌가, 마음은 더욱 초조하고 불안하기만 했다.

다음 날인 10월 19일 새벽 5시경, 당직실에서 전화가 걸려왔다. 감찰과장이 최종선을 오전 7시까지 당직실에 대기시키도록 했다는 것이다. 최종선은 뱃속에 3개월짜리 아이가 있는 아내를 남겨 두고 6시 30분 출근했다. 집을 나오니 골목 어귀에 낯익은 정보부의 검은 코로나 차량이 대기하고 있다가 최종선이 탄 택시를 미행했다. 당직실 직원들은 최종선의 시선을 피했다. 7시 25분, 감찰과장이 최종선을 불렀다. 그의 표정은 어둡고 침통하기까지 했다. 최종선은 그의 형 최종길 교수가 돌아가신 것을 직감했다.

"단도직입적으로 말하지. 최 교수께서 오늘 새벽 1시 30분, 자신의 반역행위를 자백하고 양심의 가책을 못 이겨 7층에서 투신자살하여 돌아가셨어. 조사 중 자살한 사람의 변사체는 검사 입회하에, 시체 해부를 하도록 되어 있는데, 가족의 입회 없이도 할 수는 있으나, 우리 입장에서는 자네가 우리 부원이니 입회해 줬으면 하네."

최종선은 형님의 죽음도 청천벽력 같은 일인데, 살인과 진상은폐의 공범이 되어 달라는 그 파렴치에 놀랐다. 당연히 거부했다. 검찰과장은 양심이 괴로운 표정을 지으면서 최후통첩했다. "입회해야만 해. 그것을 자네는 모르는가?" 최종선은 눈이 뒤집힌 그들이 무슨 짓이든 못할 것이 없는 단계에 와 있음을 직감했다. '좋다, 입회를 할 수도 있다. 그러나 우리 측 변호인단과 의사들을 선임해서 같이 입회하겠다.' 하지만 그가 내린 결론은 단호히 안 된다는 것이었다.

최종선이 끝까지 불응하고 말을 듣지 않자 감찰과장은 5국 수사단장에게 같이 가서 의논해 보자며 최종선을 수사단장실로 데려갔다. 그때 수사단장 장송록의 구구한 변명은 이런 내용이었다.

> "처음 이틀 동안은 범행을 완전히 부인했기 때문에 조사실(지하)에서 조사를 했으나 어제부터 심경변화를 일으켜 순순히 자백하므로 분위기가 아늑한 7층 호텔방으로 옮겨 조사하던 중 용변을 보겠다기에 변소에 데려갔더니 감시원이 한눈을 파는 사이 변기를 밟고 창문턱에 올라서 있더라는 겁니다. 그래서 수사관이 '교수님! 가족도 있고 하신 분이 그러시면 되겠냐'고 회유하고 다른 수사관이 뒤로 돌아가 다리를 잡는 순간 투신하셨다는 겁니다. 밤중에 빨리 들어오라는 전화가 왔기에 나는 지하실에서 물을 먹이다가 일어난 사고로 생각하고 달려왔더니 투신자살하셨다는 겁니다."

이처럼 그는 얼결에 지하실에서 물고문을 했다는 사실을 고백했다. 그들은 검시가 급하니 어서 입회나 해 달라고 했다. 그러나 최종선은 자신의 요구가 받아들여지지 않는 한 입회를 거부한다고 했다. 그러자 그들은 그대로 검시를 진행했고, 검시에 입회했던 검사 이창우와 법의학 과장 김상현은 투신자살이 확실하다고 했다. 그리고 최종선에게 검시결과에 서명하라고 했다. 한동안 실랑이를 하다가 강요와 협박에 못 이겨 굴복하고 말았다. 검시에 입회하는 문제를 놓고 옥신각신하면서 그들은 전가의 보도라 할 칼을 빼들었다. "만약 끝까지 우리에게 협조하지 않는다면 당신은 물론 다른 가족과 최 교수의 친지, 동료 교수, 제자들에게까지 관련 여부 조사를 확대할 것이며, 따라서 그들의 안전을 더 이상 보장할 수 없다"며 자신들의 본색을 드러냈다.

이때 최종선은 그들에게 세 가지 조건을 부장의 서명을 받아 보장할 것을 요구했다. 첫째, 최종길 교수의 죽음에 반역자(간첩)의 누명을 조작해 발표함으로써 최 교수의 명예를 더럽히지 말 것, 둘째, 일체의 기록에 날조된 내용을 기재하는 등 사상적인 제한을 하지 말 것, 셋째, 관계없는 최종길 교수의 친지, 동료 교수, 제자들을 같은 혐의로 조사, 조작하지 말 것 등이었다.

그들은 이 요구를 들어줄 테니 검시에 입회하라 하더니, 검시가 끝나고 나서는 이 요구를 들어주자면 각서가 필요하다며 그들이 쓴 각서 초안을 가지고 왔다. 제5국 수사단장 장송록이 가져온 각서 초안은 각서가 아니라 탄원서였다.

"존경하는 중앙정보부장님! 우리는 나라를 배신한 천인공노할 간첩, 최종길의 가족으로서 그가 간첩이었음을 잘 알고 있었습니다. 비록 조국을 배반하고 양심의 가책을 못 이겨 결국은 자기의 생명을 스스로 끊은 최종길이 한없이 밉고 원망스러우나 살아 있는 가족은 무슨 죄가 있겠습니까. 부디 살아남은 우리 가족을 불쌍히 여겨서 부장님께서 저희를 용서해 주시고 보호해 주시며, 최종길의 죄상을 신문 등에 보도하지 않고, 호적에 기재하지 않는 등 사상적 제한을 가하지 않음으로써 형제와 자손들이 밝게 살아갈 수 있도록 해 주십시오."

처음에는 버텼지만, 그렇다면 너희들의 요구조건을 들어줄 수 없다는 압력과 위협에 또 굴복했다. 나머지 가족은 두 형제(최종선과 셋째 형)가 설득할 것과 장례는 직계가족만 참석하는 가족장으로 하고, 가족 이외 동료 교수와 제자들에게도 연락하지 말 것을 또 요구해 왔다. 10월 21일 아침, 가족들은 최종길 교수의 유해를 영구차에 옮겨 모시고 장지(모란공원묘원)로 떠났다. 그들은 영구차를 철저히 감시했으며, 또 시신을 열지 못하도록 철저히 봉인했다. 장지에서도 눈물을 흘리는 가족은 한 명도 없었다. 둘째 형수(최종길 교수의 부인)가 최종선에게 "아빠가 쓰시던 원고가 다 끝나 가는데 조교분에게라도 완성시키도록 했으면 좋겠다"고 하자 대화에 귀를 기울이고 있던 최종길 교수의 아들 광준이 "엄마! 그 책 쓰지 말라고 해. 내가 다음에 커서 쓸 테야"라고 말했다.

10월 24일 오전 10시경, 감찰과장에게서 만나자는 연락이 왔다. 그는 "약속을 지켜 드리려 했으나, 이미 일본 신문에 최 교수 사망기사가 보도되었으니, 국가에서 살인의 비난을 받고도 침묵한다면 나라

최종길 교수 장례식에서 헌화하는 최종선(가운데).

꼴이 어떻게 되셨는가. 중앙정보부의 발표를 운명으로 알고 참아 달라"고 했다. 그리고 10월 25일 간첩단 사건의 일환으로 최 교수의 죽음을 발표했다.

최종길 교수는 충남 공주군 반포면에서 태어났다. 형제들과 함께 일찍이 인천으로 이사해 제물포고등학교의 전신인 6년제의 인천중학교를 졸업하고 학도병으로 군 복무를 마쳤다. 1951년 서울대학교 법과대학에 입학해서 1955년 3월에 졸업하고, 1957년에는 석사과정을 수료했다. 그해 6월부터 2학기 동안 스위스 취리히 대학에서 박사과정을 마치고, 1958년 4월부터 독일 쾰른 대학 박사과정을 밟는데 이때 민법과 국제사법의 대가인 게르하르트 케겔(Gerhard Kegel) 교수의 지도를 받았다. 1961년, 약관 29세의 나이로 「한국 민법 및 국제사법에 있어서의 이혼」이라는 논문으로 법학박사 학위를 받았다. 한국 법학계에서 독일 박사 학위를 받은 것은 최종길 교수가 최초였다. 박사

제물포고등학교에서 치른 최종길 부부의 결혼식.

학위를 받고도 그는 쾰른 대학의 국제사법 및 외국사법연구소에서 연구를 계속하다가 1962년 귀국하여 모교의 강단에 서게 되었다.

1963년 의사인 백경자 여사와 한 결혼은 인천 시내의 화제가 되었고, 제물포고등학교의 전설로 남아 있다. 1964년에 전임강사가 되었고, 1967년부터는 학생과장직을 맡아, 당시 학생운동이 치열했던 한 시절, 학생들과 애환을 같이했다. 그의 열정적인 학생지도는 1969년 9월 5일,《한국일보》가 "스승도 울고 학생도 울었다"고 보도한 기사로 남아 있다. 학생들의 단식투쟁을 만류하면서 최종길 교수가 흘린 눈물과 절규가 학생들의 눈시울을 뜨겁게 했기 때문이다. 1970년 3월에 미국으로 건너가 하버드 대학교 옌칭연구소에서 교환교수로 연구에 몰두하다가 귀국, 1972년 8월 모교의 정교수가 되었다.

1972년 10월, 이른바 유신이 선포되고, 1973년 8월에는 김대중 납치 사건이 일어났다. 그리고 10월에는 반유신투쟁이 서울문리대와 법대를 비롯한 대학가로 확산되었다. 유신 경찰은 반대투쟁에 나선 학생들을 강의실에까지 마음대로 들어와 구타, 연행하는 일이 다반사였다. 최종길 교수는 교수회의 석상에서 학생들에게 정의를 가르치는 교수로서, 정의를 실천하는 학생들을 외면하는 것은 스승의 직분을 유기하는 것이므로 총장이 문교부장관에게 항의할 것을 주장했다.

내 발로 걸어 들어가 주검이 되어 나온 최종길 교수

날로 거세지는 학생들의 반유신투쟁을 진압할 구실을 찾던 중앙정보부는 동백림 사건의 후속편이라 할 유럽거점 간첩단 사건을 조작하고, 이 사건에 대한 수사협조를 빙자해 최종길 교수를 그의 동생 최종선을 통해 중앙정보부로 유인했다. 그리고 그는 7시간이 모자라는 3일 뒤 주검이 되고, 간첩의 누명까지 써야 했다. 그러나 아무도 그의 죽음에 항의할 수 없었으며, 죽음의 진상마저 암흑 속에 묻혔다. 다만 국내에서는 소문으로 그가 중앙정보부에서 고문을 받다가 사망했다는 이야기가 돌았고, 외국에서 간헐적으로 그의 죽음에 의문이 제기되었을 뿐이다.

그의 죽음이 알려지자 하버드 대학의 동료들은 최종길은 위대한 학자이며 애국자(great scholar and patriot)라고 추모의 전문을 보냈지만 국내에서는 누구 한 사람, 그의 죽음을 공개적으로 애도할 수 없었다. 1년 뒤 최종길 교수의 죽음에 공개적으로 의문을 제기하고 나선

데는 천주교정의구현전국사제단이었다. 사제단이 이 문제에 관심을 갖게 된 계기는 최 교수의 죽음 1주기에 즈음해《워싱턴 포스트》에 실린 하버드 대학 코헨 교수의 특별기고문「한국의 우울한 1주년」이었다. 마침 함세웅 신부의 신학교 1년 선배였던 박기용이 다행히 최종길 교수의 부인과 연이 닿고 있었다. 이후 1974년 12월 10일, 인권주간 특별미사에서「우리의 인권주장」이라는 이름으로 발표된 성명에서 최종길 교수의 죽음에 대해 최초로 문제를 제기했다.

"세계인권선언의 내용에 비추어 보면 이 땅의 인권현실은 그 정반대의 상태다. 인간의 기본적 인권은 천부적인 것이 아니라 정치권력에 의하여 국민이 분배받는 것이다. 인간의 자유권은 둘이며 큰 자유를 위하여 작은 자유는 유보되어야 한다. 인권의 문제를 거론하는 것은 한국적 현실을 외면하고, 서구적 민주주의 환상에 사로잡힌 사람들의 철없는 소리다. 사람은 그 사람이 가지고 있는 부(富)와 권력에 따라 인권의 차별대우를 받는다"라는 시니컬한 문장으로 시작되는 이 성명은 뒤에서 "서울법대 최종길 교수는 자살한 것이 아니라 고문치사되었다. 많은 사람의 증언과 해외 언론의 보도가 이를 밑받침하고 있다. 이렇게 죽어간 사람이 최종길 교수 한 사람이라는 보장이 없다. 인권유린의 수부(首府) 중앙정보부는 마땅히 해체되어야 하며 인권유린을 인정하는 모든 법적, 제도적 장치는 철폐되어야 한다"고 포문을 열었다.

이어서 사제단은 그해 12월 18일 '최종길 교수와 떠난 모든 형제를 위한 추모미사'를 거행하면서 "당신이 고문, 치사당하셨다는 소문은 보도를 통한 것보다도 더 빨리 더 넓게 세상에 알려졌습니다. 그리고 그 소문을 의심하는 사람은 아무도 없습니다. 또 당신이 전기고문에 의한 심장파열로 돌아가셨다는 말도 세상에 알려졌습니다. 당신을 고문한 사람이 고문하는 기계의 조작법을 몰라 그렇게 되었다는 말도 들렸습니다.…… 우리는 이렇게 다 같이 모여 통곡으로 당신을 추모합니다. 전능하신 하느님께서는 우리의 뜻을 굽어살피사 우리가 악에 물들지 아니하고 정의를 말하는 데 주저하지 않게 하시며 독재에 저항할 수 있는 용기와 힘을 주소서" 하는 추모사를 낭독, 발표했다.

이날 최종길 교수의 미망인 백경자 여사는 중앙정보부의 미행을 떼돌리고 아들 광준과 딸 희정을 데리고 명동성당에 가까스로 다다를 수 있었다. 함세웅 신부가 주임신부로 있는 본당 수녀의 안내를 받아 미사에 참석해서, 문정현 신부의 강론에 이어 '신자들의 기도'를 통해 돌아간 남편에게 바치는 기도문을 낭독했다. 일련의 사제단 활동은 금기를 깬 '말씀의 폭풍' 바로 그것이었다. 그 모든 연락은 박기용이 맡아서 했는데, 그는 최종길 교수가 하버드 대학의 교환교수로 가기 직전 그 부인에게 영어회화를 가르친 인연이 있었다. 그는 서양 고대언어와 동양 고대언어의 유사성을 연구하는 등 언어학에 탁월한 소질이 있는 사람으로 알려져 왔다.

그러나 최종길 교수의 사인은 여전히 베일에 싸여 있었다. 1975년 3월, 종로5가의 기독교교수협의회에서 유신정권에 대한 5개항의 요구사항을 발표하는데, 그중 하나가 최종길 교수의 사인을 밝히라는 내용이었다. 그리고 1980년 서울의 봄이 찾아왔을 때, 서울법대를 중심으로 최 교수를 기억하는 학생들과 교수들이 중심이 되어 최 교수의 사인 규명에 나서자는 각오를 다지고, 그중 일부가 최 교수의 가족을 방문, 대책을 협의했지만, 5·18 광주민주항쟁으로 더 이상의 논의는 계속될 수 없었다.

내 모든 것을 바쳐 증언하리라

사실상 형을 중앙정보부로 안내해, 죽음에 이르게 했다는 죄책감과 사람을 죽여 놓고도 자신들의 잘못을 은폐하기에 급급해 형을 간첩으로 몰아가는 중앙정보부를 보면서, 그 안에서 이렇게도 저렇게도 할 수 없는 동생 최종선은 얼마나 괴로웠을까. 그가 형의 사망 소식을 듣고, 그 안에서 맨 먼저 확인한 것은 죽음의 현장이었다. 7층에서 투신한 것이 사실이라면 떨어진 자리에 유혈이 낭자하고, 설사 물로 닦아 냈다 하더라도 그 흔적이 남아 있어야 했다. 그러나 그 어느 곳에서도 몇 시간 전에 물에 씻겨진 흔적이나 물기라곤 한 점도 발견할 수 없었다. 그는 그 자리에서 최종길 교수는 절대로 투신한 것도, 자살한 것도 아니라는 것을 확신했다.

또 최종길 교수가 용변을 빙자해 투신자살했다는 7층 화장실 역시 단신에 뚱뚱한 몸집, 그리고 혁대가 없는 바지를 입고 있는 최종길 교수가 감시가 소홀한 틈을 타 변기와 창문턱을 뛰어넘어 투신할 수 없는 구조로 되어 있다는 사실을 확인하고 또 실측도 했다. 또 그는

1973년 11월 28일자로, 최종길 교수의 죽음과 관련된 인사 내용이 실린 중앙정보부회보(42호)를 수거해, 최종길 교수의 부인으로 하여금 깊이깊이 보관케 했다. 그 회보에는 공지사항으로 다음과 같이 기록되어 있었다.

1. 처벌

5국3을 차철권, 직무위반 및 직무태만, 견책

5국4갑 김상원, 직무위반 및 직무태만, 감봉 1월

* 비위내용

상기명 직원은 간첩용의자 최 모에 대한 수사의 주무수사관 및 보조수사관으로서 부여된 임무를 수행함에 있어서 제반수칙을 이행치 아니하고 용의자의 신변관리에 소홀하여 물의를 야기시킴으로써 직무상의 의무를 위반하고, 맡은 바 직무수행에 태만한 사실이 있는 자로서 각각 처벌을 받았음(끝).

설사 그들의 말대로 최종길 교수가 투신자살했다고 하더라도 한 사람의 죽음 앞에서, 관계자들이 고작 견책과 감봉 1개월이라니, 중앙정보부라는 데가 과연 일말의 양심이나 한 가닥 도덕성이라도 있는 곳인가. 이뿐만 아니라 이 회보 내용은 아주 중대한 진실을 스스로 폭로하고 있다.

먼저, 감시 소홀에 대한 과실 책임만을 따진다면 마땅히 상급자인 주무수사관 차철권이 하급자인 보조수사관 김상원보다 더 중한 징계를 받아 마땅하다. 보조수사관이 상급자인 주무수산관보다 지휘책임상 더 중한 징계를 받았다는 것은 하급자인 김상원의 행위에 더 문제가 있었음을 의미하는 것으로, 따라서 그들은 단순한 감시소홀에 대한 책임만으로 징계를 받은 것이 아님이 명백하다.

중앙정보부는 신문 발표에는 '최종길'이라는 이름 석 자를 명백히 밝히며, '간첩'이며 '투신자살'이라고 대서특필했으나, 자체 내부문서인 부회보에서는 성명 석 자 대신 '최 모'라고 우물우물하면서, '간첩'이라는 말 대신 '간첩용의자'라는 꼬리를 달았고, '투신자살'이라는 말 또한 '용의자 신변관리에 소홀'이라는 말로 바꾸었다. 벼룩도 낯짝이 있었던지 차마 내부에까지 거짓을 말할 수는 없었기 때문이었을까. 따라서 이 부회보는 중앙정보부의 발표가 거짓이라는 사실을 밝힐 중요한 단서요 증거인 셈이다.

최종길 교수의 부인 백경자 여사는 이 서류를 15년간, 때로는 천장에 숨기거나 때로는 이불 속에 넣고 꿰매는 등 온갖 방법으로 감추어 오다가 15년이 지난 1988년 10월, 검찰 진상조사 때 김상수 검사에게 원본을 증거로 제출했다. 최종길 교수의 장례 때 일반인의 참석은 단 한 사람도 허용하지 않았기 때문에, 오직 최종선이 근무하던 감찰실에서만 모아서 부의금을 보냈다. 최종길 교수가 만약 간첩이라면 중앙정보부의 핵심부서인 감찰실에서 부의금을 보낼 수 있었겠는가.

당시 서울대학교 법과대학에서는 교수들 가운데서 조의는 표해야 하지 않겠느냐는 의견이 있어 부의금을 모았는데, 일부 교수가 간첩에게 부의금을 낼 수 없다고 비토해서 유야무야된 일이 있었다고 한다.

장례 문제를 놓고, 감찰과장 이병정과 옥신각신할 때 그가 들고 있던 메모에는 ① 장지 위치 ② 가족 초청 범위 ③ 장례 방법, 병원, 5국장 등의 글자가 적혀 있었다. 감찰과장은 이 메모를 보면서 "아무도 초청해선 안 된다, 가족장으로만 하라, 노제는 절대로 안 된다"고 압력을 가했는데, 최종선은 이 과장의 자필 메모를 확보했다. 그는 중앙정보부 안에 있으면서, 최종길 교수의 진실을 밝히기 위한 노력을 잠시도 게을리하지 않았다.

최종선의 양심선언(수기)은 여러 친구들의 도움과 우여곡절 끝에 가까스로 완성되었으나, 최종선이나 그의 형수 집은 위험했으므로 서교동 큰형님 댁에 미물고 있던 큰누님의 아들 손효원에게 보관도록 했다가, 그 후 천주교정의구현전국사제단 함세웅 신부에게 1975년 1월 전달된다. 이때 최종선이 쓴 편지가 내게 있다.

1975년 1월 5일에 쓴 이 편지의 내용은 다음과 같다.

> "형을 연행해 간 동생이라는 손가락질을 받는 속에서도 형님의 영혼은 나의 등을 두드려 격려하시며, 자랑스러운 마음으로 형이 남긴 옷과 넥타이를 매도록 하여 그들 살인자들 속에 들어가 그들과 대화하고 그들의 더러운 일에 관여하면서 그들의 죄악을 똑바로 보고 마음에 새기도록 하셨습니다……. 참으며 하늘에 기원하기 1년……. 이 자료는 우리 가족을 멸망 속에서 구하는 최후의 자료이며 또한 신부님들의 주장을 밑받침하는 자료가 될 수 있을 줄 믿습니다.…… 저는 그때까지 하나의 자료라도 더 남기고 싶습니다. 치명적인 일격을 가

할 수 있도록 저에게 준비의 시간을 주시기 바랍니다.

제 나름대로의 준비가 다 끝나서 언제 싸워도 좋겠다는 신념이 생길 때는 즉시 연락을 드리겠으며…… 준비가 되기 전에 위난이 닥쳐오면 부득이 지금까지의 준비로 싸우겠습니다. 저에게 무기는 생명 하나가 있을 뿐입니다.…… 당분간은 신부님은 밖에서 나는 안에서 하느님의 뜻에 따라 싸워야 하겠습니다. 시시각각으로 닥쳐오는 위해 속에 쓰는 글로서 예의를 전혀 도외시한 글월이 되어 죄스럽게 생각합니다. 언제고 살아 있다면 만나 우러러뵈올 것이며 먼저 떠나면 하늘에서 신부님의 하시는 일을 눈여겨보며 격려하겠습니다."

최종선은 1980년 5월 서울의 봄이 찾아왔을 때, 자신의 수기를 공개하기로 결심하고 모든 준비를 했다. 1980년 5월 1일에 쓴 글이 남아 있는데, 편지에는 그의 비장한 결의와 당부가 담겨 있다. 당시 서울대학교에서 잠시 일었던 최종길 교수 사인 규명 및 명예회복운동과 관련해 학생들에게는 "결코 폭력, 과격한 물리적 힘의 행사를 원치 않으며, 지성인답게 합법적이고 질서 있는 이성적 태도로 중후한 여론을 조성, 고인의 명예회복에만 전념해 주기를" 바라고 있다. 또 사인 규명 과정에서 제자 또는 동료 교수의 희생이 생길 경우 유가족들은 그들과 운명을 같이할 것이라고 밝히면서, 유가족이 바라는 바를 구체적으로 적시하고 있다. ① 정부의 공식 사과 및 합법적인 결백 보장 조치 ② 관련자 전원 형사처벌 ③ 고인의 저서 출간 보장 ④ 고인 장서의 서울대 도서관 기증 ⑤ 고인 추모행사 및 사업에 대한 완전한

최종길의 집에서(오른쪽에서 두 번째가 최광준을 안고 있는 최종선).

자유 보장 ⑥ 직계 유족에 대한 충분한 보상(보상금 전액은 장학금에 사용 예정) 등이 그것이었다.

그는 이 글을 통해 중앙정보부를 떠날 결심을 밝히고, 동료에게는 아픈 이별의 마음을, 부장에게는 사의를 표하고 있다. 사의를 표하는 이유 가운데 하나로, 최종길 교수의 사인 진상규명을 위해서 부득이 중앙정보부 부내사항을 공개하지 않을 수 없음에 안타까운 마음과 함께 부원으로서 책임을 고백하고 있다. 그러나 이 세상에 존재하는 것 중, 하느님의 형상을 지어 받은 인간의 생명만큼 귀중한 것은 없다고 믿어 확신하는 까닭에, 중앙정보부의 임무, 기능, 조직이 제 아무리 중요하다 해도 살인과 범죄조작의 은폐수단으로 악용될 수는 없다는 확고한 소신에서 진실을 밝힌 것이라고 말하고 있다.

그는 중앙정보부가 독재자의, 독재자를 위한, 독재자에 의한 정보부가 아니라 국민의, 국민을 위한, 국민에 의한 정보부가 되어 달라고 하는 당부를 잊지 않고 있다. 끝으로 그는 그동안 최종길 교수 죽음에 깊은 애도와 추모의 뜻을 전해 준 독일의 훔볼트재단, 하버드 대학의 코헨, 라이샤워, 박스타 교수,《워싱턴 포스트》의 돈 오버도퍼 등 해외 인사와 국내의 사제단 신부, 기독자교수협의회 관계자 등 진실을 밝히기 위해 노력해 준 분들에게 감사의 뜻을 전하고 있다. 그러나 그의 수기는 그때부터 또다시 7년이 지나서야 공개될 수 있었다.

'역시나'로 끝난 1988년 검찰조사

1987년의 6월항쟁이 박종철 고문치사 사건에서부터 비롯됐고, 천주교정의구현전국사제단이 5월 18일 광주민주화운동 기념미사에서 발표한 「박종철 군 고문치사 사건의 진실이 조작되었다」라는 사제단의 성명으로 장엄한 대미(大尾)를 승리로 장식하게 되었음은 우리가 익히 알고 있는 바와 같다. 6월항쟁이 끝난 그해 여름, 최종선이 그의 형 최종길 교수의 고문치사 사건 진상규명을 위해 형수와 더불어 사제단을 찾아가 "수기(양심선언)를 찾아서 공개하고 진상규명을 요구해야 하겠습니다"라고 한 것은 박종철 고문치사 사건의 진실을 밝혀냈듯이, 사제단이 최종길 교수의 진실도 밝혀 주기를 기대했기 때문이었을 것이다. 또 그때는 이미 최종선 자신도 중앙정보부를 떠난 뒤였기 때문에 '이제는 밝혀야 한다'는 결의도 새로웠을 것이다.

그때부터 수기를 찾기 시작했고, 수기를 찾은 것을 계기로 사제단과 가족은 이심전심으로 최종길 교수의 사인 규명에 나서게 되었다. 그리하여 최종선의 수기를 기초로 하고, 여기에 최종선의 그 이후의 증언을 첨가해 작성해서, 1988년 10월 6일 천주교정의구현전국사제단의 이름으로 발표된 것이 「최종길 교수 사인 진상의 규명을 요구한다」라는 성명이다. 흔히 '고발장'으로 말해지고 있지만, 사제단의 성명은 처음부터 고발장의 형식으로 작성된 것이 아니었다.

그 성명의 서두는 "감추인 것은 드러나기 마련이고 비밀은 알려지기 마련이다. 내가 어두운 데서 말하는 것을 너희는 밝은 데서 말하고 귀에 대고 속삭이는 말을 지붕 위에서 외쳐라(마태 10:26-27)"로 시작되는데, 이는 1년 전 5월 18일 박종철 군과 관련한 사제단 성명에서도 꼭 같이 인용된 바 있다. 이 두 성명은 내가 그 초안을 잡았다. 사제단은 이 성명에서 그동안 의문투성이의 최 교수 죽음에 대하여 추적해 온 결과 최 교수의 죽음은 그를 간첩으로 만들기 위한 혹심한 고문수사 과정에서 빚어진 폭압적인 권력에 의한 살인이라는 확신을 갖게 되었다면서, 그런 결론에 이르게 된 과정을 조목조목 열거했다. 이 성명은 최종선의 양심선언과 증언에 크게 의존하고 있다.

사제단은 최종길 교수를 고문치사케 하는 데 책임이 있거나 최종길 교수의 사인을 은폐조작하고, 죽은 최종길 교수에게 간첩의 누명을 씌워 명예를 훼손하는 데 직·간접적으로 관여한 사람들의 명단과 당시 직책을 공개했다. 여기에는 주무 및 보조수사관은 물론, 정보부장 이후락, 차장 김치열, 차장보 조일제, 수사국장 안경상, 수사단장 장송록, 국립과학수사연구소 소장 오수창, 법의학 과장 김상현, 서울지검 공안부 검사 이창우 등 22명이 포함되어 있다.

사제단은 또 10월 18일, 최종길 교수 연미사를 봉헌했다. 함세웅 신부는 미사강론에서 이렇게 말했다.

> "인간의 양심에는 공소시효가 없습니다. 하느님의 정의에는 공소시효가 없습니다. 진실에는 공소시효가 없습니다. 우리는 이 사건과 관련된 사람들의 양심에 찬 증언을 호소합니다. 15년 동안 감추느라고 겪은 양심의 괴로움으로부터 해방되자고 호소합니다. 만약 고문치사케 한 장본인들이 양심의 고백을 한다면 우리 사제단은 그의 잘못을 질타하거나 꾸짖기보다는 그의 회심(悔心)에 같이 눈물 흘릴 것이며, 그동안의 양심의 고통에 위로를 전할 것입니다. 또한 그 사람의 안전을 지키는 데, 최선을 다할 것입니다.
>
> 우리는 또한 최종길 교수의 억울한 죽음을 방치한 우리 모두의 잘못을 고백하고 회개하자고 말하고자 합니다. 우리 사제단 역시 1974년 12월에 문제를 제기해 놓고 있다가 14년이 지난 지금까지 방치해 놓았던 데 대하여 고인의 영령과 유가족 앞에 고개 숙여 사죄의 말씀을 올리고 싶습니다. 특히 이제 성년으로 자란 광준, 희정 두 유자녀에게 뭐라 위로의 말을 전할 길이 없습니다. 그 유가족들의 가슴에 15년 동안 쌓인 한이 어떠했겠습니까. 이제 우리는 그 유자녀들에게 한 점 부끄럼 없이 진실을 말해 주고 우리 시대의 어둠과 잘못을 고백해야 합니다."

한편 사제단의 사인 진상규명 요구를 받은 검찰은 서울지방 검찰청 김상수 형사제1부장에게 사건을 맡기고, 중앙정보부로부터 사체부검 및 사망현장 사진 등의 자료를 건네받고, 8일에는 사제단의 김승훈, 오태순 신부에게 참고인 진술을 들었으며, 10일부터 12일까지는 최종선에게 증언을 들었다. 민주사회를 위한 변호사 모임도 진상규명을 위해 적극적으로 협력했다.

최종선은 '검찰에 들어가서 진정드리고자 하는 요지'를 작성하고 나름대로 열심히 준비했다. 그러나 최종선은 1988년 6공의 검찰조사는 진상규명이 아니라 오히려 제2의 은폐조작극에 불과했다고 말한다. 한 예로, 사건조사 중반에 투입된 장 모 검사는 최종선을 정보부쪽 사람으로 잘못 알고 "수고 많으십니다. 적당히 덮어 버리는 거지요, 뭐!" 하고 잘못 말했다가, 최종선한테 거센 비난과 항의를 받자 당황해서 땀을 뻘뻘 흘리는 촌극을 연출하는 해프닝도 있었다.

그뿐만 아니라 최종선은, 그의 형 최종길 교수가 소변을 보다가 창틀을 잡고 올라가 밖으로 뛰어내렸다는 중앙정보부의 발표를 실연해 보이기까지 했다. 격앙된 분위기에서 실감나게 재연해 보이느라고 검사 앞에서 혁대를 끄르고, 바지 지퍼를 끌어 내리고 바지춤을 잡았던 손을 놓고 창문 쪽으로 뛰듯이 달려가서 창문을 열면서 창틀로 올라설 듯 실연해 보이자, 진짜로 뛰어내리는 줄 알고 검사와 검찰 수사관의 얼굴이 백지장처럼 질리는 일도 있었다.

그러나 노태우정권 아래서 검찰을 통해 진실이 밝혀지기는 어렵다는 사실을 깨닫는다. 그래서 "지금부터 내가 진술하는 것은 검사에게 하는 것이 아니라, 역사 앞에 하는 것이다. 지금부터 내가 진술하는 내용은 후일 역사가 기필코 되돌아볼 것이니, 한 자 한 획도 빠뜨리거나 조작하거나 왜곡되게 바꿔 써서는 안 된다"고 엄숙히 선언하고, 그날 밤 늦게까지 점심, 저녁 식사도 모두 거른 채 중간중간에 읽어 보고, 고치고, 또 읽어 보고 고치기를 수십 번을 거듭하면서 그야말로 심혈을 기울여 진술서를 작성했다. 그 진술서가 그 뒷날 어떤 역할을 했는지는 알 수 없다.

이렇게 해서 1988년 10월의 검찰조사는 '혹시나'로 시작했지만 '역시나'로 끝났다. 10월 18일, 검찰은 수사결과로 "최 교수가 타살되었다는 증거도 자살했다는 증거도 찾지 못했다"면서 설사 최 교수가 고문에 의해 사망했더라도 19일로 살인죄의 공소시효(15년)가 지난다고 밝혀 처음부터 진실을 규명할 의지가 없었다는 것과 앞으로 남은 조사에 더 이상 기대할 것이 없다는 것을 스스로 드러냈다. 그러나 조사과정에서 확인된 수확도 적지 않았는데, 사제단이 10월 18일 「진실은 끝까지 밝혀져야 한다」라는 성명에서 밝힌 바는 다음과 같다.

1. 중앙정보부는 당초에 최종길 교수가 간첩으로 구속, 조사 받던 중 투신자살했다고 발표했으나 이번 조사과정에서 확인된 바로는 이를 입증할 구속영장, 진술서, 자필진술서, 육성녹음 등 증거물이 하나도 발견되지 않았다. 다만 최종길 교수를 신문한 조사관이 작성한 진술서만이 있을 뿐이다. 이는 사후에 조작되었을 가능성을 입증하는 것으로…… 최종길 교수에 대한 간첩 혐의 부분이 백지요 무혐의라면

최종길 교수는 투신자살한 것이 아니라, 고문치사되었음이 더욱 분명한 것이다.

2. 정보부 측이 제시하고 있는 투신자살 현장사진은 최 교수가 반듯이 누워 있는 흑백사진으로서 당시 중앙정보부가 유가족에게 설명한 내용(뒷머리가 깨지고, 양쪽의 손과 발이 부러졌다고 했음)과 상이할 뿐만 아니라 천연색으로 전후좌우, 또는 치명적인 손상 부위를 접근 촬영해야 하는 것이 변사체 처리의 상식임에 비추어 현장에 있는 그대로 찍은 것이 아니라 은폐 조작을 위한 사진임이 명백하다고 본다.……

6. 이병정 전 중앙정보부 검찰과장과의 대질신문에서 최종선 씨의 수기(양심선언) 내용이 전체적으로 사실임이 확인되었다. 우리는 앞으로 최종선 씨 등 모든 관계자의 증언을 토대로 현장 검증 및 대질신문을 통해 끝까지 이 사건의 실체적 진실을 규명할 것을 당국에 촉구하면서, 그리고 이 사건의 진실을 알고 있는 사람들의 용기 있고 양심에 찬 증언을 호소해 마지않는다.

최종길 교수 사건은 1988년 10월 이후 또다시 역사의 베일 속에 묻힌다. 10년이 지나 1998년 초 독일의 훔볼트재단 이사장 뤼스트 박사가 최 교수의 사인 규명을 위해 최선의 노력을 기울여 달라는 서한을 주한 독일대사관의 폴러스 대사에게 보냈고, 폴러스 대사는 한국 정부에 훔볼트재단과 주한 독일대사관의 의사를 전달했다. 국내에서 본격적으로 최종길 교수의 사인 진상규명과 추모의 움직임이 나타난 것은 그해 10월 17일, '최종길 교수를 추모하는 모임'이 결성되면서부터였다. 최종길 교수 25주기를 맞아 서울법대 동료 교수였던 배재식, 이수성 교수 등이 중심이 되어 서울대학교 근대법학교육 100주년기념관에서 추모식을 거행했던 것이다. 25년이란 긴 세월이 지나서야 그가 수학하고 가르치던 모교의 교정에서 추모식이 비로소 거행되었다.

1999년 5월에는 '최종길 교수 고문치사 진상규명 및 명예회복 추진위원회'가 결성되었다. 이 위원회는 김대중정부의 출범을 맞아 의문사진상규명을 위한 특별법의 제정과 그 시행을 촉구했다. 이보다 앞서 관련 유가족들이 420여 일 동안 국회 앞에서 천막농성을 벌였는데, 이런 노력의 결실로 의문사 진상규명을 위한 특별법이 이듬해에 제정되고, 대통령 소속의 '의문사진상규명위원회'가 발족될 수 있었다. 이를 전후해 최종길 교수 고문치사 진상규명 및 명예회복 추진위원회에서 의문사 문제 해결을 위한 학술심포지엄을 개최하고, 또 『최종길 교수 고문치사 관련 자료집』(1999)을 발간했다.

의문사진상규명위원회는 최종길 교수 고문치사 사건에 대해 1년 반 동안 조사를 진행한 끝에, 최종길 교수가 민주화운동과 관련해서 위법한 공권력에 의해 고문으로 사망했고, 중앙정보부가 증거도 없이 최 교수를 간첩으로 조작했다고 발표했다. 그러나 위원회의 조사권한의 한계와 관련자들의 조사 거부로 더 이상의 구체적인 고문치사 정황을 밝혀내지는 못했다. 유가족들은 위원회의 결정을 근거로, 국가를 상대로 하여 국가배상을 받아 냈다. 이렇게 일단 최종길 교수의 명예가 회복되고, 최종길 교수가 국가공권력에 의해 위법하게 살해된 데 대한 국가배상도 받아 냈다. 1970년대 이후의 진실규명과 명예회

1998년 10월 17일 서울대학교 근대법학교육 100주년기념관에서 거행된 최종길 교수 25주기 추모식.

복운동의 중심에는 이제 최종선 대신 최종길 교수의 아들 최광준 교수가 서 있었다. 물론 최종선도 나름대로 미국과 한국을 오가며 최선의 노력을 다했지만, 그 일을 떠맡아 진 것은 최광준 교수였다. 그러나 이러한 과정에서 최종선의 양심선언과 증언은 중요하고도 결정적 역할을 했고, 최종결론을 이끌어 내는 데 그 밑받침이 되었다.

산 자여 말하라

최종선은 최종길 교수가 사망하고 난 뒤에도 7년 반을 더 중앙정보부에 근무했다. 그가 온갖 위험과 수모를 참으면서, 형님을 고문치사시킨 그 중앙정보부에 몸담고 있었던 이유는, 오로지 최종길 교수의 죽음에 대한 진상규명과 그의 명예회복을 자신 인생의 제1순위라고 생각했기 때문이었다. 최종선은 최 교수 사망 직후에도 감찰실에 계속 남아 있었으나 최종길 교수의 죽음과 그 이후의 조작에 직·간접으로 관련이 있는 대공수사국장 안경상 등이 승승장구하는 것을 보고 신변에 불안을 느껴 감찰실을 떠나 서울지부로 옮겼다가, 정보부 직제 개편과 더불어 6국 학원과로 편입되었다. 이 과정에서 중앙정보부가 서울대 학생회 간부를 첩자로 쓰는 것을 보기도 했고, 민청학련 사건 변론이 문제되어 중앙정보부에 연행된 강신옥, 홍성우 변호사를 만나기도 했다. 크게 도움이 되지는 않았지만, 그들이 중앙정보부에서 구타 등 부당한 대우를 받지 못하도록 하는 역할을 한 셈이다.

한번은 남부경찰서 형사 양 모가 제정구의 집에서 그의 일기장과 반독재, 반유신의 유인물이 든 보따리를 가져왔다. 그것 하나로 양 형사는 특진에 포상금을 어마어마하게 받을 수 있는 큰 것 한 건을 한 것이다. 그러나 그는 이제 막 긴급조치 4호 위반으로 중형을 선고받아 복역하다가 석방된 제정구를 긴급조치 비방으로 감옥에 넣는 것을 바라지 않는 눈치였다. 그래서 그다음 날 그 보따리를 들고 양평동 복음자리 마을을 찾아 그 보따리를 제자리에 갖다 놓았다. 물론 제정구가 그 자리에 없을 것이라는 걸 알고 갔으니 그와 맞부딪칠 염려는 없었다. 최종선은 그것이 자신의 결정이라기보다는 양 형사의 착하고 정의로운 심성 탓으로 돌리며 뒷날 그를 치켜세웠다.

그 얼마 뒤 최종선은 6국을 떠나 경기지부로 내려왔다. 이때 그는 동일방직 사건을 중앙정보부원으로서 맞이했고, 뒷날 중앙정보부가 동일방직 노사문제에 개입한 사실을 증언했다. 노동조합을 결성하려는 여성 노동자들에게 똥물을 퍼 먹인 그 유명한 사건에 그 자신이 증인으로 나선 것이다. 이무렵 천주교 인천교구의 서병섭 신부의 누이동생이 남학생들과 더불어 반유신, 반독재 유인물을 만들어 배포하다가 구속되고, 이어서 서병섭 신부까지 구속되는 사태가 발생했다. 본부에서는 다시는 반정부활동을 방조하거나 두둔하는 일을 하지 않겠다는 각서를 요구했다. 그러나 서 신부는 그런 비굴한 짓은 하지 않겠노라 완강히 거부했다. 동료 직원이던 선배가 신부 대신 각서를 가짜로 작성, 서명해 주고 나온 일을 그는 지금도 기억하고 있다.

최종선은 중앙정보부에 몸담고 있는 동안 사직원을 6번씩이나 제출했다가 반려받기를 거듭했다. 그러는 동안 전두환 군부가 12·12 쿠데타로 등장하더니 마침내 광주사태가 터졌다. 이보다 앞서 중앙정보부에는 서 모 서기관을 정점으로 하는 최종선 전담 감시팀이 있었다. 이들은 인천까지 내려와 1달 가까이 최종선의 뒷조사를 했다. 그들은 삼청교육대로 보내겠다는 위협도 했다. 그러나 1달에 걸친 조사에도 비위사실이 적발되지 않았다. 최종선은 자신이 만약 삼청교육대에 끌려갔다면 '삼청교육 의문사 1호'가 되었을 것이라고 그때의 일을 기억하고 있다. 삼청교육 과정에서 목숨을 잃은 사람이 50명이었으니, 최종선의 상상이 전혀 엉뚱한 것만은 아니다.

최종선은 1981년 1월 23일 중앙정보부를 떠났다. 중앙정보부를 퇴직하고 나서, 특장차를 주문생산하는 주식회사 신도산업의 대표이사로 재직하다가 1994년 9월, 미국으로 이주했다. 미국에서 그의 생활

최종길 교수의 은사인 케겔 교수와 최 교수의 아들 최광준.

은 고달팠다. 그 이후에도 국내에서 전개된 최 교수 의문사 진상규명을 위해 한국을 다녀갔지만, 이제 그 일은 그보다는 한국에 돌아온 아들 최광준 교수의 몫이었다. 최광준은 아버지의 뒤를 이어 같은 쾰른 대학에서, 같은 케겔 교수 밑에서 같은 법학 박사가 되고, 같은 법학 교수가 되어 국내에서 학생들을 가르쳤다.

최종선은 미국에서, 그의 표현으로, 국민에게 드리는 보고서, 의문사진상규명위원회에 제출하는 진정서요 건의서, 답변서, 제2의 양심선언이며 고해성사라고 할 글을 썼다. 『산 자여 말하라』라는 책이다. 그 책의 제목은 내가 지었다. 여기에는 그가 애송하는 시 한 편이 소개되어 있는데, 미국에서 그가 발견한 것으로 작가는 미상이다. 〈발자국(Foot prints)〉이라는 시다. 그의 번역으로 전문을 옮기면 다음과 같다.

어느 날 밤 누구인가 꿈을 꾸었다. 그는 주(主)와 함께 해변을 걷고 있었다. 그때 하늘 저편 그의 생의 순간들이 영상처럼 펼쳐지고 있었다. 그 영상마다 그는 모래 위에 찍힌 두 쌍의 발자국을 볼 수 있었다. 하나는 자신의 것이었고, 다른 하나는 주의 것이었다.

지난 발자국들을 돌이켜보던 그는 그의 마지막 영상이 펼쳐지면서 그의 생의 많은 길목에 다만 한 쌍의 발자국만 있는 것을 알게 되었다. 그는 또한 그것이 그의 생에서 가장 절망적이고 슬플 때 그러했다는 사실을 알게 되었다.

그는 그게 너무 슬퍼 주께 물었다.

"주여, 주께서는 제가 주를 따르기로 처음 결심했을 때 언제나 저와 함께 계시겠다 하지 않으셨습니까? 그러나 제 생의 가장 힘겨웠던 고비고비마다 저는 제 발자국 이외 주의 발자국을 볼 수 없었습니다. 주여, 저는 알지 못하겠습니다. 왜 제가 주를 필요로 할 때 주는 저를 떠나 계셨는지를……."

주께서 말씀하셨다.

"내 아들, 내 귀한 아이야. 난 너를 사랑하고, 한 번도 네 곁을 떠난 적이 없단다. 네가 힘들고 고통스러웠을 때마다 오직 한 쌍의 발자국만 보인 것은 그때마다 내가 너를 품에 안고 갔기 때문이란다."

그의 미국 생활 역시 외롭고 편치 않았을 것이다. 아마도 그는 그 어려운 생활을 이 시를 외우며 헤쳐 나왔을 것이다. 최종길 교수의 죽음 이후 7년 반의 중앙정보부 생활은 물론 진실이 밝혀질 전망이나 기약이 없었던 국내에서의 이후 생활, 그리고 만리타향 미국에서의 삶이 얼마나 고달팠을 것인가. 그는 이 시대가 빚어낸 유랑인이었다. 그가 중앙정보부를 사직하고 난 뒤, 정확하게는 1988년 그의 양심선언을 내 손으로 공개한 뒤, 나는 비교적 자주 그를 만났다. 그는 나를 '형' 또는 '선배'라 부르며 나의 산행에도 기꺼이 동행했으며 내 선고(先考) 장례 때는 멀리 장지까지 나를 찾아왔다. 단단한 체구에 항상 웃는 모습이었다.

내가 최종길 교수와 인연을 맺게 된 것은 1974년 12월 18일, 명동성당에서 열린 추모미사 때부터였다. 그보다 앞선 12월 10일 세계인권선언일에 즈음한 사제단 성명과 18일 미사의 강론과 추모사에도 손을 댔고, 그때 어머니 손을 잡고 나온 광준과 희정을 봤다. 남매는 간첩의 자식이라는 시선 속에 학교를 전전하다가, 이화여대 김옥길 총장의 배려로 이화여대 부속 중고등학교를 다닐 수 있었고, 어머니의 훈도 속에 참 잘 자라 주었다. 늠름한 청년, 당당한 법학자로 성장한 그는 항상 밝은 표정이었다.

1998년 10월 17일, 서울대학교 근대법학교육 100주년기념관에서 열린 제25주기 추모식 때, 최광준 교수가 유가족 대표로 인사를 했는데, 이런 말을 하면서 처음으로 눈물을 보였다. "이제는 돌아가신 아버님께도 손자가 하나 생겼습니다. 지금 유성이는 초등학교 1학년입니다. 바로 이 나이에 제 동생 희정이는 아버지를 잃었습니다. 행복한 시절에 아버지와 함께 찍었던 사진들을, 그 앨범들을 항상 들추어 보면서 아버님에 대한 그리움을 달래던 것을 저는 알고 있습니다. 하지만

김옥길 전 이화여대 총장과 최종길 교수의 딸 최희정.

저는 제 동생의 아버님에 대한 그리움과 어머님의 아픔을 잘 알았기 때문에 여지껏 제 동생과 어머님께 한마디의 위로의 말도 하지 못하고 살아왔습니다.…… 어머님, 감사합니다. 희정아 고맙다.……" 이 대목에서 그는 울고 있었고, 나 역시 눈물이 나오는 것을 어쩔 수 없었다.

최종길 교수의 가족들이 겪은 수난과 고통, 특히 부인 백경자 여사와 광준, 희정 남매 그리고 형제들, 그 가운데서도 최종선의 삶은 얼마나 힘들었을까. 최종선은 지금도 이역 땅에서 풍찬노숙을 하고 있다. 나는 최종선의 파란만장한 역정을 생각하면 가슴이 미어지는 아픔을 느끼지 않을 수 없다.

나는 최종길 교수의 죽음을 '아직 끝나지 않은 죽음'이라고 부르고 싶다. 아직까지도 그의 죽음의 진상은 밝혀지지 않고 있기 때문이다.

1973년 10월, 열 살짜리 아들 광준은 아버지의 관이 안치되는 것을 보면서, 저 관을 뜯어서 아버지의 마지막 가는 모습을 보고 싶었다고 한다. 그 뒤 언젠가 또 내게 와서, 아버지의 시신을 파 보면 왜 돌아가셨는지를 알지도 모르겠다면서, 사인을 밝혀내지 못하는 것을 자식으로 매우 안타까워하고 있었다. 그 진실을 알고 있는 사람들이 아직은 남아 있다. 과연 그 진실이 밝혀질 수 있을까. 그 가족들은 말한다. 책임을 묻자는 것이 아니라 다만 그 진실을 알고 싶다고. 산 자가 말할 차례다. 산 자여 말하라.

7

잊혀진 거목

천관우

1991년에 작고한 천관우 선생(1925~91)을 생각하면, 가슴이 아리고, 죄송스러운 마음을 금할 수 없다. 누가 뭐래도 그는 탁월한 역사학도였고, 기개 있는 선비이자 언론인이었다. 그리고 정치적으로 암흑이 지배했던 시절, 이 나라 재야 민주화운동을 창도하고 이끈 우뚝한 지도자였다. 그가 1980년, 전두환 군사정권 아래서 국토통일원 고문, 민족통일중앙협의회 의장, 평화통일정책자문위원회 위원, 국정자문위원으로 들어가면서부터, 민주화 진영은 물론, 그때까지 그를 모시고 따르던 동아 · 조선투위의 기자들까지 그와 발길을 끊었다. 그것은 나도 마찬가지였다.

2004년에 처음으로 천관우 선생 가족의 근황이 언론에 보도되었다. 부인의 인터뷰 기사가 《한국일보》에 실렸는데, 부인은 이렇게 말했다. "남편은 사람들이 쉽게 이야기한 것처럼 암이나 술로 죽은 것이 아니고, 주위의 비난 화살에 괴로워하다 죽었다." 아마도 이 말은 사실일 듯하다. 1980년 이후, 자신에게 쏟아지는 숱한 비난과 의도적인 외면을 그는 외로움 속에서 감내해야 했고, 그것이 필경 그를 죽음에 이르게 했을 것이다.

전두환정권이 출범하기 바로 전인 1980년 3월, '지식인 134인 시국선언'에 참여한 것을 마지막으로 그는 민주화운동과 결별했다. 왜 그랬을까. 부인은 "전두환과 독대를 하고 7년 단임을 꼭 한다는 약속을 받아내고서 입을 다문 것인데, 사람들은 천관우가 돈을 받았다고 오해했다"고 말한 것으로 보도되었다. 어떤 지인은 "그 시절 그는 전두환이 아니라 더한 사람이라도 통일사업을 한다면 협조했을 것"이라고 말했다고 한다. 그러나 나는 이들의 말에 동의하지 않는다. 내가 생각하기로는 그는 그 무렵 너무 지쳐 있었고, 그리고 자신을 지켜 나가기 힘들 만큼 가난에 쪼들리고 있었다. 어쩌면 그 가난이 그가 전두환의 유혹에 빠지게 만든 빌미가 아니었을까.

1976년쯤에 이호철과 임헌영 등으로부터 이상한 이야기를 들었다. 천관우 선생이 명시적으로 나를 지칭하지는 않았지만 나를 향해서 몹시 못마땅해하고 질타하는 듯한 말을 자주 한다고 했다. 때로는 마당에 나와서 고래고래 큰 소리로 "누구 나와라" 하고 외치기도 하는데, 그 '누구'가 바로 김정남이라는 이야기였다. 이호철더러 들으라는 소리다. 당시 천관우 선생의 집은 이호철과 이웃해 있었고, 나

천관우.

는 등 너머 10분 거리에 살았다. 그들의 전언은 나를 몹시 당황하게 했다.

그때 나는 이제 막 결성된 민주회복국민회의의 집행부라 할 윤형중 상임대표와 대변인 함세웅 신부의 일을 거들고 있었다. 당시 민주회복국민선언에 참여했다는 이유로 백낙청, 김병걸 교수를 해임하는 등 박정희정권의 탄압이 심했다. 사건이 터질 때마다 일일이 대표위원회의를 열 형편이 아니어서, 먼저 성명을 내고 사후에 양해를 구하는 경우가 많을 수밖에 없었다. 구속자가족협의회의 김한림 선생이나 김지하의 어머니 정금성 여사가 대표위원들에게 연락하는 일을 자주 했다. 아마 천관우 선생이 화를 낸 것은, 내가 대표위원도 무시하고 자기 멋대로 민주회복국민회의의 일을 처리한다는 오해에서 비롯된 것이 분명해 보였다.

아무래도 오해는 풀어야 되겠다 싶어 그해 추석 때 귀성했다 올라오는 길로 천관우 선생 댁을 찾았다. 그러나 정작 만나서는 별다른 질책이 없었다. 그분이 흔히 하는 방식대로 술판이 벌어졌다. 이제나 저제나 기다렸으나 끝내 아무 말씀도 없었다. 그러다 보니 술병이 여러 개 비었고, 나는 술에 취해 그 집에 쓰러져 자다가 뒤늦게 집으로 돌아왔다. 이런 인연으로 이후 천관우 선생은 내게 서먹서먹했다. 지금 생각하면 왜 자주 찾아뵙지 않았는지 후회스럽지만 그때는 그랬다. 1991년 그의 부음을 듣고서도, 남들처럼 나도 그의 빈소를 찾아가지 못했다. 지금 생각하면 참으로 용렬했다는 생각이 든다. 그러나 변명 같지만, 독재가 인간을 참으로 옹졸하게 만들지 않았나 싶다.

어쨌든 1980년 이후 천관우 선생의 집에는 발길이 딱 끊겼다. 그리고 간헐적으로 군사정권에서 그가 했던 처신을 비난하는 소리가 들려왔다. 그렇게 천관우는 우리한테서 멀어지기 시작했다. 1988년 5월 《한겨레신문》의 창간행사 때도 그는 모습을 드러내지 않았다. 1980년에 그가 민주화운동과 결별한 것은 그를 위해서나 나라를 위해서 참으로 애석한 일이었다. 왜 그 한때를 이전처럼 의연하게 버텨 주지 못했나, 참으로 안타깝다. 그러나 누가 뭐래도 그는 당대 제일의 논객이었으며, 기개 높은 언론인이었다. 그리고 이 나라 재야운동의 시발이라 할 민주수호국민협의회를 창립하고 이끈 이 나라 민주화운동의 거목이었다.

독립불기의 언론인

천관우는 그의 나이 27살 되던 1951년 1월, 임시수도 부산에서 대한통신 외신부 기자로 언론생활을 시작했다. 세 끼 밥을 먹기 위해 친구의 연줄로 대한통신에 들어가게 되었다고 회고한 적이 있듯이, 전쟁통에 구복지계(口腹之計)로 시작했던 기자라는 직업이 그의 천직이 되었다. 한국전쟁으로 어수선한 분위기에서도 그는 1952년 9월부터 유네스코 기금으로 6개월간 미국 미네소타 대학교 신문학과에서 공부했다. 이 무렵에 그는 우리들이 배운 고등학교 국어 교과서에 나오는 유명한 글 「그랜드캐년」을 썼다. 대단한 필력이었다.

유학에서 돌아와 1954년에 《한국일보》에 들어가면서 그의 본격적인 언론인 생활이 시작된다. 조사부 차장으로 일하던 그는 곧 논설위원직을 맡아 '지평선' 칼럼을 썼다. 사주 장기영이 30살의 젊은 기운으로 앞뒤 가리지 말고 쓰라고 그런 직책, 그런 일을 맡겼다고 한다. 2년 후에는 《조선일보》로 자리를 옮겨 '만물상' 꼭지를 만들어 직접 글을 썼다. 그는 입사한 지 2년, 그의 나이 33살 때 편집국장이 된다.

1959년 9월 다시 《한국일보》로 돌아가 논설위원으로 활동했고, 4·19 직후인 1960년 6월에는 뒤에 《민국일보》로 제호를 바꾼 《세계일보》로 옮겨 편집국장을 맡아 야전침대를 사무실에 갖다 두고 전력투구를 했다. 남재희는 이때가 "천관우가 언론인으로서 가장 큰 영향력을 발휘한 시기"라고 평가한다. 천관우 때문에 《민국일보》는 당시 새로이 떠오르는 신문이 되었다. 여기서 그는 '샘물'이라는 이름으로 칼럼을 썼다. 당시 《민국일보》는 남대문(지금의 상공회의소 자리)에 있었는데, 서울대 문리대 신문 《새세대》를 그곳에서 찍었기 때문에 나도 자주 드나들었던 기억이 있다.

천관우의 언론계 편력은 근무조건을 찾아서 이동했다기보다는 어디에도 얽매이고 싶지 않은 그의 독립불기(獨立不羈)의 정신과 관련이 있다. 1961년 3월에는 《서울신문》 주필, 1963년 1월에는 《동아일보》 편집국장, 1964년 9월부터는 복간된 《신동아》의 주간, 1965년 12월에는 《동아일보》 주필 겸 이사 자리를 맡는다. 1968년 《신동아》의 '차관' 관련 기사로 필화 사건을 겪으면서 해임되었다가, 1970년 2월에 상근이사로 《동아일보》에 복귀하지만 1971년 12월 박정희정권의 압력으로 타의에 의해 퇴임하면서 언론계와 인연을 끊게 된다. 그와 동시에 이 무렵 민주수호국민협의회를 창립해 재야 민주화운동에 투신한다.

그의 언론관은 민(民)에 충성하고 민의 입장에 서는 언론이어야 한다는 확고한 신념에 기초하고 있다. 그는 《사상계》(1962년 1월호)에 다음과 같이 썼다. "옛날의 언관이나 사관(史官)은 모두 관(官)으로 관에 충성하는 것이었음에 반하여 오늘의 저널리즘은 민(民)으로서 민에 충성하는 것에 근본의 차이가 있다. 민의 입장을 지키지 못하고, 민의 편에 서지 못하는 저널리즘은 아무리 외면상으로 저널리즘의 형태를 갖추었다고 하더라도 이미 저널리즘이 아니다."

1957년 3월, 한국신문편집인협회 결성 때는 신문윤리강령을, 1971년 7월 30일에 채택된 신문윤리실천강령을 모두 천관우가 기초했다.

윤리강령은 모두 '자유'를 우선적으로 채택하고 있다. 민(民)의 편에 서 있는 저널리즘을 위해서는 자유의 확보가 가장 중요하다는 것이다. 1966년 4월에는 한국신문편집인협회 부회장으로 언론통제를 강화하던 정부에 정면으로 맞섰다.《신동아》필화 사건 때는 그 자신이 중앙정보부에 연행되었다가 해임되는 고난을 겪기까지 했다.

1969년에 쓴「연타가스에 중독된 신문」이라는 글은 그가 당시 언론의 상황을 어떻게 보고 있었는지를 잘 알려준다. 이 글은 당시의 언론 상황을 설명하는 글로 자주 인용되는데, "잠든 사이에 스며든 가스에 취하여 비명 한번 질러 보지 못하고 어리둥절하고 있는 상태"가 당시 한국의 신문들이 처하고 있는 상황이라고 했다. 그는 '가스의 독소'는 바로 "자유와 항쟁정신을 잊어버리고 안일하게 나날이 지나가는 것을 합리화시켜 준 사이비의 자율과 사이비의 협조정신"이라고 지적했다. '연탄가스에 중독된 언론'이라는 말이 여기서 나왔다.

천관우가 보는 대기자상은 서양의 볼테르, 중국의 량치차오(양계초), 일본의 도쿠토미, 한국의 장지연과 송진우 같은 인물들이었다. 그는 이들에 대해 "사회에 대한 자신의 사명감이 투철한 기자들이었다. 그러기에 흔히는 당시의 권력과 맞부딪쳐서도 불굴의 용기를 가지고 활동을 계속 전개하는 투사들이었고, 때로는 만인이 싫다고 해도 거침없이 자신의 길을 가는 신념의 인물들이었다"고 말한다. 그 자신이 대기자를 꿈꾸었고, 또한 실제로 그 자신이 당대의 대기자였다.

천관우는 또 기자는 넓기만 할 것이 아니라, 깊은 것도 가질 수 있어야 한다며 이렇게 말했다. "흔히 기자는 깊지는 않더라도 우선 넓어야 한다고들 하지만, 기자도 무언가 하나만은 깊은 것이 좋다." 하루하루 승패를 거는 기자 생활 속에서도 무언가 장기적인 것을 붙들고 있지 않고서는 허전해서 못 견딜 것 같다고 말하기도 했다. 천관우에게 그 '무언가 하나'는 역사였다. 그는 「언관사관(言官史官)」이라는 글에서 "언관이 오늘의 비판을 맡는다면 사관은 내일의 비판을 위해 예비하는 것"이라며, 언론인과 역사가가 다르지 않음을 주장하기도 했다. 그의 언론에 대한 사랑과 언론관은 동아·조선투위에 보낸 그의 글에서도 여실히 나타난다.

비바람이 쳐도 새벽 닭은 운다

천관우는 동아·조선 자유언론투쟁위원회(투위)의 정신적인 지주였다. 해마다 정초가 되면 불광동 천관우의 집에는 이들 동아·조선투위 기자들을 비롯한 민주인사들의 세배객으로 들끓었다. 1978년 3월에는, 동일방직 여성 노동자들의 투쟁을 지지하는 동아투위의 단식농성을 천관우 집에서 했다. 남재희는 이때의 천관우를 가리켜 '성주(城主)'와 같았다고 했다. 이들 언론투위 기자들을 격려했던 글이 그들에게는 엄청난 위안이 되었다.

자유언론투쟁위원회가 1주년을 맞았을 때, 천관우는 "여러분에게 진심으로 경의를 표하는 바입니다"라고 전제하며, "이것은 과거 한동안 언론계에 몸담았었고, 지금은 실제의 언론활동을 못 하고는 있지만 아직도 언론인으로 떳떳이 자처하고 있는 한 선배가 여러분에게 드리는 경의입니다"라고 했다. 그러면서 청초(淸初)의 사상가 고염무(顧炎武)의 「염치(廉恥)」라는 글을 소개했다.

松栢後凋於歲寒　　송백후조어세한
鷄鳴不已於風雨　　계명불이어풍우

송백은 추위가 와도 끝까지 시들지 않고
닭은 비바람이 와도 울 때는 운다.

이 글을 설명하면서 천관우는 다음과 같은 뜻을 전했다. "송백은 엄동설한이 닥쳐와 시드는 수가 있더라도 마지막에야 시들고, 닭은 비바람이 몰아쳐 온다 해서 울 때에 울음을 그치는 일이 없다. 저 햇빛 어두운 날, 모든 사람이 제 정신을 잃어도 그 가운데 홀로 깨어 있는 사람이 왜 없겠는가…… 저 양심을 묻어 두고 세상에 아첨하는 자들이여, 부끄러운 생각이 들지 않는가."

2주년 때는 "仰不愧於天, 俯不怍於人(앙불괴어천 부부작어인: 우러러보아 하늘에 부끄러움이 없고, 굽어보아 사람 앞에 부끄러울 것이 없다)"이라는 맹자의 글을 인용하면서 "옳은 일을 향해 옳게 살아가는 데 떳떳지 못할 까닭이 있을 리 있겠습니까. 여러분이 이제까지 버티고 나온 것도 이 떳떳함이 바탕이 되었던 것으로 압니다. 앞으로 싸워 이겨 나가는 데도 이 떳떳함이 최대의 무기일 것으로 압니다. 사필귀정(事必

歸正)이라고들 합니다. 짧게 보면 정의가 짓눌리고 시들어 보이는 한때가 있기는 하지만, 길게 보면 정의가 결국은 이기는 것이기에 이런 말이 생긴 것이겠지요. 그러나 사필귀정은 기대만이 아니라 의지요 신념이기도 하다고 봅니다"라고 했다. 이 얼마나 위안이 되고, 용기를 주는 말이었던가.

1978년 정초, 천관우는 자신이 아는 언론인들에게 '천인지락락 불여일사지악악(千人之諾諾 不如一士之諤諤)'이라는 글을 써서 연하장으로 보냈다. 천관우에 의하면 이 말은 『사기(史記)』의 '상군열전(商君列傳)'에 나오는 말로, 상앙이 한창 세도를 할 때 조량(趙良)이라는 선비를 만나서 충고 듣기를 원했을 때 그는 이렇게 말했다고 한다. "양의 천 마리 가죽이 한 여우 겨드랑 가죽을 따르지 못하듯이 천 사람의 맹종이 한 선비의 옳은 직언을 따르지 못합니다. 주나라 무왕은 신하들의 직언으로 흥했고, 은나라 주왕은 신하들의 맹종으로 무왕에게 망했습니다. 상군께서 만약 무왕을 그르다고 생각하지 않으신다면 제가 종일토록 직언을 드려도 죄를 주지 않으시리라 믿습니다만, 어떠하신지요?"

이렇게 말을 꺼낸 조량은 상군의 공포정치를 비난하고, 덕을 믿는 자는 흥하고 힘을 믿는 자는 망한다는 옛말을 인용하면서 상군이 살아남을 길은 은퇴밖에 없다고 권고했다. 그러나 상군은 여기에 귀를 기울이지 않다가 다섯 달 만에 모반의 혐의를 입고, 잡혀 죽었다고 한다. 이때 상군은 신분을 감추고 국외로 탈출하려고 관문에 이르러 여관에 하룻밤을 묵으려 하니, 주인이 상군께서 만든 법에는 여행증명이 없는 이를 재우면 벌을 받게 된다면서 거절했다. 결국 그는 자기가 만든 법에 자기가 잡히고 만다.

1970년대 재야 민주화운동의 중심

제3공화국의 헌법 제69조 3항은 "대통령은 1차에 한하여 중임할 수 있다"고 규정하고 있었다. 박정희가 1971년에 실시되는 제7대 대통령 선거에 다시 출마하기 위해서는 이 조항을 고쳐야 했다.

박정희 일당은 1967년의 6·8 선거에서 원내 3분의 2의 개헌선을 확보하기 위해 대대적인 부정선거를 자행했다. 더 나아가서는 개헌에 장애가 되는 사람들을 하나씩 하나씩 제거해 나갔다. 그러고 나서 1968년 12월부터 개헌 논의에 불을 붙이기 시작했다. 마침내 박정희는 1969년 7월 25일, "① 기왕에 거론되고 있는 개헌 문제를 통해 나와 이 정부에 대한 신임을 묻는다. ② 개헌안이 국민투표에서 통과될 때에는 그것이 곧 나와 이 정부에 대한 신임으로 간주한다. ③ 개헌안이 국민투표에서 부결될 때에는 나와 이 정부는 야당이 주장하듯이 국민으로부터 불신임을 받고 있는 것으로 간주하고 나와 이 정부는 즉각 물러난다"라는 내용의 담화를 발표했다. 말하자면 장기집권의 본색을 드러낸 것이다. 당연하게도 그는 개헌안의 국회 통과를 위해 수단과 방법을 가리지 않았다.

이렇게 하여 3선개헌안은 그해 8월 7일 국회에 제출되었고, 9월 9

일에는 국회 본회의에 상정되었다. 당시 야당이었던 신민당 의원들은 즉각 본회의장 농성에 돌입했다. 그러나 9월 14일 일요일 새벽 2시 30분, 3선개헌안은 국회 본회의장이 아닌 국회 제3별관에서 날치기로 통과되었다. 공화당의원들은 제3별관의 뒷문을 통해 들어가서 일렬로 서서 차례로 투표를 했고, 새벽 2시 38분에 개헌안 통과가 선포되었다. 그들은 개헌안에 이어 국민투표법까지 통과시킨 다음 2시 54분, 별관을 빠져나왔다. 이 사실을 뒤늦게 안 신민당의 김상현 의원이 제3별관에 뛰어들었을 때는 이미 상황이 종료된 뒤였다. 이로써 한국의 민주주의는 '돌아오지 않는 다리'를 건너기 시작했다. 국민투표법은 오직 정당의 신고된 집회에서만 찬반논의를 할 수 있도록 하여 국민의 입과 말을 봉쇄했다. 이런 가운데 10월 17일, 개헌안은 77.1%의 투표율과 65.1%의 찬성으로 국민투표를 통해 확정되었다.

3선개헌은 한국 민주주의의 사활이 걸린 문제였기 때문에 대학가를 중심으로 광범한 반대투쟁이 전개되었고, 사태의 심각성을 깨달은 재야와 야당이 7월 17일 제헌절에 '3선개헌반대 범국민투쟁위원회'를 결성했다. 위원장은 기독교계의 김재준, 윤보선, 유진오, 함석헌, 이재학, 박순천, 장택상, 이희승, 김상돈, 정화암, 임영창 등이 고문으로 추대되었다.

범국민적인 투쟁기구를 표방했으나, 하부조직은 신민당의 지방조직이 담당했다. 한일협정반대투쟁 이후 야당과 재야가 결합해 공동투쟁에 나선 것은 이것이 처음이었다. 그러나 3선개헌반대투쟁은 결국 성공하지 못했다.

1971년 4월 27일, 대통령 선거일이 다가오면서 재야 쪽은 이대로는 가만있을 수 없었다. 3월 20일부터 이병린과 천관우 등은 '민주수호국민협의회(민수협)' 결성 준비에 착수해, 30일에는 YMCA 회의실에서 발족시킬 것을 결의했다. 민수협 준비 과정은 이병린과 천관우가 맡았다. 4월 8일, YMCA 8층 회의실에서 준비모임을 개최해(46명 서명에 25명 참석) 양대 선거(4월 27일의 대통령 선거와 5월 25일의 국회의원 선거)가 민주적이고 공명정대하게 치러질 수 있도록 하기 위해 범국민운동을 전개할 것을 발의했다.

4월 19일 발족된 민주수호국민협의회는 김재준, 이병린, 천관우를 3인 대표위원으로 선임하고, 결의문에서 국민들에게 "민주적 질서가 파괴되는 현실을 직시하고, 이를 회복하기 위한 국민적 궐기"를 촉구했다. 그러면서 특히 양대 선거가 민주헌정사의 분수령임을 강조하고, 국민들에게 권력의 탄압에 굴하거나 기타 금전적인 유혹에 넘어가지 말고, 신성한 주권을 공명정대하게 행사해 줄 것을 호소했다. 민주수호를 위한 공명선거에 초점을 맞추어 출범한 것이다. 재야 민주화투쟁의 중심에 언론인 출신의 천관우가 등장하기 시작한 것이 바로 민주수호국민협의회를 통해서였다. 그는 바로 대표위원에 선임되었으며, 민수협의 크고 작은 문건을 손수 작성하거나 감수했다.

야당인 신민당의 대통령 후보 김대중은 평화통일을 위한 남북교류 실시, 미 · 일 · 중 · 소 4대국의 한반도 평화보장, 자립경제와 빈부격차 완화를 지향하는 대중경제론의 제창 등 새로운 공약들을 제시하며 국민들의 관심을 크게 모았다. '40대기수론'을 맨 먼저 제창했던 김영삼과 김대중의 후보경선 과정부터가 국민적 관심을 모았다. 1차 투표에서는 이기고 2차 투표에서는 패배한 김영삼이 경선결과에 깨끗이 승복, 김대중 당선을 위해 솔선수범한 것도 한몫을 했다. 김대중은 이러한 기세에다 선명한 의제 선점으로 박정희와 호각지세를 이루어 나갔다.

이러한 흐름을 타고, 민수협에 이어 민주수호청년협의회, 민주수호기독청년협의회도 결성되었다. 민주수호청년협의회는 4·19와 6·3에 참여했던 소장청년들이 중심이 되었고, 민주수호기독청년협의회는 기독교 관련 3개 청년단체들이 결합해 만든 조직이었다. 대통령 선거 바로 직전까지 대구, 전주, 광주, 천안 등지에 민수협의 지역협의회가 결성되었다. 민수협은 특정 정당이나 특정 인사 지지를 엄격히 배제하며, 오직 민주주의 수호를 위한 공명선거 달성에 초점을 맞추어 선거 참관인단 구성과 파견에 심혈을 기울였다. 그러나 선거 경험이 없는 참관인 파견으로 공명선거를 담보하기에는 역부족이었다. 1971년 4월 27일 치러진 제7대 대통령 선거 결과 박정희는 53.2%, 김대중은 45.3%의 득표율로 90여 만 표 앞선 박정희가 당선되었다. 아마도 관권이 개입할 수 없는 엄정한 선거였다면 김대중이 승리할 수도 있었을 것이다. 박정희는 이 선거를 치르면서, 국민의 직접투표로는 자신이 더 이상 대통령에 당선될 수 없다는 사실을 절감했을 것이다. 실제로 박정희는 이 때문에 10월 유신을 획책하게 된다.

4월 30일, 민주수호국민협의회는 대통령 선거에 대한 성명을 발표하고, 4·27 선거가 "유례가 드물 만큼 행정조직과 금력에 의해 지능적으로 치밀하게 계획된, 원천적 부정의 토대 위에서 실시된 선거"라고 평가했다. 청년단체들의 보고나 평가도 마찬가지였다. 이들 청년단체와 학생들은 대통령 선거가 원천적 부정선거로 끝난 이상, 5월 25일의 국회의원 총선에 참여하는 것은 공화당정권의 들러리가 될 뿐이라고 판단하고, 총선 참여를 거부할 것을 강력히 주창했다. 그것은 민수협도 마찬가지였다.

그러나 5월 1일과 3일, 각 정당 대표가 참석한 간담회를 두 차례 열었지만, 제1야당인 신민당은 국회의원 선거를 거부하는 데 반대했을 뿐만 아니라 서명도 거부했다. 재야의 길과 야당의 길이 갈린 것이다. 결국 5·25 국회의원 총선거에서 국민은 야당인 신민당에 표를 몰아주어 박정희의 1당독재에 대한 견제의지를 표출했다. 박정희의 공화당이 48.8%, 신민당이 44.4%의 표를 얻었다. 공화당은 이 선거에서 3분의 2의 개헌선을 획득하는 데에 실패했다.

3선은 가까스로 달성했지만 더 이상의 집권은 어렵다고 판단한 박정희는 영구집권을 위한 유신을 향해 한발 한발 나아가고 있었다. 1971년 10월 15일 서울 일원에 위수령이, 12월 6일에는 국가비상사태가 선포되었다. 12월 27일에는 국가보위법이 국회에서 통과되었다. 모든 정부 시책은 국가안보를 최우선으로 하고, 안보상 취약점이 될 사회불안 요소를 철저히 배제한다는 명분으로 국민에게 선전포고를 한 것이었다. 이와 비례해서 탄압은 더욱 가중되었고, 민수협의 활동은 점점 위축될 수밖에 없었다. 민수협의 두 축이라 할 천관우와 이병린에게는 언제나 정보과 형사가 붙어 다녔고, 미행과 연금은 다반사였다.

1972년 4월 19일, 마지막 몸부림으로 민수협은 정기총회에서 기왕의 공동대표 3인 외에, 미국에서 귀국한 함석헌을 역시 공동대표로 합류시키고, 운영위원 11명을 선출하면서 "비상사태 선언은 자유와 민주주의를 저해하는 것임이 이제 분명히 드러났으므로 하루속히 철폐하고 특별조치법 등 관계 법령을 속히 폐기하라"는 성명을 발표한다. 그러나 정국은 10월 유신을 향해 치닫고 있었다. 드디어 1972년 10월 17일, 국회 해산과 더불어 비상계엄이 선포되는 유신정변이 일어나면서 민수협의 활동은 철저하게 탄압, 봉쇄되기 시작했다.

1973년 11월 5일, 대학가의 반유신투쟁이 일고 있는 것과 때를 같이하여, 천관우, 이병린을 비롯한 재야 15인이 YMCA에서 유신철폐를 주장하는 성명을 발표했다. 비록 민수협의 이름이 아니라 연명으로 했지만, 사실상 민수협이 주도했다. 그리고 민수협의 활동은 그 대부분이 천관우가 주도했다. 3인 또는 4인 대표 시절에도 언제나 그 중심은 천관우였다. 탄압이 가중되면서는 천관우 혼자서 그 민수협을 떠받치고, 또 지켰다. 당시는 등사판 유인물로 성명을 발표했는데, 어떤 때는 원지를 긁어 성명서를 발표하는 일도 천관우 혼자서 했다. 타고난 글 솜씨에 달필의 필적으로 된 성명서를 작성한 것도 여러 번이었다. 이호철에 의하면, 1974년 8월 20일에, 천관우 단독으로 민주회복을 절규하는 성명을 민수협 이름으로 냈다고 한다. 그것이 바로 민수협의 장렬한 끝이었다.

1970년대 초반, 이 나라 재야 민주화운동의 명맥을 이어 온 이가 천관우였다. 그는 혼자서 재야 민주화운동의 기둥을 떠받쳤다. 민주수호협의회는 1974년 말에서 1975년 초에 출범한 재야 민주화운동의 구심체 민주회복국민회의로 자연스럽게 연결되었다.

역사학자, 그리고 인간 천관우

천관우는 1926년 충청북도 청풍에서 비교적 유복하게 태어났다. 9살 때 글씨 잘 쓰는 소년으로 《동아일보》에 소개될 만큼 신동으로 알려졌다. 이미 5살 때부터 책을 읽기 시작했다고 한다. 언젠가 남재희는 내게 청주고등학교가 낳은 3대 천재를 꼽는데, 천관우를 맨 앞에 세우고, 그 뒤에 민기식과 김종오를 들었다. 그때 나는 김종오 대신 남재희가 들어가야 한다고 생각한 적이 있다.

해방 전 천관우는 일본의 어느 대학에 응시했다가 신체검사에서 떨어져 경성제대 예과에 들어갔다가, 해방과 동시에 서울대학교 사학과에 편입했다. 한운사에 의하면, 경성제대가 제국의 굴레에서 벗어났을 때, 경성제대 예과의 학생가를 천관우가 지었다고 한다(《국민일보》, 2004년 2월 26일자). 3절로 되어 있는데 그 내용은 이렇다.

> 한 가람 흘러 흘러 / 비진 터 기름지니 / 삼천리 밝은 정기
>
> 엉킬 곳이 예로다 / 태백에 밤이 새여 / 봉은 바람을 치니
>
> 아! 온 누리 건질 / 경성대학 예과

10만억도 머다할까 / 진리의 길손 우리 / 청자에 잠긴 슬기
가난한 맘에 품고 / 유유히 천지간에 / 생각하여 예리니
아! 생명수 찾는 / 경성대학 예과

사나이 의로 뭉쳐 / 의기에 느꼈으니 / 거칠 것 있을소냐
청춘의 잔채로다 / 화랑의 불타는 혼 / 질고(質古)히 피었으니
아! 자유에 사는 / 경성대학 예과

서울대 사학과를 졸업할 때의 학사 학위 논문이 「반계 유형원 연구」였는데, 당시 사학계의 태두였던 이병로 박사가 "실학 연구의 방향을 제시한 군계일학 같은 업적"이라고 할 만큼, 두고두고 학계의 주목을 받았다. 1950년대 이후 해방 후 한국 역사학계의 대표적인 저작이라 할 『한국사』(진단학회 편) 근세편은 사실상 천관우가 썼다는 설이 있다(이호철, 《예술원논문집》 제41집). 천관우는 특히 한학(漢學)에 밝았는데, 해방 정국의 와중에서 벽초 홍명희의 아들, 대산 홍기문의 돈화문 집에 드나들면서 오직 한문과 역사 공부에만 몰두한 덕분이었다고 한다. 그는 역사학자로서도 많은 저술을 남겼는데, 『한국사의 재발견』(1974), 『한국 상고사의 쟁점』(1975), 『근세 조선사 연구』(1979), 『인물로 본 한국 고대사』(1982), 『고조선사, 삼한사 연구』(1989), 『가야사 연구』(1991), 『대한민국 건국사』(2004) 등이 있다.

부인 최정옥 여사에 따르면, 천관우가 "죽은 후 1년 내에 글과 스크랩해 놓은 것을 출판해 달라"면서 남긴 유고가 역사와 관련된 것만 큰

종이 상자로 4개가 넘었다고 한다. 천관우가 언론인으로 쓴 2권 분량의 스크랩북이 있었는데, 그것을 보관했던 사람이 잃어버렸다고 한다. 그의 사학과 언론 관계 글을 있는 대로 찾아내 전집으로 정리하는 일은 이제 남아 있는 사람들의 몫이 되고 말았다.

천관우의 기개를 보여 주는 일화가 하나 있는데, 이호철이 그에게서 들은 이야기는 다음과 같다. 그가 《조선일보》 편집국장이었을 때, 사장실에서 대통령 이승만이 지은 한시 한 수를 신문에 실으라고 내려 보냈다. 한글로 번역한 사람은 노산 이은상이었다. 천관우는 즉시 사직서를 써서 사장실로 올려 보냈다. 결국 천관우는 사장실로 불려 올라갔고, 쾅하고 사장실 문을 열고 들어서자마자 그 크고 우렁찬 목소리로 소리소리 질러 댔다. 사장이 편집국장 몫까지 하려고 든다면 편집국장은 필요가 없으니 오늘부로 물러나겠다고 하면서. 결국 이 일은 유야무야되었다.

천관우의 엄청난 주량 역시 장안의 화제였다. 신문사 시절, 그는 점심 때 반주를 곁들이는데, 보통 소주 2병을 마셨다. 그는 고급 술보다는 소주나 배갈 같은 흔한 술을 좋아했다. 어쩌다 들어온 고급 양주는 부인이 시장에 나가 소주와 바꿔 왔다. 그 술로 찾아오는 손님을 접대했다. 1970년대에는 동아투위 사람들이 와서 매일 술과 함께 계란 한 판씩을 먹고 가기도 했다. 2004년 《한국일보》 기사에 따르면, 부인은 현재 동사무소에서 나오는 월 30만 원의 생활비로 의식주를 해결한다고 한다. 일본에 살고 있는 수양딸이 사업에 실패해 유일한 재산이었던 집이 다른 사람의 손으로 넘어갔기 때문이다.

천관우의 아호는 후석(後石)이다. 생전에 해마다 일석(一石) 이희승 선생 댁에는 세배를 다녔고, 천관우가 평소 그를 존경했던 것으로 보아, 일석에서 글자 하나를 빌렸을 것이라는 것이 남재희의 추측이다. 천관우는 거구에 호방하면서도 지나치게 노여움을 많이 타는 섬세한 일면도 가지고 있었다. 그는 민주화운동을 하면서도 정치인과 한패로 어울리거나 한패로 몰리는 것을 지나치리만큼 경계했다. 장준하가 정치를 할 때는 그가 민주수호국민협의회에 참여하는 것조차 몹시 꺼렸다. 그만큼 개결한 성품을 가지고 있었다. 발표하는 문장을 두고서도 구석구석 단어 하나까지 철저하게 챙겼다. 따라서 좋아하는 사람과 싫어하는 사람이 분명했다. 이러한 천관우를 보면서 나는 한때 대지약우(大智若愚)라는 말이 그를 두고 한 말이 아닐까 싶었던 일도 있었다. 그의 글씨는 펜으로 쓰면 달필이었고, 붓으로 쓰면 명필이었다. 그의 글씨 한 점을 생전에 챙겨 놓지 못한 것이 두고두고 후회스럽다.

어쨌든 그는 너무 빨리 잊혀 갔고, 그가 밟고 간 족적마저 제대로 조명되거나 평가받지 못하고 있다. 그에 대한 올바른 평가와 조명이 지금쯤은 이루어져야 하지 않을까. 그 걸걸한 목소리하며 거구에서 우러나오는 호탕함, 그리고 체구에 어울리지 않게 섬세했던 모습이 지금도 눈에 선하다.

8

우리 시대의 의협(義俠)

박윤배

내가 민주화의 길고 험난했던 30여 년 역정에서 만났던 사람들 가운데서도 내가 꼭 이야기하고 싶은 사람이 셋이다. 이들의 이야기, 특히 나와 관련한 것들은 나만이 알 뿐만 아니라 내가 아니면 쓸 사람이 없다고 믿었기 때문이다. 더 뜸들이지 않고 그 세 사람을 말한다면 박윤배(1935~88), 전병용, 박중기가 바로 그들이다.

세월은 덧없이 흘러가는 데다 남겨진 자료는 없고, 기억은 날이 갈수록 희미해져, 이렇게 하다가는 끝내 못 쓰고 말 것 같은 예감이 들 때도 있었다. 차일피일 미루다 전병용과 박중기는 미흡한 채로나마 썼다. 쓰면서도 그것이 몇 년도였더라 정도가 아니라, 1970년대였던 것 같기도 하고 1980년대였던 것 같기도 한 그런 엄청난 착각과 혼란도 있었다. 언젠가 기회가 된다면 새로운 기록이나 자료, 그리고 기억을 되찾아 보완하고 싶다.

박윤배 편을 쓰기에는 그가 펼치고 보듬은 일이 무척이나 많았고, 그가 드리운 그늘이 매우 진하고 컸기 때문에, 그를 함부로 말하기가 조심스러울 수밖에 없었다. 또한 그와 1970년대 초부터 만나기 시작해, 그 만남은 만년에까지 계속되었고, 또 한 번도 허투루 만난 적이 없었는데, 이제는 그때 만났던 사연이 아리송하고 연대와 순서마저 희미해진 것도 차마 엄두를 내지 못하게 했다. 그래서 나는 지금도 그를 말하기가 두렵고 조심스럽다. 내가 지금 그에 관해 쓴다면 그 역시 단편적일 수밖에 없는 것도 그의 이야기를 쓰기 어렵게 만들고 있다.

살아생전에는 그가 끝까지 나한테 말을 놓지 않았고, 나도 그를 '형님'이라고 부르고 싶었지만 끝내 그 말을 못한 채 그는 이 세상을 떠나 버리고 말았다. 아마도 내가 그 말을 했다면 그는 내 청을 받아줬을 것이다. 그것보다 훨씬 어렵고 힘든 일을 청해도 그는 너무 쉽게 들어줬으니까. 내가 청하거나 상의하는 일을 그는 한 번도 거부하거나 난색을 표한 적이 없었다. 그리고 어렵게 하나의 일이 성취되거나 마무리되었을 때는 '멋져!'라는 말로 우리는 자축했다.

뒤늦게나마 이쯤에서 그의 이야기를 쓰기로 마음먹게 된 것은 최근 들어 그에 관한 이야기가 조금씩이나마 나오고 있기 때문이다. 그분들의 이야기가 크게 새로울 것은 없다. 그러나 대개는 친구 사이로 말하는 이의 주관이 너무 많이 개입되어 박윤배라는 인물을 객관화하기 어렵게 하는 측면이 있는 것도 사실이다. 그렇지만 이 세상에 없는 그를 끌어내어 새롭게 평가하고 되새기는 일은 분명 반가운 일이다.

2014년 1월 4일자 《한겨레》에 채현국의 인터뷰 기사가 나가면서, 그에 대한 관심이 높아지고, 그에 관한 책이 두 권[『풍운아 채현국』(피플파워, 2015), 『쓴 맛이 사는 맛』(비아북, 2015)]이나 나왔다. 이들 책에 박윤배 이야기가 자주 나온다. 그 가운데 일절은 이렇게 되어 있다.

> "내 입으로 말하기에는 멋쩍은 이야기지만 흥국탄광이 한창 잘나가던 시절에 그곳은 민주화운동 인사들의 아지트이기도 했다. 당시 시국 사건에 연루돼 쫓기던 인사들 가운데 적잖은 사람들이 이곳에서 몸을 피했다. 창구는 노계광업소 박윤배 소장과 나의 초중고등학교 동창인 이선휘 노무과장이었다"(『쓴 맛이 사는 맛』, 170쪽).

박윤배라는 사람의 존재와 역할을 세상에 맨 처음 알린 사람은 내가 알기로 그의 친구 언론인 임재경이다. 그는 《한겨레》에 연재한 글에서 박윤배를 '호협'이라고 여러 차례 소개했다. 대저 그의 사람됨을 아는 데는 임재경의 편편록이 참고가 될 것이라 생각되어 우선 여기에 인용하고자 한다.

> "또 하나 빼놓을 수 없는 인물은 박윤배(1935~1988), 6·25 전쟁 중 대구 피난연합중학교 동급생인 김상기, 채현국의 소개로 알게 됐는데, 그는 타계하는 날까지 내가 어려움을 당할 때마다 실의하지 않도록 격려하고 도움을 준 친구다. 그의 고등학교 1년 후배인 홍성우

변호사는 언젠가 '호협인간' 박윤배의 일면을 '경기고등학교에서 알아주는 주먹'으로 표현했다. 하지만 박윤배는 세상에서 흔히 말하는 의협과는 전혀 다른 타입으로 홍명희의 『임꺽정』과 『삼국지』, 『수호지』의 주요 장면들을 적절하게 구사하는 것은 그의 장기 가운데서는 아주 약과다. 주변에 내로라하는 독서가가 적지 않으나 클라우제비츠(Karl Clausewiz, 1780~1831)의 『전쟁론』을 읽은 사람은 박윤배 하나뿐이었다."

이 밖에도 채현국, 박윤배와 1950년대 대구전시연합학교에서 만나 이제까지 그들을 지켜본 서립규가 쓴 『창조적인 독설가, '마다리' 채현국』이라는 글에도 박윤배의 이야기가 나온다. 임재경의 회고록, 채현국에 관한 책, 그리고 서립규의 글에는 이들 대구 피난민연합중학교 이래 꾸준히 우정을 유지하고 있는 사람들의 이야기가 많이 나온다. 이들은 각자 자신이 처한 상황과 입지에서 서로 돕고 협력하며 정보를 교환하면서 민주화투쟁의 과정에서 보이지 않는 역할을 나름대로 한다.

정전세대(停戰世代)라 할 이들의 아름답고 오랜 우정은 부럽기 짝이 없다. 각기 초등학교, 피난민연합중학교, 중 · 고등학교, 대학교 동문들로 만나 친구가 된 이들이 함께 서로 어울어져 하나의 그룹을 형성했던 것이다.

그 면면들은 흥국탄광의 채현국, 박윤배, 이선휘 외에 임재경(전 《한겨레》 부사장), 백낙청(창비 발행인 겸 전 서울대 교수), 김상기(전 일리

노이 대학 철학 교수), 이계익(전 교통부장관), 황명걸(시인), 한남철(소설가, 작고), 이종구(전 《조선일보》 정치부 차장)이고, 여기에 이종찬(전 국정원장), 김재익(전 청와대 경제수석, 작고), 서립규(회사 경영) 등이 그때그때 가세하여 이야기를 엮어 간다. 이들의 관계는 서립규의 말대로 때로는 서로 갈등, 반목, 불신이 섞여 있었지만, 총체적으로 협력하고 도우면서 어려운 시대를 헤쳐 나오는 데 각기 제 역할을 수행했다.

《동아일보》 기자들의 자유언론실천선언

내가 박윤배한테 처음 들은 이야기 가운데, 1968년 11월, 《신동아》 12월호에 실린 '차관(借款)'이란 글과 관련해서 기자 5명과 필자 2명(김진배, 박창래), 그리고 마침내는 주필 천관우가 중앙정보부에 연행되었을 때, 자신이 중앙정보부에 있는 친구인 이종찬에게 연락해서 구속되지 않도록 나름대로 노력한 것이 주효했다면서 이종찬을 우호적으로 언급했던 기억이 있다. 그때 동아일보사는 중앙정보부와 타협 끝에 전면적인 인사개편을 단행하면서 천관우를 축출하는 것으로 끝냈다. 중앙정보부의 최종 목표 역시 천관우를 언론계에서 추방하는 것이었다. 이후 천관우는 민주수호국민협의회를 결성, 주도하는 등 재야 민주화투쟁의 구심점으로 활동하게 된다.

그리고 지금도 확실하게 기억되는 것은 1974년 10월 24일, 《동아일보》 기자들의 '자유언론실천선언'이다. 그때 박윤배는 자신의 친구

이계익이 이 선언을 비밀리에 추진하고 있다면서 자기가 그것을 뒤에서 밑받침하고 있다는 이야기를 했다. 한때 이계익은 상공부 출입을 하면서 경제부 민완기자로 필명을 날렸는데, 어느 날 갑자기 조사부로 발령이 났다. 그 무렵 회사 측의 기사 작성에 대한 간섭과, 중앙정보부 등 외부기관의 언론에 대한 영향력 행사에 대항하기 위해, 기자들은 언론노조를 결성하고 또 기자협회 분회조직을 구성해, 그에 대처하는 노력을 구체화하고 있었다. 기자협회 동아일보 분회 집행부는 10월 22일 구성되었다. 집행부가 아니었던 이계익은 집행부 첫 모임 때 있었던 자유언론실천선언 논의에 참석하면서부터 선언문 초안 작성, 등사기 일습의 확보, 유인, 배포하는 일을 스스로 떠맡았는데, 그 모든 비용은 박윤배가 댔다.

이계익은 스스로 작성한 초안을 23일 집행부가 확인하기 전에 이미 혼자 등사원지를 긁어 300장 넘게 등사까지 완료했다. 기자협회 분회 집행부는 뒤에 만장일치로 이계익이 쓴 선언문을 추인했고, 200장을 더 유인(油印)하려 했으나, 등사용지가 찢어져 겨우 150장을 더 유인하는 데 그쳤다. 이계익은 또 〈자유언론실천선언, 동아일보 기자 일동〉이라는 대형 붓글씨를 스스로 써 족자로 만들었다.

이것을 10월 24일 편집국 사회부장석 뒤쪽 기둥에 걸고 자유언론실천선언을 낭독했는데, 이를 기자협회 동아일보 분회의 공식 결의로 채택함으로써 이 족자는 역사적인 사진으로 남아 있다. 선언문은 다음과 같다.

"…… 우리는 자유언론에 역행하는 어떠한 압력에도 굴하지 않고 자유민주사회 존립의 기본요건인 자유언론실천에 모든 노력을 다할 것을 선언하며, 우리의 뜨거운 심장을 모아 다음과 같이 결의한다.

하나, 신문 · 방송 · 잡지에 대한 어떠한 외부간섭도 우리의 일치된 단결로 강력하게 배제한다.

하나, 기관원의 출입을 엄격히 거부한다.

하나, 언론인의 불법연행을 거부한다. 만약 어떤 명목으로라도 불법연행이 자행된다면 그가 귀사할 때까지 퇴근하지 않는다."

이날 총회에서 누군가가 우리끼리 모여 선언만 한다면 무엇하는가, 이번에야말로 선언내용을 실천한다는 우리의 결의를 대내외에 밝힌다는 뜻에서 오늘 이 모임이 열렸다는 사실과, 선언문 전문을 신문과 방송에 보도하고 실천하도록 하자는 제의를 하자 총회는 이를 박수로 채택했다. 또 누군가가 회사에서 거부할 수도 있으니 보도가 나올 때까지 제작을 보류할 것을 결의하자고 제안하자 이 역시 박수로 채택했다.

이에 따라 25일 새벽 1시에 제작되어 나온 《동아일보》에는 자유언론실천선언 전문과 기자총회 관련 기사가 1면 3단으로 보도되었고, 현관에는 기자협회 동아일보 분회의 이름으로 "기관원 출입금지"라는 경고문이 나붙었다. 그 후 자유언론실천선언에 앞장섰던 사원들이 다음 해인 1975년 3월 17일 새벽에 회사에서 쫓겨나기까지 144일간 일체의 기관원들이 회사 안으로 들어올 수 없었다.

《동아일보》 기자들의 자유언론실천선언은 전 언론계로 확산되어, 자유언론의 불길이 중앙과 지방의 언론사에서 요원의 불길처럼 타올랐다. 유신체제하에서 최초로 반짝, 햇볕이 눈부셨던 시간이었다. 그러나 확신하건대, 자유언론실천선언의 배후에 박윤배가 있었다는 사실을 아는 사람은 내가 알기로는 거의 없다. 나는 그때 자유언론실천선언 전후의 과정을 박윤배한테서 날마다 생방송으로 들었다. 박윤배는 유신체제의 그 엄혹함 속에서 그 일을 자신과 자신의 친구 이계익이 하고 있다는 사실에 엄청난 자부심을 가지고 있었다.

김지하 구명운동

내가 박윤배를 민주화운동과 관련해서 본격적으로 만나기 시작한 것은 1974년 민청학련 사건이 터지고 나서였다. 1974년 4월 민청학련 사건에 김지하가 연루되어 구속되었다. 그리고 당국의 발표에 의하면 그는 지학순 주교에게서 상당한 액수의 자금을 받아 4 · 19 혁명과 같은 시위를 전국적으로 일으키도록 민청학련 지도부에 전달한 민청학련 배후의 중심인물로 부각되어 있었다. 김지하가 구속되자 박윤배는 그를 구명하는 데 나를 호출했다.

김지하에게 변호인을 선임하는 문제가 제기되었고, 변호인은 이선휘를 통해 강신옥이 맡기로 하고, 그에 필요한 비용은 박윤배가 부담하기로 했다. 강신옥 변호사를 처음 만나던 날, 꽤 여러 사람이 어울렸다. 리영희, 백낙청, 이선휘, 임재경(그때 박윤배가 그 자리에 있었는지는 확실히 기억이 나지 않는다), 그리고 나. 우리는 변호사 사무실이 있던 무교동에서 1차를 하고, 강신옥의 제의에 따라 서교동 그의 집으로 갔다.

그때 서교동 일대는 아직 미개발 상태로 대부분 공지(空地) 또는 밭이었고, 그 한쪽에는 강신옥의 2층집이 있었다. 지금 생각하면 하나도 고급스럽지 않은 그렇고 그런 개인주택이었고, 2층 서재에서는 오디오 전축이 무슨 성가를 소리 내고 있었을 뿐이다. 그런데 칼칼한 성미의 리영희가 이런 부르주아 집에 더 있기 싫다며 집을 뛰쳐나와 첫 만남에 모두가 그게 당황했던 기억이 지금도 생생하다.

그 이듬해 2월, 김지하는 형집행정지로 석방되었지만, 그로부터 23일 뒤인 3월 13일, 이제는 반공법 위반으로 다시 구속되었다. 출소 뒤 《동아일보》에 연재한 「苦行(고행)… 1974」에서 "인혁당 사건은 조작되었다"는 내용의 글이 문제가 된 것이다. 그러나 이때 유신당국의 김지하에 대한 처우는 바로 얼마 전과는 판이했다. 일체의 가족 면회와 도서 차입이 금지되고, 당시로서는 초유인 TV 감시망을 설치하는가 하면, 「김지하 반공법 위반 사건의 진상」이라는 이름의 노란 표지 책자를 발간해 국내뿐만 아니라 국외에도 뿌리는 등, 본인은 물론 밖에서도 정권의 살기를 느끼기에 충분했다. 설상가상으로 공소장 변경을 통해 그에게 최고 사형까지 할 수 있다는 법조문까지 추가했다. 어쩌면 김지하의 신상에 진짜 무슨 일이 일어나는 것은 아닌지 긴장하지 않을 수 없는 상황이었다.

이때 만난 박윤배는 그답지 않은 신중한 모습으로 "나, 김지하 죽는 꼴은 못 본다. 어떻게 하든 김지하를 살려 내자. 최악의 경우 파옥이라도 해서 꺼내야 한다"면서, 흥국탄광 퇴직금으로 받은 돈에서 남은 것이라며 50만 원을 내놓았다. 나는 그때 "박윤배가 진심으로 김지하를 사랑하는구나!" 하는 진한 느낌을 받았다. 아마 그 이후 김지하 사건의 진행사항을 나는 박윤배에게 보고했고, 그때마다 그에게서 위안과 격려를 받았다. 그의 성원은 김지하 구명운동을 하는 데 밑바탕이 되었다.

박윤배와 김지하는 어떻게 만났을까. 김지하는 그의 회고록 『흰 그늘의 길』에서 '윤배 형님'을 이렇게 그리고 있다.

"전학련 사건(1970년대 초, 조영래, 장기표 등이 조직하려 했던)은 천천히 그 조사범위를 확대하고 있었다. 창작과비평의 지원자이기도 한 흥국탄광의 채현국 선배가 자기의 경기고등학교 동기동창인 이종찬 선배와 내 문제를 의논한 모양이었다. 육군사관학교를 졸업하고 현역 장교로서 당시 중앙정보부 보좌관으로 있던 이 선배가 채 선배에게 김 아무개가 위험하니 피하게 하라고 귀띔한 모양이었다. 내게 기별이 왔고 나는 그 고마운 기별대로 몸을 피했다. 강원도 태백산맥 자락의 도계에 있는 흥국탄광에 가 숨으라는 거였다. 나는 바로 중앙선 열차를 탔다. 도계를 향한 여행이었다.

역사란 항용 드러난 것보다 감추어진 채 잊히는 것이 더 크고 많은 법이다. 우리의 민주화운동도 마찬가지여서 너무도 많은 부분이 잊히고 묻혔다. 그 묻혀 버린 민중의 큰 삶 속에 채현국 선배, 이종찬 선배와 함께 바로 박윤배 형님의 생애가 포함되어 있다.……

험준한 태백산맥 도계역에서 형님과 나는 처음 상면했다. 꼭 흰 눈 덮인 태백산맥 같았다. 다부지고 우람한 거구에 날카롭고 꿰뚫는 듯한 흰 눈빛, 가히 큰 두목감이었다. 거기 홍국탄광에 두세 달가량 머물면서 탄광의 끝자리인 시커먼 막장에도 들어가 보고 광부들의 고달프고 위태로운 삶도 차차 알게 되었다. 그때 우리는 형님이 소장으로 있던 홍국탄광 광업소에 먼저 자그마한 개량주의적 노조를 하나 만들고, 그곳을 거점으로 해서 홍국의 자금과 형님의 보호 아래 강원도 태배산맥 일대의 탄광지대 노동자들을 서서히 조직하기로 결정을 보았고, 내가 돌아가는 즉시 그 일을 맡아 할 적임자를 찾아 보내기로 약속했다.

그런데 떠나기 바로 전날 밤에 열린 송별연에서 사달이 났다. 거친 광부들과 어울려 독한 막소주와 허연 돼지비계를 마구 퍼먹고 잔뜩 취한 중에 어찌 된 사연인지는 모르나 형님이 광부 몇 사람을 주먹으로 냅다 두들겨 패고 있는 광경을 목격한 것이다. 범장달 같은 광부 서너 사람을 혼자 마구 거꾸러뜨리는 것을 보며 말린답시고 뛰어든 내 입에서 형님에게 내뱉은 외마디가 이것이었다.

'에잇, 부르주아의 앞잡이!'

아마도 밤 열 시경부터 이튿날 새벽 두 시경까지였을까, 웃통을 벗어 붙인 채 나는 형님에게 내내 두들겨 맞아야 했다. 거꾸러지면 일으켜 세우고, 거꾸러지면 다시 일으켜 세우면서 또 패고, 또 패고…….

'한낮 지식인 나부랭이가 이 지옥 한 복판에서 뭘 안다고 주둥이를 나불거려?'

…… 사람들이 모르는, 나와 동료들의 적지 않은 활동자금이 형님에게서 계속 나왔고, 돈보다 더 중요한 정보부나 청와대 쪽의 동정이 이종찬 선배로부터 형님을 거쳐 나와 동료들과 후배들에게 전달되었으며 형님은 또 귀한 일꾼들을 내게 소개하거나 내 쪽의 좋은 아우들을 수도 없이 숨겨 주거나 일을 통해 단단한 투사로 단련시켰다.……

윤배 형님! 흰 눈 덮인 태백산맥처럼 크고 우람한 윤배 형님! 나의 진정한 형님!"

리영희의 마지막 작품이라 할 『대화』에는 김지하와 리영희, 그리고 박윤배의 관계를 잘 알게 해 주는 일화 하나가 나와 있다. 또 박윤배가 얼마나 많은 사람들에게 도움을 주고 있었는지를 우리는 여기서 알 수 있다.

"민청학련 사건 직전에 지하는 흑산도로 영화를 만들러 갔어. 그런데 무엇 때문인지 그 섬에까지 경찰의 추적망이 좁혀 들었던 모양이야. 어느 날 제기동 내 집에 전보가 한 장 배달됐는데 발신지가 흑산도로 돼 있더라고. 급히 여비가 필요하니 ○○여관으로 5만 원을 전보 송금으로 보내 달라는 지하의 다급한 청이었어.…… 그때 우리처럼 어려운 사람들을 도와주거나 비호해 주는 박윤배라는 분이 있었어요. 강원도에 있는 흥국탄광의 현장책임자였지. 이 광산은 내가 많은 신세를 진 채현국이라는 분의 부친이 운영하던 광산이야.…… 지하의 전보를 받아가지고 지정된 여관으로 송금했어요. 채현국이나 박윤배도 다 김지하와 친근한 사이였으니까. 그렇게 송금을 하고 김지하의 안전한 탈출을 기원하고 있던 나는 다음 날, 그가 흑산도에서 나와 목포부두에 상륙하려는 순간 경찰에 연행됐다는 소식을 들었어. 앞이 캄캄해지더구만."

흥국탄광의 사람들: 채현국과 이선휘

채현국의 연표에 따르면, 흥국탄광은 그의 아버지 채기엽(1907~88)이 1953년에 설립했다고 한다. 아버지 채기엽은 그를 아는 이들에게는 전설적인 인물이다. 1938년 상하이로 건너가 방직공장을 운영하면서 독립투사들을 지원하기도 했다. 소설가 이병주는, 그에게 신세를 진 한국인이 수백 명은 넘을 것이라고 한다. 귀국 후에는 잠시 무역업에 종사하다가 조선업 등을 거쳐 탄광에 손을 대기 시작했다.

1956년에 강원도 삼척군 도계, 정선군 사북 일대의 탄맥을 개발해 일약 굴지의 광업가로 부각되었다. 교육에도 관심을 기울여 존재가 희미하던 해인대학(海印大學)을 인수해 뒷날 경남대학교로 발전하는 큰 기틀을 마련했고, 경남 양산군 웅산면에 있는 6학급 중학교를 인수해 오늘날 2,000여 명의 영재들을 기르는 개운중학교 및 효암고등학교를 설립했다.

홍국탄광이란 이름은, 그의 첫째 아들 현익(鉉益)이 서울대 상대에 재학하면서 좌익에 연루해 활동하다가 1953년 7월 27일 정전협정이 체결되던 날 "이제는 영구분단이다"라는 말을 남기고 자살하자 둘째 현국(鉉國)이만은 홍(興)해야 한다고 홍국(興國)이라 지었다 한다. 그러나 홍국탄광이 승승장구만 한 것은 아니었다. 1960년대 중반에는 부도의 위기에 놓이기도 했다. 아들 현국이 부사장으로 부임해 실질적인 운영책임을 맡으면서 친구 백낙청 어머니의 도움을 받아 새로운 계기를 맞는다.

내가 박윤배한테 들은 바에 따르면, 홍국탄광에 와서 일해 보지 않겠느냐는 채현국의 요청을 받고 물어본 말이 "거기 가면 밥은 실컷 먹을 수 있느냐"는 것이었다고 한다. 우람한 체구에 그 무렵 그는 몹시 굶주리고 있었던 것 같다. 이렇게 박윤배가 합류하고 뒤이어 이선휘가 합류하는데, 이선휘는 두 번 취직하고 두 번 뛰쳐나갔다가 사고가 났다는 소식에 세 번째로 들어와 비로소 정착한다. 홍국탄광의 첫 번째 현장 소장은 김소영 선생이었다. 채현국과 박윤배의 대구 피난민 연합중학교 시절 국어 선생이었다. 이선휘는 채현국과 네 겹 동창으로, 무학초등, 중 · 고교(사대부속), 대학 동문이었다. 그는 서울법대 출신이지만 펜대는 안 잡는 조건, 즉 사무원은 안 한다는 것을 전제로 입사해, 쌀 한 가마니 값인 7천 원을 받았다고 한다.

이들이 합류했을 때는 탄광업이 호황이었다. 전국에는 삼표연탄, 삼천리연탄 등 초대형 연탄공장이 여럿 있었다. 큰 공장 말고도 도시 곳곳마다 연탄공장 없는 데가 없었다. 가정취사용과 난방용, 사무실

난방용, 목욕탕, 기타 업소에서 연탄은 주된 연료였다. 집집마다 겨울 준비용으로 초가을부터 연탄 사재기를 서둘렀던 세월이었다. 그 집 형편이 넉넉하냐 아니냐를 판단하려면 뒤주에 쌀이 그득하냐보다 뒤꼍에 연탄이 1천 장이냐 2천 장이냐를 보던 시절이었다.

따라서 해마다 연탄파동을 겪었다. 탄광업자들은 즐거운 비명을 질렀다. 그들은 3~4개월 앞서 선급금을 받았다. 탄광촌에는 연탄공장에서 출장 나온 사람들이 여관에 진을 쳤다. 생산업자에게 매달려 연탄을 한 량(輛)이라도 더 배정받기 위해서였다. 흥국탄광의 탄은 그 질이 좋았고, 매장량도 많아서 한때는 종업원이 2,000명에 이르렀고, 업주는 국내에서 굴지의 종합소득세 납부자가 되었다.

이선휘는 세 번째로 입사해 노무과장이 되었다. 이선휘가 온 뒤에만 소장이 네 명 갈려 나갔다. 박윤배는 아직 나이도 젊었거니와 이런 저런 이유를 들어 소장직 맡는 것을 보류하고 있었다. 자질구레한 일에 얽매이는 것을 싫어하는 그의 성격 탓도 있었을 것이다. 생산현장에는 서울공대 광산과 출신의 김진웅이 버티고 있어 월 생산량이 3만 톤에 육박했다. 과연 흥국탄광은 여러 가지 면에서 탄광업계의 선두주자였다.

이런 상황 속에서 박윤배와 이선휘는 근무자들의 복지향상을 위한 조치도 착착 취해 나갔다. 생산조건 개선, 저렴한 가격으로 생활필수품 공급, 노동조합 설립 후원, 부속병원 설립을 추진했다. 당시는 탄광사고로 사망하는 숫자가 전국 평균 8만 톤당 1명, 그러니까 국내 전체 생산량 2천반 톤을 캐는 데 1년에 250명이 희생되었다. 그리고 광부는 물론 그 가족들에게도 부속병원에서 무료진료를 제공했고, 대형 퀀셋 두 채에 진료실과 입원실을 두었다.

그뿐만 아니라 초등학교부터 대학교까지 종업원 자녀들의 공납금 일체를 지원했고, 퇴직금 누진제를 실시했다. 보통 1년 재직에 1개월 봉급을 퇴직금으로 주는 것이 일반적이지만 흥국탄광에서는 3년 근속에 4개월분을, 4년 근속에 7개월치, 5년을 근속하면 10개월 임금을 주는 식으로 누진율을 높였다. 그러다 보니 종업원들의 사기도 높아져 1인당 생산능률(OMS) 이 전국에서 1위였다.

더 나아가 공로자 명예퇴직제를 실시했다. 노령으로 물러나거나 진폐증, 규폐증으로 부득이 퇴사하는 광부에게는 훨씬 후한 퇴직금과 공로금을 제공했다. 박윤배한테 그 구상과 진행과정을 들으면서 더욱 놀랐던 것은 규폐 환자를 위한 그들만의 농촌마을을 건설한 일이었다. 규폐 환자는 증세에 따라 초기, 2기, 3기, 말기로 분류하는데, 3기나 말기는 불치병으로 치부된다. 폐에 달라붙어 있는 돌가루, 석탄가루를 완전히 제거한다는 것은 불가능하기 때문이다. 그래서 그들이 살아 있는 동안 편안하게 농사일에 종사할 수 있도록 한탄강이 있는 전곡에 규폐환자마을을 조성한 것이다. 황무지를 개간하고 강에서 물을 끌어올려 마을을 만들었다. 살 집을 신축하고, 경작지를 균등하게 분배했다. 그리고 연료채취용 임야를 조성했다. 이런 모든 조치는 당시로서는 획기적인 일이었다.

내 생각으로 당시의 흥국탄광은 그 자체로 아름다운 공동체가 아니었나 싶다. 사고가 나면 소장 박윤배를 비롯해 노무과장 이선휘, 기술차장 김진웅이 모두 나가 엉겨 붙어 오열했다. 특히 선산부 신봉희가 매몰된 광부를 구하려다 그 자신이 희생되었을 때 이들은 손을 잡고 오열했다. 이 모든 일을 이끌어 나간 이가 박윤배였다. 그의 리더십이 이런 일을 가능하게 했다. 그리고 그것을 최종적으로 묵인해 준 사람이 부사장 채현국이었다. 이선휘의 회고록에 채현국이 겪어야 했을 고충을 이해하는 이런 내용이 나온다.

"그 당시 채현국의 고초는 컸다. 부친을 거역하기도 어렵고, 그렇다고 현장에서 헌신하는 친구들을 배신하는 일은 더더구나 있을 수 없었던 것이다. 그러나 그는 친구들 쪽에 무게를 더 두었다. 택하기 힘든 결단이었다. 나는 지금까지도 그의 힘들었던 입장을 높이 평가한다."

이에 대한 채현국의 이야기를 들어 보자. 여기에는 채현국의 경영철학이 담겨 있다. 순천언론협동조합 강연에서 한 말이다.

"나누어 먹기를 잘하면 성공합니다. 우리의 속성이 (돈 혹은 성과물을) 조금 늦게 나누어 줍니다. 남들보다 앞에 나누어 주면 생명을 걸고 돈을 벌어 줍니다. 얼마나 뛰어난 사람이 오는지, 광부들 중에서 사무실 사무원까지 뽑았습니다. 서울대 졸업한 내 친구놈들이 오면 광산에 먼저 집어넣었어요. 법대, 철학과 나온 놈도 경리 시키고, 자기 하는 일에 즐거움을 느끼게 해 줘야 합니다. 돈을 번 것은 다 그 사람들 덕분이라는 겁니다. 광산 일 하다가, 기자, 선생도 하고, 함께 사는 사람 모두가 신나게 하는 것을 자꾸 찾아내야 해요. 일을 통해서. 노래를 하든 연극을 하든 어떻게 하든 신나게. 원리는 그랬어요. 운도 엄청 좋았어요. 돈 버는 비결은 약간의 상상력과 99%의 노력으로 이루어집니다. 나눠 먹기를 잘해야 합니다. 구멍가게도 마찬가집니다"(『쓴맛이 사는 맛』, 48쪽).

1970년대 민주화운동권에서 홍국탄광은 기지(基地) 같은 느낌으로 다가왔다. 그곳은 투사 또는 노동자로서 자신을 닦고 수련할 수 있는 도량(道場)으로 막연히 인식되었고, 민주화투쟁의 과정에서 쫓기게 되면 가서 은신할 수 있는 마지막 피난처로 떠올리는 곳이었다. 물론 그런 생각을 하게 한 것은 오직 박윤배가 그곳에 있었기 때문이다. 이미 박윤배는 재야 민주화운동권의 막후 기지의 사령관으로 각인되어 있었다. 박윤배가 있는 동안 홍국탄광의 생산량은 4배가 늘었다. 그래서 홍국탄광을 찾는 사람이 많아졌다. 앞서 김지하의 소개로 손정박이 온 것도 결코 우연이 아니었다. 사람을 끌어들이는 이는 박윤배였지만 찾아온 사람을 접대하고 다루는 이는 노무과장 이선휘였다. 손정박이 왔을 때, 이선휘는 손정박에게 "나는 네가 문리대 정치학과 출신이라는 것을 모른다. 김지하의 친구라는 것도 모른다. 내 대학 친구 김구용의 생질이라는 것만 안다"고 오금을 박았다. 뒷날 문제가 될 때를 생각해서다.

홍국탄광을 찾은 이들로는 혁명의 여전사가 되겠노라며 흰 저고리에 검정치마를 입고 설쳐 대던 이화여대 운동권의 여자들도 있었고(그들 가운데 뒤에 국회의원이 된 사람도 있다), 종업원들의 부인들에게 자긍심을 심어 주는 의식화 교육을 시키겠다고 온 여대생도 있었다. 그 가운데는 홍국탄광에서 하는 사업들의 노선이 틀렸다느니 수정주의라느니 비판하며 아는 척하는 사람도 있었다. 박윤배가 끌어들였으니, 이선휘는 그런 이야기를 한 귀로 듣고 한 귀로 흘리면서 보살폈다. 당시 고려대학교 노동문제연구소에서 중심 역할을 하던 김낙중도 다녀갔다. 그 모든 뒷바라지는 이선휘가 했다. 직접이든 간접이든 그들을 끌어들인 사람은 박윤배였다. 홍국탄광에 와 있던 손정박이 구속되면서, 신문에는 '탄광잠두 간첩단 사건'으로 크게 보도되었지만, 중앙정보부의 이종찬이 박윤배에게 연락해, 홍국탄광은 큰 문제 없이 그때의 위기를 넘길 수 있었다.

회사의 실질적인 책임자였던 채현국은 이런 일들을 다 알고 있었을 것이다. 총명한 그는 홍국탄광, 특히 박윤배와 이선휘가 벌이는 사태들을 다만 모른 척하고 있었을 뿐이다. 아마 그런 위험한 일을 지켜보면서도 채현국은 나름대로 대책을 가지고 있었을 것이다. 뒷날 1990년대 전교조 교사의 해직 문제를 놓고, 효암학원 이사장으로서 그 문제를 수습했던 과정이 그 해답을 준다. 정부가 전교조 교사들을 탈퇴시키거나 아니면 면직시키라고 했을 때 이사장인 그는 전교조 교사 2명에게 이렇게 말했다. "너희가 전교조 탈퇴서를 내면 체면이 깎일 테니까, 내 마음대로 (너희들이) 탈퇴서를 냈다고 보고할게. 그렇게 위조 탈퇴서를 보내 놓으면 이다음에 문제가 발생해도 나만 걸린다."

홍국탄광은 1973년 경동광업소에 팔렸다. 그리고 매각대금은 종업원들과 나누었다. 홍국탄광이 잘 나갈 때는 물론 흩어진 뒤에도 이들은 홍국탄광에서 했던 일을 각각 나름대로 수행했다. 채현국은 가난한 친구들에게 도움을 주었고, 박윤배는 탄광업에 손을 대는 한편으로 그가 이제까지 해 왔던 그 의로운 일을 계속했다. 이선휘는 여주에 농장을 마련해서 정착했다가, 농장이 여의치 않자 박윤배를 비롯해 밖에서 부르는 손길을 마지못해 잡고 다시 누항(陋巷)으로 나왔다.

이들은 1970년대 말 홍국통상으로 다시 뭉쳐 이선휘가 그 책임을 맡아 뛰었으나 결국 부도가 나고 말았다. 채현국은 신용불량자가 되고, 이선휘는 미국으로 도피해 2년을 보내다 귀국해서 1984년 선광상사라는 판촉회사를 차린다. 이것이 지하철 화장지 판매대 설치로까지 이어져 한때는 사업으로 성공하는 듯했다. 많은 사람들에게 은혜를 베풀었고, 주변에 사람들도 모였다. 홍세화가 이선휘에게 도움을 받은 것은 홍국탄광 시절과 1979년, 이선휘가 홍국통상을 맡아 할 때였다. 이 인연으로 홍세화는 이선휘의 말년을 그 누구보다도 정성스럽게 보살피게 된다.

박윤배한테 보고 배운 의협(義俠)을 이선휘는 그대로 답습해, 서로 번갈아 가며 재야 민주화운동 세력에 자금을 지원했다. 이부영이 6월 민주항쟁 20주년을 맞아 CBS가 마련한 특집방송에서 1970, 80년대 위험을 무릅쓰고 민주화운동 세력에 자금을 지원해 줬던 도계 홍국탄광의 박윤배 소장과 이선휘 노무과장(사실은 홍국탄광 시절이 아니라 그 이후의 일이다)을 거론하며 “이분들이 탄광업을 하면서 매달 민통련에 활동자금 300~500만 원을 대줬다"고 했는데, 그것은 흥국탄광에서 나온 돈이 아니라 각기 박윤배와 이선휘의 손에서 나온 돈이었다.

박윤배의 의협 활동을 배운 이선휘도《한겨레》을 창간하며 국민주를 모집할 때 1,024만 원 어치의 주식을 샀다. 사업을 하면서 수입이 생기면 그것을 나누고 퍼주기에 바빴다. 1986년 말, 이부영이 수배 중 나를 만났을 때, 그의 수중에 있던 돈도 필경 그날 이선휘로부터 받은 돈이었을 것이다. 나는 이 일로 전국에 지명수배를 당해 6·29 선언이 있을 때까지 도망다녔다. 이처럼 그는 독자적으로 민주화운동 진영에 단체 또는 개인 앞으로 적지 않은 돈을 댔다. 그런데도 사람들은 대부분 그것이 채현국 또는 박윤배한테서 나온 것으로 생각했다. 이선휘 회고록에 그 섭섭한 대목이 나온다.

> "그들은 나를 한낱 집배원으로 취급하는 것이다. 집배원들은 아무것도 아닌 존재다. 탁송인과 수취인만 당사자일 뿐이다. 수취인의 안중에는 집배원이 애초부터 존재하지 않는다.…… 수취인 명단은 내가 선정한 것이 아니고, 배달물품도 내가 좌지우지한 바가 아니기 때문이다. 그렇더라도 탁송인이 아닌 주제에 집배원을 무시하는 처사는 조금 낯간지럽다는 생각이 든다."

매우 안타깝게도 이선휘(1938~2012)는 그의 파란만장한 삶을 마감했다. 그는 고향인 충청남도 청양에서 죽었다. 그가 왜 죽었는지, 자살인지 병사인지도 아직 확실히 밝혀지지 않았다. 술만 퍼마시다 외롭게 갔다. 그러나 분명한 것은 그가 베풀고 헌신한 만큼 사람들이 자신을 알아주지 않는 것에 상당히 섭섭해했고, 자신을 돌봐 주지 않는 비정한 현실에 절망했다. 회고록에 그가 꼭 밝히고 싶어 하는 이야기도 있었지만 자칫 민주화운동을 폄훼하는 세력에 빌미를 주고 활동하고 있는 현역에 상처가 되면 안 된다는 변호사 홍성우 등의 주장에 그 내용을 고치거나 빼게 하자 그는 그것을 못내 안타까워했다.

그의 회고록은 사실상 그의 유언에 가깝다. 아내에게 쓴 편지도 그러한데, 자신이 후원한 대상의 명단 대신 자신이 도움을 받은 75명의 이름을 마지막으로 적어 놓고 있다. 이때 이미 그는 세상과 절연하기로 결심한 것이 아닌가 싶다.

인간 박윤배와 그 주변

1974년 민청학련 사건을 전후해서 나는 박윤배를 자주 만났다. 특히 김지하 문제로 자주 만났다. 박윤배와 이선휘는 김지하 아버지(孟模)와 어머니도 수시로 찾아뵙고 위로했으며, 김지하네 집이 원주로 이사 간 뒤에는 탄을 한 차 가득 싣고 가 연탄공장에 팔고 그 돈을 김지하 부모님께 생활비로 드리곤 했다. 또 당시로서는 김지하 가족의 보호자 격이었던 청강(靑江) 장일순을 만나 김지하의 구명과 생계대책을 의논했다. 『이선휘의 회고록』(새로운사람들, 2009)에 김지하네 집을 찾아가는 이야기가 나온다.

"나는 매달 지하의 아버님을 찾아뵈었다. 그 어른은 서대문 동양극장의 전기주임이셨다. '영일(김지하 본명)이와 형 아우하는 사이입니다.' 몇 말씀 드리고 얼른 나왔다. 얘깃거리가 있는 것도 아니고 형사들 눈에 띄지 않으려는 것이다. 얼마 후 그분은 돈암동 동도극장으로 직장을 옮겼다. 그곳에도 다달이 찾아뵈었다. 원주로 이사하셨다. 원주교구 가톨릭 주교관 아래 위치한 집이었다. 그 집을 넓히고 수리해 주었다. 자당(慈堂)님은 현관문 밖에 조그만 거울을 달아 놓으셨는데 방문객이 정보기관 사람인지 아닌지 밖을 내다보지 않고도 알 수 있단다. 나는 속으로 감탄했다."

어쨌든 김지하와 그 아버지 어머니를 대하는 두 사람의 태도는 언제나 지극정성이었다. 김지하에게 최고 사형에까지 처할 수 있게 하는 공소장 변경이 있었을 때, 그리고 시시각각으로 김지하의 신변의 위험이 커질 때마다 나와 박윤배는 만나 대책을 의논했다. 마침 김지하 사건의 재판장이 지난해(1974년) 군법회의 심판관으로 인혁당 관계자들에게 사형을 선고한 사람이었다. 인혁당 사건이 조작되었다고 한 발언을 문제 삼고 있는 이 사건을 그 사람이 맡는 것은 옳지 않다는 이유로 재판부 기피신청을 하기로 했다. 그런데 변호인들이 기피신청을 자신들이 법정에서 하기를 꺼려, 할 수 없이 전병용을 통해 김지하가 재판 때 직접 재판부 기피신청을 하도록 했다. 1975년 5월 19일, 첫 공판기일에 나온 김지하가 자신의 입으로 재판부 기피신청을 했다. 기습을 당한 재판부는 기피신청에 대한 결정이 날 때까지 재판을 연기할 수밖에 없었다. 이렇게 해서 1차 위기를 넘겼다. 그때가 인혁당 사건 관계자 8명이 처형당한 바로 뒤였다. 당시 유신권력은 속전속결하려 했고, 만약 그들 뜻대로 했다면 김지하의 신변에 어떤 일이 생겼을지 모르는 일이었다.

그리고 '나는 가톨릭에 침투한 공산주의자'라고 쓴 자필 진술서가 담긴 노란 표지의 책자 『김지하 반공법위반 사건의 진상』이라는 것이 국내외에 대량으로 유포되었는데, 이것을 무력화시키기 위해 준비한 것이 '양심선언'이었다. 5월 19일, '칼이 선 재판정'을 겪고 난 뒤 김지하도 특단의 대책이 필요한 것을 깨닫기 시작했고, 그 작업을 도운 것이 전병용이었다. 이러한 작업들을 눈치 챈 김지하의 어머니가 전병용을 찾아와 작업의 중단을 요구하는가 하면, 출국하는 선교사 편에 보낸 양심선언을 아들이 걱정이 돼서 찾아가 도로 찾아오기까지 했다. 그때 어머니의 심정은 꼭 십자가에 달린 예수를 보는 어머니 마리아의 심정이었다. 그 일이 혹 잘못되면 김지하에게 더 큰 위해가 가지 않을까 염려한 어머니가 노심초사 끝에 그렇게 한 것이다.

김지하의 양심선언은 당시 공식적으로는 미국에 있는 시노트 신부를 통해 일본 가톨릭 정의평화협의회에 전달된 것으로 되어 있지만, 나는 양심선언을 왜관분도 수도원 원장을 지낸 오도 아빠스(Haas Odo)를 통해 일본으로 안전하게 보낼 수 있었다. 그는 한국인이 원장을 맡아야 한다는 신념으로 스스로 수도원장직을 사퇴하고, 일본과 필리핀을 넘나들면서 다른 소명을 찾고 있었다. 그는 이후에도 중요한 계기마다 맞춤 왕래로 한국 민주화운동에 크게 기여했다.

마침내 그해 8월 4일, 일본 가톨릭 정의평화협의회의 소마 노부오(相馬信夫) 주교가 도쿄에서 기자회견을 열어 일본어와 영어로 번역된 김지하의 양심선언을 발표했다. 이 양심선언으로 국내는 물론이고 세계 각지에서 김지하를 구출하기 위한 구명운동이 광범위하게 전개되었다. 김지하의 사상과 신앙을 보증하기 위한 성명서에는 독일의 신학자 요한 메츠(Johann Bapist Metz)와 위르겐 몰트만(Jürgen Moltmann)을 비롯해서 15개국의 신학자 200여 명이 서명했다. 브란트를 비롯해서 저명한 정치인과 석학들이 김지하에 대한 지지와 지원을 표명했다. 이렇게 김지하는 한 걸음 한 걸음, 유신정권의 호구로부터 벗어났다. 그때마다 나와 박윤배는 우리들이 해낸 것을 "멋져!"라는 말로 자축하며 쾌재를 불렀다.

민청학련 사건으로 205명이 구속되어 재판을 받았으며 수많은 사람들이 수배를 당해 쫓기고 있었다. 장기표와 조영래가 그랬다. 조영래는 백련사 아래 홍은동에 그의 아내와 함께 숨었고, 장기표는 전병용의 조카사위네 집에 숨겼다. 1975년 수도권 특수지역 선교자금 사건으로 손학규가 쫓기고, 5 · 22 사건으로 또 김근태가 수배되었다. 나는 우선 급한 대로 김근태를 옥인동 시영아파트에 사는 어느 화가집에 숨겼는데, 그 아파트는 화장실이 안에는 없고 밖에 있었다. 그래서 김근태가 낮에 무척 고생을 했다. 주인이 직장에서 퇴근하고 나서야 화장실에 갈 수 있었기 때문이다. 손학규는 건축가 조건영의 집, 그리고 뒷날《한겨레》사장을 지낸 김두식(작고)의 집에 있다가 원주로 갔다.

지금은 일일이 그 세목이 기억나지 않지만, 이들을 숨기고 도피자금을 마련하는 데 나는 박윤배의 도움을 많이 받았다. 1980년대 들어서, 또다시 쫓기는 장기표를 박윤배에게 부탁해, 박윤배가 그를 데리고 채현국의 집에 가 숨겼다. 채현국의 둘째 아들이 뒷날 임재경의 딸과 혼인했는데, 그가 언젠가 장기표를 도와 활동하는 것을 본 적이 있다.

이런 일도 있었다. 1980년 3월 31일, 20대 기자협회 회장으로 김태홍이 선출되었다. 그로부터 한 달 남짓이 지나 5·17이 터지고 수백 명의 인사가 수배자가 되어 도피했다. 그중 22명은 텔레비전으로 공개수배되었다. 뉴스가 끝날 때마다 화면에 22명의 수배자 얼굴이 신체적 특징, 프로필과 함께 떴다. 김태홍도 그 가운데 한 사람이었다. 김태홍이 친화력이 좋아 도망 다니면서도 이 사람 저 사람과 어울렸다. 그러다 보니 어제 만났던 친구가 오늘 남영동에 끌려가 곤욕을 치르는 일도 있었다. 건축가 조건영도 그때 끌려가 매를 맞았다. 그만큼 그는 절박하게 쫓기고 있었다.

김태홍이 나에게 광주로 내려갈 수 있도록 도와 달라며 다급히 연락해 왔다. 나는 박윤배를 급히 만나 상의했다. 박윤배는 동생 의배를 불러 그의 주민등록증에서 사진을 뜯어내고 그 자리에 김태홍의 사진을 붙였다. 그리고 자가용 하나를 급히 구해 김태홍을 일단 광주로 안전하게 피신시켰다. 광주에 가면 숨을 곳이 있다던 김태홍이 간 곳은 강진에 있는 그의 친구 장상백의 농장이었다. 김태홍은 그곳에서 열흘을 지내다가 8월 27일 한낮에 농장 뒷산에서 잡혔다. 그가 전후의 과정을 남영동에서 부는 바람에 도피를 도운 박윤배도 잡혀 들어갔다.

박종철을 고문해서 죽인 바로 그 악명 높은 남영동에 끌려간 것이다. 덩치가 크고, 결코 누구 앞에서나 당당하고 기죽지 않는 박윤배를 고문기술자 이근안은 작심하고 다뤘다. 내가 박윤배한테 들으니, 이근안은 박윤배의 골절을 전부 비틀어 빼서 늘어뜨렸다고 한다. 박윤배는 전신이 마비가 오고 '끅' 소리만 나올 뿐 몸을 움직일 수 없는 곤욕을 난생처음 치렀다. 나는 박윤배의 몸이 이를 계기로 급격히 나빠진 것이 아닐까 하는 생각을 저버릴 수가 없다. 괜한 자격지심일지는 몰라도 나로서는 그에게 큰 죄를 지은 느낌이다.

민주회복국민회의를 만들 때의 이야기다. 1974년 11월 27일 민주회복국민선언을 하고 뒤이어 그해 12월 25일 YMCA에서 창립총회를 열어, 민주체제를 재건, 확립하기 위한 전 국민적인 국민연합체라는 규약을 채택하고 활동에 들어갔다. 대표위원 가운데서 상임대표위원을 선출했는데, 윤형중 신부가 선임되면서 실무책임을 대변인인 함세웅 신부가 떠맡게 되었다. 나는 함세웅 신부를 도와서 민주회복국민회의에 직간접적으로 관여하게 되었다. 그러다 보니 해위 윤보선 고문, 김대중, 김영삼 대표위원에게 연락하는 일을 맡게 되었다. 안국동 해위 댁에서는 나를 윤신부라 암호했고, 명동성당에서는 남선생이라 불리며 상도동, 동교동을 오갔다. 한번은 동교동에 갔다 나오는데, 이희호 여사가 따라 나오더니 김대중 선생이 주는 거라면서 촌지가 담긴 봉투를 내게 안겨 주었다. 그날 마침 박윤배를 만나는 날이어서, 내가 받은 봉투를 그에게 그대로 전했다. 내가 처음이자 마지막으로 그에게 준 돈은 그것이 전부였다. 나는 늘 그에게서 받기만 했지 무엇

하나 한 번도 주지를 못했다. 뜻밖에 그 봉투를 받은 박윤배가 환하게 웃던 모습이 지금도 새롭다.

그는 전 대우그룹 총수 김우중과 고교동창으로 학창시절에는 꽤 가깝게 지냈다고 들었다. 그와 함께 둘이서 가출한 일도 있다고 했다. 1978년 말, 1979년 초에 제세산업의 이창우가 외환관리법 위반으로 구속되고, 그에 따른 연쇄부도로 제세산업이 풍전등화의 위기를 맞았을 때 박윤배는 후배인 이창우를 구하고 제세를 살리고자 김우중을 찾아갔는데, 김우중은 비서실에 없다고 하라면서 박윤배를 따돌렸다. 방 안에 김우중이 있는 것을 알고 무작정 밖에서 기다렸다. 결국은 김우중이 더 이상 참지 못하고 문을 열고 나와 항복했다고 한다. 이렇게 그는 그의 도움을 필요로 하는 사람들을 위하여 노고를 아끼지 않았다.

고등학교 시절, 박윤배는 경기고등학교에서 알아주는 주먹(가다)이었다. 내가 들은 기억이 정확하다면, 그의 별명은 수호지에 나오는 노지심이었다. 그의 별명이 말해 주듯이, 그는 결코 단순한 협객만은 아니었다. 내가 그의 야성을 처음 본 것은 1977년 12월, 리영희의 모친이 돌아가신 그 초상집에서였다. 그때 리영희는 그의 저서 『전환시대의 논리』, 『우상과 이성』, 『8억인과의 대화』가 문제가 되어 구속되어 있었고, 임재경이 호상을 맡아 상주 없는 초상을 치르는 중이었다. 마침 배추 방동규가 와 있었는데, 두 사람이 만나자 서로 으르렁거렸다. 방배추는 웃통까지 벗어 가며 배에 임금 왕(王)자를 그려 보였는데, 팔뚝은 박윤배가 더 굵었다. 용호상박이랄까, 다행히 으르렁거리다 말았기에 망정이지 만약 한판 붙으면 어쩌나 마음이 조마조마했었다.

이선휘에 따르면, 박윤배가 타계하기 두어 해 전 이선휘에게 자신이 보기에 이젠 이부영만이 유일한 희망이라면서 함께 그를 돕자는 말을 했다고 한다. 이때부터 박윤배와 이선휘는 이부영이 주도하는 민통련, 전민련을 지원했다. 박윤배가 1988년 타계하자 순망치한이라고 이선휘는 외로웠다. 두 사람은 때로 서로 경쟁하고 다툴 때도 있었지만 둘도 없는 동지요 친구였다.

두 사람은 탄광 현장에서 언제나 한 방을 썼다. 합숙시설이 변변치 못할 때도, 또 뒷날 다소 번듯한 숙소를 지은 뒤에도 죽 그렇게 했다. 이선휘가 농장을 한다고 여주에 들어갔을 때 그 시골에까지 좇아 들어가 이선휘를 데리고 나온 것도 박윤배였고, 이선휘의 부인을 여고 교사로 두 번이나 취직시킨 것도, 셋방살이할 때 거금을 들여 집을 사준 것도, 이선휘가 미국에서 도피생활을 할 때 뉴욕에 두 번이나 찾아가 귀국을 설득한 것도 박윤배였다. 이선휘가 선광상사를 차릴 때는 자기 회사의 자금난에도 그 밑천을 내놓았다.

박윤배는 남의 어려운 청을 들어주거나 의협을 행할 때 항상 선선히 기꺼이 응했다. 생색을 내거나 구차하지 않았다. 그의 도움을 받은 사람은 수도 없이 많다. 그들은 각기 박윤배와의 사연을 간직하고 있을 것이다. 이선휘 역시 나름대로 하느라고 했다고 나는 생각한다. 흥국탄광 시절부터 민주화운동을 뒤에서 밑받침하고 찾아오는 사람을 챙겨 주는 일을 주도한 것은 박윤배였고, 그것을 모두 뒷바라지한 것은 이선휘였다. 이선휘는 집배원 노릇만 한 것이 아니라 뒤에는 그 스스로 알아서 보살폈다.

박윤배는 간경변을 앓고 있었다. 폭음이 문제가 아니었나 싶지만, 한번 술을 마시면 두주불사, 몸을 보살피지 않았다. 그는 요절했으나 그래도 많은 사람들의 애도와 눈물 속에 갔다. 관 속에 누워 있던 데드 마스크를 나는 지금도 기억하고 있다. 짧지만 굵고 멋지게 살다 간 박윤배와 지쳐서 너무 슬프게 간 우리 시대의 또 하나의 의인 이선휘를 나는 잊지 못한다.

9

원주선언을 아시나요?

신현봉

천주교정의구현전국사제단이 나오기까지

한국 현대정치사에서 1971년은 여러 가지 점에서 매우 주목되는 한 해다. 1969년의 3선개헌으로 돌아오지 않는 다리를 건넌 박정희는 그 헌법에 의거해 1971년 4월 27일의 대통령 선거를 거쳐 제7대 대통령에 취임했다. 그 선거가 지난날 자유당정권 못지않은 부정선거였음은 참관인단을 구성했던 민주수호국민협의회에 의해 확인되었다.

박정희도 그 선거가 엄청난 부정선거였음을 스스로 알고 있었던지, 장기집권에 상당한 위협을 느낀 나머지 그해 10월 15일, 서울 일원에 위수령을 발동하고, 각 대학에 무기 휴교령을 내리고, 대학에서 시위를 주동한 학생들을 강제 징집했다. 이때에 제적 또는 강제 징집당했던 학생들이 1974년 민청학련 사건과 그 이후의 반유신투쟁의 구심이 된다. 그리고 이때 결성된 민주수호국민협의회는 무력해진 야당을 대신해 반박정희 독재반대투쟁을 선도, 주도하는 재야 민주화운동의 원류(源流)가 된다.

박정희는 12월 6일에는 국가비상상태를 선포한 데 이어 12월 27일에는 초헌법적인 '국가보위에 관한 특별조치법'을 제정해 필요에 따라 국가비상사태를 선포할 수 있는 절대적인 권한을 확보한다. 이에 따라 박정희는 비상사태 아래에서 자신의 재량에 따라 경제 규제 명령, 국가동원령 선포, 옥외집회와 시위 규제, 언론·출판에 관한 특별조치, 노동자의 단체행동권 제한, 군사상의 목적을 위한 세출예산 조정 같은 특별조치의 발동권한을 갖게 되었다.

하느님의 역사 개입

이 같은 상황에서 10월 5일, 원주교구에서 지학순 주교와 교구 사제단이 참여하는 대규모 부정부패규탄시위가 일어났다. 이날 오후 7시 30분 원주교구 성직자, 수도자, 평신도 1,500여 명은 원주 시내 원동성당에서 교구장 지학순 주교와 교구 사제단이 공동집전한 부정부패 일소를 위한 특별미사에 참례한 후 "부정부패 뿌리 뽑자," "사회정의 이룩하자"라는 구호를 외치며 시위에 나섰다. 지학순 주교가 앞장선 대열은 성당 정문을 나서며 경찰의 저지를 받게 되자, 성당 마당에서 그날 밤을 새우며 이 땅에 가득한 부정과 부패와 불의가 사라지고 정의로운 사회가 이룩되길 기원했다.

시위와 농성은 이틀 만에 끝났지만 원주교구의 부정부패추방운동은 교회 안팎에 커다란 충격을 불러일으켰다. 원주문화방송 사건에서부터 문제가 비롯되었지만, 이는 교회의 사회 참여에 일대 전환점을 이루는 거사였다. 그것은 원주문화방송을 운영하고 있던 '5·16장학회(현 정수장학회)'의 전횡과 방송국의 부정부패뿐만 아니라, 이미 제도화되고 있던 사회 전반에 걸친 불법과 불의에 대한 정의의 외침이었다. 그와 같은 정황은 1971년 12월호《창조》에 발표된 지학순 주교의 글에 잘 나타나 있다.

지학순 주교는 이와 관련해, 현대 교회의 사명은 마치 모세가 이집트의 질곡에서 이스라엘 백성을 이끌고 나오듯 억압과 불의에서 선의의 사람들을 해방시키는 것이라고 말하면서, '① 정치적 불의에 대한 인간 존엄성의 수호, ② 조직화된 경제 불의에 대한 투쟁, ③ 소외계층의 단합과 연대의식의 확인, ④ 무관심과 무감각을 극복하고 참여와 희망을 갖게 하자'는 것을 투쟁 목표로 제시했다.

10월 5일부터 사흘간 부정부패규탄대회를 계속한 원주교구는 7일 오후 5시 '사회정의를 위한 투쟁위원회'를 결성해, 부정부패추방운동을 계속할 것을 다짐하면서 정부 당국에 5개 요구사항을 재확인한 후 특별미사를 봉헌하고 규탄대회를 마쳤다. 그러나 원주교구의 이 부정부패추방운동은 '하느님의 역사 개입', 즉 교회의 현실 참여라는 새로운 시대를 여는 새벽의 타종이었다. 한국 현대사에서 1970년대의 특징을 말한다면 신 · 구교회의 역사 참여를 빼놓을 수 없다. 그 첫 테이프를 끊은 것이 변방의 작은 교구 원주에서의 부정부패추방운동이었다.

이와 함께, 김수환 추기경의 1971년 12월 25일 성탄절 메시지를 들 수 있다. 이보다 앞서 김수환 추기경은 4월 21일, 대통령 선거일을 앞두고 "우리는 초당적 입장에서 총선 과정에 있어 공정여부를 예의주시할 것이며…… 차기 정권 담당자는 인간의 존엄성과 사회정의에 입각하여 모든 국민의 소망인 의롭고 명랑한 국가사회와 국민총화를 이루기 위해, 시정에 일대 혁신적인 조치를 취해야 한다"라는 내용의 성명을 발표했다. 그러나 대통령에 취임한 박정희와 그 정부의 행태는 역(逆)으로만 가고 있었다. 따라서 크리스마스 성탄 메시지는 더욱 강력한 항의를 담고 있었다.

"차제에 나는 정부와 여당 국회의원 제위에게 대다수 국민의 양심을 대신해서 묻고 싶습니다. 여러분은 과연 이른바 국가보위특별조치법이 시기적으로나 정세적으로나 필요불가결의 것이라고 확신하고 계십니까?…… 보위법은 이 시기에 과연 국민총화를 이룩하는 데 도움을 준다고 정부와 여당 국회의원 여러분은 믿고 있습니까? 이와 반대로 이 법은 민주국민의 정신을 위축시키고 정부와 국민의 위화감을 조장할 뿐 아니라 국민총화 자체를 오히려 해칠 염려가 더 크다고 생각해 볼 수는 없습니까? 이 법은 북괴의 남침을 막기 위해서입니까? 아니면 국민의 양심적인 외침을 막기 위해서입니까?"

가톨릭의 이러한 움직임에 상응하는 개신교 쪽의 움직임도 1970년대에 들어오면서 활발해진다. 그리고 신·구교회의 교호 작업도 활발해진다. 1971년 4월 19일에 결성된 민주수호국민협의회는 김재준 목사, 함석헌, 천관우, 이병린, 강기철 교수 등이 그 중심이었다. 그 가운데서도 초창기 결성을 주도한 이는 김재준 목사였다. 이와 함께 민주수호기독교협의회, 민주수호기독청년협의회 등도 결성되었는데, 이처럼 개신교 쪽도 사회 참여가 본격화되고 있었다.

이러한 가운데 박정희정권은 1972년 7월, 남북관계에서 가히 획기적이라 할 수 있는 '7·4 남북공동성명'을 발표한다. 그 내용은 외세의 의존 없는 평화통일, 상호비방 중지와 군사충돌 방지, 제반의 남북교류 활성화, 남북적십자회담의 적극화, 서울-평양 직통전화 설치, 남북조절위원회 구성, 민족의 이름으로 합의사항에 대한 준수 약속 등 7개항이었다. 이 성명이 발표되자 박정희정권에 맞선 반대투쟁의 맨 앞에 서 있던 장준하조차 민족통일에 긍정적인 여건이 형성되었다고 환영했다. 그러나 그것이 유신체제를 향한 준비작업일 줄은 미처 아무도 몰랐다.

8월 3일에는 8·3 조치라고 불리는 긴급재정명령이 발동되었다. 이는 사채동결 조치로서 국민의 재산권을 침해하여 기업에 엄청난 특혜를 주는 관치경제의 극치였다. 이는 자본주의 시장경제의 흐름이 대통령의 긴급명령 하나로 좌지우지되고 있다는 전형을 보여 준 것이었다.

마침내 박정희는 10월 17일, "남북대화의 적극적인 전개와 급변하는 주변 정세에 맞추기 위해서는 체제개혁이 불가피하다. 이를 위해 2개월간 헌법의 효력을 일부 정지시킨다"라는 비상조치와 함께 전국에 비상계엄을 선포했다. 대학에는 휴교 조치가 내려지고, 공공기관과 언론사에는 계엄군이 진주했으며, 국회는 봉쇄되었다. 전 언론은 사전검열을 거쳐야만 기사를 보도할 수 있었다. 그리고 이어서 10월 27일, 이른바 유신헌법의 개헌안이 공고되고, 국민투표라는 것을 통해 91.9%의 투표율과 91.5%의 찬성으로 유신헌법이 확정되었다. 유신시대가 도래한 것이다. 대통령은 통일주체국민회의라는 허수아비 대의기관에서 선출되고, 연임에 제한 없이 무제한으로 그 임기를 연장할 수 있는 1인에 의한, 1인을 위한, 1인의 장기집권체제가 만들어진 것이다. 이는 또 하나의 쿠데타였다.

이러한 가운데서 1973년 4월 22일, 개신교 쪽에서 남산 야외음악당 부활절예배 사건이 일어났다. 진보와 보수 양쪽이 모처럼 부활절 연합예배를 보는 기회를 이용해, 반유신, 반독재, 반박정희를 내용으로 하는 현수막과 전단을 뿌리기로 했던 사건이 내란음모 사건으로 조작되어 발표된 것이다. 이렇게 유신정권과 신·구교회 간의 대립과 갈등이 심화되어 가고 있었다.

지학순 주교의 구속

신·구교회의 사회 참여는 1974년의 긴급조치 1호, 4호의 발동과 함께 유신정부와 불가피하게 대결할 수밖에 없게 했다. 특히 지학순 주교의 활동은 그동안 유신정권 당국에는 눈엣가시였다. 따라서 1974년 7월, 지학순 주교의 구속은 이미 예견되었던 것이나 마찬가지였다.

1965년 원주교구장으로 부임한 뒤부터 줄곧, 그는 안으로 교구사목 방향을 우선 경제적·문화적인 생활향상에 두고, 한국 최초의 가톨릭센터 건립, 학교 신설, 병원 증설, 교회 건물의 사회 개방을 실천했다. 또 나라가 잘 돼야 교회도 있을 수 있다고 주장하면서, 그는 본당 안에 태극기를 게양하고, 미사 시작 전 애국가를 부르도록 권장했다. 교구사목위원회를 구성해 성직자, 수도자, 평신도의 광범위한 의견을 교구사목 행정에 반영토록 했다. 한국군에 복무한 경력이 있는 유일한 주교로 군종단 총재에 취임해 군종단을 궤도에 올려놓기도 했다.

최고의 자선은 사회정의의 구현이라고 보는 그는 교회가 영적인 구원만을 노래할 것이 아니라, 국민들 속으로 들어가 국민의 편에 서서 그들과 고통을 함께 나누어야 한다고 주장하면서, 가톨릭노동청년회(JOC)의 활동을 적극적으로 밑받침했다. 그 과정에서 그는 개신교 선교단체와의 일치와 협동을 꾸준히 추구했다. 그의 활동은 중앙으로 그 영역이 확대되어, 국제사면위원회 한국위원회의 위원장을 맡기도 했으며, 1973년 11월 5일에는 재야 지식인 15인 선언을 발표하는 데 동참하기에 이른다.

1972년 8월의 강원 지역의 홍수로 수만 명의 이재민이 발생하자 그는 즉각 온 세계의 가톨릭 구호기관에 호소하고, 수재민 구호에 앞장섰으며, 독일 가톨릭교회와 정부로부터 자금 3억 6천만 원을 지원

받았다. 그는 이 사업을 행정관서 대표와 신·구교회의 관계자 등으로 구성된 위원회에 위임해 사업을 추진, 운영하도록 했다. 단순히 구호만 하는 것이 아니라 농촌과 광산의 사람들이 스스로 자립 갱생할 수 있는 길을 모색하도록 인도했는데, 그것이 뒷날 신협과 생활협동조합의 효시가 된다.

지학순 주교는 1974년 4월, 대만에서 열린 주교회의와 필리핀에서 열린 매스컴회의, 그리고 유럽 순방을 마치고 76일 만인 7월 6일 오후 4시 50분 CPA 항공편으로 귀국했다. 이때 공항에는 신부, 수녀, 평신도 약 30여 명이 나와 그를 맞을 차비를 하고 있었다. 신현봉 신부를 포함한 환영객들은 트랩을 내려 공항청사로 향하고 있는 지학순 주교를 보고 손짓 인사까지 교환했지만, 지학순 주교는 2시간이 지나도 나오지 않았다. 지학순 주교의 신변에 이상이 있음을 직감한 교구 관계자들은 공항 내 사무실을 찾아다니며 행방을 수소문했지만 어디서도 지학순 주교의 신병을 확인해 주지 않았다.

지학순 주교가 중앙정보부에 연행되어 조사를 받고 있다는 사실을 안 것은 7월 8일 오전 9시 30분경이었다. 중앙정보부 요원이 김수환 추기경에게 통보해 줌으로써 알게 된 것이다. 10시 50분, 김수환 추기경은 중앙정보부로 가서 지학순 주교를 면회했다. 이때 지학순 주교는 "나는 한국의 민주주의를 회복하기 위해 노력하는 과정에서 학생단체들을 도와줄 목적으로 시인 김지하에게 얼마간의 자금을 준 적이 있다. 그러나 내가 학생들을 도와준 행동은 공산주의와는 아무런 관계가 없다"라고 말했다. 같은 날 오후 2시 30분에 교황대사도 중앙정보부로 찾아가 지학순 주교를 접견했다.

7월 10일 9시 30분경, 중앙정보부의 김재규 차장에게서 박정희 대통령이 김수환 추기경과 면담하기를 원한다는 전갈을 받는다. 추기경은 그날 오후 청와대로 가 박정희 대통령과 면담을 하고 돌아온 얼마 뒤 정보부로부터 연락을 받고 그날 오후 10시경 중앙정보부로 가 지학순 주교와 함께 돌아왔다. 지 주교의 신병은 성 바오로 수녀원에 연금 상태로 제한되었다. 수녀원과 동생 집 그리고 성모병원으로 옮겨 다니며 계속 연금 상태에 있던 지학순 주교는 7월 15일에 이번 사건에 대한 자신의 입장을 천명한 성명서를, 7월 23일에는 저 유명한 '양심선언'을 발표한다.

7월 23일에는 지학순 주교에 대한 공판이 열리기로 되어 있는 날이었다. 그러나 그 공판은 갑자기 연기되었고, 공판 연기 소식을 몰랐던 원주교구 신자들이 상경해 지학순 주교의 모습을 보기 위해 성모병원으로 모여들었다. 그들이 기도하는 중에 지학순 주교는 신부들의 보호 아래 병원 밖으로 나와 기자회견을 갖고 양심선언을 발표했다. 1항, "소위 유신헌법이라는 것은 1972년 10월 17일에 민주헌정을 배신적으로 파괴하고 국민의 의도와는 아무런 관계없이 폭력과 공갈과 국민투표라는 사기극에 의하여 조작된 것이기 때문에 무효이고 진리에 반대되는 것이다"로 시작되는 양심선언은 그대로 유신정권을 향한 폭탄이나 마찬가지였다. 또한 이 양심선언은 뒷날 민주화투쟁의 중요한 방법과 수단으로 자리 잡는다. 이 양심선언을 발표하자 지학순 주교는 연금 상태를 넘어 구속 수감되기에 이른다.

전국을 돌며 구명을 호소

지학순 주교의 연금 상태에 뒤이은 구속은 원주교구에는 비상사태였다. 갑자기 목자를 잃었을 뿐만 아니라, 지학순 주교의 구속 상황에 어떻게 대처할 것인지부터가 문제였다. 원만한 성품에 원로사제였던 양대석 신부가 교구 안의 일을 행정적으로 도맡았던 것으로 기억한다. 그리고 신현봉 신부와 독일 유학을 준비 중이던 최기식 신부를 지학순 주교의 구속 사태에 즈음하여, 우선 시급한 법률적인 대응과 그리고 범교회 차원에서 대처하는 데 중앙에서 그 역할을 하도록 서울에 파견한다. 지학순 주교에 대한 옥바라지는 동생 지학삼 씨가 맡았다.

내가 신현봉 신부를 만난 것은 아마 그 무렵이었을 것이다. 그때 신현봉 신부는 그의 동창 신부이자 가톨릭출판사 사장이었던 김병도 신부의 도움으로 가톨릭출판사 수녀원에서 지내고 있었다. 그곳에서 명동성당에서 불규칙하게 개최되는 지학순 주교를 위한 각개 단체의 기도회에 참여하고, 시간이 나면 지방으로도 나가 지학순 주교의 구명에 동참해 줄 것을 호소했다.

지학순 주교의 구속 사태에 대한 반응은 교구마다 편차가 있었고, 주교회의를 비롯한 중앙기구에서도 그렇게 우호적인 것만은 아니었다. 정부 발표를 거의 그대로 믿고, 가톨릭 주교가 왜 정치에 참여해서 교회를 혼란케 하느냐는 생각을 갖고 있는 사람들이 교회 안에는 많았다. 반대로 제2차 바티칸 공의회의 정신과 그 과정을 알고 있는 젊은 신부들은 지학순 주교의 사회 참여를 적극적으로 옹호했다. 이러한 교회 안의 분위기를 이용, 당시 총리였던 김종필은 "카이사르의 것은 카이사르에게 맡기고 교회는 오로지 영적인 구원에만 관심을 가져야 한다"는 등의 발언을 하기도 해서 사회적 논란을 불러일으키기도 했다.

당시까지 한국 천주교회는 "우리가 쌓아 놓은 성 밖으로 우리도 나가지 않을 테니, 밖의 사람들도 우리가 쌓아 놓은 성 안으로 들어오지 말라"라는 폐쇄적이고 보수적인 입장이었다. 김수환 추기경이 시노드(세계 주교 대의원 대회)에서 "천주교회는 자신의 문제를 건드렸을 때는 관심을 갖지만, 그렇지 아니했을 때는 밖(사회)의 문제에 관심을 갖지 않는다"라고 발언한 것은 정곡을 찌른 말이었다. 서울대 백낙청 교수가 교회 잡지에 기고한 글에서 "한국 가톨릭은 제2차 바티칸 공의회가 있었다는 사실을 모르고 있는 것 같다"라고 말한 것처럼, 당시의 천주교회의 현실은 세계적인 교회사적 변화를 모르고 있었다.

주교회의도 1974년 7월 10일 '지학순 주교에 대하여', 그리고 그해 추계정기총회를 마치고 '주교단 메시지'를 발표, 겉으로는 지학순 주교의 사회 참여 노력에 양심적인 지지와 지학순 주교를 구속한 유신정권의 행태에 우려와 유감을 표시했지만, 지학순 주교의 구명과 민주회복을 위한 적극적인 활동을 안으로는 만류하는 입장이었다. 오죽하면 원주교구 관계자들이 명동성당에서 있었던 기도회에서 「지학순 주교는 어떤 분이신가」(1974. 8. 12)라는 글을 발표했을까. 그처럼 교회 안에서 조차 '지학순 주교의 사회 참여'는 외면 또는 배척당하고 있었던 것이다.

그러나 다행스럽게도 신현봉 신부의 신학생 시절의 리더십과 친분으로 가톨릭출판사의 김병도 신부가 지학순 주교의 구속에 항의하는 평신도가 주축이 되어 명동성당에서 개최하는 기도회와 관련한 문건을 만들어 주고, 수녀원을 숙소로 제공해 주어 자연스럽게 가톨릭출판사는 지학순 주교 구명운동의 거점이 되었다. 그리고 신학교 시절의 동창이자 가톨릭신학대 교수이던 박상래 신부(대전교구)는 교회의 사회 참여에 대한 신학적 이론을 밑받침해 주었을 뿐만 아니라, 스스로 필요한 문건을 작성하는 등 천주교정의구현전국사제단이 이루어지기까지 모든 노고를 아끼지 않았다.

지학순 주교에 대한 접견 등 개인적인 구명활동은 동생 지학삼 씨가 맡아서 했다. 하지만 워낙 졸지에 처음 당하는 일이라 당황했을 뿐만 아니라 두서가 없었다. 명동성당 앞에 있었던 성모병원 1층에 X-레이실이 있었는데, 그 방의 책임자가 박영자(삐엘마리) 수녀였다. 서강대학교 총장을 지낸 서인석 신부와 초등학교 동창이라고 들었는데, 박 수녀는 언제나 조용조용했고 용모도 참으로 아름다웠다. 그 방에서 감옥 안의 지학순 주교에게 무엇을, 어떻게 영치시킬 것인지 등을 논의했다. 이 자리에는 군종단에서 일하던 박의근(야고보), 김지하의 어머니 정금성 여사, 이창복, 그리고 내가 참여했다. 박 수녀는 보온병에 곰국을 끓여 와 수고한다고 우리들을 따뜻하게 먹여 주곤 했다. 이 자리에 때로는 신현봉, 최기식 신부도 모습을 드러냈다.

한편 신현봉 신부는 지학순 주교에 대한 구명과 민주회복운동을 전국적으로 확산하기 위해 전국을 순회했다. 신학교 시절, 같은 반에서 공부했거나 선후배 관계로 아는 신부들을 찾아가 호소하는 일이 바로 신현봉 신부의 일이었다. 동창과 선후배 관계가 큰 힘이 되었다. 어떤 교구에서는 교구장의 벽을 넘지 못했으나, 뜻을 같이하는 신부들은 전국적으로 조금씩 늘어났다. 아마 신현봉 신부는 이때 교회 안의 납량세태를 절감했을 것이다. 그러나 신현봉 신부는 쉬지 않고 그 작업을 계속해 나갔다.

지학순 주교가 구속된 이후 다양한 형태로 기도회가 열렸다. 미사와 기도회의 명칭도 그때마다 달라서 어떤 때는 '지학순 주교와 고통 중에 있는 정의로운 사람들을 위한 미사' 또는 '기도회'라 했고, 어떤 때는 '고통받는 사람들을 위한 기도회'라 했다. 주최자도 그때그때 달랐다.

1974년 8월 26일, 인천 답동성당에서 '전국사제 합동기도회'가 개최되었다. 신부 100여 명, 신자 1,000여 명이 참석한 가운데 인천교구 나길모 주교가 강론을 했다. 기도회에서는 기도회에 참석한 주교, 신부 130여 명이 서명한 '청원서'가 배부되었는데, 이것이 얼마 뒤 천주교정의구현전국사제단을 결성하는 계기가 되었다.

"여기서 주최 측은 다음에 제시하는 '우리의 주장'에 당신의 서명을 청합니다"라고 하면서 3개항의 결의사항을 제시하고 있다. 3개항은 '① 우리는 민주주의의 원칙인 입법 · 사법 · 행정 등의 삼권분립의 명확한 실현을 주장하고, 1인 장기집권을 반대한다, ② 대통령 긴급조치 제2호(비상군법회의)를 즉각 해체하고, 현재 투옥 중인 지학순 주교와 목사, 교수, 변호사, 학생들을 즉각 석방하라, ③ 이 땅 위에 민주주의가 회복되고 인간 존엄성과 기본권이 보장될 때까지 우리 사제단은 주교단 사목교서 내용을 준수하며 사태의 진전을 예의주시하면서 기도회를 계속한다' 등이었다. 이후 개최된 기도회에서는 사제단의 이 3개항 결의문을 '우리의 주장'이라는 제목으로 발표하기 시작한다.

8월 29일, 서울대교구 제2, 3연령회에 해당하는 소장 신부 34명이 명동성당 사제관에 모여 지학순 주교 사건에 대해 적극적인 관심과 대응을 결의하면서 '주교단에 보내는 요망'을 채택했다. 여기서 주교단에 요구한 내용은, '① 지학순 주교에 대한 주교단의 명확한 태도 표명과 교회가 가야 할 길을 제시해 줄 것, ② 주교단 상임위원회에서 있었던 합의가 왜 주교단회의에는 상정되지 않았는지를 해명해 달라는 것'이었다. 이 자리에서 사제들은 지학순 주교 사건에 대해 독자적인 태도 표명과 앞으로의 공동행동을 모색하는 문제에 대하여 진지한 토의를 가졌다.

사제단은 이때의 토의에 따라 9월 11일, 명동성당에서 열린 기도회에서 '사제단'이라는 이름으로 그동안 진행된 지학순 주교의 재판 과정을 날짜별로 정리한 「지학순 주교의 재판 과정」이라는 제목의 유인물과, 사제단과 평신도사도직협의회 공동으로 채택한 결의문을 발표했다. 이 자리에서는 지학순 주교가 감옥에서 내보낸 '옥중서한'도 공개되었다. 마침 이날은 지학순 주교가 비상보통군법회의에서 징역 15년에 자격정지 15년을 선고받은 날이기도 했다.

이렇게 천주교정의구현전국사제단이 그 결성을 향해 한 발짝씩 나아가고 있었다. 그 한가운데에는, 그리고 사제들이 모인 곳이면 그 어디에나 신현봉 신부가 있었다. 그는 전국 방방곡곡에서 개최되는 기도회에 부지런히 참석했다. 그는 원주교구를 상징하거나 대표하는 사제로 그 자신의 참석이 다른 동료 신부들에게는 사제단의 참여를 요구하는 무언의 압력이 되었다.

9월 23일, 원주에서 300여 명의 사제들이 모여 성직자 세미나를 열고, '천주교정의구현전국사제단' 이름의 조직을 결성하기로 결의하면서 사제단이 중심이 되어 앞으로 집중적인 '인권회복과 민주회복을 위한 기도회'를 전국을 순회하며 계속하기로 결정했다. 이러한 합의를 거쳐, 그 첫 기도회를 마친 후 이들은 '지학순 주교 석방' 등의 구호를 외치며 가두시위를 진개했다.

9월 26일, '천주교정의구현전국사제단'이라는 이름으로 발족한 사제단이 명동성당에서 개최된 '순교자찬미기도회'에서 창립을 알리는 「제1시국선언」을 발표함으로써 세상에 그 이름을 드러낸다. 이날 미사는 황민성 주교가 집전하고, 강론은 김광혁 신부가 맡았다. 60여 명의 사제와 200여 명의 수도자, 그리고 2,000여 명의 신자들은 기도회가 끝난 뒤 '유신헌법 철폐하라', '민주헌정 회복하라', '구속자를 석방하라'는 현수막을 들고 구호를 외치며 명동파출소 앞까지 평화적인 시위를 벌였다. 이 과정에서 신현봉 신부가 연행되었다. 그러나 이날의 시위는 천주교정의구현전국사제단의 창립을 알리는 역사적인 시위였다. 제1선언문은 박상래 신부가 썼는데, 중요한 대목 하나를 소개하면 다음과 같다.

"민주제도는 정치질서에 있어서 국가공동체가 그 본연의 사명을 완수할 수 있는 가장 적절한 정치제도임을 우리는 믿는다. 교회는 이와 같은 인간의 존엄성과 소명, 그의 생존권리, 기본권을 선포하고 일깨우고 수호할 권리와 의무를 가진다. 그러기에 교회는 그 기본권이 짓밟히고 침해당할 때면 언제, 어디서나 피해자나 가해자가 누구이든 그의 편에 서서, 그를 대변하면서 유린당한 그의 권리를 회복해 주기 위하여, 그를 거슬러 항변하고 저항하고 투쟁할 권리와 의무를 가진다."

사제단은 "조국을 위하여, 정의와 민주회복을 위하여, 옥중에 있는 지 주교님과 고통받는 이들을 위하여 이 기도회를 바칩니다"라고 하여 이 기도회가 지향하는 바를 분명히 밝히고 있거니와, 사제단의 기도회가 단순히 지학순 주교의 석방을 위한 것만이 아니라 인권회복, 인간회복, 민주회복을 위한 것으로 확대발전시켜 나간다. 이후 사제단은 기도회를 계속하면서 「제2시국선언」(1974. 11. 6), 「사회정의실천선언」(1974. 11. 20), 「제3시국선언」(1975. 2. 6), 「민주 · 민생을 위한 복음운동을 선포한다」(1975. 3. 10) 등을 통해 교회 안에서는 물론 한국사회에서 민주화 운동의 중심체로 그 활동을 심화해 나간다.

천주교정의구현전국사제단은 제2차 바티칸 공의회를 거친 교회사의 큰 흐름과 그 가르침, 그리고 박정희 유신체제의 강폭한 탄압 과정에서 빚어진 지학순 주교의 구속이라는 한국 사회의 현실이 빚어낸 역사적 산물이었다. 기도회를 어디서 개최하느냐도 중요한데, 초기 교회 때 박해의 상징이었던 명동성당은 그곳에서 기도회가 열리면 열릴수록 한국 교회의 중심으로서뿐만 아니라, 한국 민주화운동의 중심이자 상징으로 떠오르기 시작했다. 게다가 제2차 바티칸 공의회의 정신을 그 누구보다 일찍 체득하고, 그 정신을 한국의 현실에서 구현해 보려고 노력했던 지학순 주교의 행동과 김수환 추기경의 정신적 지원, 그리고 제2차 바티칸 공의회 이후에 서품된, 공의회 정신의 세뇌를 받은 젊은 신부들이 있어 역사적으로 사제단이 탄생할 수 있었다. 제2차 바티칸 공의회의 정신과 그 흐름, 명동성당의 상징성, 그리고 김수환 추기경과 지학순 주교 같은 지도자와 젊은 사제들, 이것이 당시 한국 교회 민주화운동의 삼위일체가 아니었나 생각한다. 이후 박정희 유신체제와 전두환 군부독재 아래서, 사제단의 존재는 '암흑 속의 횃불'이었으며, 그 발언은 '말씀의 폭풍' 그 자체였다.

사제단이 출범하기까지 신현봉 신부의 활동은 눈물겨웠다. 그의 지성스러움이 마침내 사제단 탄생으로 이어진 것이다. 그런 의미에서 신현봉 신부야말로 사제단 탄생의 산파였고, 신현봉 신부와 최기식 신부가 전국을 누비며 활동할 수 있게 한 서울의 구심처 가톨릭출판사는 사제단 탄생의 산실이었다. 가톨릭출판사에서는 두 분 신부의 거처를 제공했을 뿐만 아니라 사제단이 준비 · 발표하는 모든 문건을 찍어 줬다. 그것은 당시로서는 출판사의 사활을 건 모험이었다.

로마의 울바노 대학에서 학위를 마치고 돌아온 함세웅 신부를 비롯해, 그의 동기생들인 김택암, 양홍, 안충석 신부, 그보다 조금 아래인 오태순, 장덕필 신부, 그리고 연배인 김승훈 신부가 서울의 주축이 되었나. 여기에 인천교구의 김병상, 황상근 신부, 전주교구의 문정현 신부, 대전교구의 이계창, 청주교구의 김광혁, 부산교구의 송기인, 안동교구의 류강하, 정호경 신부 등이 특히 적극적이었다. 여기에 메리놀회, 골롬반회, 파리외방전교회 소속 외국인 신부들의 합류는 사제단이 결성되고 그 이후에 활동하는 데 커다란 힘이 되었다.

당시의 사제단은 두려움을 몰랐다. 1년이 넘게 쉬쉬하던 최종길 교수 사건에 대해 "최종길 교수는 고문치사되었다"는 폭풍과도 같은 진실을 밝히고 나선 것이나, "인혁당 사건은 조작되었다"고 감히 폭로하고 나설 수 있는 개인이나 집단은 당시에 아무도 없었다. 사제단의 활동과 발언은 그것이 위험했던 것만큼 위력적이었다.

원주선언

"우리 신 · 구교회의 성직자는 천주교 원주교구에서 가진 일치주간행사에 참가하고 '모든 이로 하여금 하나가 되게 하소서'(요한 17:21) 하신 구세주의 기도를 우리의 것으로 확인했다. 인간은 한 어버이신 하느님의 자녀이기 때문에 모든 인간, 특히 억압받고 고통당하는 이웃들에 대한 사랑은 곧 하느님께 대한 사랑임을 거듭 확인했다. 이제 우리 신 · 구교회는 전 민중과의 일치를 지향하면서 우리의 견해를 이에 밝힌다."

이 글은 1976년 1월 23일, 원주에서 치러진 일치주간행사를 마치고, 신·구교회의 성직자들이 서명해서 발표한 이른바 '원주선언'의 맨 앞부분이다. 굳이 일치주간행사를 내세우고 있지만, 이 선언문은 종교적인 색깔보다는 유신정권을 반대하고 거부하는 시국선언적 의미가 훨씬 강했다. 말하자면 일치주간행사를 계기로 신·구교회 성직자들이 만나고, 그런 공식적 모임을 통해 시국선언에 합의한 것이다. 그것은 선언의 그다음 내용을 보면 더욱 명백해진다.

"안보의 목적이 되는 가치가 명백하지 않고, 국민적 합의 없이 말해지는 총화는 도리어 자유를 질식시키고, 민주주의의 숨통을 끊음으로써 참된 안보와 총화를 해치는 구실이 될 뿐이다. 안보를 위하여 민주주의를 사실상 포기하여야 한다는 주장은 절도를 피하기 위하여 가진 재산을 모두 불태워 없애야 한다는 주장과 같다."

"우리는 민주인사들을 비애국으로 탄압하면서 애국과 안보를 혼자 떠맡은 듯이 하던 티우(베트남 대통령)와 론놀(크메르 공화국 초대 대통령), 바로 그 자신이 결정적인 시기에 조국을 버리고 거금을 써서 도망친 사실을 깊이 음미해야 한다. 배는 난파되어도 선장용의 구명용 보트만은 안전했다는 사실은 압제자의 운명과 민중의 운명은 어떠한 경우에도 절대로 일치할 수 없다는 사실을 웅변해 주는 것이다."

"김지하 사건은 민주세력 파괴책동의 새로운 모습을 보여 주고 있다. 박형규 목사에 대한 이른바 선교자금횡령 사건 재판은 현 정권의 종교탄압이 거의 광태에 이르렀음을 보여 주고 있다.…… 많은 학생들이 다시 영장도, 기간도 없이 투옥되었으며, 민주세력에 대한 사찰과 감시는 전례 없이 강화되었다. 우리는 현 정권이 수치스러운 재판놀음을 즉각 걷어치우고 투옥된 민주 인사, 애국학생들을 즉각 석방할 것을 요구하며, 이것이 오늘의 안보위기를 타개하기 위한 하나의 선결요건임을 주장한다."

긴급조치 9호에 대한 정면 대응

그럼 원주선언은 어떻게 나오게 된 것일까? 1973년 하반기부터 고조되기 시작한 반유신투쟁은 1974년 1월, 마침내 긴급조치 1, 2호를 발동하게 했고, 4월 3일에는 이른바 긴급조치 4호를 발동한 뒤, 이를 소급하여 전국에서 1천여 명이 연행, 구속되고 그 가운데 250여 명이 비상군법회의에서 평균치 10년에서 최고 사형에 이르는 판결을 받아 복역했다. 이 가운데는 지학순 주교, 박형규 목사, 김동길, 김찬국 교수 등도 들어 있으며, 윤보선 전 대통령도 불구속이지만 법정에 서야 했다.

1974년 10월, 《동아일보》를 비롯한 언론사에서 자유언론실천투쟁이 일어나고, 12월에는 재야 민주화투쟁 단체로 민주회복국민회의가 발족되어 민주화를 선도하고 있었다. 그리고 천주교정의구현전국사제단을 위시해 신·구교회의 민주화운동이 더욱 활발해지고 있었다. 그리고 해외에서 한국 민주화에 대한 압력이 거세지자 박정희 유신정권은 1975년 2월 12일, 유신헌법에 대한 찬반 국민투표를 실시한다. 반대토론이 허용되지 않고 관권을 동원한 투표였지만, 초등학교 교사, 공화당원들에 의한 관권개입이 양심선언으로 폭로되었다. 이러한 가운데 유신정권은 2월 15일 긴급조치 1, 4호로 구속된 인사들을 구속집행정지 또는 형집행정지 결정으로 석방했다. 잠시나마 이 땅에는 해빙의 기운이 감돌았다.

그러나 그러한 자유의 숨결은 잠깐이었다. 김지하가 형집행정지로 석방된 지 23일 만에 인혁당 사건 조작 발언으로 반공법 위반 혐의로 재구속되고, 인혁당 재건위 사건 관계자들이 대법원 판결이 있은 지 18시간 만에 8명의 사형이 집행되었다. 정국이 다시 깜깜한 어둠 속으로 빠져들기 시작하자 서울농대생 김상진이 4월 11일 양심선언을 남기고 장렬하게 죽음을 선택했다. 4월 30일 월남이 패망하자 동병상련하던 박정희정권은 체제위기를 느끼지 않을 수 없었고, 그렇게 하여 다시 발동한 것이 긴급조치 9호였다.

긴급조치 9호는 형량을 조정하기는 했지만, 긴급조치 1, 4호의 내용을 포함해, 유신에 반대하는 일체의 행위를 처벌할 수 있게 만든, 긴급조치의 종합세트 같은 것이었다. 박정희는 1975년 5월 13일에 발동한 긴급조치 9호를 그가 죽는 날까지 지속했다. 5월 22일, 서울대에서 이른바 '오둘둘(5·22) 사건'이라는 학생데모 사건이 일어나 긴급조치 9호 발동을 일단은 무색하게 했지만, 이 사건은 학생운동의 잔존 역량을 모두 소진시키는 결과가 되었다. 이때부터 긴 침묵의 겨울이 강요되었다. 민주회복국민회의의 활동도 철저히 봉쇄되었다. 언론은 더욱 심하게 통제 · 위축되고 있었다.

다만 신 · 구교회의 기도회만이 겨우 명맥을 유지했다. 그나마 신부, 목사들의 활동도 도청, 미행, 동행, 연금, 감금 등으로 결코 자유스럽지 않았다. 재구속된 김지하는 1975년 5월, 재판부 기피신청으로 시간을 벌고, 그해 8월 4일, 일본 가톨릭 정의평화협의회의 양심선언 발표로 죽음의 공포로부터 벗어났으나, 더욱 혹심한 감시와 탄압을 받게 되었다. 김지하의 어머니 정금성 여사는 자식의 생명에 대한 안위를 걱정하며 전국의 신 · 구교회 기도회에 찾아다니며 김지하의 구명을 호소했다. 김지하는 1975년 9월 16일에 제1심 구속기간이 법적으로 완료되자 유신정권은 민청학련 사건으로 받은 무기징역형에 대한 형집행정지 결정을 취소해 계속 구속 상태로 신병을 확보했다. 김지하의 어머니는 기도회마다 찾아다니며 호소문을 써서 배포하거나 신부나 목사가 낭독하게 했다. 또 긴급조치 9호 발동 이후 이루어지고 있는 유신정권의 인권유린과 탄압을 '경과보고'라는 형식으로, 문정현 신부 등이 기도회에서 낭독 또는 배포했다.

이러한 가운데서 원주에서의 신 · 구교회 성직자의 회동과 원주선언이 치밀하게 준비, 기획되었다. 가톨릭 교회력으로 연중 제4주가 일치주간(1월 18일에서 25일까지)이었고, 자연스럽게 신 · 구교회 성직자들이 만날 수 있는 명분으로 신 · 구교회의 교회일치행사를 설정한 것이다. 그리고 이러한 계획은 지학순 주교에게도 보고되었다. 1974년 7월, 민청학련 사건으로 구속되었던 지학순 주교는 자신이 감옥에 있는 동안 민주회복운동을 대신해 준 신 · 구교회 관계자들에게 감사와 격려의 뜻을 전하고 싶었고, 한 번쯤은 원주로 모시고 싶어 했다. 원주모임은 이러저러한 사연을 담아 이루어진 것이었다.

공식적으로 일치주간과 관련한 강론은 안동교구장 두봉 주교가 맡았다. 그리고 2부 순서에서 신현봉 신부는 '누가 우리의 주인입니까?'라는 제목의 강론을 맡는데, 신현봉 신부는 이미 1월 12일 이전에 원주선언과 강론초고를 거의 준비해 놓고 있었다(재판기록). 원주선언과 강론초고는 서울에서 내가 준비한 것이었다. 그것을 서울과 원주를 오가면서 운반한 사람은 김지하의 어머니 정금성 여사였다. 긴급조치 9호 이후 서들의 감시와 탄압이 엄혹해서 이때 어머니들의 활동은 정말 눈물겨운 것이었다.

원주선언은 이렇게 준비되었다. 신현봉 신부의 강론을 들어 보자.

> "일치하자는 것은 신 · 구교회뿐만 아니라 모든 민중과 일치하자는 것입니다. 이는 주님께서 돌아가시기 전날 저녁에 '모든 이로 하여금 하나 되게 하소서'라고 간구하신 기도에 명백히 나타나고 있습니다. 무엇을 어떻게 하는 것이 일치하는 것입니까! 그것은 '너희는 벙어리와 버림받은 이의 권리를 찾아주기 위하여 입을 열어라. 정의로운 판단을 내리며 불행한 자와 궁핍한 자의 권리를 찾아 주어라(잠언 31.8~9). 억눌린 이와 고아를 감싸 주어라. 약하고 아쉬워하는 자를 구하여 주고 악인들의 손아귀에서 그를 빼내 주어라'(시편 82.3~4) 하신 주님의 뜻을 실천하는 것입니다."

"김지하 시인이 몰래 양심선언을 밖으로 내보냈다 하여 옆방 사람들과 얘기를 할 수 없게 하려고 좌우 10여 개의 방을 전부 비우고는 독방으로 옮겼다고 합니다. 거기다가 김지하 한 사람을 감시하는 사람이 10명이나 늘어났다고 합니다. 10명이면 눈이 20개입니다. 거기다가 카메라까지 설치하고는 그 앞에서 하루 24시간을 감시하는 사람이 있다는 것입니다. 김지하의 부모와 아내도 작년 5월 19일에 면회를 한 뒤 지금까지 면회를 못 했다고 합니다. 성경도 넣어 주지 않는다고 합니다. 복음서가 받고 있는 부당한 대접을 신·구교회는 일치단결하여 철폐시켜야 하겠습니다."

"금준미주는 천인혈이요　　金樽美酒 千人血
옥반가효는 만성고라　　玉盤佳肴 萬姓膏
촉루락시에 민루락이요　　燭淚落時 民淚落
가성고처에 원성고라　　歌聲高處 怨聲高

금잔 속의 맛있는 술은 천 사람의 피요, 옥쟁반의 맛있는 안주는 만백성의 기름이라. 촛불에 촛농이 떨어질 때 만백성의 눈물이 떨어지고 노랫소리 높은 곳에 백성의 원망소리 높다.

춘향전에 나오는 얘기입니다. 신문보도에 의하면 근로자의 하루 일당이 5원짜리도 있다고 합니다. 그런데 칠공자라고 재벌들의 아들들은 하루 저녁 수천만 원을 뿌리고 다닌다는 신문기사도 있습니다.

몇 사람을 배불리기 위해 만백성이 굶주리고 희생되고 억압되고 수탈 당해야 하는 것이 저들이 말하는 '국민총화'입니다."

"이 자리에는 군인, 공무원, 경찰도 있을 것입니다. 우리는 그분들을 미워하지 맙시다. 억압과 수탈이 없어지면 그들 모두가 우리의 형제입니다. 모두 인간성을 회복할 것입니다. 이 자리를 빌려 그분들에게도 일치를 호소합니다. 참된 일치는 화해의 일치요, 쇄신의 일치라고 제2차 바티칸 공의회는 천명했습니다. 우리가 불의를 거부하고 저항하는 것 또한 우리와 더불어 그들의 인간성을 회복시키기 위한 것입니다. 그리고 지금 우리가 더 먼저 사랑하고 보살필 사람은 그리스도가 당신 자신과 동일시하여 선포하신 묶인 사람, 억눌린 사람, 눈먼 사람입니다."

신·구교회 성직자들은 미사가 끝난 뒤 개운동에 있는 원주교구 교육원으로 자리를 옮겨서 시국에 관한 견해들을 나누는 시간을 가졌고, 이때 신현봉 신부가 준비한 문건을 대전교구의 이계창 신부가 낭독하고, 이어서 참석자들의 서명을 받았는데, 먼저 손님으로 온 개신교 성직자들이 서명했다. 서남동, 문익환, 문동환, 함석헌, 조화순 등에 이어서 함세웅, 신현봉, 김택암 신부 등이 서명했다. 당시에는 제목이 없었지만 뒷날 이것은 '원주선언(The joint Declaration of the Protestant and Catholic church men for the unity of Democracy and Public Affairs)'이라 불렸다. 그리고 서명을 계속할 요량으로 백지가 뒤에 첨부되어 있었다. 원주선언은 도입부에 이어서 9개항에 걸쳐서 명쾌하게 서명자들의 시국에 대한 입장을 천명하고 있다. 결론부에서는 "평화에서 패배하면 우리는 모든 것에서 패배한다"라면서 우리 안에서의 진정한 화해와 평화의 정신만이 현재의 안보위기를 극복하는 첩경임을 확인하고, 항구적인 평화와 민족의 재통일을 위한 실질적인 남북대화를 진전시킬 것을 요구하고 있다.

개신교 목사들은 일치주간행사를 주최한 가톨릭 측에 경의와 함께 신현봉 신부의 강론과 원주선언의 추진과 그 내용에 깊은 감명을 표시했다. 이들은 앞으로 개신교 차원에서 이와 같은 일을 모색하겠다는 생각을 하면서 원주선언 사본을 한 부씩 챙겨 가지고 갔다. 그리고 서울로 돌아와 개신교 차원에서 원주선언과 같은 시국선언을 모색했다. 당시는 탄압이 극도로 혹심했을 때라, 국내 신문에는 단 한 줄도 보도될 수도 없었으려니와 이런 상황 속에서 더 이상의 서명은 확대되지 않았다. 다만 내가 원주선언을 일본 가톨릭 정의평화협의회에 보내 그 사실을 알렸다. 그것은 일본 가톨릭의 교회 문서로 번역되어 언론과 교회에 소개되었다.

3·1 민주구국선언으로 연결

한편 원주선언 사본을 가지고 올라온 개신교 목사들은 개신교 차원에서 원주선언과 같은 신앙고백 또는 시국선언을 모색했다. 제일 열심인 사람이 문익환 목사였다. 당시에 문익환 목사는 세상에 그 이름이 널리 알려지지 않은 신학자요 목사였다. 만주 용정(龍井)서 윤동주와 함께 공부한 문학청년이었고, 죽은 장준하가 자신을 부르고 있다면서, 그 무렵 민주화투쟁에 매우 열성적이었다. 이렇게 시국선언을 준비하고 있는 가운데 3·1절이 다가오고 있었다.

3·1절이 다가오자 이를 계기로 시국에 대한 견해를 밝히려는 움직임이 몇 갈래로 나타났다. 하나는 김대중과 정일형, 이태영 쪽에서 모색하고 있었고, 문익환 목사가 다른 하나를 준비하고 있었다. 김대중 쪽은 신중을 기해 긴급조치에 명시적으로 걸릴 표현을 삼가는 내용으로 그 초안이 작성되어 있었다. 문익환 목사가 추진하고 있는 시국선언은 문익환 목사의 체취와 성향이 다분히 반영된 내용으로 되어 있었다. 그리고 가톨릭 측에서는 명동성당에서 제57회 3·1절 기념미사를 준비하고 있었다.

두 갈래로 준비되고 있던 시국선언은 당연히 안국동 윤보선 전 대통령에게 전달되어 그의 서명을 간청하기에 이르렀다. 당시 윤보선 전 대통령은 반유신투쟁에 매우 적극적이었으며, 그 중심에 있었다. 부인 공덕귀 여사는 구속자가족협의회와 개신교 여성운동을 이끌고 있어 안국동은 민주화운동 세력과 구속자 가족들이 모이는 사랑방 역할을 하고 있었다. 윤보선 전 대통령은 양쪽에서 올라온 선언문에 다 같이 유신헌법 철폐, 긴급조치 무효라는 명백한 입장을 요구했다. 그렇게 하여 김대중 쪽 선언문보다는 강경한 문익환 목사가 초안한 선언문에 이와 같은 명백한 입장을 밝히는 것으로 선언문이 마련되었다.

모든 일은 문익환 목사가 했지만 자신은 서명에서도 빠졌으며, 자신이 이 일에 관여하지 않은 것으로 하려 했다. 그는 그때 신·구교 공동번역 성서 작업을 가톨릭신학대학의 선종완 신부와 진행하고 있었다. 자신이 문제가 되면 구약성서 공동번역 작업에 차질이 생길 것을 우려했기 때문이었다. 나는 그때가 참으로 엄혹한 때라 자칫 대량 구속 사태를 우려해서 해위 윤보선의 이름으로 독자적인 3·1 선언을 발표하고, 그것을 신·구교회 성직자들이 지지하는 형식으로 하는 것이 희생을 줄일 수 있는 길이라 생각하고, '새벽의 집'으로 찾아가 이우정 교수를 만났지만 이미 시작된 진행을 막을 수는 없었다.

막상 선언문과 서명작업은 그런대로 진행되었으나 정작 그것을 발표할 장소가 없었다. 문익환 목사는 명동성당에서 3·1절 기념미사가 있다는 이야기를 듣고, 그 미사의 2부 순서에서 발표할 기회를 달라고 신현봉 신부에게 요청했고, 신현봉 신부는 함세웅 신부에게 그 뜻을 전달해 3월 1일 명동성당에서 발표하게 되었다. 이때 신현봉 신부는 3·1 민주구국선언문을 전달받았다. 최종 서명자는 윤보선, 함석헌, 정일형, 김대중, 윤반웅, 안병무, 이문영, 서남동, 문동환, 이우정 등 10명이었다. 처음부터 가톨릭 신부들은 서명 대상자가 아니었고, 따라서 서명을 요구받지도 않았다. 신부들은 원주선언에 서명했을 것이므로, 이번 서명에서는 제외되었다.

3·1절 기념미사는 1976년 3월 1일 오후 6시 명동성당에서, 전국에서 올라온 20여 명의 사제단 신부들이 공동 집전하고 2천여 명의 신·구교회의 관계 인사 및 신자가 참석한 가운데 열렸다. 1부와 2부

로 나누어 진행된 이 미사에서 1부에서는 김승훈 신부가 강론을 하고, 2부에서는 개신교의 문동환 목사가 설교를 맡았다. 이어 2월 16일 전주에서 있었던 기도회의 경과보고 형식으로 전주에서 올라온 문정현 신부가 김지하 어머니의 호소문을 낭독했으며, 마무리 기도 형식으로 이우정 교수가 3·1 민주구국선언을 낭독하면서 "이것이 개신교 목사와 신도들이 마음을 모아 드리는 기도입니다"라고 끝맺었다. 그리고 9시 45분경 3·1절 기념미사는 조용히 끝났다.

기도회는 조용히 끝났지만, 3월 2일부터 이 미사와 관계된 인사들이 개별적으로 여기저기서 사라지기 시작했다. 그러더니 3월 10일, 오후 5시 30분, 서울지검 서정각 검사장은 "일부 재야 인사들은 기회 있을 때마다 반정부 분자를 규합하여 그동안 각 계열별로 민주회복국민회의 또는 갈릴리교회 등 종교단체 또는 사회단체를 만들어 각종 기도회, 수련회, 집회 등 종교행사를 빙자하여 수시로 회합, 모의하면서 긴급조치 철폐, 정권퇴진 요구 등 불법적 구호를 내세워 정부 전복을 선동했다"면서, 이와 관련된 20명을 긴급조치 9호 위반으로 입건했다고 발표했다. 이른바 '3·1절 명동성당 민주구국선언 사건'이 세상에 그 모습을 드러낸 것이다.

유신정권은 '3·1절 명동성당 민주구국선언 사건'을 계기로 당시 유신권력에 반대하던 신·구교회 관계자들을 각기 다른 혐의를 씌워 투망식으로 잡아들였다. 우선 구국선언 서명자는 10명인데, 기소된 사람은 18명이나 되었다. 그리고 1월 23일 원주 원동성당에서 있었던 신·구교회의 일치주간 기도회와 원주선언, 그리고 2월 16일에 전주교구 사제단이 주최했던 기도회도 문제 삼았다. 이는 어떻게 보면 표적사냥이었다. 혐의가 있어서가 아니라, 목표를 정해 놓고 혐의를 만드는 식이었다. 이렇게 해서 가톨릭 쪽에서 함세웅, 문정현, 신현봉 신부가, 개신교 쪽에서는 서명자 외에 문익환, 이해동, 이태영이 구속되었고, 장덕필, 김승훈 신부가 불구속으로 기소되었다. 3·1절 미사에서 강론을 하고 사회를 봤다는 이유에서였다.

이렇게 묶은 3·1 민주구국선언 사건은 거꾸로 재야 민주세력 내부를 더욱 튼튼한 끈으로 묶어 주는 고리가 되었으며, 전직 대통령과 야당의 대통령 후보가 포함되어 있어 전 세계적인 관심을 끄는 사건이 되기에 충분했다. 이 사건의 재판은 1심이 그해 5월부터 8월 28일 선고공판까지 15차례, 항소심 공판은 그해 11월 13일부터 12월 29일까지 각각 주 1회꼴로 진행되었다. 이는 김지하 재판과도 맞물려, 대전교구 이계창 신부 등은 재판방청기록을 교구 주보에 실어 두 개의 재판과정을 자세하게 세상에 알렸다.

유신검찰은 1976년 1월 23일, 원동성당에서 행한 신현봉 신부의 강론, 원주선언, 경과보고, 김지하 어머니의 호소문 등이 긴급조치 9호를 위반했다고 기소하면서도, 무엇이 어떻게 긴급조치 위반인지는 물론 증거조차 내놓지 않았다. 아마도 그 증거가 세상에 드러나면, 유신체제의 불법성과 그 횡포가 백일하에 밝혀질 것이 두려웠기 때문이었을 것이다. 신현봉, 문정현 신부는 "증거조사로 진실을 밝히자"면서 줄기차게 김지하, 박형규, 김관석, 정금성, 지학순 등의 증인신청을 했지만 재판부는 그 어느 것 하나도 받아들이지 않았다. 재판부 기피신청도 받아들여지지 않았다.

재판정에서의 해프닝도 많았다. 변호인이 법정에서 윤보선 전 대통령을 '각하'로, 김대중 전 신민당 대통령 후보를 '후보'로 부르자 검찰이 '피고인'으로 부르라고 요구해, 격론이 일기도 했다. 함석헌은 "역사적인 재판에 앉아서 신문을 받을 수 없으니 서서 하겠다"라면서 신문이 계속되는 동안 내내 서서 답변했고, "현 정권하에서의 재판이지만 하느님의 법정 즉 역사의 법정에 선다"라는 생각으로 상복인 베옷을 입고 나왔다. 또 진술을 시작할 때는 재판장을 보고 하다가 차츰 변호인 쪽으로 방향을 돌리고 다시 방청객을 향해서 진술을 했다. 신현봉 신부는 함석헌의 베옷 상징을 곡(哭)으로 대치해 1976년 12월 18일에 열린 2심 최후진술 때 "아이고, 아이고!" 하면서 곡으로 시작했다. 재판장이 무슨 일이냐고 묻자 "민주주의와 인권이 죽었기 때문에 조의를 표하는 것"이라고 했다.

신현봉 신부는 1976년 1월 23일, 원동성당에서 행한 강론과 교육원에서 이계창 신부가 낭독하고 개신교 목사들의 서명을 받은 원주선언에 대해 집중적으로 추궁을 받았다. 또한 1975년 8월에 봉산동성당에서 사무장 임득종이 철필작업을 해서 작성한 '경과보고'에 대해 신문을 받았는데, 그들은 정작 그 증거들을 제시하지는 않았다. 이는 지나가는 사람을 붙들고 "네가 그때 이러이러한 범죄를 저지르지 않았느냐"라고 무턱대고 삿대질하는 것이나 다름없었다. 재판부는 끝내 아무런 증거도 없이 공소사실을 모두 유죄로 인정했다.

긴급조치 9호 발동 이후에는 경향 각지와 학생운동권, 노동운동 분야 그리고 신 · 구교회에서 일어나고 있는 인권탄압 사실이나 저항운동을 그때그때 정리해, 기도회 등에서 '경과보고'라는 형식으로 소식을 전하는 것이 하나의 관례가 되었다. 따라서 경과보고의 내용은 시일이 지남에 따라 그 내용이 늘어나기 마련이었다. 따라서 2월 16일 전주에서 있었던 기도회에서의 경과보고와 3월 1일 명동성당에서 문정현 신부가 행한 경과보고는 그 내용이 다를 수밖에 없었다. 유신권력이 만약 경과보고를 긴급조치 9호의 사실 왜곡으로 처벌하려면 저들이 정보력으로 입수한 경과보고를 먼저 증거로 제출하고, 그것을 놓고 사실 왜곡이 있느냐 없느냐를 따지면 될 일이었다. 그러나 저들은 증거를 제출하지 않고 무조건 이들이 사실을 왜곡, 긴급조치 9호를 위반했다고 일방적으로 몰아세웠고, 유신 재판부는 그것을 그대로 인정했다.

또 하나 에피소드라면 이런 일이 있었다. 공덕귀 여사는 문익환 목사가 안국동에 왔었다는 이야기를 하지 말라고 해서, 정보부에 끌려가 조사 받을 때 문익환 목사는 이 일에 관계가 없다고 한사코 우겼다. 한참을 우기고 있는데 수사관이 난데없이 문익환 목사의 신문조서를 보여 주었다. 거기에는 자신이 3 · 1 민주구국선언을 주도한 것은 물론 자신은 공동번역 성서를 매듭지어야 하므로 자신이 한 일을 비밀에 부쳐 달라고 한 사실까지 그대로 진술되어 있었다고 한다. 문익환 목사는 거짓말을 할 수 있는 사람이 아니었다. 천진무구 바로 그런 사람이었다. 대지(大智)는 약우(若愚)라는 말이 있는데, 과연 문 목사는 그런 사람이었다.

신현봉 신부는 항소심 최후진술에서 이렇게 말했다. "우리 사제단을 보복하기 위해 3·1 명동성당 민주구국선언 사건의 이름으로 원주와 전주의 과거 기도회까지 끄집어내고 있다. 이것이 정치보복이 아니고 무엇인가? 우리의 몸뚱이는 가둘 수 있어도 신앙과 양심은 결코 가둘 수 없다. 긴급조치로 묶인 많은 학생들을 석방하라. 나는 김지하와 함께가 아니라면 나가기를 원하지 않는다. 역사에 오점이 찍히지 않도록 판결하기 바란다."

그리고 상고이유서에서도 김지하의 무죄와 석방을 요구하면서 구태여 자신을 변호하려 하지 않았다. 함세웅 신부의 상고이유서는 "나는 왜 유신체제를 반대하는가"라는 제목으로 유신체제가 자연법에 반하는, 하느님을 모독하는 폭군적 체제라고 주장하면서 유신헌법을 조목조목 비판했다. 그리고 그 연장선 위에서 유신체제하에서의 크리스천의 길은 "나더러 주님, 주님 하고 부른다고 다 하늘나라에 들어가는 것은 아닙니다. 하늘에 계신 내 아버지의 뜻을 실천하는 사람이어야 들어갈 수 있습니다"(마태오 7.21) 하는 성경 구절을 인용해, 형제자매들의 고통을 아파하고, 그렇게 만들고 있는 죄악의 뿌리에 칼을 들이대는 것이라고 역설하면서, 평화시장의 전태일의 사랑과 분신을 되새기고 있다.

문정현 신부는 자신은 수사기관(정보부)에서 원주선언, 경과보고, 신현봉 신부의 강론 등을 입수, 보관하고 있다는 사실을 확인했는데, 왜 그 증거를 제시하지 않고 공소사실을 조작하는지에 대해 항변했다. 그는 양심을 가진 사람이 죄수가 되는 풍토에서 스스로가 죄수임을 자처하는 데 주저하지 않지만 그러나, 첫째는 진실을 밝히자는 목적에서, 둘째는 과연 대한민국 법정이 진실을 밝혀낼 수 있는지를 묻기 위해 상고를 제기한다고 했다. 또 그는 인혁당 사건의 조작성을 낱낱이 폭로했다. 상고이유서에 제시된 조작의 근거들은 뒷날 인혁당 사건 재심에도 중요한 자료로 원용되었다. 끝으로 문정현 신부는 김지하의 사상도 신앙의 입장에서 변론했다.

3·1 민주구국선언 사건 이후

3·1절 명동성당 민주구국선언 사건은 여러 가지 점에서 역사적으로 중요한 사건이었다. 우선 관련자들의 비중이나 사회적 명망은 광범한 국내외의 관심과 지원을 불러일으켰다. 일본과 미국에서, 그리고 독일에서 구명과 지원운동이 일어났다. 그러나 당시의 민주화투쟁이나 인권운동이 거의 이 사건을 중심으로 전개되었기 때문에 학생 사건이나 노동운동탄압 사건은 관심과 지원이 상대적으로 소홀해질 수밖에 없었다. 다 같은 정치범이자 양심범인데도 보이지 않는 불평등이 생겨났다.

또 신·구교회 관계자들이 함께 구속되고, 게다가 김대중 같은 정치인도 끼어 있어 민주세력의 상호연대와 협력에도 크게 기여했다. 관련자들이 상당 기간 동안 재야 민주화운동의 중심이 될 수 있었던 것도 이 사건이 계기가 되었다고 할 수 있다. 다른 한편으로는 1987

년 6월 민주항쟁 이후의 민주화 과정에서 3·1 민주구국선언 사건으로 구속된 사람들의 대부분이 김대중에 대한 비판적인 지지자로 가게 된 것도 이 사건과 결코 무관치 않다.

이 사건은 가톨릭 내부에서 사회 참여에 적극적인 신부와 이를 반대하는 사제들 사이에 갈등을 불러오는 빌미가 되기도 했다. 이 사건이 발표된 지 닷새 만에 열린 기도회에서 김수환 추기경은 이렇게 말하면서 조심스럽게 참여한 사제들을 두둔했다.

> "저는 이번 사건에 관련된 신부님들을 무조건 잘했다고는 말하지 않겠습니다. 그렇다고 그들이 아주 잘못했다고도 생각지 않습니다. 왜냐하면 그들의 행위가 정부를 전복하기 위해서 한 것이 아님이 명백하기 때문입니다. 또한 그들 나름대로 신앙적 소신과 양심에서, 더 나아가 애국심에서 이 나라와 겨레를 더욱 밝고 더욱 의로운 나라로 만드는 데 최선을 다하겠다는 뜻에서 행동했음을 의심치 않기 때문입니다.…… 1974년에 있었던 주교 시노드는 세계 정의에 대한 문제를 다루는 문서에서 분명하게 교회는 사회의 정의 구현을 위해 최선을 다해야 함을 가르쳤습니다. '사회정의 구현의 노력은 복음선교의 본질적 요소다'라고 까지 천명했습니다."

나는 3·1 민주구국선언 사건의 재판 과정을 정리해, 일본 가톨릭 정의평화협의회에 보내는 일을 했다. 일본 가톨릭 정의평화협의회에서 한국 관련 일을 맡아 보던 송영순은 이를 와다 하루키 교수와 함께 번역해, 기자회견 또는 가톨릭 소식지로 간행 · 배포하는 한편, 《세카이(世界)》의 「한국으로부터의 통신」에 실었다. 매우 유감스러웠던 것은 개신교 쪽은 김대중과 개신교 관련 인사들의 재판기록만 일본에 보내 「한국으로부터의 통신」에 싣게 하고 있었다는 사실이다.

1977년 3월 22일, 대법원의 판결로 확정된 형량은 문익환, 김대중, 함석헌, 윤보선이 징역 5년에 자격정지 5년, 정일형, 이우정, 이문영, 문동환, 함세웅, 신현봉, 문정현, 윤반웅이 징역 3년에 자격정지 3년, 이해동, 안병무, 김승훈은 징역 2년에 자격정지 2년, 집행유예 3년, 장덕필은 징역 1년에 자격정지 1년, 집행유예 2년이었다. 신현봉 신부는 1977년 7월 17일, 제헌절을 맞아 형집행정지로 석방되었다.

나는 감옥에 있는 신현봉, 문정현, 함세웅 신부에게 수시로 밖의 소식을 전하는 편지를 썼다. 같은 내용의 편지를 3통씩이나 쓰기가 힘들어 먹지를 대고 3통을 한꺼번에 썼다. 교도관들한테 들은 바에 따르면, 문정현 신부는 그 편지를 읽고 씹어 먹었고, 신현봉 신부는 편지를 물에 빨아 그 흔적을 지웠다고 한다. 교도소 안에서 신부들은 철저하게 비밀을 지켜 주어서 교도관들로부터 신뢰와 존경을 받았다. 가끔 목사나 교수들은 교도관들이 넣어 주는 편지나 신문을 책갈피 속에 보관하거나 다른 사람들에게 전하다가 발각돼 곤욕을 치르기도 했는데, 신부들은 한 번도 그런 문제가 발생하지 않았다.

신현봉 신부는 감옥에서 나온 뒤 김지하 구명운동의 중심에 서서 활동했다. 1978년 3월 13일, 동대문성당에서 김지하구출위원회를 결성하고 이어서 '김지하 문학의 밤'을 개최한 것을 비롯해, 전국을 돌

3·1 민주구국선언 사건으로 구속되었다가 석방되는 신현봉 신부.

면서 김지하 구출 활동을 전개했다. 동대문성당에서 구출위원회를 결성하면서 신현봉 신부는 "김지하와 만나는 길"이라는 제목의 강론을 해서 문인들과 신자들로부터 갈채를 받았던 기억이 새롭다.

신현봉 신부한테서는 인간적인 냄새가 난다. 1975년 이른바 서울대 '오둘둘 사건'으로 쫓기는 신동수를 내가 슬리핑백 하나 달랑 들려 신현봉 신부에게 딸려 보낼 때 스산했던 심사가 생각난다. 정선성당에서 신현봉 신부가 칠순인지 환갑을 맞을 때 가 보니 신동수가 그곳에 와 있었다. 그는 따뜻한 사람이었기에 남의 어려운 처지를 외면하지 못했다. 신현봉 신부는 또한 촌사람이다. 그에게서는 촌티가 나고 사람 냄새가 난다. 사제생활의 노년에 대한 전망이 없던 그 시절, 그는 성당을 옮길 때마다 조카딸을 항상 식복사로 데리고 다니면서 음식 만드는 법을 가르쳤는데, 늙어서는 그 조카딸에게 의지할 생각이었다. 혼자 사는 그때 이미 식생활에 일가견이 있었다. 시골 성당에서 사목하다 보면 매년 김치를 많이 담게 된다. 원래 김치는 반양식(半糧食)이라는 말이 있으니, 김장은 많이 담글수록 좋다. 그러나 봄이 되면 김장독에서 군내가 나기 시작하고, 깊이 보관한 김장이 아니라면 상할 염려도 있다. 그래서 남는 김장을 처리하는 문제가 생기게 마련이다.

신현봉 신부는 남은 김치를 꺼내서 배추째 물에 헹군 뒤 그것을 한 장 한 장 뜯어 조선기와 위에 말렸다. 조선기와에 말리는 것이 가장 좋은데, 김치가 꼬들꼬들 마르면 그것을 쌈으로 싸 먹으면 그만이라고 했다. 그런 김치쌈을 신현봉 신부한테 얻어먹은 기억은 없지만 가르쳐 준 대로 김치쌈을 만들어 먹기는 여러 번 했다. 과연 별미요, 또한 묵은 김치를 버리지 않고 재활용할 수 있는 참 좋은 방법이라는 생각이 든다. 그 뒤로는 가끔 잘 아는 식당에 가면 김치쌈밥을 메뉴로 만들어 내놓을 것을 권하고는 한다. 신현봉 신부한테 배운 지혜다.

신현봉 신부를 마지막으로 만난 것은 2006년 1월 23일, 원주 가톨릭센터에서 있었던 원주선언 30주년 행사 때였다. 원주선언의 주역으로 그 자리에 주인공으로 모습을 드러낸 것이다. 이제는 은퇴해서 치악산 고개넘이 신림에 계신다는 이야기를 들었다. 그리고 건강도 예전 같지 않다는 소식도 들었다. 어눌하지만 정이 담긴 신 신부의 말씀을 들어 본 지도 그러고 보니 꽤 됐다.

10

썩은 밀알이 되게 하소서

최기식

1974년 7월 6일 오후 4시 50분, CPA 450편으로 귀국하던 중 중앙정보부로 끌려갔다가 7월 10일 풀려난 지학순 주교는 7월 23일, 그 유명한 양심선언을 발표한다. "소위 유신헌법이라는 것은 1972년 10월 17일에 민주헌정을 배신적으로 파괴하고 국민의 의도와는 아무런 관계없이 폭력과 공갈과 국민투표라는 사기극에 의하여 조작된 것이기 때문에 무효이고 진리에 반대되는 것이다"로 시작되는 그의 양심선언은 바로 유신체제에 대한 정면도전과 거부였다.

이 양심선언을 발표하고 나서 지학순 주교는 다시 중앙정보부로 연행, 구속된다. 이때 중앙정보부에 연행되어 가는 지학순 주교를 중앙정보부까지 수행한 사람이 최기식 신부였다. 지학순 주교의 구속은 한국 천주교회를 밑에서부터 흔들어 깨웠다. 실제로 한국 천주교회는 지학순 주교 구속 이전과 이후가 확연히 달라질 수밖에 없게 되었다. 김수환 추기경의 1970년 성탄절 메시지, 1971년 10월의 원주교구 부정부패규탄시위 등 교회의 사회 참여 움직임이 전혀 없던 것은 아니었지만 지학순 주교의 구속은 사실상 침묵하는 교회, 침묵하는 사제들에게 우리가 살고 있는 현실 속에서 교회는 이때 무엇을 어떻게 해야 하는가 하는 뿌리칠 수 없는 질문을 던졌다.

천주교정의구현전국사제단의 탄생

내가 최기식 신부를 처음 만나던 때는 지학순 주교의 구속을 계기로 한국 천주교회가 유신체제하의 한국 현실에 눈을 뜨기 시작하면서 교회가 '어머니와 교사'로 막 발돋움하고 있는 그 시점이었다. 그때까지 최기식 신부는 독일 유학을 준비하고 있었는데, 지학순 주교의 구속은 그에게 유학 준비보다는 지학순 주교 구속사태에 대응하는 기동력으로 작동하게 만들었다. 체계적으로 그렇게 만든 것은 아니었겠지만, 원주교구는 일단 봉산동성당을 맡고 있던 신현봉 신부와, 최기식 신부를 서울에 상주시키면서 옥바라지와 기도회, 그리고 교회 안팎의 문제에 대처하도록 했다. 가톨릭출판사 사장이 김병도 신부였는데, 그의 도움으로 신현봉 신부와 최기식 신부는 출판사 안에 가까스로 유숙할 방 한 칸을 마련해 동분서주했다.

최기식 신부.

전국을 순회하며 지학순 주교와 정의를 외치다가 구속된 사람들의 구명을 위한 기도를 호소하기도 했고, 신학교 때의 인연을 발판 삼아 앞으로 천주교회가 해 나가야 할 일을 함께 의논하기도 했다. 인천교구의 김병상, 황상근, 춘천교구의 박천근, 수원교구의 장덕호, 청주교구의 이한구, 대전교구의 이계창, 대구교구의 서상채, 부산교구의 송기인, 전주교구의 문정현, 안동교구의 류강하, 정호경 신부 등과 교감을 나눌 수 있었다.

그렇지만 대구와 부산에 가서는 교구 차원에서 박대를 받기도 했으며, 계란으로 바위를 치면 깨지는 쪽은 계란뿐이라는 냉소도 받았다. 그렇지만 '작은 물방울도 바위를 뚫지 않느냐' 하는 생각으로 선국을 누비고 다녔다. 그러한 노력의 결과로 1974년 9월 23일, 원주에서 300여 명의 신부들이 모여 성직자 세미나를 갖고, 여기서 사제단의 결성과 공식명칭에 합의할 수 있었다. 그리고 그다음 날(9월 24일) 이들이 모두 참석하는 기도회를 원동성당에서 갖고, 시청 앞을 거쳐 로터리까지 한 바퀴 돌아오는 시위를 벌였다. 그리고 이틀 뒤 서울에서 정식으로 '천주교정의구현전국사제단'이 창립선언을 하기에 이르렀다. 그리고 이 사제단을 결성하는 데에는 전국 교구, 방방곡곡 발품을 팔았던 최기식 신부의 역할이 컸다.

9월 26일의 명동성당 기도회는 교회 예절로는 '순교자 찬미기도회'였는데, 사제단은 이 기도회를 "조국을 위하여, 정의와 민주회복을 위하여, 옥중에 계신 지 주교님과 고통받는 이들을 위하여 이 기도회를 바칩니다"라고 그 지향을 분명히 밝혔다. 그리고 기도회가 끝난 뒤 사제들은 명동으로 진출해 시위를 벌였다. 이 과정에서 신현봉 신부가 연행되는 사태가 발생했다. 이 무렵이었을 것이다. 나는 그때 한편으로 지학순 주교를 옥바라지하는 일에 참여하면서 다른 한편으로는 함세웅 신부 등을 통해 사제단의 창립과 그 이후의 활동에 조금씩 다가가고 있었다. 기도회 때의 유인물은 가톨릭출판사의 도움을 많이 받았는데, 그것은 김병도 신부와 신현봉 신부가 신학교 동창이라는 우정에 크게 힘입었다. 가톨릭출판사에는 성가수녀회에서 파견 나와 있었는데, 원장인 김발라바 수녀와 키가 작았지만 따뜻했던 최분도 수녀가 두 신부가 하는 일을 열심히 도와주었다. 가끔은 나도 가톨릭출판사 수녀원에서 두 신부와 식사를 한 적이 여러 번 있다. 천주교정의구현전국사제단의 그 '전국'이 되는 데는 최기식 신부의 족적이 담겨 있다고 할 수 있다.

천주교정의구현전국사제단의 창립과 그 출범은 한국 정치사에서는 물론 그보다 앞서 천주교회 안에서도 중요한 의미가 있다. 지학순 주교의 구속에서부터 사제단의 창립까지의 과정은 대체적으로 지학순 주교의 구속에 대한 항의와 구명운동의 차원에서 진행되었다. 그러나 정식으로 '천주교정의구현전국사제단'이 출범하면서부터는 그 목표와 지향이 지학순 주교의 석방만이 아니라, 나라의 민주회복, 인권회복, 인간회복으로 옮겨 가고 있었다. 이제는 천주교회의 관심이 교회 차원을 넘어 한국 사회 전반에 대한 관심과 애정으로 확대되었다. 지학순 주교만이 아니라 민청학련 관계자를 비롯해 고통받는 이들 전부, 특히 인혁당 사람들, 노동자와 농민, 도시빈민의 문제에 이르기까지 그 관심의 폭이 확대되고 있었다. 1970년대의 특징 가운데 하나를 말한다면 신 · 구교회의 현실 참여 즉 하느님의 역사개입이라고 말할 수 있다.

인혁당 사건 가족들의 아픔에 함께 울다

지학순 주교의 구속에서 비롯된 서울에서의 활동은 점차 천주교회를 넘어 이웃 개신교와의 연대, 동아 · 조선투위 기자들과의 교류, 인혁당 사건에 대한 개안(開眼), 노동자 · 농민 · 빈민운동가들과의 대화 등으로 확대 · 심화되어 갔다. 특히 인혁당 사건의 진상을 알게 되고는 유신정권의 행태에 새삼 몸서리쳤다. 최기식 신부는 동료 사제들과 함께 가톨릭여학생관(전진상교육관)에서 인혁당 사건 관련자 가족들로부터 더욱 자세히 그 진상을 알게 되었고, 그때 이후 명동성당을 비롯한 기도회 때 그들 가족에게 호소할 수 있는 기회를 주기 시작했다. 전창일 씨의 부인 임인영 씨, 우홍선 씨의 부인 강순희 씨 등이 눈물을 흘리며 인혁당 사건의 진실을 알렸다. 사제단 신부들은 "아무리 악독한 정권이라지만 그렇게 쉽게 결코 죽일 수 없을 것이다. 걱정하지 말라"며 사형수 가족들을 위로했다. 가족들은 "이제까지 아무도 우리를 빨갱이라고 내치고 상대해 주질 않았는데, 신부님들과 목사님들이 안아 주셨습니다. 이것이 바로 하느님의 품입니다" 하며 감사해했다.

재판 기록도 조작되었다. 인혁당을 조직한 사실이 없다고 진술한 것이 조직을 만들었다고 진술한 것으로 둔갑하여 기록되었다. 또한 인혁당 사건은 조작되었다고 말한 외국인 선교사인 오글 목사와 시노트 신부는 추방되었다. 김수환 추기경, 윤보선 전 대통령 등은 공개재판을 요구하는 성명을 발표하고, 대통령 앞으로 진정서를 올렸지만, 그것은 유신정권에게는 마이동풍이었다. 마침내 1975년 4월 8일 대법원에서 사형이 확정되었다.

바로 그날, 명동성당에서는 사제단이 주최하는 인권기도회가 있었다. 마침 그 미사는 김수환 추기경이 집전했다. 미사를 드리고 나오는 추기경 앞에 사형수 가족들은 하얀 소복을 입고 엎드려 남편을 살려달라고 울부짖으며 통곡했다. 최기식 신부는 바로 김수환 추기경의 뒤를 따르고 있었다. 추기경은 제의를 입은 채로 그 가족들을 일으켜 세우며 "설마 죽이기야 하겠습니까? 너무 걱정하지 마십시오"라고 하는 위로의 목소리를 최기식 신부도 들었다.

기도회를 마치고 원주에 가 있던 최기식 신부는 그 이튿날 이들의 사형이 집행되었다는 소식을 듣고 한달음에 서울로 올라왔다. 함세웅 신부가 주임으로 있는 응암동성당에서 합동미사가 있다는 이야기를 듣고 그곳으로 달려갔다. 그러나 시신들은 가족들의 의사와는 달리 유신정권에 의해 이리저리로 강제로 운구되었다. 그걸 막기 위해 문정현 신부는 차바퀴 밑에 드러눕기까지 했다. 원주교구의 골롬바노회 허 신부는 얼굴에 피가 낭자한 모습으로 응암동성당에 들어왔다. 시신도 없이 장례미사를 드리고, 신부들은 각기 장례식장을 찾아 나섰다.

최기식 신부는 동료 신부 한 사람과 함께 갈현동 우홍선 씨 집으로 갔다. 들어가는 것조차 막았지만, 그걸 뚫고 들어갔다. 시신에는 목과 발, 그리고 몸 여러 곳에 혹독한 고문의 자국이 남아 있었다. 사흘 동안 그곳에 있었다. 장례를 치르고 장지까지 갔다 왔다. 이 사건을 보면서 최 신부는 "유신독재는 어떠한 방법으로든지 막아야 한다. 민주회복도 반드시 이루어져야 한다"라는 신념을 갖게 되었다. 그런 한편으로 나에게 어려운 사람들의 고통이나 아픔에 동참할 수 있는 기회를 갖게 된 데 대해 감사한 마음을 갖게 되었고, 또 사제가 된 보람을 맛보았다. 그것은 쪼깐이 여성 노동자들(YH 여성 노동자들)과 어울렸을 때도, 도시빈민들과 함께 했을 때도 마찬가지였다.

신부가 되기 위해 태어난 사람

강원도에서 처음으로 생긴 교회, 횡성의 풍수원성당에서 6km 정도 경기도 땅으로 산을 넘어 달리면 도로 왼쪽 편으로 10여 호의 마을이 있고, 그 뒤로 보이는 골짜기, 그곳이 바로 최기식 신부의 고향 중안리이다. 최기식 신부는 믿음이라면 누구한테도 뒤지지 않는 부모의 막내아들로 태어났다.

우리나라에서 두 번째로 신부가 된 최양업 토마스 신부는 최기식 신부의 증조할아버지의 형님이다. 고조할아버지는 하느님께 아들을 맡긴 3년 뒤에 전교를 하다가 잡혀 순교했다. 고조할머니는 남편과 함께 끌려가 남편은 3일 만에 매에 못 이겨 숨지고, 어린것 하나는 젖이 나오지 않아 품속에서 숨지고, 어린 것 4명은 감옥 밖에서 울부짖는 가운데 매일 끌려 나가 모진 고문을 받으며 배교를 종용당했다. 자식들 때문에 천주교를 믿지 않겠다고 외치며 밖으로 나와 어린것들을 품에 안고 통곡하다가, 어린것들을 잠재우고는 또 감옥을 향해 하느님을 부르며 걸어갔다. 할머니는 큰아들에게만 당신의 순교 일을 알려 주었다. 15살의 소년은 동생들은 염려 말라며 어머니를 순교의 길로 떼밀었다. 어린 동생들 손을 잡고 이 집 저 집 다니면서 동냥한 동전을 희광이(사형을 집행하는 망나니)에게 주며, 어머니를 단칼에 베어 고통을 줄여 달라고 호소했다. 어머니의 순교 장면을 혼자서 지켜보고, 어머니의 시체를 구하려고 끝까지 따라갔다가 강물에 던져지는 어머니를 보고 울고 또 울었다. 그런 선조의 피를 받아 최기식 신부는 태어났다.

따라서 그는 아주 어린 시절부터 신부가 되기를 바랐다. 또한 신앙촌에 자리 잡은 성당과 학교, 자신이 우상으로 삼았던 훌륭한 신부님과 선생님, 신앙이 전부인 듯 살아가는 부모님, 이런 모든 것들이 그를 사제의 길로 이끌었다. 그 시절 그는 성당에 있던 느티나무조차 "너는 신부가 될 거야"라고 말해 주는 것으로 느꼈다. 어떻게 보면 그에게 사제의 길은 숙명이었다. 그렇지만 언제나 그렇듯이 사제란, 자신이 하느님을 선택한 결과가 아니라 하느님이 나를 선택한 것이라는 말이 더 맞을 듯하다.

그러나 재수를 하고서야 소신학교(성신중 · 고등학교)에 입학할 수 있었고, 반 친구들이 반장으로 뽑아 주었지만 우등생이 아니어서 반장 노릇을 하지 못하는 상처도 입었다. 그러나 성서도 열심히 읽었고, '영혼의 성약'이나 '준주성범(遵主聖範)'을 매일의 양식으로 삼았고, '십자가의 길' 기도는 사제의 길을 가는 데 큰 힘이 되었다. 그러면서 사제가 된다는 것은 많은 것을 소유하려는 사람들 속에서 자신을 내어주기 위해 끊임없이 노력해야 하는 사람이라는 것, 다른 사람이 소유를 위해 애쓸 때 자신의 소유뿐만 아니라 존재까지도 내어놓아야 하는 사람이라는 걸 끊임없이 새겼다.

대신학교 생활은 일반 고등학교를 졸업하고 1년 동안 라틴 어를 배운 별과와 한 반이 되어 시작했다. 그리고 1년을 마치고 나이가 조금 많은 탓으로 윗반에 끼어 군에 입대해, 수용연대에서 군생활을 하면서 이 사회의 부조리와 부정부패를 눈으로 보게 되었고, 타협만이 강요되는 것이 아니라 직접적으로 부정의 파트너가 되기를 요구받기도 했다.

그렇지만 군복무를 마칠 때까지 최기식의 성소는 조금도 흔들리지 않았다. 그러나 집안의 지나친 가난은 가정의 평화와 사랑도 빼앗아갈 뿐만 아니라 신앙까지 위협한다는 것을 깨닫기도 했다. 이 모든 것을 선조들의 신앙, 최양업 신부님과 그 가족들의 힘겹고 고통스러운 삶을 반추하며 극복해야 한다고 생각했다. 선조들의 신앙을 자신과 부모님의 상황에 가늠하여 묵상하며 자신의 의지를 굳혀 나갔다.

이런 묵상을 통해 최기식은 하느님은 선택한 자들이 힘들어할 때 결코 그를 혼자 내버려 두지 않는다는 것을 믿었다. 때로는 비틀거리다가 넘어지지만 그럴 때마다 또다시 일어나기를 거듭했다. 그리고 누군가가 자신에게 신부가 된 동기가 무엇이냐고 물어오면 이렇게 대답했다. "나는 신부가 되기 위해 세상에 태어난 것 같다."

마침내 1971년 9월 원동성당에서 신품성사를 받고 신부가 되었다. 모든 신자들이 앞을 다투어 마당 바닥에 무릎을 꿇고 머리를 숙이며 강복을 청할 때, 그들 머리 위에 손을 얹으며 강복을 내리는 상상속 자신의 모습이 드디어 현실이 되었다. 서품 때의 축제 분위기는 고향 본당으로 이어지고, 그 후에도 며칠 동안은 가는 곳마다 축복의 주인공이 되어 분주한 나날을 보냈다. 공식적인 첫 미사를 드린 곳은 고향인 풍수원성당이었다. 그날 온 동네 사람들이 성당으로 몰려왔고, 먼 공소에서 알지 못하는 교우들까지 몰려와 성당을 가득 메웠다.

신품성사를 받을 때 상본에 새긴 한마디 말은 "썩은 밀알이 되게 하소서"로 했다. 그러나 더 높은 곳에서 참된 사제생활을 제시하며 사제로서 출발하는 것을 격려해 주는 분이 있었다. 그분은 한국인으로 두 번째 사제이며 최기식 증조부의 맏형님인 최양업 신부님이었다. 서품 후 공식적인 첫 미사는 풍수원에서 봉헌했지만 가족들과 함께 하는 첫 미사는 충북 제천 배론에 있는 최양업 신부의 묘지에서 봉헌했다. 그 묘소는 초라했다. 그곳에서 그는 최양업 신부가 이렇게 말하는 소리를 들었다.

> "분도야! 네가 정말 썩은 밀알처럼 살기를 원하느냐. 세속적인 모든 것을 포기하고 하느님께 너의 삶을 온전히 바치고 싶단 말이냐. 그렇다면 지금 내 무덤을 마음에 새기거라. 썩은 밀알이 되는 것은 예수님의 빈 무덤, 그것을 향해 가는 것이다. 너는 주님의 무덤이 왜 비어 있었는지 아느냐. 그것은 주님이 원하시는바, 당신의 죽음과 무덤을 사람들의 영혼 속에 마련하고 싶었기 때문이다…… 네가 진정 썩은 밀알로 살기를 원한다면 후손들이 살 땅이 아니라 후손들의 마음속에 네 무덤을 마련하거라. 그들의 영혼을 헤아리고 그 영혼을 흔드는 사제가 되거라. 그러면 그들 안에 주님의 생명이 자랄 수 있을 테니까."

사제의 길

최기식은 공의회가 폐막된 지 6년 후, 원주교구가 설정된 지 6년째가 되던 1971년에 신부가 되었다. 설정 당시 원주교구는 본당이 14개, 한국인 사제는 5~6명에 불과하고 나머지는 골롬바노회 외국인 사제들이 사목하고 있었다. 그러나 1970년 들어와서는 춘천교구 일부와 청주교구의 일부인 제천 · 단양 지역이 원주교구로 편입되어, 본당이 20개가 넘었고 한국인 사제도 10여 명으로 늘어 있었다.

그즈음 원주교구의 젊은 교구장 지학순 주교는 교구와 지역발전에 안간힘을 쏟고 있었다. 외국에 나가 구걸하다시피 모은 성금으로 문화센터를 짓고, 중학교를 설립하고, 재해가 나자 재해대책본부를 만들어 가난한 농촌과 광산촌의 사람들에게 살 길을 열어 주려고 애를 썼다. 그리고 센터에 방송국까지 유치해, 세상 사람들 속으로 가는 교회의 모습을 보여 주려 했다. 최기식 신부는 원주교구로 왔지만, 친한 동료들은 대부분 춘천교구에 남아 있어서 처음에는 썩 내켜 하지 않았다. 그러나 수원교구에서 안승길 신부가 자청해서 원주로 오고, 살레지오회에서 이대식 신부도 와서 외로움을 면할 수 있었다. 최기식 신부가 처음 발령된 곳은 학성동성당이었고, 이례적으로 안승길 신부와 함께 부임을 했다. 최기식 신부는 '주임신부', 안 신부는 '본당신부'라고 불렀다. 첫 부임지라서 정말 열심히 했다. 냉담 중인 교우 집을 일일이 찾아다녔고, 가정 형편과 아이들 교육에도 관심을 보였다. 본당을 활성화하기 위해 연령대와 성별, 활동단체별로 돌아가며 피정을 하도록 주선했다. 한 번에 영세 받는 사람이 100여 명에 이르렀다. 5개의 공소를 한 주에 한 번씩 나가, 공소 사람들만 모아서 피정을 하기도 하고, 때로는 공소에서 잠을 자면서 교육에도 열을 올렸다. 눈이 많이 왔을 때는 비탈길을 내려오다가 미삿짐과 함께 신자들이 싸 준

막걸리병이 굴러 떨어지는 일도 있었다. 1976년 단양성당에 가서는 죽어가는 본당을 3개월 만에 3배로 부흥시키고 원동성당으로 들어왔다. 36살에 주교좌본당 주임신부가 되었다.

그 사이에 많은 일이 원주교구에서 일어났다. 개인적으로도 어머니가 의식불명에 전신마비로 쓰러지시는 일도 겪었고, 그 와중에 유학준비를 하라는 명령을 받았다(1973). 자신은 평범한 시골 신부로 신자들과 어울려 그들의 기쁨과 아픔을 함께 나누는 것이 꿈이었기 때문에 유학 가라는 주교님의 말씀이 반갑지만은 않았다. 그렇지만 순명해야 하는 사제이기에 서울에 와 남산 독일문화원에 다니며 독일어를 배우기 시작했다. 그러나 이 유학은 1974년 7월, 지학순 주교의 구속으로 자연스럽게 무산되었다.

1971년 10월에는 원주문화방송의 부정부패를 더 이상 보고 있을 수 없어서, 교구 차원의 부정부패규탄시위를 벌였는데, 원주교구 평신도들이 그 시위계획 모의를 최기식 신부가 있는 학성동성당의 사제관에서 했다. 이때의 시위에는 10여 명의 한국인 신부를 비롯 외국인 신부도 모두 나섰다. 교우들이 성당 문 앞을 나서자마자 원주시장, 경찰서장이 나와 무릎을 꿇고 자신을 밟고 넘어가라고 애원하다시피 하면서 막아 결국 연좌농성에 돌입했다.

1972년에는 영동지방에 엄청난 수해가 나면서, 지학순 주교는 외국에서 가까스로 모아 온 돈을 바탕으로 재해대책본부를 만들면서, 단순히 지원만 하는 것이 아니라, 신용협동조합을 만들어 스스로 자조하는 농촌과 광산촌을 만들려고 노력했다. 그때 최기식 신부는 회의하는 방법과, 생활협동조합, 신협 등 협동조합운동을 교육하는 등 함께 노력했다. 그때 원주교구의 사목 목표가 "생활 속에서 그리스도를 찾자"라는 것이었는데, 모두가 참으로 믿음을 다해 열심이었다.

지학순 주교의 구속으로 서울에 거처를 두고 전국을 순회하면서 가난이 제 탓만이 아닌 사람들, 불의에 짓밟히면서도 어디 호소할 데 없는 사람들을 만난 것은 참으로 소중한 경험이었고, 사제생활의 보람을 느끼게 해 주었다. 처절하게 고민하고 처참하게 끌려가 고문당하며 죽어가는 현장, 그곳이 그리스도가 끌려가고 매 맞으며 죽어가는 신앙의 현장이 되어야 한다는 것을 뼈저리게 깨달았다.

또한 지학순 주교 사건으로 비롯된 천주교정의구현전국사제단의 출현과 그를 통한 교회 안에서의 자각은 분명 하느님의 도움이고 은총이었다. 한국 교회가 정식으로 인정한 단체가 아니라고 교회 안에서조차 거부당하면서도, 시대의 징표를 올바로 읽고 하느님의 뜻에 응답하는 데 헌신과 고난을 마다하지 않았다. 정의와 진실을 위해 투쟁하는 모든 사람들과 연대하려 했고, 종교와 신분, 그리고 모든 차별을 넘어 그들과 함께하고자 했다. 불의에 저항하는 사람들에게 힘이 되어 주려 했고, 고통받는 사람들에게 희망을 주는 그리스도의 표지이기를 원했다. 사제단을 결성하고 그 일원으로서 활동하면서 배우고 깨달은 것이 매우 많았다.

직접 몸으로 체험한 사건도 적지 않았다. 원주우산공단의 어느 섬유회사의 노동자 해고 사건이 대표적이다. 노조를 결성하려다 회사 측으로부터 무자비한 폭행을 당하며 해고되어 쫓겨난 노동자들이 교회를 찾아왔다. 제2차 바티칸 공의회 사목헌장은 "노동자들을 자유와 책임을 가진 인간으로 취급하지 못하고 단순한 수익의 도구로 취급되는 노동의 악조건과 같이 인간의 존엄성을 해치는 모든 행위는 실로 파렴치한 일이며,…… 창조주께 대한 모독이다"라고 가르치고 있는 데다, 자신이 살고 있는 바로 그 앞에서 이런 일이 일어나고 있는 걸 차마 외면할 수 없었다.

처음에는 그들에게 구교육원의 빈 강의실을 내주어, 그들이 그곳에서 스스로 교육하고 투쟁하도록 종용하고 지켜보는 입장을 선택했다. 그렇게 3일이 지난 뒤 가 보니 3명의 노동자가 눈이 돌아가고 사지가 뒤틀린 채 경련을 일으켰다. 그들은 내리 3일, 10끼를 라면으로만 때우며 극심한 불안과 긴장 속에서 농성을 했는데, 정신적 불안과 라면이 가져온 부작용이었다. 그대로 놓아둘 수는 없었다. 성당의 교리실을 비우고 그들을 데려왔다. 신자들은 너도나도 쌀과 찬거리를 들고 왔고, 조를 짜서 도와주며 격려했다.

동료 신부들에게 사정을 알리고 협조를 요청했다. 그리하여 각 본당에서 10시 혹은 10시 30분 미사를 없애고 원통에서 11시에 합동으로 해고노동자들을 대변하는 미사를 드리기로 했다. 그러자 그동안 냉담했던 기관과 회사 측에서 반응을 보이기 시작했다. 결국 주도적인 역할을 한 2명을 제외하고 전원 복직시키기로 합의하고 농성을 해제하기로 했다. 해산식을 하고 나오던 노동자들은 성모상 앞에서 무릎을 꿇고 울면서 기도했다. 그들이 최기식 신부의 손을 잡았을 때 전해지던 그 전율을 그는 지금껏 잊지 못한다. 그러나 회사에 다시 들어

간 그들은 이런저런 핑계로 한 사람씩 회사를 떠났고, 3개월 뒤에는 한 사람도 남지 않고 해고되었다는 소식이 들려왔다. 두 사람을 양보한 것이 모든 것을 잃게 되는 시발이 되었던 것이다.

최기식 신부가 사제로서 신산과 고초를 다 겪으면서도 마지막으로 자신이 가야 할 길이라고 생각하는 것은 '가난한 이들과 함께하는 삶'이었다. 함께 있는 것을 포기하고 돕는 것으로 만족하는 교회의 모습은 실망과 회의를 갖게 했다. 자기 울타리와 가난한 사람들의 세계 사이에서 엉거주춤하게 서 있는 한국 교회의 모습을 해방신학자 구티에레즈는 이렇게 말했다. "교회, 즉 우리 모두는 가난한 사람들의 세계에서 일하면서 실제로 거기에 살고 있지는 않다. 가난한 이들의 세계는 우리가 일하는 장소이고 우리 일의 중심이지만 우리의 집은 아니다. 교회로서 우리는 다른 사회 다른 문화 분야에서 우리 집을 가지고 있으며, 거기에서 우리는 문자 그대로 '집'에 있는 것이다." 최기식 신부는 이어서 이렇게 말한다. "가난한 사람들을 찾아가십시오. 찾아가되 선물 보따리 대신 당신의 마음을 들고 가서 그들을 만나십시오. 그리고 짧은 시간이라도 그들과 함께 머물며 그들의 고통과 아픔을 함께 느끼십시오."

지학순 주교의 석방

1975년 2월, 지학순 주교는 유신정권의 유화정책으로 감옥에서 나왔다. 지학순 주교는 감옥 안에서도 고위 성직자로서 매우 극진한 대접을 받았다. 겨울에는 감방 안에 연탄난로를 놓고 교도관이 수시로 와서 연탄을 갈아 주었다. 로마 교황청과의 외교 관계까지를 염두에 두고 유신정권으로서는 그래도 꽤 신경을 썼다.

석방된 지학순 주교는 2월 18일 명동성당에서 있었던 환영미사에서 "명동성당이야말로 진리의 성전이라는 뚜렷한 등대의 역할을 했다"라고 말했다. 과연 명동성당과 김수환 추기경을 비롯한 성직자와 사제들, 그리고 제2차 바티칸 공의회의 정신은 1970년대 한국 천주교회를 새롭게 태어나게 한 '삼위일체'였다. 1974년 9월, 천주교정의구현전국사제단이 창립된 뒤, 전국 규모의 기도회를 개최할 때면 그 전날 사제들이 모여 한국의 현실에 대한 구체적인 강의를 들었다. 임광규 변호사를 비롯한 인권변호사들에게서는 유신체제와 긴급조치에 대해서, 노동자들에게서는 그들의 울부짖음을, 구속자 가족들한테서는 감옥 안의 정치범들에 대해 이야기를 들었다. 이러한 과정을 통해 사제들은 이제까지 몰랐던 대한민국의 실체를 조금씩 익혀 나가고 있었다. 그것은 최기식 신부도 마찬가지였다.

1975년 2월 19일, 지학순 주교는 원주로 귀환했다. 1974년 4월 해외 출장을 위해 원주를 떠난 뒤 감옥을 거쳐, 10개월 만의 귀환이었다. 지학순 주교가 석방되면서 최기식 신부는 이제 서울에 상주할 필요가 없어졌다. 지학순 주교는 또 유학을 권했다. 그러나 이번에는 정중하게 사양했다. 어쩌면 한국의 현실을 떠나 있는 것이 싫어서였는지도 모른다. 이후 원주 원동성당 보좌신부를 거쳐 단양성당의 주임

신부로 발령을 받아 열심히 사목했다. 그리고 몇 달 뒤에는 원동성당(주교좌성당)의 주임신부로 발령을 받는다.

1976년 3월, 이른바 '3·1절 명동성당 민주구국선언' 사건이 터졌다. 최기식 신부는 그 사건이 일어나는 과정을 몰랐다. 실제로 그 민주구국선언 사건은 그해 1월 일치주간에 있었던 원주에서의 신·구교 성직자들의 모임과 선언(뒤에 원주선언이라 불리고 있다)의 연장선 위에서, 개신교 목사들이 원주선언처럼 자신들도 시국선언을 하고 싶은데, 발표할 장소가 없으니 명동성당의 3·1절 기념미사 때 자신들에게 선언문을 낭독할 기회를 달라고 한 것이 사건의 전부였다. 명동성당 미사의 2부 순서에 목사들을 서게 주선한 것이 신현봉, 함세웅 신부였다. 3·1 민주구국선언이 발표되자 유신정권은 그 이전의 전주 기도회, 원주에서의 신·구교 성직자 모임과 일치주간행사 등을 소급해 문제 삼아 3·1 민주구국선언 사건으로 포장해 거창하게 발표했다. 그러나 그들의 의도는 거꾸로 신·구교회가 더욱 단결하여 민주회복투쟁에 나서게 했을 뿐이다.

최기식 신부는 3·1 민주구국선언 사건이 터지자 또다시 전국을 누비고 다녔다. 그리고 1977년 3·1 민주구국선언 사건 1주년을 맞아 발표한 4·19 선언문 등과 관련해 정보 당국과 숨바꼭질까지 해 가면서 도피하다가 결국 북평에서 서울로 연행되어 중앙정보부에서 3일간이나 조사를 받았지만 다행히 구속되지는 않았다. 그러나 그는 그 과정에서 "이 새끼야, 네가 신부야?" 하는 모욕적인 소리를 듣기도 했다. 그 이후에도 여러 사건이 터졌다. 동일방직 사건, 오원춘 사건, 함세웅·문정현 신부의 재구속 등 사건이 있을 때마다 서울과 지방 나들이를 해야 했다. 그러나 점차 그것은 지겹다기보다는 즐거운 나들이였다.

부산 미문화원 방화 사건

최기식 신부가 온 세상의 이목을 한 몸에 받게 된 것은 뭐니 뭐니 해도 1982년 3월 18일의 부산 미문화원 방화 사건 때문이었다. 그보다 앞서 있었던 광주 미문화원 방화 사건(1980년 12월 9일)은 세상이 알까 봐 쉬쉬했지만, 부산 미문화원 방화 사건은 대낮에 발생한 데다 그냥 덮어 둘 수 없을 만큼 그 규모나 피해가 컸다. 그때까지만 해도 어떠한 형태의 반미라도 반미는 금기였다. 그러니 전두환정권은 전국 방방곡곡에 검문소를 설치하고, 방화범들에게 현상금 2천만 원을 걸었다. 길거리에서는 어디를 가나 검문검색을 했다.

부산 미문화원 방화 사건과 관련해서 내가 아주 충격적인 소식을 한강성당의 함세웅 신부한테 들은 것은, 내 기억이 정확하다면, 1982년 3월 30일 늦은 밤이었다. 그때 함 신부는 그 방화 사건의 남녀 주범 두 명이 최기식 신부가 책임자로 있는 원주교육원 지하 보일러실에 숨어 있는데, 자수하려 한다고 이야기했다. 그들은 김현장을 찾아왔는데, 김현장은 광주민주화운동 때 '살인마 전두환 살육작전'이라는 유인물을 제작해 뿌리다가 수배되어 여기저기 전전하다가 2년 전부터 원주교육원에 피신해 있다고 했다. 최기식 신부는 함세웅 신부에게 두 사람(문부식과 김은숙)의 자수를 부탁하면서 그동안의 사정을 말하고 이내 등촌동으로 피정지도를 위해 떠났기 때문에 나는 직접 만나지는 못했다(최기식 신부가 쓴 『로만칼라와 빈 무덤』에는 그날 최기식 신부가 한강성당에서 잔 것으로 되어 있다).

두 신부 사이에서는 김현장을 찾아 원주에 왔다면 그럼 김현장은 어떻게 하느냐는 문제가 논의되었다고 한다. 최 신부가 확인했는데, 김현장은 부산 미문화원 방화 사건과 직접적인 관련이 없으니 이번 자수 주선 대상에서 빼기로 했다고 했다.

나는 두 신부 사이에 나누었다는 이야기를 듣고 앞으로 어떤 순서로, 또 누구를 통해 어떻게 해야 할 것인지 등을 함세웅 신부와 상의했다. 당시 전두환정권의 핵심 중 한 사람인 허삼수 정무수석이 한강성당에 적을 둔 신자였기 때문에 천주교회가 보호하고 있다는 사실의 통보와 자수 알선은 그를 통해 하기로 했다. 그리고 현상금은 설사 준다 하더라도 받지 않아야 하며, 그 밖에 당국에 요청해야 할 사항들을 정리했다.

첫째, 이들에게 고문과 같은 잔혹행위를 하지 말 것, 둘째, 자수에 따른 법적인 혜택을 보장할 것, 셋째, 교회는 자수 주선 사실을 굳이 내세우고 싶지 않으니 그 사실을 가능하다면 공표하지 말 것, 넷째, 자수(수사) 기관의 선택은 정부가 결정하되 다른 기관의 보복을 없게 해 줄 것 등이었다.

그 이튿날 31일 오전 최기식 신부는 등촌동에서 피정지도를 마치고 다시 한강성당으로 와서 함세웅 신부와 이돈명 변호사를 만나 자수 절차를 논의했다. 최기식 신부는 김현장한테 문부식과 김은숙이 자수하겠다는 뜻을 전달받았을 뿐 당사자들한테는 확인을 받지 못했기 때문에, 그들의 뜻을 원주에 가는 대로 확인해 알려 주기로 하고 원주로 떠났다.

함세웅 신부는 31일 일찍부터 계획한 대로 기민하게 움직였고, 오후에는 당국으로부터 천주교회 측의 요망사항이 충분히 준수될 것임은 물론, 고문하지 말라는 대통령의 지시가 있었다는 내용과, 특히 자수를 주선하는 천주교회에 대한 대통령의 감사의 뜻도 전달받았다. 자수하는 날짜는 4월 1일 오후 1시, 원주에서 신병을 인수, 인계하기로 했고, 대체로 그렇게 진행되었다.

4월 1일, 그렇게 그들은 떠났다. 최기식 신부는 예정된 시간이 가까워올수록 두려움과 불안에 떠는 두 사람을 힘찬 포옹으로 배웅했다. 그러나 텔레비전 보도는 자수가 아닌 검거로 나왔고, 이들을 상대로 범행을 추궁 중이라고 나왔다. 무언지 불길한 예감이 들게 하는 발표였다.

4월 2일, 최기식 신부가 새벽 미사를 올리고 돌아왔을 때, 안기부 원주분실장이 찾아왔다. 그는 새벽에도 다녀갔다고 했다. 그는 마주앉자마자 단도직입적으로 김현장을 데려가려고 왔다고 했다. 최기식 신부는 처음에는 김현장이 없다고 잡아뗐다. 그러나 어제 자수한 문부식과 김은숙이 모든 걸 이미 진술했다는 사실을 알았고, 더 이상 거짓말을 하거나 김현장을 빼돌린다는 것이 불가능함을 알았다. 그와 함께 안기부에 가서는 더 이상 버틸 수 없다는 것을 구체적으로 실감했다. 오는 길에 교구청에 들러 지학순 주교에게 김현장과 관련한 전후사정을 말씀드렸다.

마침 함세웅 신부가 왔다. 함 신부에게 자초지종을 전했다. 함 신부도 김현장을 자수 형식을 빌려 인도하는 방법밖에 없다고 생각했다. 2년 동안 자신의 집에 있었던 사람을 보내는 마음은 안타깝기 짝이 없었다. 그러나 최기식 신부가 해 줄 수 있는 것은 아무것도 없었다. 따뜻한 목욕과 정성 들여 차린 식사, 그리고 힘찬 포옹과 함께 이렇게 말해주는 것이 고작이었다. "빈첸시오, 힘들겠지만 꿋꿋하게 잘 견뎌라."

김현장과 문부식

1980년 가을, 원주 출신으로 가톨릭농민회 전국 부회장이던 정인재는 대전에서 최병욱 회장과 이길재 사무국장한테서, 쫓기는 김현장을 원주에 있는 신현봉 신부에게 데려가 달라는 부탁을 받았다. 이와 함께 독실한 신자이면서 또한 열렬한 김대중 지지자였던 유진훈(바오로)의 소개장도 받았다. 정인재는 망설임과 숙고 끝에 그를 데려가기로 했다. 그렇지만 신현봉 신부의 단양은 위험하고, 최기식 신부의 교육원이 더 안전하지 않을까 생각했다. 다행히 김현장을 데리고 원주까지 오는 동안 여러 차례의 검문을 무사히 넘겼다.

처음에 최기식 신부는 망설였지만, 그의 처지에 대한 연민과 특히 광주민주화운동과 관련된 수배자라는 점이 크게 작용했다. 얼마 전에도 김성용 신부를 만났을 뿐만 아니라, 고통받는 광주 사람들을 위해 무언가를 해야 하지 않느냐는 생각으로 흔쾌히 받아들였다. 다음 날 문길환을 시켜 창고로 사용하던 방을 정리해 침대를 들여놓고 그곳에 머무르게 했다. 교육원 식구들에게는 몸이 약해서 쉬러 온 학생이라고만 말했다.

정인재 등은 몸이 허약한 김현장을 위해 뱀탕을 달여다 먹이며, 나름대로 애를 썼다. 날이 지나자 김영애를 비롯해, 찾아와 친해진 사람들도 생겨났다. 시간이 흐르고, 원주에 익숙해지자 김현장은 대학생을 모아서 당시 유행하던 스터디(의식화 모임)를 조직하기도 하고, 변장하고 나가서 외부활동도 하는 듯했다. 이 무렵 부산에 가서 문부식 등을 만난 것으로 보인다. 그러나 최기식 신부는 그의 외부활동을 전혀 모르고 있었다. 1년쯤 지나서는 교리공부를 해서 영세도 받았다. 대부는 이창복이 섰고, 영세명은 빈첸시오였다. 김현장은 재주도 있고 의협심도 강한 사람이어서 이전에 무등산 타잔 이야기, 기생관광의 문제점 등을 논픽션으로 잡지에 쓴 일도 있었다.

방화 사건이 일어난 다음 날이었다. 문길환이 올라와 김현장이 무척 불안해한다고 알려 주었다. 그 무렵 김현장은 만취가 되어 최 신부를 찾아왔다. 그러지 않아도 시내로 외출을 자주하고, 슬그머니 사라졌다가 며칠 뒤에 나타나는 일이 잦은 편이라 은근히 불안해하고 있었다. 그는 괴로워서 맨 정신으로 있을 수가 없다고 했다. 이때 문길환이 따로 빈첸시오가 불안해서 그런지 다른 곳으로 옮겼으면 한다는 이야기를 해서, 돈이 필요하다면 통장에서 돈을 꺼내 들려 보내라고 했다. 뒤에 안 일이지만 이때 50만 원을 줬다고 한다.

1982년 3월 18일, 오전 11시부터 부산 미문화원 방화 계획은 착착 실천에 옮겨지고 있었다. 11시부터 문부식과 유승렬이 플라스틱 통과 휘발유를 사 나르고 휘발유 30리터를 4개의 플라스틱 통에 나누어 담았다. 김은숙과 이미옥은 휘발유를 문화원까지 운반해 현관에다 쏟는 책임을 맡았고, 최인순과 김지희는 김은숙과 이미옥이 들어가기 쉽도록 문을 열어 놓는 일과 휘발유에 불을 붙이는 일을 맡았다. 박원식과 최충언은 충무동의 국도극장 3층에서 대로변 쪽으로, 유승렬은 문화원 인근의 유나백화점 4층에서 도로 쪽으로 유인물 각각 100장씩을 살포하도록 되어 있었다. 문부식은 방화 사건을 총지휘하되 방화 시에는 문화원 건너편에 있는 치과의원 2층 복도에서 화재 현장을 촬영하기로 했다. 이 계획은 차질 없이 진행되었다. 다만, 당초 오후 2시 20분에 거사하기로 했던 계획을 당일 2시 정각으로 앞당겼을 뿐이다.

이 사건으로 미국 정부 소유인 미문화원은 지하 1층 및 지상 2층 건물과 집기 등 1억 8,753만 원 상당의 재산 손실을 입었으며(경찰 집계), 미문화원 도서관에서 공부하던 동아대학교 상경대학 3학년 장덕술 군이 심호흡 정지로 현장에서 사망했고, 동아대학교 회화과 4학년 김미숙과 허길숙이 전치 3주의 화상을 입었다.

위에서 확인된 바에 의하면, 문부식은 방화 사건이 있던 다음 날, 사건이 크게 확대된 데 놀라 부산을 출발해 21일에 원주에 왔다. 김 현장을 만나고 23일, 사건을 확인하러 수원에 갔다가 28일에 김은숙과 함께 원주교육원으로 다시 왔다. 자수를 결심하고는 '추기경 성하님께 올리나이다(죽임에 임하여)'라는 편지를 썼다. 그 편지 내용은, 첫째, 부산 미문화원 방화 사건의 주범인 자신은 부산 고려신학대 3학년 문부식으로 결코 공산주의자가 아니다. 아버지 5형제 모두가 나란히 육사를 졸업했고, 세 분은 대령으로 예편했다. 둘째, 미문화원에 대한 방화는 미국이 광주사태 등 이 땅에서 저지른 역사적 죄과에 대한 응징이다. 셋째, 이제야말로 타락한 예수문명의 우상을 벗기고, 참된 그리스도의 사랑에 기초한 구원의 역사가 우리 민족을 주관할 때인데, 5·17 전후 개신교회가 보여 준 행동(조찬기도회 등)은 전두환정권의 만행을 내변해 주고 있나. 넷째, 이 나라 언론은 창패와 같은 위치의 그 이하도 그 이상도 아니다. 마지막으로 방화 과정에서 고의 아니게 죽은 장덕술 군의 명복을 빌고 부상당한 두 여학생에 대하여 심심한 사의를 표하며, 일생동안 죽는 날까지 그들에 대한 죗값을 다하고자 고백하오니 추기경 성하께옵서 저희들의 외침을 저버리지 않으시길 바란다고 하면서, 오른손 손바닥과 다섯 손가락의 지문을 남겼다. 유서와도 같은 편지였다.

3월 19일 무렵, 김현장이 몹시 힘들어했던 것도 문부식이 다녀간 뒤끝이었을 것이다. 30일, 그날 원동성당에서 김지석 신부와 함께 텔레비전을 보다가 범인 가운데 하나인 이미옥이 검거됐다는 보도를 보고는, 교육원으로 와 김현장을 찾았다. 그때 김현장이 "주범은 여기 저하고 같이 있습니다"라고 하는 것이 아닌가. 뭐라 말할 수 없는 충격이 밀려왔다. 별의별 상상이 꼬리에 꼬리를 물었다. "어떻게 하려고?" "자수시켜야지요." "우리 집에 언제부터 와 있는 거야?" "며칠 됐습니다. 이미 두 사람도 자수할 생각을 가지고 있고, 추기경님 앞으로 양심고백도 할 생각입니다."

최기식 신부는 김현장에게 두 사람의 자수 절차를 밟아도 되는지 확인해 달라고 부탁했다. 직접 확인한다는 것이 어쩐지 너무 잔인하게 느껴졌다. 얼마 후 김현장이 올라와 결심을 굳혔다는 사실을 전해 줬다. 그때 떠오른 사람이 함세웅 신부였다. 최기식 신부는 피정지도차 다음 날 올라가려던 일정을 앞당겨 서울로 와서 함세웅 신부를 만났다.

그리고 이튿날 내려가 두 사람의 자수 의사를 다시 직접 확인하고, 함세웅 신부에게 암호로 그 사실을 알렸다. 김현장을 빼고 두 사람을 자수시키기로 하는 과정은 대체로 이렇게 진행되었다. 떠나는 날 아침나절 김영애, 김현장 등의 주선으로 문부식과 김은숙의 결혼식(최기식 신부는 약혼식 정도였다고 한다) 비슷한 절차를 최기식 신부가 주관했다. 언제 죽을지도 모르고, 다시 만나기까지 얼마나 걸릴지도 모르는 상황이니까, 이런 절차라도 밟고 가야 되지 않겠느냐는 당사자와 주변의 이야기를 따를 수밖에 없었다.

사제의 신원

김현장을 보내고 난 그날 밤 9시 뉴스는, 김현장을 자수 형식을 빌린 검거로 신병을 확보했다는 소식과 함께, 그는 강도 사건으로 복역한 적이 있는 전과자이며, 학생운동의 기폭제로 문부식에게 방화 사건을 교사한 배후인물이며, 최기식 신부가 책임자로 있는 교육원에서 농민들을 대상으로 의식화 훈련을 시킨 특강 시간의 강사라는 것 등, 실로 최기식 신부로 하여금 입을 다물지 못하게 하는 내용들을 보도했다.

참으로 어처구니없는 것은 가톨릭원주교육원 프로그램에 관한 보도였다. 교육원에서 운영하는 프로그램은 대부분이 쿠르실료 등의 신앙교육이었고, 농민들을 대상으로 한 프로그램은 신협의 회계교육과 유기농법, 무공해 농산물 재배방법 등에 관한 것이었다. 그런데 교육원에서 공공연하게 김현장이 용공좌경의식을 심어 주는 의식교육을 했다니, 참으로 황당한 보도가 아닐 수 없었다. 다음 날에도 김현장에 관한 보도는 더욱 침소봉대되고 있었다. 교육원으로 달려온 기자들의 질문에 답하면서, 적어도 교육원에서 강사로 활동했다는 이야기는 전혀 사실이 아니라고 해명하고, 잘못된 보도를 시정해 달라고 요구했다. 그리고 김현장이 숨을 곳이 없어 찾아왔을 때 사제의 신원을 걸고 받아들일 수밖에 없었다는 것을 말하고, 그 일로 해서 자신에게 가해지는 처벌이라면 기꺼이 받겠다고 했다. 그러나 저녁의 9시 뉴스는 정정은커녕 한 술 더 떠서 농민회 행사 때 사용했던 피켓까지 사진으로 보이면서, 교육원을 좌경의식화 교육장으로 매도하며 몰아붙이고 있었다.

여섯째 날(최기식 신부가 문부식 · 김은숙이 교육원에 와 있다는 사실을 알고 바로 서울로 올라가 함세웅 신부와 자수 문제를 상의한 날을 첫째 날이라고 할 때), 4월 4일 신문은 "범죄자 숨긴 교회, 국민은 당혹했다"(《한국일보》), "문(부식)의 배후조종 김현장 검거, 최 신부에 울면서 교사(敎唆) 고백"(《조선일보》)이라고 대대적으로 보도하기 시작했다. 김현장을 방화 사건의 배후조종자로, 그리고 교회를 좌경불순세력의 은닉처로 몰아가고 있었다.

3월 19일 밤, 김현장의 취중고백을 들은 기억은 있으나, 그가 배후조종을 했다는 이야기를 듣지 못했고, 그리고 그 후 여러 차례 물어봤을 때도 관계가 없다고 했다. 다만 광주사태로 쫓기는 젊은이가 화급하게 찾아왔을 때 내치지 않고 품어 준 평범한 사제일 뿐이었다. 과연 자신의 행동이 잘못되었는지 그날 밤 감실 앞에 무릎을 꿇고 기도했다. 그래도 불안했다. 그날 밤 태백에서 올라온 안승길 신부에게 어머니를 보살펴 달라고 부탁했다.

일곱째 날인 4월 5일, 최기식 신부는 원주경찰서에서 나온 형사들에 의해 연행되어, 이창복, 문길환, 김영애와 함께 서울로 압송되었다. 이후 남영동 대공분실에서 수사를 받았다. 그곳에서 이틀 잠을 제대로 못 잔 것 외에는 비교적 정중한 대접을 받았다. 3월 19일, 김현장에게 돈을 준 것을 기억하지 못해 문길환과 대질심문을 벌여서, '아, 그 일을 말하는구나' 시인해 주었다. 오직 진실대로 말하니 마음이 편했고 유도심문을 당하더라도 한결같을 수밖에 없었다.

4월 8일, 어쩌면 구속되지 않을지도 모른다며 은근히 기대도 갖고 있었지만, 전날 밤 아주 불길한 예감의 꿈을 꾸고 나서는 구속이라고 생각했다. 형사는 구속영장을 제시하지도 않고 수갑을 꺼내 한쪽을 김영애의 팔목에 채우고 나머지 한쪽을 최 신부의 팔목에 채웠다.

"치안본부는 8일, 부산 미문화원 방화 사건과 관련, 가톨릭 원주교구 최기식 신부와 김현장 등 5명을 구속했다고 발표했다.…… 최 신부의 혐의 내용은 1980년 5월 대전 평신도 사도직 협의회 감사 유진훈 씨의 소개로 알게 된 김현장을 22개월간 교육원에 은신시켰고, 지난 3월 19일 김(金)으로부터 방화 사실을 고백받고 도피자금 50만 원을 주었으며, 3월 28일부터 4일간 문부식, 김은숙을 숨겨 준 것 등이다"(《조선일보》, 4월 9일자).

천주교회에 대한 음해와 구속

나는 함세웅 신부와 문부식, 김은숙의 자수를 어떻게 주선할 것인가를 논의하던 처음부터, 과연 김현장을 언제까지 지켜 낼 수 있을까 걱정했다. 문부식과 김은숙이 김현장을 찾아 원주로 온 것이 아니라, 지학순 주교님이라면 우리를 받아 주겠지 하는 심정으로 원주를 찾은 것으로 말을 맞추기로 했다. 하지만 과연 노련하고 때로는 고문까지 불사하지 않는 수사관들 앞에서 그 말 맞추기를 지켜 낼 수 있을까. 결국 김현장은 드러나고 말 것이라는 예감이 들었다. 만약 그가 드러난다면, 그는 마땅히 광주사태와 관련 수배 중이니만치 조사와 구속은 불가피할 것이라고 보았다. 우선 그의 말대로 그가 부산 미문화원 방화 사건과 직접적인 관련이 없다는 것은 믿고 있었다.

그러나 김현장에 대한 범인은닉, 그것을 가지고 천주교회를 문제

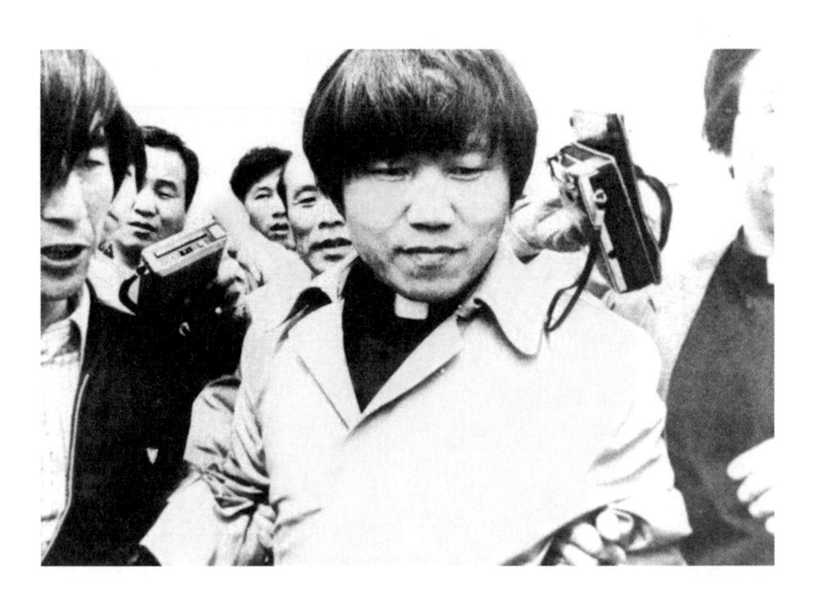

구속되는 최기식 신부.

삼거나 최기식 신부를 구속하리라고는 전혀 생각하지 않았다. 저들이 대통령의 이름으로 김수환 추기경에게 자수 주선에 대한 감사 메시지까지 보냈을 뿐만 아니라, 문부식과 김은숙의 자수로 길거리 곳곳에서 검문검색하던 그 살벌하기만 하던 사회 분위기를 평온한 상태로 되돌려 준 것에 정부는 교회에 감사해야 마땅하다고 생각했다. 그런데 그것도 부활주간에 최기식 신부를 구속하다니, 그것은 그야말로 은혜를 원수로 갚는 것이요, 신뢰를 저버리는 배신이라고 하지 않을 수 없었다.

설상가상으로 전 언론과 정부가 일제히 천주교회를 음해 · 모략하기 시작했다. 교회를 마치 범죄인들의 은신처로 낙인찍었고, 가톨릭

농민회와 가톨릭노동청년회의 활동을 좌경용공활동으로 몰아갔으며, 농민 교육용 피켓을 혁명도구인 양 방영했다. 부여에서는 수녀가 쓰고 있던 머릿수건을 벗기는 일도 벌어졌다. 그 음해가 얼마나 컸던지 김수환 추기경조차 "여론을 오도해서 마치 우리 가톨릭교회를 범죄인 소굴인 것처럼 유도해 가고, 그럼으로써 나라에 이익이 되는가, 우리 사회에 이익이 되는가 하고 묻고 싶을 뿐입니다. 만일 우리 교회가 속죄의 제물이, 속죄의 공양처럼 되어 주어야만 이 사회가 안정을 기하고 번영을 기할 수 있다면 기꺼이 교회를 대표해서 저라도 되어 주겠습니다"(4월 8일 명동성당 미사 강론)라고 할 정도였다. 실로 박해시대 이래 최대의 시련이었다.

또한 최기식 신부의 행위, 즉 교회에 찾아와 도움을 청한 사람을 받아들인 것이 죄가 되는가 하는 논쟁이 교회 안과 밖에서 벌어졌다. 실제로 교회법에는 아주 특별한 경우를 제외하곤 교회를 찾아와 도움을 청하는 사람을 쫓아낼 수 없다는 조항이 명기되어 있다. 김수환 추기경은 강론에서 "만일 그리스도께서 그런 상황에 놓여 있었다면 어떤 태도를 취했겠는가. 예수께서 범법자가 당신에게 찾아와서 도움을 구하면 밀고를 했겠습니까, 이번 사건은 분명히 우리 사회의 인간들을 위하여, 모든 사람의 형제가 되기 위하여 자기 몸을 대신 바쳐야 하는 사회의 양심이 되어 주어야 하는 사제의 신원을 묻는 사건입니다"라고 했다.

최기식 신부가 구속된 4월 8일은 교회력으로 성목요일이었다. 그러나 교회 안에서는 김현장을 받아들인 최기식 신부의 선택을 두고,

시시비비가 끊이지 않았다. 그러나 오히려 이 사건을 계기로 교회가 일치하는 모습을 보이게 된 측면도 있다. 구속된 며칠 후 부산교구의 이갑수 주교가 부산 남부경찰서로 최기식 신부를 찾아왔다. 이갑수 주교는 "어떻게 된 거야?"라고 물었고, 최기식 신부는 그동안 있었던 일을 솔직하게 모두 말했다. "이거 언론이 교회를 잡으려는구먼." 이갑수 주교는 그때 최기식 신부가 한 이야기를 골자로 한 '최기식 신부의 양심선언'을 만들어 부산교구 주보에 실었다. 그 뒤부터 최기식 신부의 행동이 예수그리스도와 교회의 가르침에 어긋나지 않는다고 확신하게 된 교회는 서로 일치해 이 사건에 범교회적으로 대응했다.

의연하고 당당했던 피고들

부산 미문화원 방화 사건이라는 일찍이 없었던 엄청난 사건과 사제의 신원을 묻는 최기식 신부의 구속이 결합된 이 사건에 국내는 물론 해외의 관심이 집중되는 것은 당연한 일이었다. 나는 처음부터 끝까지 이돈명, 황인철, 홍성우 변호사 등과 함께 이 사건에 관여했다. 재판 때마다 변호사들과 동행해 부산과 대구에 내려갔다. 아직도 나는 공판정에 입장할 때 받았던 '방청권'을 가지고 있다. 나는 피고인들의 진술을 받아 적어 와 세상에 공개했다. 또 이를 바탕으로 '부산 미문화원 방화 사건의 진상'을 엮어 국내외에 발송했다. 리영희 교수 등 증인신문 내용도 내가 작성했으며, 방화 사건과 관련한 변론요지도 내가 세종로 성당 사제관에서 밤새워 썼다. 그렇기 때문에 나는 누구보다 이 사건에 애정이 있고, 또 잘 안다고 감히 말할 수 있다. 재판기록도 거의 완벽하게 내가 갖고 있다.

검찰은 방화 사건 관련으로 문부식, 김현장, 김은숙, 유승렬, 이미옥, 최인순, 김지희, 박원식, 최충언, 박정미 등을, 범인은닉 및 편의제공으로 최기식, 문길환, 김영애, 이창복 등 4명을, 그리고 의식화 학습을 했거나 김현장을 문부식에게 소개해 줬다는 이유로 김화석과 허진수 등을 기소했다. 이들 허진수와 김화석의 변호인으로 노무현이 선임되어 나는 그때 노무현을 처음 만났다.

문부식을 비롯한 피고인들은 어린 나이에 비해 의연하고 당당했다. 문부식은 방화의 동기에 대해, 첫째는 자신들의 경제적 이익을 위해 한국의 독재정권을 지원해 왔던 미국에 경고하기 위함이었고, 둘째는 광주사태에 일정한 책임이 있는 미국에 한국민으로서 정당한 응징을 하기 위함이었으며, 셋째는 우리 국민에게 민족적 자각을 호소하고, 또한 자유와 민주주의를 사랑하는 미국 국민들에게 한국민의 충정을 알리기 위함이었고, 넷째는 또 다른 측면에서 한국 지배를 꿈꾸는 일본 세력에도 간접적으로 경고하기 위함이었다고 진술했다. 좀 더 직접적인 계기로 말한다면 군부독재를 가능케 한 12·12 사태를 미국이 지원 묵인한 것, 5·18 광주시민 대학살에 대한 미국의 책임을 묻는 것, 미국 잉여농산물 도입과 관련하여 한국의 가난한 농민을 외면한 채 한국 정부에 뇌물 사건을 벌인 것, 그리고 위컴 미8군사령관의 한국 국민을 들쥐에 비유하는 모욕적인 발언과 주한 미국대사 워

커의 한국 민주화운동에 대한 비하 발언이 방화를 결심하게 했다고 말하면서, "광주사태가 이 땅에 없었더라면 나는 이 자리에 서 있지 않았을 것"(최후진술)이며, 궁극적으로는 진정한 민주주의를 한국에 실현시키기 위해서 방화했다고 했다.

방화는 방화 자체가 목적이 아니라 우리의 진정한 뜻을 알리기 위한 것이기 때문에, 불이 난 사실을 세상에 알리기 위해 사진을 찍을 수 있을 정도만 계획했다. 처음에 식당을 방화장소로 선택했지만 프로판가스통이 있어 위험하다고 판단해 현관을 선택했으며, 시간도 사람이 적은 점심시간을 택했다고 했다. 사건이 목표 이상으로 확대된 것은 자신들이 휘발유의 폭발성을 몰랐기 때문에 대형사고가 됐다고 했다. 그러면서 "피해자가 나타난 데 대해 안타깝게 생각한다. 자식을 잃은 가족에게 진심으로 죄송스런 말씀을 드린다. 다친 사람들과 그 가족에도 사죄를 빈다"(1982년 7월 12일 진술)라고 했다. 그들의 최후진술 역시 감동적이었다. 나는 그 최후진술을 받아 적어 바로 세상에 그들의 목소리를 전했다.

총론은 이돈명 변호사가 맡고, 방화 사건에 대한 변론은 홍성우 변호사가 맡았다. 그 변론요지서의 초고를 내가 썼는데 그 변론의 마지막은 이렇게 되어 있다.

"이 사건이 한국에서 한국민의 민족적 자존심과 존엄을 확인하는 계기로 발전하지 않는다면, 이 사건으로 불의의 희생을 당한 고 장덕술 군의 죽음은 헛된 것이 될 것입니다. 이 사건에 임하여 최종적으로 말하고 싶은 것은 과연 누가 민족의 이름으로 감히 이들에 대하여 돌을 던질 수 있겠느냐 하는 것입니다."

광주민주화운동과 부산 미문화원 방화 사건은 한국 정치사와 민주화 운동사에서 획기적 전기가 되는 사건이었다. 광주민주화운동은 그 이후에 일어난 모든 사건을 일으키게 하는 원천이 되었고, 부산 미문화원 방화 사건은 미국에도 항의와 반대, 할 말을 할 수 있게 하는 그 단초를 연 사건이었다. 그리고 한국 민주화운동이 한 단계 전진, 발전하는 계기가 되었다.

고통 속에서 기쁨을 맛보다

최기식 신부는 0.8평의 방에 갇혔다. 그렇지만 경찰서에 있다가 온 탓인지 감옥은 견딜 만하게 느껴졌다. 식성도 까다로운 편이 아니어서, 감옥 안의 식사도 먹을 만했다. 최기식 신부의 옥바라지는 부산 복자수녀원에 있던 수도자 친척 누님이 맡아 주었다. 그리고 지난날 천주교정의구현전국사제단 활동과 관련해서 반대하거나 자신을 비난했던 선배 신부들한테서 받는 편지는 정말 반갑고 큰 힘이 되었다.

"최 신부, 나는 지금 자네와 함께 있고 자네의 뜻에 주님의 은총을 빌고 있네. 힘내고 주님 안에 용기를 얻기 바라네."

출정 때마다 아이들은 저희들 때문에 신부가 고생한다고 미안해했다. 그들의 눈에는 신뢰와 감사가 담겨 있었다. 그들과 묶여서 법정 가는 것이 즐거웠다. 그 눈빛은 최 신부에게 엄청난 위로와 힘이 되었다. 재판 때는 이갑수 주교와 윤공희 대주교, 그리고 원주교구장 지학순 주교, 연로한 은사 박고안 신부가 와 주었고, 원주에서는 버스까지 대절했으며, 사제단 신부들도 재판 때마다 많이 와 주었다.

법정에서의 쟁점은 김현장이 과연 방화 사건에 관련이 있느냐 하는 것과 최기식 신부의 김현장 등에 대한 범인은닉이 죄가 될 수 있느냐 하는 것이었다. 최기식 신부에 대한 공소사실은 광주사태 관련자인 김현장과 공주사대 금강회 사건의 주모자인 이상헌을 은닉 도피케 했다는 것과 김현장이 부산 미문화원 방화 사건에 관련된 국가보안법 위반의 죄를 범한 자라는 점을 알면서도 편의를 제공했다(국가보안법 위반)는 것이었다. 최기식 신부는 후자의 경우, 사실 자체를 인정하지 않았고 전자에 대해서는 사실은 인정하지만 유죄를 인정하지 않았다. 1975년에 일본에서도 유사한 다네야[種谷(종곡)] 사건이 무죄 선고된 일이 있어 그 판례를 변호인 측이 제시하기도 했다. 최기식 신부는 유봉묵 변호사가 집중 변호를 했다.

선고 날 "김현장 사형," "문부식 사형," 그리고 최기식 신부에게는 징역 5년에 자격정지 5년이 선고되었다. 방청석은 술렁거렸고, 끝내 흐느끼는 소리까지 들렸다. 최기식 신부는 판결문을 다 읽는 순간 자신도 모르게 자리에서 벌떡 일어나 소리쳤다. "이건 조작이다! 조작된 재판이다!"

1심이 끝나고 나서 대구교도소로 옮겨지면서, 편지와 면회 등 바깥세상과의 접촉이 한결 자유로워졌다. 자연스럽게 죄수들에게 관심이 갔고, 바로 그것이 최기식 신부가 사회복지 문제를 더욱 구체적으로 생각하게 하는 계기가 되었다. 그때 병동(病棟)에는 일반 잡범에서부터 정치범, 경제사범까지 죄질이 다양한 사람들이 모여 있었는데, 80% 이상이 결핵을 앓고 있었다. 그리고 치료감호 대상자가 많았다. 그때 최 신부는 "지금 나는 이 사회에서 소외된 사람들과 함께 있다. 적어도 나에게는 일반 사목이나 다른 어떤 일보다 소외되고 있는 사람들을 끌어안고 정을 나누며 사는 것이 우선 돼야 하지 않을까" 하고 생각했다.

이듬해 최기식 신부는 1년 3개월의 수감생활을 끝내고 광복절 특사로 석방되었다. 감옥에서는 이제 남들 모르게 술도 만들어 나누어 줄 만큼 그 생활에 익숙해질 때였다. 사형수들도 많이 만났고, 그들이 사형 집행되는 것도 보았다. 물론 감옥을 나와서 좋았지만 혼자만 출감한 것은 매우 미안했다. 최기식 신부는 "내가 그냥 감옥에 있다는 것, 그 자체만으로 나는 굉장히 기뻤다"라고 말한다. 그 말은 빈말이 아닐 것이다. 더구나 사형을 선고받아 복역 중인 어린 양들을 두고 나왔으니 그 심정이 오죽 아팠을까. 그는 천상 사제다.

이 사건은 1 · 2심에서 모두 문부식과 김현장에게 사형을 선고했다. 그러나 이듬해 3월, 그동안의 기도와 고난이 하늘에 닿았던지 대법원에서 이들 두 사람은 무기로 감형되었다. 사형의 그 어두운 그림자에서 해방된 것이나. 나는 그제야 깨달았다. 왜 최기식 신부가 감옥에 들어가야 했고, 천주교회가 자수를 주선했는데도 그렇듯 박해와 음해를 받아야 했는지를……. 그것은 두 젊은이의 생명을 구해 내기 위한 하느님의 오묘한 섭리였다. 최기식 신부는 그 도구였고, 그 임무를 기쁘게 수행한 것이다.

11

시인에서 전사로

김남주

1972년 12월 9일, 늦은 밤에 광주 시내의 여러 학교에 《함성》이라는 제호의 지하신문이 뿌려졌다. 이때는 박정희가 이른바 유신을 선포한 지 채 두 달이 안 된 시점이었다. 이 지하신문은 전남대학교 농과대학 3층 강의실에 50여 매, 상과대학 2층 강의실에 50여 매, 문리대 이학부와 문학부의 강의실과 벤치에 90여 매, 광주고, 광주여고, 광주공고, 광주제일고 등에 각각 20~30매씩 뿌려졌다.

"대한민국 대통령 박정희와 그 주구들은 권력에 굶주린 나머지 종신집권 야망으로 국민의 귀와 눈에 총부리를 겨누었으며, 한국적 민주주의란 가면을 쓰고 국민의 고혈을 상취하고 있다. 세상은 관절이 빠져나가고 있는데 우리가 아픈 조국을 고치기 위하여 태어났다. 권력층의 학대와 농민수탈에 시달려 도끼와 죽창으로 봉기했던 1894년의 동학혁명의 이름으로 사이비 애국자, 중상모리배, 매판자본가를 민족사라는 심판대의 피고석에 앉히노라.

자학과 어두움 속에 허탈을 일삼고 있는 언론, 문화인, 청년학생 시민이여! 우리의 함성이 들리지 않는가? 역사적 장전을 소각시키고 한국적 민주주의를 날조한 반민족, 반민주 세력의 무서운 음모가 그칠 사이 없는 독재의 복마전을 향하여 4·19 정신으로 총 궐기하자!"

8절 갱지로 제작된 《함성》지는 그해 10월 17일 유신과 함께 선포된 비상계엄 때문에 일제 휴교에 들어갔던 대학들이 12월 10일 다시 개교하는 날에 맞춰 학생들이 읽을 수 있도록 12월 9일 밤에 뿌려졌다. 유신정권은 제4공화국에 해당되므로 제4공화국에 사형선고를 내린다는 뜻으로 넉 사(四)자 대신 죽을 사(死)자를 써 제사(死)공화국이라 칭했고, 유신에 동조하는 행위는 모두 죽음의 행렬, 노예로 묘사했다.

박정희의 유신쿠데타 이후 서울대에서 터진 반유신투쟁이 1973년 10월 2일의 일이었으니, 전남대의 《함성》지 사건은 반유신투쟁의 효시라 할 수 있다. 《함성》지를 제작·배포한 주역은 두 사람이었다. 이강과 김남주(1946~94). 그때 이강은 당시 군복무를 마치고 복학한 상태였고, 김남주는 영문과 4학년생으로 두 사람은 죽마고우였다. 그동안의 세상의 변화와 학원의 움직임에 자신의 견해를 얹어 세밀하게 이강에게 오리엔테이션해 주고, "나는 복학생인데 네가 맡아서 잘 해

민족문학작가회의 상임이사 시절의 모습(1993).

나가기 바란다"는 당부를 하고 고향으로 떠났던 김남주가 다시 광주로 온 것은 그해 10월 18일이었다.

두 사람은 만나자마자 즉시 갑오농민혁명 전적지 순례에 나섰다. 그 과정에서 두 사람은 "우리가 의(義)를 들어 여기에 이름은 그 본의가 다른 데 있지 아니하고, 민중을 도탄에서 건지고 국가를 반석 위에 세우고자 함이다……"라고 시작하는 녹두장군 전봉준의 메시지는 두 사람에게 '일어서라! 일어서라' 하는 채찍으로 들렸다. 순례에서 돌아온 두 사람은 1929년 광주 항일독립운동 당시의 지하신문을 비롯, 러시아 혁명기의 지하신문 등 국내외 지하신문을 연구하기 시작했다. 마침내 김남주는 주로 지하신문의 기사 작성과 보급 배포를, 이강은 학생들의 반응에 따른 후속 작업 및 조직화를 맡기로 역할을 분담했다.

우선 이강의 전세방을 사글세로 바꾸어 거사를 치를 자금을 마련했다. 보안유지를 위해 광주 시내는 피하고 근교 읍내의 문방구 가게를 전전하면서 한 가게에서 꼭 한 가지씩만 등사기와 관련되는 준비물을 조심스럽게 장만해 나갔다. 김남주와 알고 지내던 여자 친구들은 용돈과 졸업 기념 금반지 따위를 거침없이 풀어 주었다. 그만큼 주변 사람들은 김남주를 굳게 믿었다. 김남주는 집필을 시작했다. 두 사람은 몇 가지 기본 개념에 합의했는데, 물론 초안은 둘이서 몇 번이고 번갈아 확인하며 확정지었다. 반공이데올로기에 대해서는 직접적, 노골적으로 대응하지 않되, 점차 비판적으로 나아가기로 했고, 철저한 민족·민중·민주 노선을 견지하기로 했다. 민족 주체의 역사의식은 갑오농민혁명, 항일의병투쟁, 북만주항일투쟁, 3·1 독립만세운동, 소작농민 항일투쟁, 광주학생독립운동, 원산총파업투쟁, 4·19 혁명의 맥을 민족사의 정통으로 파악했다.

이들은 1969년경부터 전남대학교 선배 박석무를 자주 만나 많은 토론과 현실비판을 계속해 오고 있었다. 박석무는 일찍부터 다산 정약용과 녹두 전봉준에 대한 진보적인 역사인식으로 후배들의 존경과 추종을 받았다. 이처럼 박석무, 김남주, 이강은 동지적 관계로 시대를 아파하고, 유신독재에 저항할 궁리를 하고 있었다. 《함성》지 제작에는 박석무가 직접 참여하지 않았지만, 유형무형의 공감이 형성되어 있었다고 볼 수 있다. 또 김남주, 이강 두 사람의 《함성》지 제작에는 이강의 누이 이정과 아우 이황(당시 고3 재학 중), 집안의 조카이자 당시 전남대 물리학과 2년생이던 이정호 등이 보조자로 참여했다.

12월 10일, 김남주는 고향으로 내려가고, 이강은 태연하게 학교에 나갔다. 김남주는 시골 가는 길에 그동안 도움을 아끼지 않았던 동급생 여학생들에게 역사보관용으로 유인물 몇 매를 넘겨 주었는데, 그것이 뒷날 그들에게 큰 화근이 되었다. 이강에게는 별일이 없었지만, 김남주는 혐의를 두고 이미 수사가 진행되고 있었다. 부득이 김남주는 서울로 피신해 문학수업을 하기로 하고, 두 사람은 지하신문 사업을 전국적으로 확대하기로 결의했다. 김남주가 문안을 작성해서 이강에게 보내면, 이강이 편집, 등사해서 다시 서울로 보내고, 그것을 전국의 대학에 배포키로 했다. 그리고 지하신문을 전국적으로 확산하기 위해《함성》이라는 제호를《고발》로 바꿨다.

그러나 약속한 날에 김남주에게서 원고가 도착하지 않았다. 이강이 혼자 알아서 작성하라는 뜻이었다. 이강은《함성》지 때 미처 싣지 못한 원고에 박정희 유신독재의 내용과 비리를 고발하는 것을 첨가해 편집을 완료했다. 그런 뒤 혼자서《고발》지 500매를 등사해 서울에 있는 김남주에게 수화물로 탁송했다. 며칠이 지난 1973년 3월 24일 아침 등굣길에 이강은 지프차를 탄 괴한들에게 연행되었다. 판결문에 나와 있는《고발》의 요지는 다음과 같다.

"1972년 10월 17일을 기하여 대한민국은 권력에 굶주린 한 사나이에 의해 총칼로써 무참히 유린당하고 있다. 4 · 19의 넋으로 무장한 우리의 고발은 여러분의 고막을 울릴 것이요, 탐욕에 어두운 독재자의 눈에는 가시가 되리라. 자유의 적에 대하여는 끝까지 항거하고 피로써 투쟁하는 육신으로 혁명할 것을 선언한다. 제사(死)공화국의 운명의 날은 머지않았다

젊은 얼은 눈을 떠라. 동학의 얼로 너의 투혼을, 4·19 넋으로 용맹을 갖추어라. 자유의 전리품으로 쌓아 올린 독재자의 불안한 권력, 단 한 번의 투쟁이면 '와우'아파트보다 쉽게 무너질 숙명을 가진 제사(死)공화국, 가난한 민중의 고혈을 빨아 모은 권력층, 단 한 번의 민중봉기면 불타는 '대연각'보다 더 쉽게 한줌의 재로 사라진다. 너의 젊은 반골(反骨)이 백골이 되기 전에 창으로 적의 심장을, 염통을 찔러라. 피로써 이렇게 피를 내리게 할 결전의 그날, 이 땅을 쓸어버린 그날 4월 혁명을 상기하자."

《함성》과 《고발》의 파장

이로부터 이강과 함께 일련의 작업에 관여했던 전남대 상과대학의 이평의, 김정길, 문리과대학의 이정호, 윤영훈, 법과대학의 김용래 등은 반국가단체를 구성하기 위한 예비음모 혐의로, 김남주와 이강은 국가보안법 제1조, 반국가단체 구성 예비음모 주모 혐의로 구속되었다. 또한 당시 대학 재수생이던 이강의 아우 이황도 형을 도와준 혐의로 구속되었고, 박석무도 사건 전체를 위에서 주도한 수괴라는 이유로 구속되었다. 김남주의 동급생으로 당시 영문과 4학년이던 이경순,

광주에서 민중문화연구소 개소식 후 무등산장에서(앞줄 맨 왼쪽이 김남주)(1974).

강희순, 이개석(당시 서울대생), 김남주의 아우인 김덕종, 이강의 누이 이정, 여자 친구 이재은 등은 불구속으로 재판정에 서야 했다. 구속 피고인 9명, 불구속 피고인 6명이었다.

박석무가 수괴가 된 사연은 1971년에 제작 살포된 지하신문 《녹두》와 관련이 있다. '동학혁명의 투혼으로 대학을 병영화하려는 독재 정권을 타도하자'는 요지의 《녹두》 창간사를 박석무가 썼다. 박석무가 그 《녹두》를 보관하고 있었는데, 군에 갔다가 1972년 가을 학기에 복학한 이강에게 《녹두》 한 부를 주었다. 물론 《녹두》는 《함성》과 《고발》의 제작에 많은 참고가 되었다. 수사가 시작되면서 이강의 집에서 《녹두》가 나왔고, 그 출처를 캐다 보니 박석무를 말하지 않을 수 없었다. 박석무의 이름이 나오자 그 순간《함성》과《고발》사건의 수괴가 되어 버렸다.

8절지를 접어서 4면으로 만든《녹두》는 전남대에 한 번 배포되는 것으로 끝났다. 그러나《녹두》가 뿌려진 것과 궤를 같이하여 전남대에서 교련반대투쟁이 일어났고, 이와 관련해서 법대생 고재득(뒤에 서울 성동구청장)과 당시 영문과 학생이던 송정민(뒤에 신방과 교수) 등 7~8명이 제적을 당하기도 했다. 이후 전남대의 녹두대, 광주에 녹두라는 사회과학 서적을 파는 서점이 생긴 것 역시 결코 우연한 일이 아니었다.

1973년 3월 18일 오전, 화물탁송회사에 사복경찰 몇이 들이닥쳐 이강이 맡긴 이불 보따리에서《고발》이라는 제목의 유인물 500매를 압수하면서부터 시작된《함성》지 사건의 공소장의 요지는 이렇게 되어 있다.

"박석무, 이강, 김남주 등은 10여 차례 모임을 갖고 '비상계엄은 친위쿠데타이며 헌법개정의 저의는 남북통일이 아니라 일당독재와 장기집권을 구축하기 위한 정치적 폭거이므로 이를 전복해야 한다. 그러기 위해서는 합법적 투쟁으로는 안 되고 오로지 4·19와 같은 혁명이 일어나야 한다'며 국가변란을 목적으로 반국가단체 구성을 예비음모했다. 또《함성》과《고발》이란 유인물을 통해 '박정희와 그 주구들은 권력에 굶주린 나머지 종신집권 야망으로 국민의 귀와 눈에 총부리를 겨누었으며 한국적 민주주의란 가면을 쓰고 국민의 고혈을 강취하고 있다. 자학과 어둠 속에 허탈을 일삼고 있는 언론인, 청년학생, 시민이여! 우리의 함성이 들리지 않는가. 무서운 음모가 그칠 새 없는 독재자의 복마전을 향해 4·19 정신으로 총진격하라'며 북한 정권과 노동당의 활동을 고무·찬양·동조했다. 나머지 사람들은 이를 알면서 당국에 신고하지 않았다."

유신체제에서 벌어진 최초의 반유신투쟁이었기 때문에 이 사건은 수사에서 재판에 이르는 전 관정이 살벌하기 짝이 없었다. 수감생활도 아주 혹독했다. 1심 재판 직전까지 가족은 물론 변호인까지도 접견이 금지되었고, 책, 영치금, 구매, 운동 등 모든 것이 차단되는 무덤 속의 생활이었다. 그러나 재판이 시작되면서 피고인들은 반국가단체를 구성하기 위하여 예비 음모를 꾸민 역적들이 아니라, 민주주의의 십자가를 지고 국가적 시련을 한 몸에 짊어진 민주투사들이 되어 검사와 재판부, 그리고 변호인의 반대신문에 응했다. 따라서 법정은 가족, 친지들과의 면회장이요, 민주주의의 교육장이 되었다. 홍남순, 이기홍, 윤철하 등 세 변호사도 인권변호사의 면모를 여실히 보여 주었다.

일곱 번의 1심 재판 끝에 9월 23일에 열린 선고 공판에서 이강에게는 3년의 징역형을, 박석무, 김남주에게는 2년의 실형이, 그리고 나머지 피고인은 모두 집행유예 또는 선고유예로 풀려났다. 그해 10월에 개정된 2심 법정은 더욱 활발한 민주주의 토론장이 되었고, 법정에는 함석헌을 비롯 서울에서 일부러 내려온 방청객도 적지 않았다. 1973년 12월 27일 오전에 열린 항소심 공판에서 마침내 박석무는 무죄를, 이강과 김남주는 2년의 징역형에 3년 동안 형 집행을 유예하는 판결을 받았다. 법정은 물론 복도까지 가득 메웠던 방청인들이 우레 같은 박수를 보냈다. 이때의 재판장은 김재주 부장판사였고, 배석판사는 홍기주, 이금원 판사였다. 그로부터 세 달 남짓 뒤, 이른바 민청학련 사건이 터졌다.

《함성》지 사건은 분명 유신체제에 대한 전면적인 부정과 반대를 표시한 최초의 사건이었다. 하지만 《함성》지는 단 한 번에 그쳤고, 《고발》은 불발로 끝났기 때문에 세상에는 널리 알려지지 않았다. 또 유신에 재를 뿌린 최초의 사건인 탓인지, 사건 자체는 물론 재판과정은 철저히 보도관제를 당했다. 언론은 철저하게 침묵을 지켰다. 고법 재판이 끝난 뒤인 12월 30일, 《동아일보》 호남판의 사회면에 조그마한 사진과 함께 피고인들(주범)의 석방사진이 보도되었을 뿐이다. 그렇지만 재야 민주화 진영과 학원가에는 전문(傳聞)으로 그 소문이 널리 퍼져 나갔고, 앰네스티 등 해외에서도 관심을 표명했다. 그리고 물론 1974년 초부터 준비하고 있던, 뒷날의 민청학련 사건에도 영향을 미쳤다.

이 사건에서 또 하나 주목해야 할 것은 이 사건 변론이 1970년대 인권변론의 효시이기도 했다는 사실이다. '인권변론 한 시대'를 흔히 1974년 4월의 민청학련 사건을 시작으로 보는 게 일반적이다. 그러나 《함성》지 사건은 그보다 1년 전에 일어났으며, 이 사건을 무료로 수임한 홍남순, 이기홍, 윤철하 변호사의 활동이 국가보안법 위반 사건에서 무죄와 집행유예를 이끌어 낸 것은, 그것이 비록 유신 초기라 하더라도 획기적인 일이 아닐 수 없었다.

이 사건으로 구속된 피고인들의 재판부는 처음부터 구속 피고인 전원에게 접견금지 처분을 내렸다. 가족과 친지들의 면회는 물론 변호인의 접견까지 차단한 것이다. 홍남순은 1973년 5월 하순, 광주교도소장을 찾아가 담판을 했으나 그 역시 자신들로서는 어쩔 수 없는 일이라고 하소연했다. 홍남순은 사무실로 돌아와 광주교도소장을 상대로 고발장을 작성했다. "형사소송법상 변호인의 접견은 보장되어 있다. 교도소장이 변호인 접견을 막고 있는 것은, 직권남용과 직무유기임이 분명하므로, 처벌해야 한다"는 내용이었다. 홍남순은 이를 들고 검사장을 만났나. 이러한 노력 끝에 이틀 뒤 피고인들은 비로소 변호사를 접견할 수 있었다. 『영원한 재야, 대인 홍남순』에 나오는 이야기다.

그러나 《함성》이나 《고발》지와 관련해서는 다만 재판기록에만 그 자료가 남아 있을 뿐이다. 이 글은 박석무의 「반유신 운동의 효시, 전남대 함성지 사건」(《기억과 전망》, 제4호, 2003)과 이강의 「함성에서 난민전까지」(『피여 꽃이여 이름이여—김남주의 삶과 문학』, 시와사회사, 1994)를 바탕으로 해서 씌어졌다.

투사에서 시인으로

내가 김남주를 처음이자 마지막으로 만난 것은 1974년 봄이었다. 긴급조치 1·2호가 발령되더니 4월 3일에는 긴급조치 4호, 이른바 민청학련 사건이 터졌다. 바야흐로 세상이 더없이 살벌해지고 있는 한가운데서였다. 그해 1월에 평소 가깝게 이웃해 살던 작가 이호철이 문인간첩단 사건이라는 무시무시한 죄목으로 감옥에 갇혔다. 이호철은 감옥 안에서 인편으로 내게 이러저런 주문이 많았다. 그 가운데 하나가 민청학련 사건으로 광주에서 잡혀 와 서대문 구치소에 수감되어 있는 이강, 윤한봉 등은 누가 영치금이나 물건을 차입해 주는 사람이 없으니, 밖에서 이들을 좀 보살펴 달라는 내용이었다.

그 무렵 창작과비평사(창비)는 신구문화사 건물의 삐걱거리는 계단을 올라가 2층 한 켠에 책상 두어 개를 놓고 있었지만, 염무웅을 비롯한 편집진의 의욕은 넘쳐 있었다. 《창작과비평》에 자신의 시를 투고한 김남주가 있다는 이야기를 나는 창비 관계자들한테 듣고, 돈 몇 푼을 마련해 창비 주변에서 서성거리던 김남주더러 감옥에 있는 동료들에게 넣어 주라고 했다. 그렇게 김남주에게 전해진 영치금이나 감옥생활 물품이 당연히 감옥에 있는 그의 동료들에게 바로 전해졌으리라 믿었다. 그러나 이호철에게서는 왜 빨리 넣어 주지 않느냐는 성화가 빗발쳤다. 창비에 가 김남주를 찾으면 수원으로, 어디로 갔다는 이야기뿐이었다. 제 동료들이 감옥에 있는데도 그는 천하태평이었다. 바로 몇 달 전까지만 해도 저 역시 감옥에 있었으면서도 그는 동료들에게 참으로 무심해 보였다.

아직 서로가 익숙지 않은 처지에서 왜 빨리 찾아가 넣어 주지 않느냐고 재촉도 해 봤지만, 그는 서두르는 기색이 전혀 없었다. 뒤에 박석무가 김남주를 말하기를 "김남주는 느스근하다. 늘 허리띠를 풀어

김남주

놓고 매인 데 없이 사는 사람이었다. 맺힌 데가 없고, 타이트한 점이 라고는 눈곱만큼도 없었다. 좋은 일이건 궂은 일이건 아~하 하고 크게 웃어 버리면 처음도 없고 끝도 없으며 되는 일도 없고 안 되는 일도 없었다. 그의 아호(雅號)는 내가 지어 준 '물봉'이어서 대부분의 경우 물봉 선생, 물봉 형으로 호칭되었다. 혹자는 그를 천성의 시인이라고 평했다"고 했는데 과연 그런 사람이었다.

그에 대한 평은 그의 죽마고우 이강도 크게 다르지 않다. "일반적으로 보여지는 남주는 바다처럼 넓은 도량으로 모든 것을 받아들였고 매사에 느슨하고 막힘이 없었다. 이런 남주가 '물봉'이나 '기인', '무량태수'로 보여졌던 것이다. 이러한 일반적인 남주는 누구나 그를 좋아하게 만들었고, 심지어는 그를 고문했던 수사요원까지 남주를 결코 '미워할 수 없는 친구'라고 입을 모으고 있다."

그때 내가 본 것은 바로 김남주의 이러한 측면이었다. 그러나 이강에 따르면 더 가까워진 친구에게 드러나는 김남주의 본래적인 모습은 비타협성과 전투성과 혁명성으로 가득 차 있었다고 한다. 그러나 두 모습의 김남주를 양면성으로 파악해서는 안 된다고 한다. 나무의 나이테처럼 처음 보는 사람에게는 원의 겉부분만 내보이고 사귐의 깊이에 따라 점차 본래의 자신을 드러내기 때문이다. 그런 점에서 나는 그의 거죽만 보았다고 할 수 있다.

대인관계에서는 이들의 평이 대체로 맞는 말이겠지만, 김남주가 자신을 대하는 태도나 역사와 문학에 대한 자세는 치열하고 엄격했다. 그가《창작과비평》을 통해 문인으로 등단할 무렵의 시를 읽으면 섬뜩하다. 그의 겉으로 보이는 인간적인 면모와는 달라도 너무 다르다. 문학, 특히 시에 문외한인 내 눈에도 그렇다. 1973년《함성》지 사건으로 수사과정을 겪고 나온 그의 의식은 더욱 날카로워지고 치열해진 듯하다. 그는 혹독한 수사과정의 몸서리치는 그 악몽을 잊지 못한다.

그대는 타오르는 불길에
영혼을 던져 보았는가
그대는 바다의 심연에
육신을 던져 보았는가
죽음의 불길 속에서

영혼은 어떻게 꽃을 태우는가

이렇게 그 자신이 겪어 온 처절한 순간들을 기억해 내면서, 그 극복의 과정을 또한 아주 겸허한 목소리로 이야기한다.

보리는 왜 밟아줘야 더
팔팔하게 솟아나던가
잡초는 어떻게 뿌리를 박고
박토에서 군거(群居)하던가.
—〈샛너미〉 중에서

그는 치떨리는 고문의 과정을 이렇게 고백한다. 그러나 그것은 패배의 목소리가 아니라, 그것을 극복하고 일어서려는 인간선언이라 할 수 있다. 그것을 고백할 수 있다는 것만 해도 대단한 용기이다. 그가 아니면 감히 말할 수 없는 진실이다.

총구가 나의 머리 숱을 헤치는 순간
나의 양심은 혀가 되었다.
허공을 헐떡거렸다 똥개가 되라면
기꺼이 똥개가 되어 당신의 똥구멍이라도 싹싹 핥아 주겠노라
혓바닥을 내밀었다
—〈진혼가〉 중에서

사실 민청학련 사건에서 김남주가 빠진 것은 요행이었다. 그는 1974년 1월 민청학련 사건의 모의과정에서 서울에서 내려온 이철, 나병식과 만날 때도 이강, 윤한봉과 동석했었다. 하지만 조사과정에서 모두가 김남주를 보호해 주었기 때문에 그 사건에서 빠질 수 있었다. 그것이 그를 문단에 등단케 하는 계기가 되었다. 그가 쓴 〈잿더미〉 등 8편의 시는 문단에 새바람, 그리고 사람들의 가슴속에 칼바람을 일으켰다. 1974년 여름의 일이었다.

시인이 되기는 바쁘지 않다

1975년 2월, 민청학련 사건 관계자들 대부분이 유신정권의 형(刑)집행정지 또는 구속집행정지 결정으로 석방되었다. 그의 동료 이강도 석방되었다. 그 얼마 후 김남주는 새로운 사상을 널리 보급하여 확산시켜야겠다는 계획과 생계를 유지하기 위한 최소한의 수단으로 광주에 '카프카' 서점을 냈다. 그러나 카프카 서점은 책방으로서 영업적 이익을 보장해 주기보다는 민청학련 사건에서 풀려나온 사람들의 사랑방 역할을 했을 뿐이다. 광주제일고등학교에서 퇴학당한 후배들이 먹고 자고 뒹구는 양산박(梁山泊, 량산포)이었다. 《씨알의 소리》와 《창작과비평》을 비롯한 비판적 사상 서적과 일본어나 영어로 된 외국의 문학서적을 주로 취급했지만, 애시당초 이재(理財)에 밝지 못한 김남주가 서점 운영에 실패하는 것은 오히려 당연한 노릇이었다. 오래지 않아 문을 닫아야 했다. 그러나 '오월 시' 등 광주 사회 · 문화활동 동인들이 카프카 서점을 근거로 하여 태어날 수 있었던 것은 그나마 다행스러운 일이었다.

김남주는 귀향과 광주로의 출향을 거듭하며, 때로는 농민운동, 문화운동을 벌이는 일에도 참여한다. 당시 해남에서 『장길산』을 쓰고 있던 황석영과 어울려 다닌 시절도 있었다. 가톨릭농민회 행사장에서 그는 〈황토현에 부치는 노래〉라는 제목의 행사시를 낭독하기도 했다. 황석영, 최권행과 함께 '민중문화연구소'를 위한 준비도 했다.

한 시대의 / 불행한 아들로 태어나
고독과 위험에 / 결코 굴하지 않았던 사람
암울한 시대 한가운데 / 말뚝처럼 우뚝 서서
한 시대의 아픔을 / 온몸으로 온몸으로 껴안고
피투성이로 싸웠던 사람
뒤따라오는 세대를 위하여 / 승리 없는 투쟁
어떤 불행 어떤 고통도 / 결코 두려워하지 않았던 사람
누구보다도 자기 시대를 / 가장 정열적으로 사랑하고
누구보다도 자기 시대를 / 가장 격정적으로 노래하고 싸우고
한 시대와 더불어 사라지는데 / 기꺼이 동의했던 사람
—〈황토현에 부치는 노래〉 중에서

그러던 어느 날, 민중문화연구소 활동의 일환으로 『파리코뮌』을 일

어로 강독하는데, 중앙정보부가 급습해 김남주는 서울로 피신하는 몸이 된다. 이때 그가 그동안 번역해 오던『자기 땅에서 유배된 사람들』, 러시아혁명을 다룬『세계를 뒤흔든 10일』,『스페인 내란』등 각 100매 이상씩 번역해 놓았던 수많은 원고와 습작들을 빼앗겼다. 그의 피신 생활은 1979년 그가 남민전 사건으로 구속될 때까지 이어졌다.

1984년, 그가 옥중에 있을 때, 그의 첫 시집『진혼가』가 출간되었다. 그해 12월 22일, 자유실천문인협의회, 민중문화연구회 등의 공동 주최로, 그의 석방을 촉구하는 출판기념회가 개최되었다. 여기에 실린 시들은 거의가 그가 남민전 사건으로 두 번째 구속되기 전, 1970년대 말까지의 작품을 싣고 있는데, 고향, 농민, 가족에 대한 가이없는 연민과 사랑을 담고 있다.

차마 부끄러워 / 밤으로 찾아든 고향
달도 부끄러워 숨어 버렸나 / 보이는 것은 어둠뿐
들판도 그대로 어둠으로 깔리고 / 어둠으로 보이는 것은 농민의
농민에 의한 농민을 위한 / 허수아비뿐이다
—〈달도 부끄러워〉 중에서

산길로 접어드는 / 양복장이만 보아도
혹시나 산감이 아닐까 / 혹시나 면직원이 아닐까
가슴 조이시던 어머니 / 헛간이며 부엌엔
청솔가지 한 가지 보이는 게 없을까 / 허둥대시던 어머니

빈 항아리엔들 혹시나 / 술이 차지 않았을까
허리 굽혀 코 박고 / 없는 냄새 술 냄새 맡으시던 어머니
—〈편지 1〉 중에서

가을을 끝낸 내 얼굴은 / 부황 뜬 빛깔의 누룩이다
서울을 바라보는 내 눈깔은 / 어물전의 썩은 동태눈이다
그리고 보따리를 쥔 내 손은 / 짝짝 벌어진 가뭄의 논 바닥
—〈고구마 똥〉 중에서

나는 시인이라기보다 전사다

뒷날 광주 감옥에서 만난 오송회 사건의 이광웅 시인이 어느 날, 감옥에 들어온 서울법대 졸업생 후배와 김남주가 통방하는 소리를 들었다. 그는 김남주를 '남주 형님'이라 불렀는데, 어느 날 "남주 형님, 형님은 시 말고 다른 산문도 많이 쓰십니까? 가령 시론이라든가 시사평론 같은 거 말이오." 김남주 시인의 대답이 걸작이었다. "어이, 나는 시인이라기보다, 무슨 글쟁이라기보다 전사여, 전사!" 《창비》를 통해 시인으로 등단했지만 "시인이 되기는 바쁘지 않다. 먼저 철저한 민주주의자가 되어야겠다"며 김남주는 끝내 전사의 길을 택한다. 민청학련 사건 이후 1970년대 광주의 '민주회복구속자협의회'에서 알게 된 박석률의 권유를 받아들여 유신이 끝장으로 치닫던 1970년대 말 그는

기꺼이 남민전의 전사가 된다. 그는 유신 말기 단말마의 탄압이 자행되고 있는 상황에서 합법적인 투쟁으로는 변혁이 불가능하다는 확신을 갖고 있었고, 또 개인적으로 쫓기는 몸이었다.

그 날 나는 다짐했다. 손 위에 손을 포개고
동지와 함께 한 별을 우러러 보며
해방의 한 길에서 변함없자고
천고비 만고비 시련의 고비에서
너와 나 우리 굴함 없자고
그 날을 위해서라면 죽음도 불사하자고
—〈오늘은 그 날이다〉에서

그를 아는 사람들이, 남민전의 전사가 되어 감옥에 갇힌 그에 대해 밖에서 어떤 소리들을 하고 있는지도 그는 헤아리고 있었다. 그러나 그의 선택은 자발적인 것이었고 신념이었기에 그는 이렇게 노래한다.

나는 듣고 있다 감옥에서
옹기종기 참새들 모여 입방아 찧는 소리를
들쑥날쑥 쥐새끼들 귀신 씨나락 까는 소리를
……
불을 달라 프로메테우스가
제우스에게 무릎 꿇고 구걸했던가

남민전 사건 관련자들의 재판 모습(두 번째 줄 맨 오른쪽이 김남주).

바스티유 감옥은 어떻게 열렸으며

센트 피터 볼 요새는 누구에 의해서 접수되었는가

……

혁명은 전쟁이고

피를 흘림으로써만이 해결되는 것

나는 부르겠다 나의 노래를

죽어가는 내 손아귀에서 칼자루가 빠져나가는 그 순간까지

—〈나 자신을 노래한다〉 중에서

그러나 그는 여러 수난을 겪으면서 새롭게 깨닫고 거듭 태어나는

모습도 보인다. 그는 60여 일에 걸친 장기구금과 고문수사 그리고 독재의 하수인들이 가하는 치욕과 수모를 견뎌 낸다. 그리고 이렇게 마음을 다잡는다.

> 물론 / 싸울 줄 알아야 하고 / 죽을 줄도 알아야 해
> 하지만 과연 그가 혁명가라면 / 살아남을 줄도 알아야 해
> 고립무원 첩첩산중에서 산적이라도 만났을 때는
> 아낌없이 가진 것 내줄 줄 알아야 해
> 개떡인 양 한 점 붉은 살점이라도 / 선뜻 던져줄 줄 알아야 해
> 자기를 죽일 줄 알아야 해 / 살아남기 위해서 살아남아
> 다시 한 번 칼자루를 잡아보기 위해서
> —〈살아남아 다시 한 번 칼자루를 잡기 위해〉 중에서

시인은 나아가 기꺼이 창이 되는 것

그러나 김남주는 아버지와 어머니에 대한 사랑과 연민과 죄송스러움을 구구절절 가슴 적시는 시어로 표현해 냈다. 면회 오는 어머니한테 바치는 노래는 절절하기 짝이 없다. 그의 아버지는 자식들을 가르치느라 평생 걸려 이루어 놓은 농토를 팔고는 이제는 남의 땅이 되어 버린 그 땅을 차마 볼 수가 없어서 외면하고 다녔다고 한다.

그는 내가 고등학교, 대학교 다닐 때
금판사가 되면 돈을 갈퀴질한다고 늘상 말해 왔다.
금판사가 아니라 검 · 판사라고 내가 고쳐 일러주면
끝내 고집을 꺾지 않고
금판사가 되면 장롱에 금싸라기가 그득그득 쌓일 거라고 부러워했다.
그는 죽었다 홧병으로
내가 자본과 권력의 모가지에 칼을 들이대고
경찰에 쫓기는 몸이 되었을 때
식구들에 둘러싸여 마지막 숨을 거두면서
그는 손을 더듬거리고 나를 찾았다 한다.
—〈아버지〉 중에서

요전에도 / 옷 보퉁이를 들고 / 유치장 문 밖에 와
쭈그리고 앉았더구나 / 취조를 나가던 길에 / 내가 부르지 않았더라면
'애물'을 알아보지도 못할 / 어매야
다음부터는 아예 / 경찰서 문 밖에 얼씬도 마라
……
어매여 / 한없는 나의 노래여
—〈한없는 노래〉 중에서

어머니 저를 결정할 사람은 그들이 아니니까요
사형이다 무기다 10년이다

부르기를 남의 집 개 이름 부르듯 하는 저 당당한 검사 나으리가 아니니까요

높은 공부하여 높은 자리에 앉아

사슬 묶인 나를 굽어보는 저 준엄한 판사 나으리가 아니니까요

나를 결정할 사람은

결국 나 자신이고 날 낳으신 당신이고 당신 같은 어머니들이고

나를 키워 준 이 조국, 이 민중이니까요

—〈편지 2〉 중에서

식구마다 논밭 팔아

대학까지 갈쳐 논께

들쑥날쑥 경찰이나 불러들이고

허구헌 날 방구석에 처박혀

그 알량한 글이나 나부랑 거리면

뭣 한디요 뭣 한디요 뭣 한디요

터져 분통이 터져 집에까지 돌아와

내 얄팍한 귀청을 찢었던 아우야

—〈아우를 위하여〉 중에서

염무웅은 김남주에 관해 쓴 글 「사회인식과 시적 표현의 변증법」(《창작과비평》, 여름호, 1988)에서 1970년대 한국 문학을 김지하가 버텨냈다면 1980년대를 버티고 있는 이는 김남주였다는 이야기를 한 적

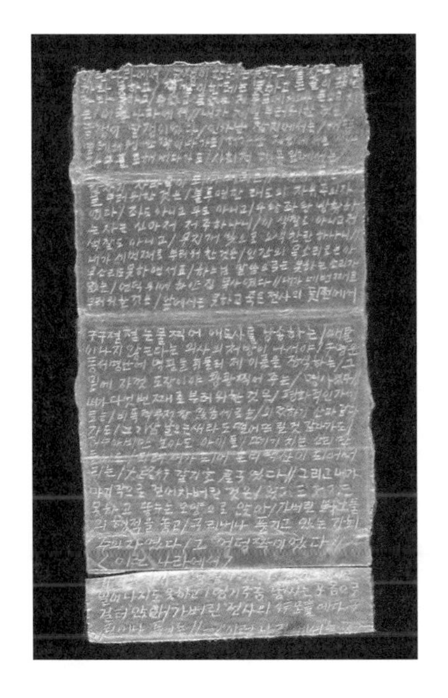

감옥에서 몰래 은박지에 새긴 김남주의 시.

이 있다. 그것은 그들의 문학적 성취를 말하는 것이라기보다는 시대의 아픔을 온몸으로 견뎌 내고 있다는 뜻으로 그렇게 쓴 것으로 보인다. 더구나 김남주는 1980년대를 내내 감옥에서 보냈다. 남민전 사건으로 그는 만 9년 3개월을 감옥에서 보냈다.

나는 문학에 문외한이라 감히 그의 시를 논할 수는 없다. 그러나 그의 '시'와 '시론' 그리고 무엇보다 단호한 그의 행동에서 그의 시가 말하고자 하는 바를 헤아릴 수는 있다. 우선 그가 말하고자 하는 바는 언제나 명쾌하다. 그의 시에 대해서 그가 쓴 시, 또는 글을 소개하는 것으로 그의 시 세계를 더듬어 보는 것이 그의 삶을 이해하는 데 보탬이 되리라 믿는다.

나는 나의 시가
오가는 이들의 눈길이나 끌기 위해
최신 유행의 의상 걸치기에 급급해하는 것을 바라지 않는다
나는 바라지 않는다 나의 시가
생활의 현실에서 눈을 돌리고
순수의 꽃으로 서가에 꽂혀
호사가의 장식품이 되는 것을
나는 또한 바라지 않는다. 자유를 위한 싸움에서
형제들이 피를 흘리고 있는데 나의 시가
한과 슬픔의 넋두리로
설움 깊은 사람 더욱 서럽게 하는 것을
—〈나는 나의 시가…〉 중에서

암흑의 / 시대의 / 시인의 일 그것은 무엇일까
침묵일까 / 관망일까 / 도피일까 / 밑 모를 한의 바다 넋두리일까
무엇일까 / 박해의 / 시대의 / 시인의 일 그것은
짓눌린 삶으로부터 / 가위 눌린 악몽으로부터
잠든 마음을 깨우는 일 / 첫 닭의 울음소리가 아닐까
옛 사랑의 무기 / 참을 일으켜 세워
쳐라 둥둥둥 북을 쳐 / 나아가게 하는 일은 아닐까

나아가게 하고 싸우게 하는 / 전투에서 나팔소리는 아닐까

시인이여 / 누구보다 먼저 그대 자신이
싸움이 되어서는 안 되는가
시인이여 / 누구보다 먼저 그대 자신이
압제자의 가슴에 꽂히는 / 창이 되어서는 안 되는가
—〈시인이여〉 중에서

모름지기 시인이 다소곳해야 할 것은
삶인 것이다
파란만장한 삶
산전수전 다 겪고
이제는 돌아와 마을 어귀 같은 데에
늙은 상수리나무로 서 있는
주름살과 상처자국 투성이의 기구한 삶 앞에서
다소곳하며 서서 귀를 기울여야 하는 것이다.
그것이 비록 도둑놈의 삶일지라도
그것이 비록 패배한 전사의 삶일지라도
—〈시인은 모름지기〉 중에서

이 자가 저질러 놓은 죄악 / 그 하나 하나를 파헤쳐
만인에게 만인에게 만인에게 고하고

전주교도소에서 석방되던 날(오른쪽에서 두 번째가 김남주).

일깨워 민중들 일어나 단결케 하고 / 자유의 신성한 피의 전투에
나아가자 나아가자 앞으로 나아가자 노래하는 일
—〈시인의 일〉 중에서

'지금 이곳'에서의 시는 / 발을 굴러 대지와 노동의 가슴을 치는 / 증오의 전진이고 / 사랑의 총공세이네 / 적어도 나는 그렇게 생각하네 / 전투적인 리얼리스트인 나는
—〈지금 이곳에서의 시는〉 중에서

자칫 우리는 김남주가 전사로서 전투적이기만한, 분노와 증오로 똘

똘 뭉쳐진 시인으로 오해하기 쉽다. 그러나 그가 쓴 짧은 시, 〈옛 마을을 지나며〉를 읽으면 그와 같은 생각은 금방 바뀔 것이다.

찬 서리
나무 끝을 나는 까치를 위해
홍시 하나 남겨 둘 줄 아는
조선의 마음이여

내가 좋아하는 김남주의 시 한 편을 소개하는 것을 마지막으로 이 글을 끝맺고자 한다. 여기서 김남주가 같이 가자고 하는 사람은 그들 전사만이 아니다. 그의 시는 오늘, 여기에 같이 살고 있는 모든 깨어 있는 사람들을 향한 손짓이요 호소이다. 살아 있는 사람이라면 이 부름에 답해야 한다.

함께 가자 우리 이 길을
셋이라면 더욱 좋고 둘이라도 함께 가자
앞서가며 나중에 오란 말일랑 하지 말자
뒤에 남아 먼저 가란 말일랑 하지 말자
둘이면 둘 셋이면 셋 어깨동무하고 가자
투쟁 속에 동지 모아 손을 맞잡고 가자
열이면 열, 천이면 천 생사를 같이 하자
둘이라도 떨어져서 가지 말자

가로질러 들판 산이라면 어기여차 넘어주고

사나운 파도 바다라면 어기여차 건너주자

고개 너머 마을에서 목마르면 쉬었다 가자

서산일락 해 떨어진다 어서 가자 이 길을

해 떨어져 어두운 길

네가 넘어지면 내가 가서 일으켜 주고

내가 넘어지면 네가 와서 일으켜 주고

산 넘고 물 건너 언젠가는 가야 할 길 시련의 길 하얀 길

가로 질러 들판 누군가는 이르러야 할 길

해방의 길 통일의 길 가시밭 길 하얀 길

가다 못 가면 쉬었다 가자

아픈 다리 서로 기대며

—〈함께 가자 이 길을〉 전문

박석률은 김남주가 운명하기 몇 시간 전 가래를 뱉어 내고 호흡을 길게 고르면서 힘들게 이런 말을 토해 냈다고 한다.

"……아름다운 세상, 깨끗한 세상, 정의로운 세상을 만들려고 하다가…… 내가 이렇게 빨리 가게 되다니……."

그가 그의 〈전사 1〉에서 말한 것처럼 그는 "일상생활에서 조용한 사람이었다. 이름 빛내지 않았고, 모양 꾸며 얼굴 내밀지도 않았다. 하

게스트 하우스로 새롭게 꾸며진 김남주 생가의 모습.

나의 전투가 끝나면 또 다른 전투의 준비에 착수했으며, 그때마다 그는 혁명가로서 자기 자신을 잊은 적이 없었다."

최근 김남주의 생가가 게스트 하우스로 꾸며졌다는 소식을 들었다. 김남주기념사업회가 전남 해남군 삼산면 봉학리에 방 두 칸씩이 있는 본채와 행랑채를 20여 명이 숙식할 수 있는 게스트 하우스로 개방한다고 한다. 생가 옆에는 고인의 흉상과 대표 시를 새긴 공원이 조성되었고, 옥중에서 담배 포장지에 새긴 원고와 치열했던 일대기가 담긴 사진이 생가에는 전시되어 있다고 한다. 반갑고 고마운 일이다.

12

인간해방을 위한 긴 여정

장기표

조영래는 1988년 10월 6일자 《한겨레신문》에 쓴 칼럼, 「장기표는 무슨 죄가 그리 많은가」에서 이렇게 썼다.

"양심수 전면 석방을 공약한 6·29 선언 이후 벌써 몇 차례나 석방 조치가 있었는데도 그때마다 탈락되어 아직껏 철창신세를 져야 하는 그(장기표)는 대체 무슨 죄가 그리 많은가.…… 1967년 어느 겨울밤, 나는 동숭동 대학로를 끝없이 걷다 서다 하며 베트남 파병부대에 자원입대하겠다는 그를 온갖 말을 동원해 가며 만류하고 있었다. 그러나 그는 '죽고 사는 것은 하늘에 달렸고, 나로서는 역사의 현장을 체험하지 않고는 배길 수 없다'고 하는 마지막 말로 나를 단념시키고 발았다. 그 역사의식이 그의 첫 번째 죄였다.…… 1970년 11월 13일, 평화시장 재단사 전태일이 '근로기준법을 지키라'고 절규하며 스물둘의 젊음을 스스로 불살라 죽었을 때, 장기표 씨는 누구보다도 먼저 성모병원 영안실로 달려가 그의 주검을 온몸으로 껴안았다. 그 이후 십수 년 그는 끝없이 되풀이되는 투옥과 도피 생활을 겪으면서도 언제나 고통받는 노동자들과 민중의 곁에 있었다. 배고픈 자와 함께 배를 곯았고, 아픈 자와 함께 앓았고, 통곡하는 자와 더불어 눈물을 흘렸고, 분노하는 자를 위해 외쳤다. 바로 그 사랑이 죄였다.…… 1972년의 유신체제 수립, 그리고 1980년 5공의 광주학살, 이런 무시무시한 일을 겪으며 사람들이 좌절과 침묵의 수렁 속으로 빠져들 때에, 그는 오히려 군사독재 타도의 결의를 더욱 굳히고 불철주야로 민주화운동의 재건을 위해 뛰어다녔다. 깡마른 체구의 한 병약한 인간에 지나지 않으면서도 불의한 권력 앞에 무릎 꿇기를 거부하는 그 터무니없는 자존심, 유연한 타협을 모르는 그 지나친 강직함이 그의 죄였다. 장기표 씨가 어떤 사람이냐고 누가 내게 물을 때면 나는 한마디로 '그는 순수한 사람이다'라고 대답한다. 창랑(滄浪)의 물이 맑으면 갓끈을 씻고, 창랑의 물이 흐리면 발을 씻는다는 어부의 노래를 그는 알지 못한다. 세상이 다 취해도 홀로 깨어 있으려고 하는 그 지나친 순수함이 그의 병이요, 그의 죄이다."

조영래야말로 누구보다 장기표를 잘 알고 있는 사람 가운데 하나이다. 장기표라는 한 사람을 가장 그의 모습에 가깝게 그려 낸 글이 조영래의 이 칼럼이라고 나는 생각한다. 이 글에는 6·29 선언으로 민주화가 되었는데도, 이러저러한 구차한 이유가 붙여져 감옥에서 나오지 못하는 장기표를 안타까워하는 조영래의 심경이 알알이 담겨 있다. 이 글의 서두에서 조영래는 장기표와 처음 만났을 때를 이렇게 회고하고 있다.

> "장기표 씨와 내가 처음으로 만난 것은 1966년 가을, 그 무렵 어느 날 서울대학교 개교기념행사였던가 무언가로 효창운동장에서 교내 체육대회가 열렸는데 1,500m 달리기 시합에 장기표는 맨 꼴찌로 뒤처져서 남들이 다 골인한 뒤에도 만장의 박수와 폭소를 한 몸에 받으며 온전히 한 바퀴를 혼자서 마지막까지 달렸다. 행사가 끝나고 돌아오는 버스 안에서 내가 그에게 '실력도 안 되는 사람이 어째 출전할 생각을 했느냐'고 농담 삼아 물어 보았더니 그는 이렇게 대답하는 것이었다. '가을 하늘 아래서 한번 마음껏, 달려보고 싶습디다.'"

그래, 장기표는 그런 사람이다. 장기표라는 사람을 조영래가 그때 이미 이렇게 명징하게 그려 냈다는 것이 놀랍다. 조영래가 떠난 지도 벌써 20여 년이 지났고, 그동안 세상도 많이 변했다. 조영래가 미처 보지 못한 장기표의 그 이후의 행적도 우여와 곡절이 많았고, 그것을 보는 세상 사람의 눈이나 평(評)도 여러 가지다. 그러나 나는 조영래가 보았던 그것이 바로 지금도 여전히 장기표의 참모습이 아닌가 싶다. 장기표에 대한 이러저러한 세간의 시선과 평가는 장기표의 어느 일면, 어느 행적 하나를, 자기의 처지에 비추어 멋대로 재단하고 포폄(褒貶)하는 것이 아닌가 싶다. 장기표야말로 누구보다 열심히, 성실과 정성을 다해 살아왔고, 또 지금도 그렇게 살아가고 있다고 나는 믿는다. 그는 쉼 없이 공부하고, 생각하고, 고뇌하며, 사랑하며 살고 있다. 그는 이 나라 이 공동체가 지금 어디에 있으며 어디로 가고 있는지를 놓고 그 누구보다 절절하게 고뇌하고 생각하는 사람이다. 나는 그보다 이 나라, 이 공동체를 사랑하는 사람을 보지 못했고, 그처럼 어떻게 살아갈 것인지를 놓고 고민하는 사람을 보지 못했다.

전태일과 맺어진 끈질긴 인연

장기표가 동대문 평화시장에 관심을 갖기 시작한 것은 1970년 여름 서울대 법대생들과 함께 《자유의 종》이라는 신문을 만들면서부터였다. 제2호에 평화시장의 노동 문제에 관한 신문기사를 발췌, 정리해서 실은 것이 있었다. 장기표는 이때부터 평화시장에 대해 관심을 갖게 되었고, 그 얼마 뒤인 11월 13일, 전태일 분신 사건이 터지자, 장기표는 그의 시신이 안치돼 있던 성모병원으로 달려갔다.

명동성당 앞 3·1다방에서 전태일의 어머니 이소선 여사를 만나 장기표는 "서울대 법대 학생인데, 아드님의 뜻을 이루는 데 도움이 될까 싶어 찾아왔다"고 말했다. 그러자 어머니는 "태일이가 평소 자신에게도 대학생 친구가 한 명 있으면 얼마나 좋겠냐고 그토록 말했는데, 그

아이가 죽고 나서야 찾아왔구나" 하며 두 시간 넘게 전태일이 평화시장에서 한 일을 들려주었다. 점심을 굶는 어린 시다들에게 차비를 털어 풀빵을 사 주고 자기는 걸어서 집에 오다가 통행금지에 걸려 파출소에 잡혀간 일, 근로기준법을 열심히 공부하면서 어머니에게도 그 내용을 가르치려 한 일, 시다를 돌보려다 공장에서 쫓겨난 일, 노동조합을 만들려다 평화시장에는 발도 붙이기 어렵게 된 일, 그리고 아들이 분신한 후 근로감독관이 취한 몰인정한 태도 등에 관해 폭포수같이 어머니는 열변을 토했다. 심지어 전태일을 낳기 전의 태몽까지도 들려주었다. 이 만남은 숙명적이었다. 과연 그 인연이 40년이 넘게 지속되어 왔으니 그것이 어찌 숙명이 아니라고 말할 수 있으랴.

장기표는 이소선 어머니로부터 이처럼 전태일의 삶과 사랑, 투쟁과 희생을 들으면서 "이 사람의 죽음이 헛되지 않게 해야겠다"고 간절한 마음으로 다짐하고 또 다짐했다. 학교에 가서 몇몇 학생들에게 '전태일 분신 사건'을 설명하고, 마침 그날 약속이 되어 있던 조영래를 만났다. 조영래는 사법시험 공부를 중단하고 '전태일 투쟁'에 뛰어들었다. 이들은 11월 16일 오전 10시에 서울대 법대에서 학생총회를 열었다. 학생 100여 명이 모여, '민권수호학생연맹준비위원회'를 결성하고 전태일의 장례식을 '서울대 법대 학생장'으로 치를 것을 결의했다. 그러고는 30여 명이 성모병원 영안실로 찾아갔다. 학기말인데도 서울대 상대를 비롯한 각 대학과 기독단체들의 호응이 뒤따랐다. 언론도 전태일 사건을 적극 보도하기 시작했다. 이렇게 해서 전태일 사건은 국민적 관심사가 됐고, 지식인들이 움식이기 시삭했으며, 성치권에서노이 사건을 정치쟁점화했다.

전태일의 죽음에 대한 국민적 관심이 집중되자 정부도 비로소 긴장하기 시작했다. 정부는 성모병원 영안실에 있던 학생들을 전원 연행하고 출입을 통제했다. 장례식을 하루빨리 치르기 위해 이소선 어머니를 온갖 방법으로 회유했다. 위로금으로 3천만 원을 주겠다고 했다. 어머니는 이러한 회유를 단호히 거부하고, 8개항의 조건 즉, '일요일은 쉬게 할 것', '노동조합의 설립을 보장할 것' 등을 요구했다. 정부는 다급한 나머지 이 모든 조건을 받아들이기로 했다. 전태일의 장례식은 이소선 어머니가 다니던 쌍문동의 창현교회에서 '한국노총장'으로 치러졌는데, 장례위원장은 최용수 한국노총위원장, 호상(護喪)은 이승택 노동청장이었다. 대규모 장례를 준비했던 학생들은, 11월 20일 서울대 법대에서 정문이 차단된 가운데, 이미 들어와 있던 서울대 법대, 서울대 문리대, 이화여대 학생 400여 명으로 추도식을 거행했다.

장기표는 1971년의 '서울대생 내란음모 사건'으로 조영래, 이신범, 심재권과 함께 구속되었다가 항소심에서 징역 1년 6월에 집행유예 3년의 형을 선고받아 1972년 12월에 석방되었다. 장기표는 전태일 분신 사건 당시에 보았던 전태일의 수기와 일기 등을 생각해 내고, 언젠가는 그것을 바탕으로 전태일 전기를 써야겠다고 마음먹는다. 우선 전태일이 남긴 수기와 일기를 어머니로부터 넘겨받아, 감리교신학대학의 포이트라스(한국 이름 박대인)의 도움으로 복사를 했다. 원본을 어머니에게 돌려준 뒤에도 계속 어머니를 만나 전태일의 어릴 적, 그리고 최근의 행적을 들었다. 이렇게 두 달 이상을 만났다. 오전에는

서울대생 내란음모 사건으로 재판을 받는 조영래, 이신범, 장기표, 심재권(오른쪽부터).

어머니를 만나 이야기를 듣고 오후에는 그것을 정리했다. 그렇게 정리한 것이 노트 3권 분량을 넘었다.

이것이 뒷날 조영래한테 넘겨져 『전태일 평전』이 된다. 당시 조영래와 장기표는 다 같이 민청학련 사건으로 쫓기는 몸이었다. 조영래는 장기표의 기록을 토대로, 더욱 세밀한 자료 수집을 거쳐 평전 집필에 착수했다. 수배 중임에도 틈틈이 장기표와 이소선 어머니, 그리고 청계피복노조 관계자들을 만나 빠지거나 의심나는 부분을 보충했다.

나는 공교롭게도 이 『전태일 평전』의 최초의 독자가 되었다. 조영래가 완성된 원고를 내게 가져와 그 출판을 부탁했기 때문이다. 나는 그때 쫓기고 있는 장기표, 조영래, 김근태를 돌보고 있는 처지였다. 국내에서의 출판은 엄두도 못 낼 형편이었다. 나는 그 원고를 일본 가톨릭 정의평화협의회에 보내 일본 쪽에서 출판이 가능한지 타진했다. 다행히 송영순(바오로) 선생이 출판사를 물색해, 『불꽃이여 나를 태워라－어느 한국 청년노동자의 삶과 죽음』이라는 제목으로 일본어로 출판했다. 1978년의 일이었다. 그 책의 저자는 김영기(金英琪)로 되어 있는데, 이는 나와 조영래와 장기표의 이름자에서 한 글자씩을 따서 조영래가 지은 이름이었다. 일찍이 여공애사(女工哀史)를 겪었던 일본에서도 전태일의 죽음은 상당한 관심을 불러일으켜, 일본 시민운동 그룹의 관심이 높았다. 그리하여 이 책을 바탕으로 일본에서는 〈어머니〉라는 제목의 영화가 제작되어 시민운동단체에서 널리 상영되었다. 나는 내가 가지고 있던 책과 영화 필름을 2009년 8월 17일, 전태일재단의 창단개소식 때 당시 그 재단의 이사장 장기표에게 전달, 기증했다.

민주교육장이었던 재판정

장기표는 1974년, 민청학련 사건의 배후조종자로 지명수배를 당했다. 그가 민청학련 사건의 배후조종자가 된 이유는 그가 동향 후배 김병곤에게 써 준 〈민중의 소리〉가 문제가 되었기 때문이다. 그 문건은 그해 4월 전국의 각 대학에서 동시다발로 대규모 시위를 계획하면서 발표된 것 중의 하나였다. 4 · 4조로 비교적 단조롭게 진행되기는 했지만 김지하의 담시 〈오적〉을 연상케 하는 측면도 있어 밖에서는 그것이 김지하의 작품이라는 소문도 나돌고 있었다. 김지하의 〈오적〉은 판소리의 형식과 가락에다가 문학 작품의 성격을 띠고 있는 데 비하여, 〈민중의 소리〉는 선전 · 선동의 냄새를 강하게 풍기고 있었다. 그러나 현실을 날카롭게 고발하고 풍자하고 선동하는 그 진정성이나 대중성이 대단한 작품으로, 4 · 4 · 4 · 4자를 한 행(行)으로 하여 275행이나 되는 장문이었다. 그 처음과 끝은 이렇게 되어 있다.

"우리 호소 들어보소 배고파서 못살겠소 / 유신이란 간판 걸고 국민대중 기만하여 / 민주헌법 압살 위에 유신 독재 확립하니 / 기본권은 간 곳 없고 생존마저 위태롭다 / (중략) / 우리 모두 궐기하여 유신독재 타도하고 / 4월혁명 정신 살려 민주민권 쟁취하자 / 나아가자 피흘리자 민주혁명 이룩하자."

수배 중에도 그는 부지런히 움직였는데, 한때는 부산 태종사에 내려가 중이 되기도 했다. 우상(牛墒)이라는 법명도 받았을 뿐만 아니라, 머리를 깎고 옷도 승복으로 갈아입고, 공양주 보살의 역할도 했다. 어느 때, 어느 일을 맡아도 성심성의를 다하는 것이 그의 성품이라, 그는 절집의 규율과 습속을 철저히 지켰다. 30여 쪽이나 되는 능엄신주는 물론 천수경까지 외워 독송했다. 중 생활을 시작한 지 한 달도 안 되어 선암사의 석암 스님을 계사로 하여 사미계도 받았다.

그러나 중노릇으로는 세상을 바꿀 수 없다고 생각한 데다, 결혼하고 아이 낳는 세상의 행복을 포기하고 싶지 않아 서울로 몸을 뺀 뒤에 다시는 돌아보지 않았다. 아마 그 무렵이었을 것이다. 그가 내게 은신처를 부탁해 온 때가. 나는 처음에 전병용을 통해 그 형(전중용)네 집에 가 있게 했는데, 뒤에는 전중용의 처남댁으로 거처를 옮겼다. 처남은 노동자로 갓 결혼해 아이를 낳았는데, 대소변을 받아 낸 기저귀가 문 밖에 나오기만 하면, 장기표가 그걸 번개같이 빨아 빨랫줄에 걸어 놓는 통에, 오히려 그 젊은 부부가 장기표에게 미안해했다고 한다. 이렇게 그는 가는 곳마다 많은 아름다운 이야기를 뿌리며, 그런대로 도피생활을 잘 견뎌 냈다.

이 과정에서도 장기표는 이소선 어머니와 청계피복노조의 김혜숙, 이숙희, 민종덕 등도 자주 만났다. 중부시장의 어느 공장에서 일을 하면서 많은 글을 썼는데, 월간 잡지《대화》에 다른 사람의 이름으로 어느 평화시장 노동자의 하루 생활을 수기 형식으로 쓴 글「인간시장」을 발표하기도 했다. 그러던 중 그는 1976년 7월 10일, 김승균 내외의 소개로 알게 된 지금의 아내 조무하와 결혼했다. 중앙시장 안 어느 다방에서 찻잔을 앞에 놓고 둘만의 결혼식을 올렸다. 그때 신부는 고등학교 교사였기 때문에 짧지만 생활비 걱정 없이 꿈같은 결혼생활을 했다. 그러나 안정되고 행복했던 결혼생활은 1977년 2월 말, 중앙정보부에 장기표가 체포되는 바람에 끝나고 말았다. 민종덕과 전태삼을 만나러 다방에 갔다가 덜미를 잡힌 것이다.

3월 21일에 장기표는 긴급조치 9호, 반공법, 향토예비군설치법, 주민등록법 등을 위반한 혐의로 구속 기소되는데, 〈민중의 소리〉가 공소사실 제1항이었다. 〈민중의 소리〉는 긴급조치 9호가 발동하기 이전에 씌어졌기 때문에 긴급조치 9호로 걸지 못하고 반국가단체를 이롭게 했다는 반공법 위반으로 공소제기되었다. 뒤늦게 잡힌 장기표에게 그들이 갖다 붙일 수 있는 죄목은 죄다 갖다 붙였다. 재판이 시작되자 이소선 어머니를 비롯한 청계피복노조 관계자들이 법정을 꽉 메웠다. 그들은 소리치고 손뼉을 치며 장기표를 응원했다. 그중에서도 이소선 어머니는 아주 강력하게 재판부와 검찰의 부당한 주장과 진행에 항의했다. 검찰의 직접신문 때는 야유를 보내거나 큰 목소리로 어필했다.

검사가 장기표 피고인에게 "청계조합원 임금인상투쟁을 배후조종해 사회혼란을 일으켰지요?" 하고 신문하니까, 이소선 어머니가 방청석에서 일어나 "한 달 죽도록 일해 3천 원 받는 근로자가 자신의 권리를 찾으려고 (장기표를) 찾아간 거야. 근로기준법을 가르쳐 준 것도 죄가 되냐?" 하고 소리치기도 했다. 재판정이 소란스러워지자 재판장은 법정질서를 어지럽혔다는 이유로 이소선 어머니를 법정모욕죄로 구속했다. 이때 이소선 어머니를 구속한 변정수 판사는 김대중 정부 시절 민주화운동 관련자 명예회복 및 보상심의위원회 위원장을 맡는 등 민주화운동의 원로인 양 행세했다.

장기표는 최후진술에서 한 시간 넘게 자신의 민주주의에 대한 신념과 철학을 논리정연하게 전개했고, 특히 노동 문제에 대한 자신의 생각을 정리해서 밝혔다. 이는 그가 그동안 집필했던, 그러나 아직 발표하지 않았던 『우리나라 근로자 실태와 노동운동의 방향』을 거의 그대로 발표한 것이었다. 따라서 장기표의 재판은 그 과정이, 특히 최후 진술은 그 자체로 장엄한 민주화운동의 교육장이 되었다. 나는 1976년 12월에 있었던 반공법 위반 재판에서 김지하가 했던 최후진술과 더불어, 장기표의 이 최후진술을 긴급조치시대의 대표적인 최후진술로 꼽는다. 장기표는 이 사건으로 1심에서 5년형을 선고받아 1979년 10·26 사태로 석방될 때까지 약 3년간 징역생활을 했다.

재소자 인권 투쟁

1971년 구속 때 장기표는 공범인 조영래, 심재권, 이신범과 함께 자신들에 대한 잘못된 공소를 취하할 것을 요구하면서 단식투쟁을 벌였다. 1977년에 두 번째로 투옥된 장기표는 재소자의 인권 문제에 자연스럽게 주목하게 되었다. 상고이유서를 쓸 때도 공소사실과 관련해서는 조금만 쓰고, 재소자 인권 문제를 집중적으로 다루었다. 그뿐만 아니라 감옥 안에는 박석운, 이범영, 성종대 등이 모두 12사상에 수용되어 있어 의기투합하기가 쉬웠다. 이들은 우선 부식(副食)이 정량대로 나오지 않는 것을 알아내고는 두부의 정량을 문제 삼았다. "반쪽 두부 돌려주고, 온쪽 두부 찾아먹자"는 구호를 외치며 투쟁에 돌입했다. 교도소에서 구호를 크게 외치는 것을 '샤우팅'이라 하는데, 샤우팅 투쟁에는 일반 재소자들까지 참여해서 서울구치소가 떠나갈 듯했다.

이들은 결국 구치소 당국에 미운털이 박혀 전국 각 교도소로 분산

이감되었다. 장기표는 마산교도소를 거쳐 대구교도소 특사에 수용되었다. 대구교도소에는 마침 강기종, 최열, 김용석, 정화영, 서승 등이 수감되어 있었는데, 이들과 힘을 합쳐 재소자 처우개선을 요구하는 단식투쟁을 벌였다. 뒷날 서승은 오랜 감옥생활 끝에 출감해 『옥중 19년』이라는 회고록을 출간했는데, 거기서 장기표를 제갈공명에 비유했다. 구속자 가족들과 재야 인사들에게 연락해 대구교도소로 항의 방문을 오게 하는 등 감옥 안의 투쟁을 '감옥 안과 밖의 투쟁'으로 확대하면서, 마침내 최후의 목표였던 철망 제거에 일대 진전을 가져왔기 때문이다. 교도소 당국은 철망을 제거하는 대신 방과 방 사이의 벽돌담을 30cm 정도 더 쌓겠다는 절충안을 제시했다. 이는 재소자 처우개선투쟁사에 기록될 만한 일이었다. 이러한 처우개선투쟁은 이감을 거듭하면서도 계속되었다.

장기표의 재소자 처우개선투쟁은 점차 교도관 처우개선운동으로 발전해 나간다. 교도관들이 정당한 대우를 받아 정상적으로 근무할 수 없는 한 재소자도 정당한 대우를 받을 수 없다는 것이 장기표의 생각이었다. 교도관의 낮은 급료도 문제였지만 열악한 근무환경과 근무조건이 더 큰 문제였다. 장기표는 근로기준법과 공무원 복무규정, 그리고 다른 직종 공무원들의 근무환경 등에 비추어 열악한 교도관들의 처우가 어떻게 개선되어야 하는지 세밀히 연구하고 관찰했으며, 자신의 견해를 글로써 교도당국에 건의한 일도 여러 번 있었다. 장기표의 이러한 성심과 노력이 이심전심으로 교도관들에게 전해져, 교도관들의 노움을 받는 데 크게 도움이 되었고, 또 그들과 친해지는 계기가 되기도 했다. 성실성을 바탕으로 한 친화력, 그것이 장기표의 특기라고 할 수 있다.

어디를 가도 장기표는 재소자들에게도 인기가 있었다. 대체로 일반 재소자들은 정치범들을 부러워하거나 외경의 마음을 가지고 있기 마련이다. 다 같이 푸른 옷을 입고 있지만, 정치범은 '사람'이고, 자기들은 하찮은 '도둑놈'이요, '범죄인'이라는 생각을 가지고 있다. 그런 그들과 함께 그들을 위해 재소자 처우개선투쟁을 하는 장기표에게 그들은 동지애를 느끼지 않을 수 없었다. 장기표의 이러한 투쟁은 4번의 투옥, 그러니까 모두 10년 가까운 수형생활을 하는 동안 언제나 전개되었다. 이러한 투쟁의 결과 각 교도소 단위별로 처우가 개선되다가 1990년부터 전국의 교도소에서 부분적으로 재소자 처우가 개선되더니, 1995년에는 삭발, 집필도구, 서신, 접견 등에서 혁명적으로 개선되었다. 지금은 텔레비전도 시청하고, 전화도 사용할 수 있어 교도소가 '도둑놈 사는 곳'이 아니라 '사람 사는 곳'이 되었다. 이렇게 재소자의 처우가 개선되기까지는 1970, 80년대 정치적 이유로 투옥된 사람들의 줄기찬 투쟁이 있었다. 그 가운데서도 장기표의 집중적이고도 계획적이며 줄기찬 투쟁이 크게 밑받침되었다.

얼마 전 나는 여주교도소로 접견을 간 일이 있었는데, 화상전화와 바둑은 물론 시설이 갖춰진 체육관 같은 데서 운동을 할 수 있다는 이야기를 듣고 놀라움을 금치 못했다. 겨울에 꽁꽁 언 주전자 속의 얼음을 깨서 냉수마찰을 해야 했던 내 수형생활을 돌이켜 보며 금석지감을 느끼지 않을 수 없었다.

민주화운동의 교과서가 된 쪽지 글

아는 사람은 다 아는 사실이지만 장기표는 성실한 데다 매우 다정다감한 사람이다. 그는 감옥에 갇혀 있으면서도 끊임없이 읽고 썼으며, 밖과 교신했다. 특히 그는 그의 아내 조무하와 엄청나게 많은 편지를 주고받았다. 감옥 안에서 죄수는 한 달에 4번밖에 편지를 쓸 수가 없다. 그래서 장기표는 봉함엽서 한 장에 원고지 약 100매 분량의 편지를 쓰곤 했는데, 어떤 때는 130매 분량을 쓴 일도 있었다. 아내 조무하는 날마다 편지를 썼다. 하루에 두 통 쓴 날은 있어도 한 통도 쓰지 않은 날은 없었다.

감옥 안에 있으면서, 밖에서 온 편지를 받는 기쁨은 겪어 보지 않은 사람은 모른다. 장기표는 거의 매일 편지를 받았고, 연휴가 있을 때는 하루에 네댓 통을 받기도 했다. 1987년에 이 편지들을 묶어 『새벽노래』라는 이름의 책을 냈는데, 이는 김대중의 『옥중서신』에 비견되는 책으로, 전남민주주의청년연합(전청연) 같은 데서는 이 책을 청년학교 교재로 쓰기도 했다.

더욱이 그는 도둑장가 가듯이 아무도 모르게 다방에서 결혼식을 올리고는 잠깐 함께 살다 곧바로 구속되어 3년간이나 감옥에 갇혀 있었으니 아내에 대한 연민이 매우 깊었다. 그들은 편지로 부부의 정을 나누면서 키워 갔다. 독재권력이 두 사람을 갈라놓는다 하더라도 그들의 하나 됨이 중단될 수는 없다고 생각하면서 밖에서 잃은 것을 안에서 찾자는 자세로 부부의 하나 됨을 잃지 않으려고 노력했다. 그때 장기표가 쓴 편지 한 구절을 소개하면 이렇다. "세상이 다 나를 칭송하더라도 당신이 나를 자랑스럽게 생각하지 않는다면 그 모든 칭송은 내게 헛된 것이며, 세상 사람이 다 당신에게 위로의 말을 할지라도 당신에 대한 내 사랑의 말 한마디에 어떻게 비길 수 있겠소?"

장기표는 감옥 안에서 언제나 필기도구를 비밀리에 소지하고 있었다. 합법적으로 글을 쓸 때는 정식으로 집필 허가와 집필 도구를 받아서 썼지만 그렇지 아니한 경우에도 장기표는 비밀리에, 혹은 마음씨 좋은 교도관의 양해를 받아 글을 썼다. 인천사태에 관련해서 이부영을 만나러 전병용의 집에 갔다가 붙잡혀 투옥되었을 때는 교도관의 도움으로 「사랑론」을 썼다. 그것이 비공식적인 루트로 아내 조무하에게 전해졌고, 이것이 1988년 『우리, 사랑이란 이름으로 만났을 때』라는 제목으로 출판되었다. 책이 나왔을 때도 장기표는 감옥에 있었다. 책의 제목이 그럴듯한 탓도 있었지만, 이 책은 운동권 젊은이들이 연인에게 선물하는 책 가운데 하나가 되었다. 이 책은 물론 사랑, 특히 부부사랑을 다루고 있으나 장기표의 정치철학도 담겨 있다. "정치는 사랑의 사회적 실현이자 사회적 실천이기에 정치는 사랑이다"라는 것이 그의 지론이었다.

재판을 거부하는 대신 「자술서」라는 형식으로 민주화운동의 정당성을 밝히는 글도 썼다. 원고지 1,500매 분량의 글이었다. 그런데 그만 이 글이 연기처럼 공중으로 증발하고 말았다. 구치소에서는 법원에 보냈다고 하고 법원에서는 받지 않았다고 했다. 이 자술서가 재판기록에 첨부됐다면, 그것을 복사해서 운동권에 배포할 작정이었다.

그 글이 없어져 버리자 장기표는 항소이유서를 쓰기 위해 항소를 했다. 원고지로 2,000매 분량이었다. 재판부에 제출할 3부 외에 1부를 더 작성했는데, 고생 끝에 이를 반출하는 데 성공해, 뒤에 책으로 만들어졌다.

문건은 교도소의 양해를 받아서 쓰고 또 정당한 루트로 반출하는 방법과, 비밀리에 글을 작성한 뒤 작전을 통해 외부로 내보내는 비합법적인 방식이 있다. 합법적으로 글을 쓸 때에는 아무 문제가 없지만 비밀리에 문건을 작성하려면 볼펜과 종이를 따로 구해야 했다. 장기표는 아내가 보낸 편지지를 이용해 종이 문제를 해결했다. 볼펜은 평소 사귀어 둔 교도관이나 소지(淸掃, 감옥 안에서 교도관의 일을 거드는 기결수)를 통해 볼펜심을 구한 뒤 양장본으로 된 두꺼운 책의 표지에 깊게 구멍을 파서 감추어 두었다가 썼다. 물론 이감을 갈 때도 그런 식으로 해서 가져갔다. 반출은 대부분 아내를 통해서 했다. 접견 때 기술적으로 전달하거나 교도관의 도움을 받기도 했다. 아내는 그 문건들을 받자마자 타이핑했다. 1991년 한길사에서 펴낸 『장기표 저작집—사랑의 정치를 위한 나의 구상』(전8권)은 이렇게 해서 출간되었다. 그 하나하나가 있는 힘을 다해 쓴 노작이요, 남몰래 숨어서 쓴 피와 땀, 그리고 눈물이 담긴 저작이었다.

여기에는 그가 살아온 삶에서 온축된 그 자신의 철학이 담겨 있다. 몸의 철학이 있고, 노동의 철학이 있고, 사랑의 철학이 있다. 사람의 몸도 우주의 한 부분이자 소우주인 만큼 우주의 섭리 내지 자연의 법칙대로 몸이 작동할 수 있게 해야 건강하고 행복할 수 있다는 것이 몸의 철학이다. 노동의 철학은 자신의 활동이 자아실현의 과정이 되게 해서 보람과 기쁨을 누릴 수 있게 해야 한다는 것이며, 사랑의 철학은 나와 상대방의 관계가 사랑의 관계가 되게 해서 사랑이 주는 마음의 평화를 누려서 행복할 수 있게 해야 한다는 것이다. 즉, 몸의 철학은 인간의 의지와는 무관한 '존재의 철학'이고, 노동의 철학은 인간의 자유 의지와 관련한 '의지의 철학'이며, 사랑의 철학은 나와 상대방의 관계를 이루는 '관계의 철학'이다.

인간해방의 길을 찾아서

장기표는 1986년 5 · 3 인천사태 주도 혐의로 구속되었을 때 약 5,000매 분량의 항소이유서를 썼다. 그는 "우리는 잘 살 수 있는가? 그렇다. 우리는 잘 살 수 있다는 희망과 확신을 갖게 하기 위해 이 글을 쓴다"는 말로 시작해, 우리 모두가 자유와 평화와 복지를 누리면서 행복하게 살 수 있는 방안을 이 글에서 밝히고 있다. 그의 인생 역정은 이러한 꿈과 확신을 이루기 위한 긴 여정이라고 할 수 있다. 그 과정에서 그는 온갖 고난과 시련을 겪었지만 고통과 좌절을 느끼기보다 보람과 기쁨을 느꼈다.

그는 자신의 민주화운동과 정치활동의 목표를 인간해방이라고 말하는데, 민주화운동과 정치활동을 열심히 하다 보면 그 속에서 자아실현의 보람과 기쁨을 누리게 되기 때문이다. 일상의 보람과 기쁨을 넘어 신앙적 체험의 법열(法悅)을 누릴 수 있다는 것이 그의 경험이고 철학이다. 그래서 그는 민주화운동과 정치활동의 자기해방적 의의를 국민 대중에게 설명하기 위해 법정에서 사자후를 토하기도 했고, 많은 글을 쓰기도 했다. 민주화운동과 정치활동에 적극적으로 참여하는 것은 결국 나라와 국민을 사랑하는 마음에서 나오고, 사랑에 기초한 민주화운동과 정치활동은 자기해방을 가져온다는 사랑의 정치철학을 주창해 왔다.

어떤 의미에서 장기표는 사상가요, 경세가라고 할 수 있다. 그는 1970년대와 80년대 고비 고비마다 운동론을 썼고, 시대의 징표를 누구보다 빨리 읽었다. 그 어려운 조건에서도 그렇게 많은 글을 썼고, 그렇게 쓴 글들은 하나같이 오랜 고난 속에서 깊은 사색 끝에 나왔다. 따라서 그가 행하는 법정진술이나 항소이유서, 그리고 쪽지 글로 나온 모든 글들은 정치적 메시지라기보다는 그 자신이 온몸으로 사색하고 고뇌한 것이기에 사람들의 심금을 울리는 호소력을 담고 있다.

4번에 걸쳐 10년 가까운 세월을 감옥에서 보낸 이 나라의 대표적인 민주투사이지만, 그는 재심을 청구하거나, 명예회복과 보상을 신청하는 데 반대한다. 애당초 독재정권 아래서는 불법이 될 수밖에 없는 투쟁을 해 놓고서 뒤늦게 합법성을 인정받겠다는 것은 자가당착이라는 주장이다. 그런데도 기어이 자신의 행위가 합법적이었다고 주장한다면 그것은 자신의 행위가 민주화투쟁이 아니었거나 그 시대의 정권이 독재정권이 아니었다고 주장하는 것이니, 이것은 민주화운동의 대의에 어긋난다. 게다가 재심을 청구해 무죄가 된다면 그런 민주화투쟁은 무효라는 사실을 스스로 고백하는 것에 다름 아니라는 것이 그의 생각이다.

더욱이 민주화투쟁으로 보상을 받는 것은 더 큰 문제라고 말한다. 민주화투쟁은 누가 시키거나 보상을 바라고 한 것이 아니라 피해를 각오하고 자기가 하고 싶어서 한 것인데, 왜 보상을 받아야 하느냐고 한다. 그 보상금은 과거의 독재자들이 아니라 국민이 부담하기 때문에 더욱더 그렇다고 한다. 또한 명예회복을 신청하는 것은 민주화투쟁으로 명예가 훼손됐다는 이야기인데, 그 덕분에, 그걸 팔아서 대통령, 총리, 장관, 국회의원을 해 먹었으면서 무엇이 모자라 또 무슨 염치로 명예회복과 보상을 받느냐, 이래서야 어떻게 민주세력에 대한 국민의 인식이 좋아질 수 있겠느냐고 한탄한다.

이러한 장기표의 주장은 그의 염결(廉潔)한 성품을 잘 말해 준다. 민주화투쟁으로 겪은 고생으로 말하면 장기표만큼 고생한 사람도 드물다. 그의 일생 자체가 투쟁과 고난으로 점철되어 있다. 그의 이러한 주장과 처신은 민주화운동을 팔아먹거나 그것을 금과옥조로 내세우는 사람들을 부끄럽게 하고, 그런 세태에 경종을 울리는 것은 분명하다. 그런 장기표가 존경스럽기까지 하다. 그러나 나는 오랜 옥바라지와 수발을 든 부인, 그리고 장기표 가족이 살고 있는 그 형편을 생각할 때, 그것이라도 받아서 부인의 그간의 헌신과 노고에 보답하고, 앞으로 그의 남은 노후라도 보장받았으면 하는 생각이 간절하다.

그가 공주교도소에서 복역하던 1988년 9월, 올림픽 직전에 평민당의 김대중 총재가 그를 찾아 접견을 왔다. 이때 장기표는 직설적으로 김대중 총재를 향해 지난번(1987년) 대선 때 그가 주장했던 '4자 필승론'을 들어 면박을 주었다. "4자 필승론은 말도 되지 않는 궤변일 뿐만 아니라, 설사 4자 필승론으로 대통령이 된다 한들 그게 민주화일 수 있는가. 4·26 총선에서 야당이 지역감정에 따라 충청도, 전라도, 경상도로 쪼개잔 것을 황금분할이라고 하던데, 망국적 지역감정에 기초해 제1야당 총재를 하는 것이 의미가 있느냐. 지역감정을 배격하는 뜻에서 평민당을 해체하든가 평민당 총재직을 사임하라"는 장기표의 말에 김대중 총재는 겸연쩍어했다고 한다.

이보다 앞서 장기표는 1987년 대선 때 김대중에게 「민주와 자주, 민중을 사랑하는 자만이 후보를 양보할 수 있다」는 제목으로 후보 양보를 촉구하는 편지를 썼다. 이 편지를 부인 조무하가 김대중의 집으로 찾아가 직접 전했더니 "장 동지는 교도소에 있어 바깥사정을 잘 모른다"라고 말하면서, 후보를 양보할 생각이 없음을 분명히 했다고 한다. 그런데도 김대중은 장기표가 출소한 뒤에 어떻게든 그를 자신의 세력권으로 끌어들이려 노력했지만, 장기표는 자신의 길을 걸었다. 오히려 정당활동이나 참여를 시기상조라며 반대했던 사람들은 뒤에 비판은 없고 지지만 있는 '비판적 지지'라는 명분으로 김대중을 따라갔다.

그 이후 장기표는 정치권에 독자적으로 진출해서 많은 실패를 거듭했다. 그를 오랫동안 지켜보았던 나는 그것이 참으로 안타까웠다. 나는 오늘 이 나라, 이 공동체를 놓고, "우리는 어디에 서 있으며 어디로 가고 있는가"를 놓고 장기표만큼 자기의 경륜과 철학에 바탕해서 자신의 언어로 말할 수 있는 정치인이 과연 있는지 의문스럽다. 장기표가 거의 유일한 사람이 아닐까 싶다. 그렇기 때문에 조순 같은 이도 장기표의 이러한 경륜을 높이 사고 있다. 또 나는 장기표만큼 이 나라 이 민족을 놓고 사랑하고 고뇌하는 사람을 보지 못했다. 그는 진실로 온몸으로 이 나라와 민족을 사랑하고, 그것이 서 있어야 할 모습과 가야 할 방향을 놓고 누구보다도 치열하게 고뇌한다. 편협한 민족주의에 빠지지 아니하고 어설픈 이데올로기 따위에 현혹되지 않는다. 오직 민주화를 향해서 상하의 시선을 가리고 오직 달려오기만 했던 맹목의 민주화 투사가 아니라, 우리가 가야 할 미래, 뻗어 나가야 할 세계에 대해서도 그만큼의 넓고 높은 안목을 갖춘 사람은 찾아보기 힘들다. 그리고 그는 누구보다도 부지런하고 성실하다. 하루 한 시간인들 허투루 보내지 않는다. 자기 일은 그 자리에서 성심과 최선을 다하는 것이 장기표다.

장기표는 1970년대와 80년대 학생운동, 더 나아가 민주화투쟁의 신화요 전설이었다. 그가 잡히지 않고 견뎌 낸 오랜 도피생활은 그를 신출귀몰하는 사람으로 비쳐지게 했고, 잡혀서 법정에서 행하는 도도한 진술은 그야말로 민주화의 장전이요 현하의 웅변이었다. 그런 그였지만 정치판에 뛰어들고부터 그에게는 불운이 따라다녔고 세상의 평판도 옛날 같지 않다.

나는 그가 정치를 포기하기를 간절히 바란다. 너무 안쓰럽기 때문이다. 몇 년 전, 출판기념회이던가, 장기표가 주인공인 어느 모임에서 나는 "제발 장기표가 잘 되어 성공하는 것을 단 한 번만이라도 꼭 보고 싶다"고 내 절실한 속내를 고백한 일이 있다. 그러나 장기표는 "본래 나는 인간해방의 사회를 건설하기 위해 민주화운동에 뛰어든 데다 정보문명 시대야말로 인간해방의 시대가 되리라고 확신하는 터라 인간해방을 실현할 정치에서 벗어날 수 없다"면서, 자신은 이처럼 역사의 소명에 따라 정치를 하고 있으니 자신이 힘들다거나 가까운 사람들에게 고통을 안겨 준다고 해서 정치를 포기할 수 없다고 했다. 그러면서 그의 소명을 이렇게 정리해서 말했다. 제발 그의 소명이 이루어지를 바란다.

인간해방 이루라는 역사의 소명 따라
온갖 노력 다 했건만 아직도 못 이뤘네
아무리 어렵다 해도 마침내는 이루리.

13

누가 민주화 유공자인가

전병용

1987년, 부천서 성고문 사건과 박종철 군 고문치사 사건으로 세상이 한번 요동치고 있을 때, "박종철 군 고문치사 사건의 범인이 조작되었다"는 이부영의 편지를 내게 전해 준 전병용은 그 무렵 감옥에서 재판을 받고 있었다. 그의 기록에 그가 체포된 날짜가 3월 17일이었으니까, 내가 그에게서 이부영의 편지를 받은 날은 3월 14일 아니면 15일이었다. 그가 기적적으로 그 편지를 내게 전해 주고, 이틀인가 사흘 뒤에 체포되었기 때문이다.

검사 김원치 이름으로 제기된 공소장은 지극히 간단했다. "민주통일민중운동연합 사무처장 공소외 이부영이 1986년 5월 3일 인천에서 신한민수당 개헌추진 인천 · 경기지부 결성 및 현판식이 개최됨을 기화로 민통련 및 23개 산하 가맹단체 회원들을 동원, 대규모 시위를 벌여 소요를 야기하는 등의 죄를 범하고 도피 중에 있음을 알면서도 동인의 체포를 면하게 할 생각으로 1986년 5월 10일경부터 같은 달 22일경까지 서울 서대문구 연희2동 182, 홍연아파트 3동 102호 소재 피고인의 집 문간방에 유숙게 함으로써 벌금 이상의 형에 해당하는 죄를 범한 자를 은닉한 것이다."

교도관에서 수인으로

그해 3월 26일, 민주통일민중운동연합이 「전병용 회원을 즉각 석방하라」는 성명을 발표한 것이 그를 위한 유일한 구명운동이었다. 그가 '교도관에서 수인으로' 된 경위는 이렇다.

공소장의 내용처럼, 1986년 5월 인천사태로 쫓기던 이부영이 잠시 전병용의 집에 몸을 의탁하고 있었다. 쫓기면서도 서로 연락망을 유지하는 것이 당연한 관행이었기 때문에 어느 날, 역시 쫓기고 있던 장기표가 이부영에게 전화를 했다. 그러고는 당시 전병용의 집을 수시로 드나들던 장기표가 이부영을 만나러 전병용의 집에 왔는데, 당시 장기표의 전화는 이미 도청되고 있었다. 그때 마침 이부영은 집에 없었다. 전병용의 집은 항상 열려 있었기 때문에 수배자들의 1차 피신처가 되었고, 그래서 본인은 몰랐지만 그의 집은 도청 등 주목의 대상이었다.

전병용.

이부영과 통화할 때 '하원이 아빠(장기표)'라고 한 사람을 잡기 위해 경찰이 들이닥쳤다. 그때 장기표는 전병용의 아들 세민이와 공부하고 있다가 전병용이 보는 앞에서 체포되었다. 순식간의 일이었다. 그들은 의외의 거물을 검거했다는 흥분 때문인지 성급하게 장기표를 끌고 문 밖으로 사라졌다. 이때를 틈타 전병용은 집을 나왔다. 뒤이어 이부영한테서 전화가 왔을 때, 전병용의 부인은 그동안의 사정을 알렸다. 이렇게 이부영은 가까스로 화를 면했고, 전병용의 도피생활은 비롯되었다.

그는 노량진 수산시장에 있는 생선도매상에서 잡역부로 새벽 3시부터 생선궤짝을 나르면서, 낮에는 부천서 성고문 사건과 박종철 군

고문치사 사건에 항의하는 집회에 참여했다. 2·7 추도집회에도 참관했다. 얼마 뒤에는 경기도 광주 고덕에 있는 그의 옛 동료의 집으로 은신처를 옮겼다. 이부영에 대한 범인은닉 및 편의제공 혐의로 공개 수배되어 쫓기고 있던 나도 한때 그와 그 집에 잠시 함께 있었다.

그때는 5·3 인천사태로 수배자가 넘쳐날 때라 끼리끼리라는 말처럼 전병용은 김도연 등과 어울렸다. 전병용이 체포되던 날도 김도연과 함께 서울로 들어가는 버스를 타러 가는 중이었다. 김도연을 보호하기 위해 그가 도피할 수 있도록 시간을 벌어 주면서, 전병용은 체포되었다. 이후 장기표와 함께 인천사태에 참가한 것을 시인하라고 강요당했지만, 그것이 '소요죄'가 될 수 있다는 것을 이미 알고 있었던 전병용은 이를 부인했다. 인천사태로 쫓기는 사람들의 거취를 알려주면 내보내 주겠다는 그들의 제의를 코웃음으로 받아넘겼다. 더 이상 전병용에게서 나올 것이 없다고 판단한 경찰은 3일 만에 검찰에 넘겼고, 그는 영등포구치소에 수감되었다.

영등포구치소는 1969년 창설될 때 전병용이 서울교도소에서 차출되어 근무했던 곳이다. "교도소를 지은 놈들은 틀림없이 교도소에 들어오게 된다"는 속담이 있다. 그 말이 씨가 되었는지 전병용은 18년 만에 그 교도소에 들어갔다. 그는 신축건물인 9동(棟) 하(下) 15방에 수감되었다. 그는 교도관에서 수인이 되었지만, 무엇보다도 징역살이를 힘들거나 괴롭다고 생각하지 않기 위해 노력했다. 새벽 5시 30분쯤 일어나 간단히 요가를 했고, 아침식사 후에는 빨래를 해서 하루 동안 말렸다가 갈아입곤 했다. 하루에 한 번 있는 운동시간에는 쉬지 않고 걷거나 뛰면서 열심히 운동을 했다. 옆에 있던 시국사범들은 좋은 말동무가 되었다. 그때 마침 진관 스님도 들어와 있었는데, 그가 소시지나 육류를 전혀 먹지 않는 것을 보고 전병용도 한동안은 가다밥과 된장국만 먹었다.

재판은 3회에 걸쳐 진행되었다. 두 번째 공판에서 검사는 3년을 구형했다. 범인은닉으로는 법정최고형이었다. 범인은닉의 상습적 죄과를 범했음에도 개전의 정이 없고, 피고인이 전직 공안직 공무원이었다는 사실이 사회에 끼칠 영향을 고려하면 정상을 참작할 여지가 전혀 없기 때문이라고 했다. 사람이 사람답게 살 수 있는 세상이 올 때까지 감옥이라는 곳은 억눌리고 빼앗긴 사람들, 자기 삶의 주인이 되고자 노력하는 사람들에겐 언제나 친숙한 장소일 수밖에 없다는 것이 전병용이 10여 년 넘게 근무하면서 배운 감옥이라는 곳에 대한 통찰이었다. 결심공판에서 그는 다음과 같이 최후진술을 했다.

"어쩌면 지금쯤 나는 어느 교도소의 교도관으로서 재소자들을 감시하고 감독하는 평범한 공무원으로서의 역할을 하고 있었을지도 모릅니다. 하지만 오랜 세월, 죄수들과 함께 생활하면서 도대체 죄라는 것이 무엇인가에 대해 깊이 생각하지 않을 수 없었습니다. 사람으로서 당연히 해야 될 일을 했음에도 불구하고, 범죄자의 낙인이 찍혀 징역살이를 하는 수많은 노동자, 지식인, 민주인사들을 만나면서 나는 부패한 독재권력의 하수인으로 남기를 거부하고, 눈에 보이지 않는 사회의 억압과 천대 속에서 어쩔 수 없이 죄인이 되곤 하는 저 억울한 민중의 편에 굳게 서야 한다는 결심을 서서히 굳히게 되었습니다.

이부영 씨는 숨을 이유도 없고, 숨겨 주어야 할 필요도 없는 사람입니다. 비록 우리 집이 아니더라도 이 세상 어딘가에 그가 머무를 수 있는 땅은 틀림없이 있습니다. 나는 내가 한 일에 대해 후회하지 않으며, 만약에 또다시 그가 나를 찾아온다면 언제든지 반갑게 맞이할 것입니다. 불의와 맞서 싸우는 사람들에게 우리 집의 대문은 항상 활짝 열려 있습니다. 그것이 내가 할 수 있는 일이라면 이 땅의 민주화와 통일을 위해서 어떤 일이라도 기꺼이 수행하겠습니다."

전병용의 최후진술은 교도관 사회는 물론 민주화운동 진영에도 적잖은 감동을 안겨 주었다. 반성하면 내보내 준다는 회유에도 굴하지 않은 당당함과 의연한 진술에 감탄을 금치 못했다. 교도관들은 과거 자신들의 한 동료가 당당한 민주투사로 나타나 뚜렷한 소신을 밝히는 모습에 신선한 충격을 받았고, 당시 영등포교도소에 수감되어 있던 이부영도 크게 감동받았다. 전병용의 이 최후진술은 많은 사람들에게 깊이 각인되어 그를 교도관의 전설로 길이 남게 했다.

얼굴 없는 위대한 투사

내가 전병용을 처음 만난 때는 1970년 겨울이 아니었던가 싶다. 그 해 여름 나는 서울사대 독서회 사건의 배후로 몰려 쫓겨 다니다가 잡혀 감옥에 갇혀 있었다. 흔히 말하듯이 감옥에는 계절이라고는 여름과 겨울뿐이다. 봄과 가을은 느낄 겨를도 없이 금방 지나가 버려 하하동동(夏夏冬冬) 두 계절밖에 없다. 게다가 그 무렵 겨울 추위는 영하 15도를 오르내릴 만큼 매서웠다. 지금은 어떤지 모르지만 1960년대까지만 하더라도 감옥살이의 장단(長短)을 겨울을 두 번 나느냐 아니냐에 두었다. 가령 1년 6개월을 선고받으면 겨울을 두 번 나게 되므로 장기수가 되었다.

내가 1964년 한일회담반대투쟁을 배후에서 조종한 혐의로 투옥되었을 때는 한 방 건너 한 명씩 사형수가 있었다. 식사시간이 되면 사형수가 차는 수갑을 문 손잡이에 걸어 두는데, 그걸 보고 사형수가 그 방에 있다는 걸 안다. 그때 들은 바로는 역대 법무부장관이 자신이 재임할 때에는 가급적 사형 집행을 미루어 그러한 사형수 적체현상이 일상화되었다고 한다. 사형수와 같이 생활하는 것을 일명 '곱징역'이라 했다. 사형수를 의식해 언행을 매우 조심해야 하기 때문이었다. 그 가운데는 특히 간첩 등 한국전쟁 때부터 잡혀 들어온 좌익수들이 많았다. 그들은 새로 들어오는 정치범들에게 감옥생활에 대한 조언을 아끼지 않았다. 1주일에 한 번 이상 마가린과 같은 기름기 있는 음식을 먹어야 하고, 가끔은 사탕을 씹어 당분을 공급해 줘야 하며, 가능하면 사식(私食)을 먹지 말고 엘리트 의식 같은 것은 씻어 버리고 일반 죄수와 똑같이 생활하라는 이야기 등이었다.

그들이 가르쳐 준 조언 가운데 '감옥 안에서는 건강이 제일이요, 법정에서는 부인(否認)이 제일'이라는 말이 있다. 그러면서 감옥 안에서 냉수마찰을 하라고 권했다. 그래서 1960년대의 감옥생활 기간 내내 나는 겨울이면 감옥에서 냉수마찰을 했다. 광목으로 된 수건을 만들어, 심장에서 먼 손과 발의 끝에서부터 시작해서 점차 심장 쪽으로 냉수마찰을 진행했다. 새벽에는 주전자의 물이 꽁꽁 얼기 때문에 그 얼음을 나무젓가락으로 깬 뒤 수건에 싸서 몸에 문질렀다. 몸에서 뿜어져 나오는 김으로 내 발목이 보이지 않게 되면 내 몸의 신비감 같은 것을 느끼게 되는 경우도 있다. 냉수마찰을 마치고 나서 창문 밖으로 동쪽 하늘을 쳐다보면, 인왕산 산봉우리가 붉어지는가 싶다가 금방 둥근 해가 떠올랐다. 그 해가 내게로 달려오는 것 같은 착각마저 들 때가 있다. 이렇게 하루를 시작했다.

나는 1970년대에 감옥에 들어가서도 내 식대로 냉수마찰을 계속했다. 그러나 감옥 안에서 냉수마찰을 하는 전통은 이미 사라진 지 오래였다. 1960년대 중후반 민 아무개가 법무부장관이었을 때 대부분의 사형수들을 처형해서 냉수마찰을 하는 사람이 사라졌기 때문이었다. 이런 판에 새로 들어온 죄수 하나가 새벽에 일어나 냉수마찰을 하니 금방 그 소문이 구치소 안에 퍼졌다. 교도관들이 구경하러 모여들기 시작했다. 냉수마찰하는 것 자체가 규칙 위반이라고 질책하는 교도관도 있었지만, 대개는 한겨울에 얼음을 깨서 냉수마찰하는 것을 감탄어린 눈으로 지켜보는 눈빛이었다. 이렇게 나의 냉수마찰을 호기심어린 눈으로 지켜본 사람 가운데 하나가 전병용이었다.

아주 자연스럽게 그는 나에게 말을 걸어왔고, 우리는 금방 친해졌다. 돈이 없는 탓도 있었지만, 사식을 전혀 시키지 않고, 비교적 자신에게 엄격한 감옥생활을 하는 나를 보고 그는 크게 관심이 끌렸던 듯하다. 그가 존경하는 죄수가 또 한 명 있었으니, 그가 바로 헌쇠 박중기였다.

전병용은 함경남도 북청에서 태어나 1947년에 아버지를 따라 월남해, 오산중학교와 고명상업고등학교를 졸업하고, 1967년에 교도관으로 임용되어 서울구치소에서 근무하고 있었다. 서울대학교 문리대 국문과 교수이자 소설『꺼삐딴 리』로 동인문학상을 받은 전광용 교수가 그와는 당내간이라는 사실도 그때 알았다. 전광용 교수는 대학 1학년 때 내게 교양과목 국어를 가르친 은사이기도 했다.

전병용과 친해지면서 그의 가까운 동료들과도 친해졌다. 내가 감옥에서 나오고 난 뒤에도 전병용과 그의 일행들과는 밖에서 가끔 어울렸다. 전병용과 그의 동료들은 여름이면 지금 다산 유적지가 되어 있는 능내 강가에서 개를 잡아 대접하곤 했는데, 그때 나와 가깝게 지내던 소설가 이호철과 박태순, 최민, 백기완 등이 함께 어울렸다. 보신탕 요리는 그의 형 전중용이 했다. 요리는 함경도식으로 백숙처럼 고기를 소금에 찍어 먹었는데, 내장은 미리 꺼내 양념장을 만드는 데 썼다. 박봉을 털어 대접하는 것을 매번 얻어먹는 것이 여간 미안한 게 아니었다.

「비어(蜚語)」 사건으로 김지하가 구속되었다가 요양원을 거쳐 나온 뒤, 나는 마산의 합포만, 김지하가 있었던 그 결핵요양소를 방문한 적이 있다. 그때 그곳에서 전병용의 큰형 전성용을 만났다. 전성용은 뒷날 김수환 추기경의 형님 되는 김동한 신부를 도와 경북 시역 일대에서 결핵요양원을 운영하는 등 일생을 그와 같은 봉사로 일관했는데, 그가 전병용의 형이라는 이야기를 듣고는 세상이란 참 넓으면서도 좁다는 사실을 실감했다.

1974년 1월, 이호철이 이른바 문인간첩단 사건으로 구속되는 일이 벌어졌다. 이호철은 감옥생활을 무척 힘들어했다. 이호철의 가족은 수시로 전병용의 집을 찾아와 밖의 소식을 전하는 것은 물론 김 같은 반찬 따위까지 이호철에게 전해 달라고 요청했다. 이 무렵 전병용은 구치소 안의 사방 담당을 맡고 있었는데, 죄수들 가운데는 내복을 입지 못하는 사람도 꽤 있어 낡은 내복을 수집해다가 그 부인이 손질해서 갖다 입히는 등 그들을 위해서 자신이 할 수 있는 일이 있으면 마다하지 않았다. 이 무렵 광주의 《함성》지 사건 관련자들이 서울구치소에 수감되어 있어 전병용은 이들에게도 치약, 칫솔이며 필요한 물품들을 공급했다. 밖에서 이들의 수발을 든 사람은 공범관계였던 시인 김남주였다.

그해 4월이 되자 이른바 민청학련 사건이 터졌다. 수많은 사람들이 감옥에 갇히는 대옥사(大獄事)였다. 유신정권은 학생들의 배후에 인혁당이 있어서 이들의 조종으로 국가변란을 획책하려 했다는 방향으로 사건을 몰고 갔다. 다치가와, 히치가와 등 일본의 국외 공산계열과도 연계된 것으로 몰고 갔다. 나는 전병용을 통해, 민청학련 관련자들이 이들 일본인들이나 인혁당과의 관계를 철저하게 차단하도록 메시지를 전했다. 이 과정에서 전병용은 자신과 거의 동년배들인 유인태, 여익구 등 친구를 많이 사귀었다. 이때의 전병용의 활동을 옆에서 지켜

보았던 김지하는 뒷날 그의 회고록 『흰 그늘의 길』에서 이렇게 썼다.

"다른 그 어떤 역할과 공헌을 다 제쳐 놓고도…… 민청학련 사건의 최대의 공로자를 잊을 수 없다. 아마도 지금쯤은 도리어 이것을 밝히는 것이 본인에게 예의가 될 것 같다. 전병용, 이 사람, 이 사람의 용기와 헌신, 희생을 잊은 사람이 있다면 그는 민주화운동의 정당성을 훼손하는 사람이 될 것이다. 그이의 미래에 밝은 빛이 쏟아지기를!"

이렇게 시작된 전병용의 서울구치소 안에서의 희생과 헌신은 박정희 유신정권이 기승을 부리는 것과 비례해서 짙어질 수밖에 없었다. 강신옥 변호사가 구속되었을 때 나는 유신정권의 반민주적 행태와 강 변호사의 구속 사태를 다룬 해외 언론의 보도 내용을 스크랩해서 전병용을 통해 전했다. 그걸 보고 바로 찢어 버렸어야 하는데, 강 변호사는 그것을 책갈피 속에 넣어 보관하다가 검방 때 걸리고 말았다. 방심이 일을 그르친 것이다. 구치소 당국은 어디서 그 문건을 입수했느냐고 닦달할 참이었다. 사실대로 말한다면 전병용이 희생당할 것은 불문가지였다. 다행히 변호사 접견 때 친구인 조준희 변호사가 전해 준 것으로 양쪽에 말을 맞추어 가까스로 화를 면했다.

1974년 7월에 구속된 지학순 주교를 알뜰살뜰 보살핀 것도 전병용이었다. 그해 겨울, 구치소 당국은 지학순 주교 방에 연탄난로를 피워 주는 전례 없는 각별한 예우를 했다. 전병용은 비번 날 내게서 편지를 받아 매번 지학순 주교에게 전했는데, 지학순 주교는 편지를 가지고 오는 전병용을 매일같이 학수고대했다. 수도권 특수지역 선교자금 사건과 관련해서 구속되었던 김관석 목사 역시 전병용과 아주 가까워져서, 석방된 이후에도 두 사람은 계속 왕래했다. 나는 김관석 목사의 아들 하범을 전병용의 소개로 만난 적도 있다.

3·1 명동성당 민주구국선언 사건이 터졌을 때의 일이다. 3월 1일 명동성당에서 구국선언 발표가 있고 난 뒤, 다음 날부터 관련자들이 하나둘 어디론가 연행돼 갔다. 그렇게 여러 사람이 사라져 갔지만, 그들이 왜 연행돼 갔는지, 어디에 가 있는지는 오리무중이었다. 검찰이 3·1 민주구국선언 사건을 국가변란음모로 몰아 3월 9일에 발표하기까지 깜깜무소식이었다. 나는 필경 중앙정보부에서 수사하지만, 신병은 서대문구치소에 있으리라고 생각하고, 전병용에게 확인을 요청했다. 과연 그들은 서대문구치소에 수감돼 있었다. 전병용은 문익환 목사로부터 부인 박용길 장로에게 보내는 편지를 받아서 내게 전했다. 나는 그 편지를 들고 수유리 문 목사 댁을 방문했다. 편지를 읽은 박용길 장로더러 그 편지를 없애 달라고 부탁했더니, 아이들한테 편지를 보여 주고 난 뒤에 없애겠다고 했다. 뒷날 변호인이 선임되어, 박세경 변호사가 문익환 목사를 접견했을 때 문익환 목사가 대뜸 "가족들이 내 편지 받았대?" 하고 물어 전병용이 진땀을 뺐다. 편지를 주고받은 사실이 알려지면 전병용의 목이 날아갈 판이었기 때문이다.

나는 3·1 민주구국선언 사건으로 구속된 신현봉, 문정현, 함세웅 신부에게 편지를 쓸 때면 인철지에 먹지를 대고 3통을 한꺼번에 썼다. 밖에서 전해 온 편지를 신현봉 신부는 다 읽고 난 뒤, 빨래처럼 물에 헹구어서 없앴고, 문정현 신부는 그 편지를 입으로 씹어서 없앴다고 들었다. 이문영 교수가 밖에서 들어온 신문을 출정 때 김대중 씨에게 전하다가 들켜서 교도관 여러 명이 위험에 처한 적이 있었다. 도와준 교도관들의 안위를 살펴 주는 것이 도움을 받는 사람들의 도리였지만, 그렇게 쉽지만은 않았다. 1975년 4월, 김상진이 죽었을 때는 감옥의 김지하가 〈아! 김상진〉이라는 조시를 써서 전병용을 통해 밖으로 내보낸 적도 있었다. 사제단은 그 조시를 명동성당에서 읽었다.

전병용은 1975년 4월, 이른바 인혁당 재건위 사건 관계자들이 죽어가는 것도 보았다. 생전의 그들에게 위로의 말을 건네거나, 남몰래 그들의 친구가 되어 준 것도 그였다. 그가 쓴 책 『감방별곡』에는 인혁당 관계자들을 이렇게 기록하고 있다.

> 도예종, 하재완, 서도원, 송상진 등 거의 대부분의 사람들은 고문의 후유증으로 한두 가지 이상의 질병을 갖고 있었고, 제대로 걷거나 심지어는 바른 자세로 앉아 있지도 못했다. 그들의 몸 구석구석은 전기 고문의 흔적으로 시커멓게 타 있었고, 구타로 인한 피멍 자국은 일일이 확인할 필요조차 없었다. 내 기억으로는 그중에서도 하재완이 제일 심했던 것으로 생각된다. 그는 혹독한 고문으로 탈장이 되어 있었고, 물고문에 의한 폐농양증으로 기침을 할 때마다 피가 배어 나왔다.
>
> 지금도 나는 그분들을 생각할 때마다 안타까운 마음을 금할 수 없다. 모두들 맑고 깨끗한 품성의 소유자들이었고, 누구보다도 정직하고 성실하게 이 세상을 살아나가기 위해 노력한 사람들이었다. 특히

이수병은 수감 중에도 나와 이런저런 이야기를 많이 나누었다. 그는 징역을 살면서도 1분 1초를 아껴 성실하게 생활했고, 열심히 공부해서 독어, 일어, 불어 등의 외국어에 모두 능통했던 것으로 기억한다. 비상고등군법회의에서 사형이 확정되자 그는 약간은 초조한 모습이었다.

"전 형, 어떻게 될 것 같아요? 바깥에선 뭐라고들 그럽니까?"

"너무 걱정하지 말아요. 설마 죽이기야 하겠습니까? 대충 그러다가 감형조치 하겠지요."

"글쎄 아무래도……."

"아, 세상 사람들 눈이 있고 여론이 있는데 죄 없는 사람을 함부로 죽이겠어요? 바깥에서도 여기저기서 조금씩 얘기가 나오고 있고…… 하늘이 두려워서라도 그렇게 못할 겁니다."

이수병에 대한 나의 위로는 어느 정도는 나 자신도 진심으로 믿고 있었던 생각이었다. 그러나 이러한 나의 철없이 순진했던 생각은 박정권의 무자비한 망나니 놀음에 의해 여지없이 무너지고 말았다.

대법원에서 상고가 기각된 바로 그다음 날 새벽 4시부터 전격적으로 집행된 인혁당 사건 관계자 8명에 대한 처형은 내가 아침 출근을 위해 구치소의 정문을 들어설 즈음에는 거의 끝나가고 있었던 것이다.

전병용이 한 일은 여기에 그치지 않았다. 감옥에 갇힌 피고인들의 재판 준비를 돕는 일을 그는 적지 않게 해냈다. 1977년 6월, 시인 양성우가 구속되었다. 그가 일본 잡지 《세카이》 1977년 6월호에 〈노예수첩〉이라는 장편시를 발표해, 우리나라의 정치 · 경제 · 사회 전반 및 헌법에 따라 설치된 국가기관에 관해 사실을 왜곡해 국가를 모독하고 긴급조치를 위반했다는 게 이유였다. 또 몇 사람에게 배포한 〈우리는 열 번이고 책을 던졌다〉라는 시에서 긴급조치를 비방하고 사실을 왜곡해 역시 긴급조치를 위반했다고 했다.

양성우의 〈노예수첩〉 14장은 이렇게 되어 있다.

> "호남선 열차는 서둘러서 온다 / 아침에 떠났다가 저녁이면 온다 / 이빨 갈며 주먹을 휘둘러대며 / 맞아 죽은 머슴들이 / 서울로 온다 / 말하라, 말하라 / 총칼 앞에서 / 어두워도 호남선 열차는 떠나고 / 떠났다가 한숨만 가득 싣고 / 온다 / 맞아죽은 머슴들의 단단한 / 설움 / 녹지 않은 설움만 / 가득 싣고 온다."

이에 대해 검찰은 공소장에서 "도시의 자본가나 기업가에 의해 수탈당해 온 농민들이 생계에 필요한 최소한의 생활마저 보장받지 못하여 견디지 못하고 서울로 올라올 뿐 아니라 자신들의 비참한 상황을 호소해 볼 자유조차 가지지 못하고 있는 양 사실을 왜곡하여 묘사하고 있다"면서 긴급조치상의 사실 왜곡의 범죄를 저질렀다고 주장하고 있다.

문학 작품은 본질적으로 허구를 바탕으로 하고 있다는 것이 분명할진대, 거기에 사실 왜곡이라고 긴급조치를 들이대는 것은 문학을 몰라도 너무 모르는 무지의 소치이다. 법정에서 때 아닌 문학 논쟁이 벌어지곤 했는데, 창작과비평사에서 나온 아르놀트 하우저(Arnold Hauser)의 『문학과 예술의 사회사』를 증거로 변호인 측이 제시한 일도 있었다. 호흡을 맞추기 위해서는 감옥에 있는 피고인과 연락하는 일이 불가피한데 전병용이 그때마다 일을 도맡았다.

1977년 유신정권이 리영희 교수의 저서 『8억인과의 대화』, 『우상과 이성』을 문제 삼아 그를 구속했을 때도 전병용의 활약이 컸다. 「농사꾼 임군에게 보낸 편지」가 "노동자, 농민, 영세민을 주축으로 하는 공산혁명을 선동하는 내용"이라 해서 기소했는데, 이러한 검찰의 주장을 반박하기 위해 감옥 안의 리영희 교수는 나름대로 적지 않게 준비했다. 농업 관련 서적이나 농업경제학자들의 논문을 읽고, 농업 관계 통계자료를 챙기는 등 치밀하게 준비했다. 그 뒷받침을 전병용이 했다. 리영희 교수가 원하는 자료를 내가 밖에서 구하면, 그것을 리영희 교수에게 전하는 일은 전병용의 몫이었다.

이와 관련해서는 리영희 교수가 타계하기 전 그가 쓴 마지막 저서라 할 『대화』에서 이때 전병용의 역할에 대해 언급하고 있다(481쪽). 내 이야기도 함께 언급이 되어 있어 쑥스럽지만 그대로 인용한다.

> 임헌영: 김지하가 1975년에 다시 들어갔을 때 취조를 받으면서 (자신이 공산주의자라고) 스스로가 인정을 해 버렸어요. 그래서 밖에서 위기다 그랬는데 그때 양심선언이 나왔어요. 선생님은 (감옥에) 들어가시기 전부터 김정남 선생을 잘 아셨던 것으로 알려져 있습니다.…… 밖의 소식도 그분을 통해 들으셨을 것

같습니다.

리영희: 그 훨씬 전부터 잘 알지. 1970년 합동통신 외신부장 시절부터요. 그 후에 알았지만, 백낙청 교수의 변호인들이 서대문형무소에 면담을 와서 사건 내용을 확인하고 활동 준비를 하는데, 변호사들 뒤에서 사건 관련 사실들과 변론 방법 등에 관한 모든 것을 김정남이 코치를 했어. 변호사들 변론 내용의 상당한 부분을 쓰기도 했지. 안에 있을 때는 나도 그랬지만, 김지하도 그랬고, 밖에서 일어나고 있는 세밀한 정보를 적어서 안으로 전달해 줬어요. 이것은 엄청난 모험이지. 민주화, 반독재, 동지애의 숭고한 정신과 결연한 각오가 없으면 불가능한 행위지요. '시오리'라고 해서 일제시대에는 서류를 묶는데 핀이 없으니까 얇은 종이를 찢어서 손으로 꼬면 끈이 되는데, 이것에다 깨알보다 더 작은 글자로 밖에서 일어나고 있는 일을 적어서 전달해 주는 겁니다. 그런 일을 해 준 분이 교도관 전병용 씨였습니다. 그는 반독재 운동가들에게는 지옥에서 보살을 만난 것과 같은 역할을 해 준 은인이에요. 전병용 씨는 만약 그런 일이 적발된다면 법률적인 형벌도 대단했겠고, 박정권의 혹독한 고문에 의해 죽었을지도 모르는 위험한 일을 해 준 것입니다. 김정남과 전병용은 이 시기의 얼굴 없는 위대한 투사였습니다.

전병용이 이 시기에 했던 여러 가지 역할은 이루 예거하기가 어렵다. 아마도 민주화투쟁과 관련해서 서울구치소에 구금되었던 사람이라면 전병용과 이런저런 인연을 나름대로 갖고 있을 것이다. 이부영이 소개한 삽화 하나. 그때는 감옥 안에서 온갖 밀고 체계가 작동하고 있었는데, 이부영이 정말 가슴 졸이는 광경을 목도하게 된다.

"어느 날 우연히 10사와 9사 사이의 공터를 내려다보고 있자니 전(병용) 형이 자신의 담당 사동인 9사를 나와서 보안과 쪽으로 가지 않고 10사 담벼락 아래 붙어서 다가오는 것이 아닌가. 9사 쪽의 소년수들은 전 형의 이상한 행동을 호기심에 가득 차서 내려다보고 있었다.

나는 너무 놀라 가슴 졸이며 쳐다보고 있었다. 그러나 전 형은 3·1 명동성당 민주구국선언 사건으로 구속되어 있던 10사하의 신현봉 신부에게 뒤 창문을 통해 무슨 말인가를 전하고 유유히 보안과 쪽으로 사라졌다."

전병용을 비롯해 일부 의식 있는 교도관들은 당연하게도 자신들의 복지 문제에 관심을 가지기 시작한다. 그들은 구치소 직원들의 복지와 근로조건 향상을 위해 수시로 모임을 갖고, 대책을 논의했다. 그 노력의 결과는 1978년 말에서 1979년 초에는 서울구치소 직원공제회 결성 및 회지 발간 시도로 나타났다. 조잡스럽기는 했지만 나도 그 회지를 본 기억이 있다. 법무부 당국은 교도관들의 이러한 움직임을 싹부터 자르기 위해, 지방으로 전보를 보냈다가 마침내는 옷을 벗기고 구속까지 시켰다. 이렇게 직장에서 쫓겨난 전병용은 아주 자연스럽게 민주화운동 진영의 일원이 되었다.

직장에서 쫓겨난 전병용의 집이나 사무실은 수배자들이나 민주화 운동가들의 만남의 장소가 되었다. 이부영과 장기표가 피신 중 서로 만나는 장소 역시 전병용의 집이었다. 명예도 이름도 남김 없이, 직장을 가지고 있었을 때나 쫓겨났을 때나 궂은일을 도맡아 해 온 이가 전병용이었다. 그러다가 1986년 5·3 인천사태 이후 이부영을 숨겨 주었고, 또한 장기표가 그 집에서 체포되는 바람에 범인은닉 혐의로 쫓기는 신세가 되었다가 급기야 구속되어 재판을 받는 곤경까지 치렀다.

장기표가 민청학련과 '민중의 소리' 사건으로 계속 쫓기다가 1977년 2월 구속되었을 때 구치소의 사방 담당이 전병용이었다. 두 사람은 형식적으로는 그때 처음 만났다. 그러나 수배 기간 중 내 부탁으로 장기표는 상당한 기간을 전병용의 형네 집에 은신해 있었다. 장기표는 자신에게 말을 걸고 있는 전병용의 명찰을 유심히 보고서야 자신이 숨어 있던 집의 문패에 적혀 있던 이름과 유사하다는 것을 뒤늦게 발견했다.

박종철 사건과 전병용

1987년 1월 15일 오전, 《중앙일보》 검찰청 출입기자 신성호는 흔히 그랬듯이 출근해서 검찰 간부들의 방을 한번 휘돌다가 우연히 "경찰, 참 큰일 났어!"라고 말하는 한 간부의 소리를 들었다. 이로부터 숨 가쁘게 취재와 신문사 데스크의 피 말리는 신경전 끝에 그날 《중앙일보》 석간의 1.5판부터 2단짜리 기사 하나가 실리기 시작했다.

> "14일 상오 11시 20분쯤, 서울 남영동 치안본부 수사실에서 조사 받던 서울대생 박종철(21세, 언어학과 3년) 군이 조사 도중 갑자기 쓰러져 숨졌다. 경찰은 박 군의 사인을 쇼크사라고 발표했으나, 검찰은 박 군이 수사관의 가혹행위로 인해 숨졌을 가능성에 대해 수사 중이다."

박종철 고문치사 사건은 이렇게 시작되었다. 경찰은 어떠한 형태로든 해명하지 않을 수 없었고, 그러다 보니 "책상을 탁 치니 억하고 죽었다"는 말이 나왔다. 고문 의혹이 제기되는 것은 당연한 수순이었다. 이로부터 6월항쟁에 이르는 기간 동안 박종철 고문치사 사건은 도덕성을 상실한 전두환정권의 운명을 옥죄는 족쇄로 되어 가고 있었다.

내가 전병용에게 감옥의 이부영한테서 온 편지 3통을 받은 때는 1987년 3월 15일 무렵이었다. 전병용은 내게 그 편지를 전해 주고 난 이틀 뒤 체포되었다. 그 편지가 내게 전해진 것은 기적과도 같은 일이었다. 그 전날 나는 미국에 이민 가 있던 이영철(연세대 6·3 민주화운동 주동자)을 만나, 남부터미널 근처 유원호텔에서 함께 자고, 집에 들어가기 전 전병용에게 전화를 했다. 그때는 나도 수배 중이었다.

그 편지의 내용은 박종철 고문치사 사건의 범인과 진상이 조작되었다는 것이었다. 놀라운 내용이었으며, 상당히 구체적이었다. 나는 이 편지를 받고, 박종철 사건을 역으로 추적해, 온갖 신문과 자료를 다 찾아 발표할 문건을 작성했다. 한때는 국회에서 본회의 대정부 질의를 통해 공개하는 문제를 검토했으나, 마땅한 발언자를 찾지 못해 포기했다. 그리고 천주교정의구현전국사제단에 발표해 줄 것을 간절하게 요청했다. 물론 김수환 추기경에게도 전후사정을 알렸다. 김수환 추기경과 함세웅 신부에게 내 편지를 나른 것은 고영구 변호사의 부인, 고 황국자 여사였다.

그러나 황 여사가 여러 차례 발길을 해도 사제단이 언제 어떻게 발표할 것인지 확답을 좀처럼 받지 못했다. 그동안 나는 사제단이 발표하지 못하는 이유가 어디에서 그와 같은 정보를 입수했는지 밝힐 수 없기 때문에 그러는 것이 아닐까 생각했다. 그래서 나는 "수배 중의 김정남으로부터 입수했다"고 발표해도 좋다는 메시지를 전했다. 그래도 발표는 미적거려지고 있었다.

발표가 늦어지고 불투명했던 이유를 나는 김승훈 신부가 작고하고 난 뒤, 그가 남긴 책의 서문을 보고서야 알게 되었다. 함세웅 신부는 5월 18일 개최되는 5·18 기념미사 때, 사제단의 맏형 격인 김승훈 신부가 발표해 주기를 바랐다. 그래서 여러 차례 홍제동성당으로 김승훈 신부를 찾아갔는데, 무슨 낌새를 채셨는지 김 신부의 어머니가 그때마다 자리를 비켜 주지 않아 끝내 말을 못 하고 돌아왔다고 했다. 함세웅 신부는 초조해진 나머지, 김승훈 신부가 안 되면 전주의 문정현 신부에게 발표를 하게 할 요량으로 문정현 신부를 상경토록 조치까지 해 놓았다. 그리고 마지막으로 5월 17일, 김승훈 신부를 찾아갔다. 이날도 김승훈 신부의 어머니는 두 사람 곁을 떠나지 않았다. 그렇지만 이날은 뭔가 좀 달랐다. 함 신부가 "어머니, 가서 좀 쉬십시오"

하니까, "괜찮아, 내가 다 알고 있어. 지금 무슨 중요한 일을 계획하고 있지?" 하시며 그 전날 밤 꾼 꿈 이야기를 들려주었다. 나라에 큰 난리가 났는데 김승훈 신부는 큰 웅덩이에 빠져 있었다. 그런데 성모님께서 김 신부를 그 웅덩이에서 건져 올려 주셨다고 한다. 이런 꿈 이야기를 하시고는 자리를 피해 주시어, 비로소 하고 싶은 이야기를 나눌 수 있었다. 이렇게 해서 5월 18일 저녁, 사제단의 「박종철 군 고문치사 사건의 진상이 조작되었다」라는 성명이 발표될 수 있었다.

김승훈 신부는 내가 작성한 성명 문안의 글자 수를 하나하나 세어 그것이 3,120자라는 사실을 알았다. 정작 글을 쓴 나는 글자 수를 세어 보지는 않았다. 김승훈 신부는 명당성당의 미사에서 제대를 향해 절할 때 장백의가 머리를 덮을 정도로 엄숙하고 경건한 경배를 했으며, 떨리는 목소리로 그 성명을 읽어 나갔다. 아마도 "제 뜻대로 하지 마시고 하느님 뜻대로 하시라"는 예수 그리스도의 심정이 이와 같았을 것이다. 김승훈 신부는 모든 것을 하느님께 다 맡긴다는 심정으로 이 성명을 낭독했다.

한국의 민주화는 이들에게 빚을 지고 있다

1990년에 전병용은 죽은 김도연의 권유로 『감방별곡: 어느 민주 교도관이 본 서울구치소』(공동체)라는 책을 냈다. 이때 전병용은 박종철 사건과 관련한 이야기도 함께 발표하면 어떻겠느냐는 의견을 내

바가시 산악회 회원들과 함께(앞줄 왼쪽에서 두 번째가 전병용, 세 번째가 김정남).

게 물었다. 나는 아직은 때가 아니라, 다음에 하자고 이야기했다. 그때는 노태우정부 때라 무엇인가 불안했고, 더구나 이 사건에 관련된 교도관들, 한재동과 안유를 그 이름조차 거명해선 안 될 때였다. 그들이 아직 현직에 있었기 때문이었다.

이들의 활동이 '최종적'으로 공개된 때는 2012년 1월 14일, 박종철 제25기 추도식이었다. 이 자리에 안유, 한재동은 나왔지만 전병용은 그 자리에도 나오지 않았다. 그는 『감방별곡』을 낸 것이 자신이 후회하는 일 가운데 하나라고 말한다. 자신은 다만 맡은 일을 했을 뿐, 자신을 전혀 내세우고 싶지 않다고 했다. 그는 민주화운동과 관련한 명예회복이나 보상에도 관심이 없다. 그런 이야기가 나오면 피해 버려 민주화운동을 했다고 떠벌리고 다니는 사람을 부끄럽게 만든다. 촌철살인하는 한마디로 자신의 솔직담대한 견해를 표명하는 사람이 전병용이다. 그의 이러한 겸손하고도 확고한 의지를 꺾기에는 나도 힘이 부친다.

이제는 안유와 한재동의 행적을 밝힐 차례다. 1987년 1월 17일, 남영동 대공분실의 조한경 경위와 강진규 경사가 오리털파카를 뒤집어쓰고 영등포교도소에 들어왔다. 그들은 교도소 안에서 밤새 울거나 찬송가를 부르는 등 불안한 기색을 보였다. 며칠 후 대공분실의 간부들이 찾아와 특별면회를 신청했다. 그들은 "교도관들이 참석해서도 안 되고, 기록도 하지 말아 달라"라고 요청했다. 그러나 그것은 규정상 불가능한 일이었다. 기록을 하지 않는 대신 보안계장인 안유가 면회 과정을 지켜보게 되었다. 대공분실 수사관들이 조한경 경위와 강진규 경사에게 "당신들이 죄를 뒤집어써 주면 1억 원씩을 주고 가족생활을 보장하겠다. 또 가능한 한 빠른 시일 안에 가석방으로 꺼내 주겠다"라고 회유하는 소리를 안유는 들었다. 그들은 또 말을 듣지 않으면 밖에 나가서도 살기 힘들 것이라고 협박했다.

서울구치소 시절부터 이부영을 알게 된 안유는 조한경, 강진규에 관해 이부영이 궁금해하는 질문을 받고, 자신이 듣고 본 사실을 알려주었다. 이부영은 역시 전부터 알고 지내다 당시에는 영등포교도소에서 근무하던 한재동에게 펜과 종이를 구해 달라고 요청했다. 한재동은 근무용지를 몇 장 찢어 볼펜과 함께 이부영에게 전했고, 이부영은 안유한테서 들은 내용을 적어 내게 편지를 썼다. 그 편지를 전병용에게 전해 준 것도 한재동이었다. 한재동은 그때 영등포교도소 안에 있는 철공장에서 재소자들을 관리 · 감독하는 일을 하고 있었다. 한재동은 이부영에게 제보한 사람이 안유 보안계장일 것이라고 추측만 했다. 그 모든 것을 확실히 알게 된 것은 훨씬 뒤의 일이었다.

박종철 고문치사 사건의 진실이 밝혀지기까지에는 많은 우여와 곡절이 있었다. 안유와 한재동의 역할이 세상에 처음 알려진 것은 당시 영등포교도소에서 근무했던 현직 교도관 한용희가 쓴 『가시울타리의 증언』(멘토프레스, 2010)이라는 책을 통해서였고, 2012년 1월 14일 안유와 한재동이 제25주기 박종철 추도식에 참석함으로써 더욱 널리 세상에 알려지게 되었다.

전병용을 비롯해 몇몇 헌신적인 교도관들이 30여 년에 걸친 민주화투쟁의 과정에서 보여 준 역할은 상당한 세월이 흘러 이제야 그 윤곽의 일부가 빛 속에 드러나 우리 민주화운동사에서 빼놓을 수 없는 주요한 발자취를 남기고 있다. 그렇지만 아직도 햇빛을 보지 못한 이야기가 많이 남아 있다. 전병용이 교도관 생활 13년을 통해 듣고 보고 행한 일들의 대부분이 여전히 역사의 뒤안길에 묻혀 있는데, 그는 한사코 더 이상 입을 열려 하지 않고 있다. 그것이 한편으로는 자칭타칭으로 민주화를 먹고 사는 많은 사람들을 부끄럽게 하고 있지만, 다른 한편으로는 그가 입을 열기를 기다리는 사람들의 애를 태우고 있다. 한국의 민주화는 이들에게 커다란 빚을 지고 있다.

14

민중불교의 전법사

여익구

2012년 6월 5일, 정오 무렵 여익구(1946~2012)의 사망 소식을 들었다. 나는 대뜸 교통사고를 떠올렸다. 그가 얼마 전부터 오토바이를 즐겨 타는 것을 보고 들었기 때문이다. 그리고 그가 오토바이 타는 것을 막지 못한 것이 그렇게 후회스러울 수가 없었다. 과연 그는 교통사고로 불의의 죽음을 당했다. 결국 그는 오토바이를 타고 차안(此岸)에서 피안(彼岸)으로 건너갔다. 어쩌면 그렇게 간 것도 여익구답다는 생각이 들었다. 그러나 아무리 제행무상(諸行無常)이요, 생사가 하나라지만, 그의 죽음은 청천벽력이었다.

6월 8일, 조계사에서 있었던 노제에서 현응 스님은 그의 사망 소식을 듣고 갑자기 붉은 연꽃이 활짝 피어나 우리 앞에 나타닌 것을 느꼈다고 했다. 그러고 보면 그는 붉은 연꽃처럼 왔다가 우리 곁을 또 그렇게 떠나간 것이 아닌가 싶다. 오대산 불문에 의탁했을 때 그는 탄허 스님으로부터 '멱정(覓丁)'이라는 불명을 얻었는데, 이는 '길을 찾는 나그네'라는 뜻이다. 과연 그는 자신이 그렸던 이상사회의 길과 부처님의 가르침을 접목시키기 위해 절의 안팎에서 용맹정진했다.

그가 산문에서 내려와 죽는 날까지 한결같이 외친 것이 "민중불교를 실천하여 이 사회를 현실에서 바로 정토사회로 만들자"라는 것이었다. 현응은 멱정 여익구의 민중불교를 이렇게 요약했다.

> 민중불교는 내생을 기약하는 것이 아니라 바로 금생에 이루자는 불교다.
>
> 민중불교는 개인적 행복은 사회적 실천으로 이루어진다고 말하는 불교다.
>
> 민중불교는 추상적이고 관념적인 불교가 아니라 구체적이고 현실적인 불교다.
>
> 민중불교는 지배자나 더 강한 자, 더 있는 자를 중심으로 하지 않고, 약한 자와 부족한 민중을 존중하여 마침내 차별 없는 대동사회를 이루려는 불교다.
>
> 민중불교는 부처의 불교가 아니라 중생의 불교, 그리고 중생의 사회적 이름인 민중의 불교다. 마침내 민중불교는 중생들의 모든 고통을 종식하고 열반의 안락을 이루려는 이상사회에의 꿈이었다.

여익구.

현웅 스님은 무기력과 침체의 늪에 빠진 이 땅의 불자들을 다시 일깨우기 위해 마지막으로 홀연히 유월의 태양 아래 붉은 연꽃을 피워 우리에게 보여 주고 있다고 추모했다. 과연 우리는 6월항쟁의 그 유월에 들어와 있다.

멱정 여익구는 언제나 웃는 낯이었고, 어떤 때는 영락없는 부처님 얼굴이었다. 우리 집에 와서 함께 친구들과 술을 마실 때면 항상 먼저 졸기 시작하는데, 앉아서 조는 모습이 꼭 부처님 같았다. 내 방에도 자주 왔고, 한 달에 한두 번씩은 같이 식사를 했다. 어떤 때는 오토바이를 타고 왔다면서 가죽점퍼를 입은 채 나타나기도 했다. 선머슴 같은 모습이었다고나 할까. 그런 모습을 보고서는 차마 오토바이를 타지 말라고 말하지 못했다. 언젠가 책을 정리하다가 그가 쓴 책 몇 권이 있어 따로 모아 놓은 적이 있다. 『불교의 사회사상』(1981), 『민중불교입문』(1984), 『미륵경의 세계』(1986), 『민중불교철학』(1987) 등이 그것이다. 부디 극락왕생하기를!

대신 떠맡아 진 짐, 민청학련

여익구는 1974년 서울대생들이 중심이 되어 전국적으로 민청학련을 조직할 때 동국대학교의 책임자로 참여했다. 당시 서울에 있는 대학을 연결하는 책임은 황인성이 맡고 있었다. 여익구가 이 조직에 개입하게 된 계기와 동기는 특이하다. 이런 것을 인연이라 말하는 것인가.

용산고등학교를 나온 여익구에게 김갑헌이라는 친한 친구가 있었다. 그는 뒷날 미국의 예일 대학을 졸업하고 코네티컷 주립대학 교수를 지냈다. 매우 추웠던 1973년 12월 초 그에게서 한 통의 전화가 왔다. 서울대 황인성한테서, 내년 봄 반유신 데모를 전국에서 동시다발로 일으키려 하는데 자신더러 참여해 달라는 연락을 받았다고 했다. 그러나 자신은 영국으로 유학이 예정되어 있어서 고민이라고 했다. 그 말을 듣고 여익구는 조금의 망설임도 없이 그 자리에서 "내가 너 대신에 그 일을 맡으마"라고 단숨에 대답했다.

여익구는 그 친구에게 열등감과 함께 경외심을 갖고 있었다. 그는 일찍부터 적어도 자신보다는 민족의 역사와 조국의 현실을 더 많이 꿰뚫어 보았고, 당시의 유신체제에 대해서 비분강개하고 있었다. 박정희정권의 부도덕성과 반역사성을 비판하면서 이런 정권은 반드시 역사의 무대에서 사라져야 할 정권이라고 역설했다. 그는 머리가 뛰어날 뿐만 아니라 언제나 당당했다. 여익구는 역사의식이 투철한 그를 지켜보면서 친구로서 좋아하는 것을 넘어 일종의 경외감을 갖고 있었다. 한마디로 그는 여익구의 지침이었고, 여익구를 의식화시킨 사람이었다.

그뿐만 아니라 그의 영어 실력은 감탄할 만한 수준이었다. 제3세계의 종속이론을 영어 원서로 읽고 여익구에게 설명해 줄 정도였다. 그가 권해 준 책들은 그 모두가 여익구에게 자양분이 되었다. 여익구가 대학에서 역사학을 공부하게 된 것도 그 친구 덕분이었다. 그런 그가 학생 데모와 관련해서 상처를 입고 날개를 펴지 못한다면, 그것이야말로 나라를 위해 큰 손실이 될 것 같았다. 그는 워낙 탁월했기 때문에 여익구는 그보다는 자신이 그 짐을 떠맡아 지는 것이 조국과 민족에 도움이 되고, 또 마땅하다는 생각이 들었다. 물론 데모를 하면 자신의 미래가 어떻게 되는 것인지 딱히 헤아리지는 못했지만, 막연히 몇 년 정도 감옥에 가야 한다는 정도는 알고 있었다. 젊었던 탓인지 그 정도는 감내할 수 있다는 생각이 들었다.

여익구의 이런 생각이 위선적인 자기최면이라고 할 수도 있다. 실제로 이러한 자기최면은 몇 개월 뒤 드러났다. 여익구는 그 차디찬 유치장 안에서 육체적 고통을 잊은 채 "이제야 그를 따라잡았다. 아니 이겼다"는 느낌이 들었다. 그보다 늘 뒤처진다고 느끼던 콤플렉스에서도 벗어날 수 있었다. 그리고 "아, 이것이 내 행위의 동기였고, 목적이었던가"라고 되묻게 되었다.

이렇게 그는 민주화운동에 뛰어들게 되지만, 여익구가 남다른 점은 그만이 알고 있는 그런 내면을 세상에 대고 고백할 수 있다는 것이다. 이것이 멱정 여익구의 매력이다. 아주 공교롭게도 이 무렵 여익구의 형은 치안본부에서 근무하는 경찰관이었다. 여익구가 긴급조치 4호 위반자로 수배되었을 때 그의 형은 동생을 잡으러 다녀야 할 처지에 놓였다. 서로 다른 입장에 있는 두 아들 사이에서 그 어머니가 느낀 고통은 이루 다 표현할 수 없는 일이었을 것이다.

결국 여익구가 검거되어 감옥에 들어갔을 때 형은 사표를 쓰고 경찰복을 벗어야 했다. 그러다 보니 여익구의 형수는 시동생을 영 달가워하지 않았다. 형제 사이의 관계도 상당 기간 소원해졌다. 그러다가 민청학련 사건의 재심에서 무죄를 선고받고, 국가로부터 그 형도 일정한 보상을 받게 되면서 시국이 갈라놓았던 형제간의 관계도 복원되었다. 상례기간 중 그 형과 형수는 아픈 몸을 이끌고 끝까지 그 절차를 지켜 냈다.

'석방 5분 전과 5분 후'의 화두와 출가

여익구가 어느 잡지와 한 인터뷰에서 그가 민청학련 사건으로 징역을 살다가 나오는 과정을 설명하는 대목은 매우 재미있고, 또한 그의 매력과 함께 그 진면목을 헤아릴 수 있는 자료라고 생각되어 여기 그대로 전문을 싣는다.

"1975년 2월 15일 저녁이었습니다. 평소 그랬듯이 저녁을 먹고 잠잘 준비를 하고 있는데, 갑자기 교도관이 문을 열더니 '짐 싸들고 나오라'고 하더군요. 무슨 영문인지도 모르고 짐을 싸고 있는데, 눈치 빠른 감방 동료들이 석방되는 것이라며 축하한다고 그러는 거예요. 민청학련 사건 관계자들이 모두 다 그랬듯이 나도 근 1년간 면회 한 번 못 해서 가족의 근황을 비롯해서 바깥소식을 알 수가 없었기 때문에 내가 왜 갑자기 석방이 되는지 짐작조차 하지 못했습니다. 하여간 짐을 싸 들고 감옥의 한 사무실로 안내되었는데, 모르는 기관원이 내게 오더니 흰 종이를 내밀며 반성문을 쓰라고 하는 겁니다. 그래서 대뜸 '무엇을 반성하느냐'고 했더니 '대통령의 2·15 특별조치로 사면이 되어 석방되는 것이니 대통령에게 감사하면서 앞으로 다시는 이런 따위의 반정부 데모를 하지 않겠다는 서약을 하라'는 것이었습니다.

나는 싼 짐을 다시 둘러메고 감방 문을 향하면서 '그런 따위의 글을 쓰지 않겠다'고 했지요. 그랬더니 그가 '너는 참으로 멍청한 놈이다. 이것은 단지 석방을 위한 요식행위다. 심각할 이유가 하나도 없다. 나가서 다시 네 마음대로 하는 것은 너에게 달려 있다'며 바보 취급을 하더군요. 순간 울컥하면서 눈물이 앞을 가리면서 어머님 얼굴이 떠올랐습니다. 경찰과 빨갱이를 동시에 아들로 둔 어머니, 형과 동생 사이에서 얼마나 괴로우셨을까. 형님이 경찰 옷을 벗었다는 소식을 교도관으로부터 들었는데, 갓 결혼한 형수는 얼마나 나를 원망할까 하는 상념들이 스치고 지나갔지요.

나는 어기적거리고 다시 돌아와서 책상 앞에 앉아 '석방시켜 주시는 대통령의 은혜를 깊이 감사드리며 앞으로는 공부를 열심히 하겠다'는 내용의 각서를 썼습니다. 그는 각서 내용을 지긋이 보더니 '좋아, 나가!'라고 하더군요. 나는 짐을 지고, 승리의 출옥이지만 패배자가 된 심정으로 감옥 문을 나섰습니다.

그런데 감옥 문을 나가자마자 나는 깜짝 놀라고 말았습니다. 내 앞을 가로막은 것은 눈부신 조명의 TV 카메라와 마이크였습니다. 내 가족보다도 먼저 기자들이 내 앞을 가로막고 '앞으로 어떻게 할 거냐'며 소신을 물었습니다. 나는 '앞으로 소신껏 민주화운동을 해 나가겠다'라고 당당히 말했지요.

순간, 나 자신도 놀랐습니다. 석방되기 5분 전 각서를 쓰고 나온 내가 석방 5분 뒤, 기자들 앞에서는 만천하에 기염을 터뜨리고 있는 것이었습니다. 컴컴한 방에서의 진실과 조명을 받은 소신 사이에 과연 '나의 진실은 무엇일까?'라는 의문에 휩싸이고 말았습니다. 결국 이 의문은 나를 괴롭히기도 하고 성장시키기도 하는 제 삶 전체의 화두가 되었습니다."

이 '석방 5분 전과 석방 5분 후'의 화두를 얻은 뒤부터 그는 언론을 기피하게 되었고, 웃음을 잃었으며, 석방의 괴로움 속에서 나날을 보냈다. 그 무렵부터 출가(出家)를 꿈꾸기 시작했다. 출가만이 자신의 이중성을 해결할 수 있을 것 같은 막연한 기대가 움트기 시작했다. 그때

출가 시절의 모습.

부터 중이 되기 위한 수순을 밟기 시작한다. 소위 도를 닦는다는 사람들을 찾아다녔다. 당대 고승을 찾아 고민을 털어놓았고, 지리산에 숨어서 도를 닦는다는 은둔자도 만났고, 영축산과 속리산을 헤매며 숨은 도인들을 만나 보려고 노력했다.

그러나 실망만 했다. 그들의 영적 깊이야 헤아릴 길이 없었지만, 놀랍게도 그들의 역사의식이 너무 형편없다는 것만은 분명하게 알 수 있었다. "나는 무엇이고 누구이며, 어디에서 왔고 어디로 가느냐"와 같은 질문에만 매달릴 뿐, 이웃의 고통에 대해, 억압과 가난과 착취에 대한 사회적, 역사적 질문에 대해서는 답을 모르거나 일부러 외면하는 것 같은 느낌을 받았다.

그래서 결국 '나란 무엇인가 하는 본질적 의문'과 '어둠과 더불어 고통을 나누는 사회역사적 의문'을 동시에 해결할 수는 없을까 하는 고뇌에 휩싸이기 시작했다. 내 안의 이중성에 대한 고뇌까지 해결할 수 있는 길을 모색하지 않을 수 없었다. 결국 출가의 길 말고는 다른 길이 없어 보였고, 그래서 결국 석방되던 해 초겨울에 집을 나와 입산 출가를 하기에 이른다.

그의 고백에 의하면, 그는 5년 동안의 수도생활을 통해 자신이 가지고 있던 의문과 화두를 풀지 못했다. 그러나 그는 인생의 화두를 깨치지 못하고 고민하면서 살고 있는 것이 부처님의 가피라는 생각을 가지게 되었다. 그것은 그에게 자신이 아직 해야 할 일이 남아 있다는 생각을 일깨웠다.

민중불교운동을 일으키다

민중불교운동이 일어나기 시작한 것은 1970년대 중반, 여익구 등이 민청학련 사건으로 구속되었다가 석방된 뒤부터였다. 여익구와 《동아일보》에서 해직된 고준환(뒤에 대학 교수가 되었다), 그리고 황석영과 일부 대학생불교연합회 회원들이 주축이 되어 '민중불교회'가 조직되었다. 아직은 비록 낮은 수준의 문제 제기에 그치긴 했지만, 유신 정권의 철권 아래 신음하는 민중의 아픔에 동참키로 결의하고, 불교의 민중화를 시도하고 나섰다.

그러나 민중불교운동은 처음부터 험난했다. 불교계 안의 호응은 여전히 냉담한 데다가, 중앙정보부를 비롯한 당국이 민감한 반응을 보였다. 중앙정보부는 이들을 엮어 새로운 사건을 조작하려 하기도 했다. 이때 여익구, 전재성, 최연 등이 잇달아 잡혀갔고, 탄허, 고은, 고준환과 황석영 등이 참고인으로 조사를 받았다. 이 사건은 결국 여익구와 전재성이 구속되었다가 3개월 뒤 기소유예로 풀려나면서 일단락되었다. 자칫 제2의 민청학련 사건이 될 뻔했다.

불교계 내부의 호응, 특히 승려들의 내응이 없었던 것이 민중불교운동이 확산하는 데에 최대의 장애였다. 그러나 1980년 10월의 법난이 이 문제를 해결해 준다. 1980년 10월 27일 새벽, 전두환을 정점으로 한 신군부 세력은 "분규만을 일삼는 조계종단은 더 이상 자체 정화의 능력이 없으므로 부득이 타력으로나마 정화하지 않을 수 없다"라는 구실로, 불교종단의 주요 간부를 강제연행한 뒤 구속한 것이다. 이때 승려 18명이 구속되고, 32명은 강제로 승적을 박탈당했다.

1981년 가을부터는 여래사(如來使)운동이 제창되었다. 최연은 이 운동을 다음과 같이 설명한다. "하화중생의 구체적인 방법론의 모색과 그 실제 적용을 위해 사회와 민중에 대한 적극적인 관심을 함께 엮어 명실공히 젊은 불자들의 전열을 정비해야만 한다. 이렇게 만난 동지들을 여래사라 하며, 여래사들의 이러한 노력을 '여래사운동'이라 한다." 그러나 이 운동은 1982년 초에 불교사회주의운동으로 규정되어 호된 서리를 맞는다.

그러나 단입은 더욱 끈질기고 새로운 노선을 낳기 마련이다. 1981

년 성문, 돈연 등 스님이 중심이 되어 중앙승가대학의 분위기를 일신하는 한편, 대학생불교연합 전국법사단을 구성해 전열을 가다듬는다. 그리하여 1983년 봄 승가대회를 시작으로 그해 9월에는 부산 범어사에서 '전국청년불교도연합대회'를 개최해 불교운동의 조직적인 모습을 세상에 드러냈다. 이어서 개혁을 위한 비상종단을 꾸린다. 그러나 그 꿈은 1년 만에 좌절되었다. 이런 숱한 우여곡절 끝에 1985년 5월 4일, 마침내 민중불교운동연합(민불련)이 창립된다. 민불련은 창립선언문에서 "반민중적 권력집단이 자행하는 폭력과 비민주적 제도는 철폐되어야 한다"면서 "중단 없는 투쟁을 지속하여 불교의 민중화를 이룩할 것"을 다짐했다. 이때 최초의 임원으로 의장에는 여익구, 부의장에는 박지관, 김래동, 집행위원장에는 서동석, 기획위원장에 현기가 선임되었다. 그리고 기관지로《민중법당》이 발행되었다.

민불련의 창립과 활발한 활동은 불교계뿐만 아니라 민주화 진영의 운동력을 크게 향상시켰다. 1986년에는 민불련에 힘입어 독자적인 승가조직이 결성되고, 5월 9일에는 스님 152명이 서명한 「민주화는 정토의 구현」이라는 제목의 시국성명이 발표되었다. 9월 7일에는 해인사에서 '9·7 해인사 승려대회'를 개최했다. 해인사 대회는 그동안 축적된 민중불교운동의 성과물이며 동시에 불교 대중이 전면적으로 민주화투쟁에 나서는 기폭제가 되었다.

박종철 고문치사 사건이 터졌을 때는 박종철이 살해당한 지 49일되는 날을 맞아 한국 민주화운동 최초로 불교의 천도의식인 49재가 국민적 의례로 치러졌다. 이후 불의로 죽은 이들은 마땅히 49재를 봉행하는 것이 관례가 되었다. 이는 박종철의 부모가 독실한 불교신자였던 것과도 무관치 않지만, 어쨌든 박종철의 죽음은 불교의례를 민중의례로 정착시킨 '순교'가 된 셈이다. 이와 같이 급성장한 불교계의 민주화운동은 1987년 6월의 민주화투쟁에서 중요한 일익을 담당한다. '민주헌법쟁취 불교운동본부'가 결성되어 공동투쟁의 모범을 보인 것이다.

여익구는《민중법당》창간사에서 "우리가 도도한 역사의 흐름 속에서 공간적 확산과 시간적 전진을 계속해서 인내와 끈기를 갖고 나갈 때 민중불교운동은 이 나라 불교를 새롭게 혁신시킬 것이며, 역사 발전의 원동력을 이룰 것"이라고 했다. 과연 그의 말대로 그가 지핀 민중불교운동의 불씨는 시간적 · 공간적으로 심화되고 확대되어 왔다. 민불련 창립준비는 어두운 밤, 인왕산 기슭 어느 천막 안에서 이루어졌으니, 그 시작은 미미했으나 그 앞날은 실로 장대했다고 하겠다.

중생이 아프니 부처도 아프다

여익구는 비록 옷을 벗고 환속했지만, 그는 불교를 떼어 놓고 생각할 수 없는 사람이었다. 그는 주변 사람들에게 "세속에 있어도 늘 수행자처럼 사는 이"로 비쳤고, 실제로 승(僧)과 속(俗)을 아우르며 사는 사람이었다. 특히 그는 만년에 술과 담배를 멀리했고, 마침내는 육식도 끊었다. 집에서 가든파티를 할 때, 사신이 고기를 구워 대접하면서도 자신은 고기를 먹지 않았다.

그와 불교의 인연은 태어나면서부터 시작된다. 어머니가 독실한 불교신자였기 때문이다. 군대에 갔을 때 맹호부대로 월남전에 참전하게 됐는데, 당시 베트남 승려들이 독재정권과 그 독재정권을 지원하는 미국에 맞서 분신도 마다 않고 조국과 민족을 위해 투쟁하는 모습을 보고 크게 감명을 받았다. 이 때문에 그는 한국 불교가 국가와 민족 앞에서 할 수 있는 일이 무엇인지를 놓고 고뇌하게 된다. 또한 현실을 떠난 공허한 종교, 침묵하는 불교가 아니라 삶 자체가 불교이고, 생활불교로서 현실에 발을 담그고 끊임없이 참여하는 것이 올바른 불교인의 태도라고 생각하게 됐다.

월남에서 돌아와서는 불교학생회 활동을 하면서 만해 한용운의 『조선불교유신론』을 읽고 크게 감동을 받았다. 특히 만해의 '생활불교'라는 말에 깊이 공감하면서 그 영향을 받았다. 그의 민중불교운동에는 항상 만해의 사상이 가장 큰 지표가 되었다. 아마도 감옥에서부터였겠지만, 그는 만해의 〈눈오는 밤(雪夜)〉이라는 시를 좋아했다.

四山圍獄雪如海　사산위옥설여해
鐵窓猶有鎖不得　철창유유쇄부득
衾寒如鐵夢如灰　금한여철몽여회
夜聞鍾聲何處來　야문종성하처래

무쇠처럼 찬 이불 속에서 재가 되는 꿈을 꾸네

감옥 둘레 사방은 산뿐인데 눈은 바다처럼 쌓이고

철창은 도대체 풀릴 기미가 없는데

깊은 밤 어디서 종소리는 들려오는지

여익구는 자신의 승려 생활 이야기를 그렇게 많이 하지는 않았다. 절집의 밥 먹고 사는 이야기, 곡차 이야기 등은 간혹 들을 수 있었지만 그의 수행과정을 자세히 듣지는 못했다. 그가 탄허 스님을 모셨다는 걸 모르는 사람이 없지만, 탄허 스님과의 이러저러한 에피소드를 자세히 들려주지는 않았다. 대학교 불교학생회 후배들이 월정사로 불적답사를 갔을 때 탄허 스님이 여익구를 한국에서 유명한 네모내장이라고 소개하면서 여익구를 상좌로 둔 것을 자랑스러워하는 듯했다는 이야기도 최근에야 들었다.

여익구가 부인 공화춘 여사를 만난 것이 그의 출가 때였고, 그런저런 인연으로 결혼식을 올린 이야기는 지금도 많은 사람에게 회자되고 있다. 1980년 조계사에서 탄허 스님을 주례로 결혼식을 올리기로 했는데, 전두환의 5 · 17 쿠데타로 여익구가 한밤중에 끌려가는 바람에 신부 혼자 결혼식을 올렸다. 물론 뒷날, 역시 탄허 스님의 주례로 두 사람이 함께, 결혼식을 다시 올리기는 했지만…….

1985년 5 · 3 인천사태 때 민불련은 '민주화추진 인천시민대회'에 주도 단체 중 하나로 참여했고, 이때 행한 여익구의 사자후는 많은 사람들의 뇌리 속에 남아 있다. 그때 이부영 등의 은신처를 마련하느라 바빴는데, 그 역시 쫓기고 있다는 이야기를 듣고 우연(고영구)과 함께

여익구의 사면 및 복권을 축하하는 자리에서.

그의 안부를 걱정했던 기억이 지금도 내게 남아 있다. 1987년, 대우조선 이석규 사건 때는 쫓기는 이소선 여사를 그가 거두어 숨긴 일도 잊히지 않는 이야기다.

여익구가 민중불교운동을 생각한 때는 1974년 구속되어 감옥에 있을 무렵이었다. 그 감옥에서는 개신교 계통에서 들어오는 영치금이 구속된 학생들에게 골고루 전달되었다. 불자인 여익구가 그것을 보고 그렇게 부끄러워했던 것은 아주 당연한 일이었다. 게다가 불교계가 아직도 깊은 잠에 빠져 있다는 자괴감이 그를 괴롭혔다. 1985년 민불련을 창립할 때, 경찰의 원천봉쇄를 무릅쓰고 창립식 장소를 바꾸어 광화문 교보빌딩 뒤 어느 식당에서 경찰과 대치한 상태에서 기어코 창립식을 마친 일도 여익구의 이런 오랜 집념이 만들어 낸 것이다.

만년에 여익구는 그의 동료 후배들과 함께 민불재단을 만들어 어렵게 사는 민불련 식구들도 장학사업으로 도와주고, 청년포교사업도 벌이고 싶어 했다. 그리고 가난한 불자들을 대상으로 하는 서민금융을 창립하는 것도 자신의 숙제로 생각하고 있었다. 정수일 선생이 세운 한국문명교류연구소를 후원하는 데에도 자기 것을 아끼지 않았다. 이 모든 것이, "중생이 아프면 부처도 아프다"는 유마거사(維摩居士)의 말을 상기하게 한다. 실제로 그는 곧잘 유마거사와 빗대지기도 했다.

15

가장 온순한 인간에서 가장 열렬한 투사로

김도연

우리들의 1970년대와 80년대는 가장 온순한 인간들 중에서 가장 열렬한 투사를 만들어 내는 부정한 시기였다고 말한 것이 누구였던가. 모순투성이였기 때문에 더욱더 내 나라를 사랑할 수밖에 없었던 시대가 바로 그때였다. 김도연(1952~93)이야말로 가장 온순했던 인간을 가장 열렬한 투사로 만든 그 시대의 산물이요, 전형이었다.

김도연은 착하고 온순한 사람들이 흔히 모두 그렇듯이 1970년대 초 그 격동의 시절을, 비록 고뇌는 많았지만, 대학 4학년까지 아무 탈 없이 잘 견뎌 냈다. 그는 일찍부터 문학에 소양이 있던 문학청년이었고, 장래희망은 대학교수나 언론인이었다. 1년만 잘 넘기면 대학을 무사히 졸업할 수 있다는 유혹의 손길이 그의 눈앞에 어른거리고 있던

1975년 4월 11일, 서울대학교 농대 학생 김상진의 죽음은 그의 인생 항로를 완전히 바꾸어 놓았다.

> "더 이상 우리는 어떻게 참을 수 있으며, 더 이상 우리는 그들에게서 무엇을 바랄 수 있겠는가.…… 학우여! 아는가! 민주주의는 지식의 산물이 아니라 투쟁의 결과라는 것을. 금일 우리는 어제를 통탄하기 전에 치밀한 이성과 신념으로, 불퇴진의 결의로 진격하자. 민족사의 새날은 밝아 오고 있다.…… 저 지하에선 내 영혼에 눈이 뜨여 만족스런 웃음 속에 여러분의 진격을 지켜보리라"(김상진은 이 양심선언을 읽으면서 할복했다).

침묵하는 자여, 심판 받으리라. 지하에서 지켜보겠다는 김상진의 유언은 그를 더 이상 침묵 속의 방관자로 놓아두지 않았다. 김도연은 더 이상 도저히 방관자가 될 수 없어, 이른바 '오둘둘(5·22) 사건'에 가담하게 된다. 그것은 그해 5월에 긴급조치 9호가 공포된 뒤 일어난 최초의 대사건이었다. 허를 찔린 유신정권은 이 사건을 기화로 서울대학교 총장과 치안본부장을 경질시켰다. 그만큼 그들에게는 치명적인 사건이었다.

1975년 5월 22일 낮, 느닷없는 꽹과리 소리에 서울대학교 관악캠퍼스 중앙도서관 앞은 곧바로 아수라장이 되었다. 구겨진 플래카드를 뺏으려고, 또 뺏기지 않으려고 계단과 잔디밭을 오락가락하며 경찰과 학생 사이에 한바탕 숨바꼭질이 벌어졌다. 그러나 '모여라' 하는 고함

바가시 산악회 회원들과 함께(오른쪽부터 김도연, 진병용, 정태기, 김정남).

을 지르며 순식간에 1천여 명의 학생들이 모여들었고, 모여든 그 힘으로 김상진의 장례식은 예정대로 치러졌다. 제문, 조시, 조사, 선언문까지 예정된 절차가 진행될 수 있었다. 그때 집회의 사회를 맡은 이가 김도연이었다.

김도연은 이 사건으로 구속되어 1심에서 7년 구형에 4년형을, 2심에서 2년 6월의 실형을 선고받아 2년 2개월을 감옥에서 복역했다. 그는 이 사건의 주모자는 아니었지만, 사회를 맡아 본 드러난 증거 때문에 관련자 중 최고의 형량을 선고받았다. 그의 감옥 생활은 그의 인생 항로를 돌이킬 수 없이 바꾸어 놓았다. 감옥에서 그는 뒷날 죽는 날까지 정치적 동지가 되었던 선배 이부영을 만났다.

감옥에서 나온 김도연은 이제 민중을 위해, 그리고 약자들 편에 서서 살아가기로 결심한다. 유신체제가 끝장난 뒤인 1980년 3월에 복학해 5~6년이나 어린 학생들과 어울리면서도, 오히려 자신의 뒤처진 처지를 감사하게 생각했다. 1970년 상황이 그토록 심각하지 않았던들 이 땅의 현실에 어찌 눈을 떴을 것인가. 그렇지 않았더라면 자신은 아마도 천박한 출세욕이나 꿈꾸고 착각 속에 머물러 있을 것이라고 생각했다.

1980년대 내내 그는 민주화운동에 헌신적으로 투신했다. 그는 민주청년연합(민청련), 민주민중운동협의회(민민협), 민주통일민중운동연합(민통련), 민중문화운동협의회(민문협), 전국민족민주운동연합(전민련) 등에서 창립 멤버 내지 중견간부로 활동하면서 그들 단체의 살림살이를 도맡아 하거나, 성명서 등 크고 작은 문건을 기초했다. 1990년대 들어서는 재야 세력의 정치세력화를 모색하기 시작했다. 1990년 3월 전민련에서 격렬한 논쟁 끝에 정치세력화 결의안이 부결되자 이부영과 함께 전민련을 탈퇴해 민주연합추진회의(민연추)를 결성했다. 이어 통합수권정당추진회의(통추회의), 새정치와 개혁을 위한 민주연합을 거쳐 민주당에 입당해 정치인의 길을 걸어 나갔다. 이후 그는 민주당의 중앙당 기획조정실장 겸 인천 북구(갑) 지구당 위원장, 중앙당 기관지《민주광장》의 주간 등을 지냈다. 그러다가 1993년 교통사고로 41살의 짧은 생을 마감했다.

장르 논쟁을 일으킨 문학평론가

시대가 그를 투사로 만들지 않았더라면 그는 필경 문학인의 길을 걸었을 것이다. 그는 이미 초등학교 때 백일장에 나가 상을 탄 것이 여러 번이었고, 고등학교 2학년 겨울방학 때는 하루에 한 권씩 세계문학전집을 섭렵하느라 밤을 지새우는 날이 많았다. 재수 끝에 1972년 서울대학교 문리대 국문학과에 입학하고, 2학년 때에 문리대 문학회에 가입해, 세칭 '학림문화권'의 일원이 되었다. 3학년 때 그는 문리대 문학회 회장이 되었다.

문우(文友)였던 황지우는 그의 〈활엽수림에서〉라는 시에서 당시를 이렇게 묘사했다.

> "1973년…… 동숭동 개나리꽃 소주병에 꽂고 우리의 위도(緯度) 위로 봄이 후딱 지나간 것을 추도하다…… 홍표, 성복이, 석희, 도연이, 정환이, 철이, 형준이, 성인이와 놀다. 그들과 함께 스메타나 몰디우강 쏟아지는 학림다방 목 계단에 오줌을 갈기거나 지나가는 버스 세워놓고 욕지거리, 감자 먹이기 등 발광을 하다. 발정기, 그 긴 여름이 가다……"

김도연은 황지우, 김정환, 이성복 등과 함께 일찍부터 문리대 문학을 이끌어 왔던 리더였다. 1981년, 동인지 《시와 경제》에 문학평론으로 참여함으로써 문단에 데뷔했다. 이후 그는 그 바쁜 와중에서도 문학평론 활동을 활발히 펼쳐 나갔다. 그는 송기숙, 현기영, 김명수 등에 대한 작가론을 썼으며, 낭송론, 1980년대 문학운동의 방향, 노동문학의 가능성, 과학시대 문학의 역할 등의 논문을 썼다. 그는 또 1980년대 문학운동의 대표적인 이론가이기도 했다. 그의 글 가운데서 학계와 문단에서 크게 파문을 일으킨 글이 1984년에 쓴 「장르확산을 위하여」였다.

그는 1980년대 문학 풍토의 변화를 누구보다 빨리 읽었다. 1980년대 들어와 새롭게 등장한 매체가 무크(Mook)였다. 잡지와 단행본의 절충 형태로 부정기 간행물의 범주에 속하는 무크는 1980년대의 대표적인 매체였다. 이는 군부정권이 《창작과비평》과 《문학과지성》을 폐간시킨 그 공백을 메우는 매체라는 측면도 있지만, 그보다는 밑에서 올라오는 민중의 문화적 욕구가 무크라는 새로운 매체를 만들어 냈다고 볼 수 있다.

무크는 이제 문단에 등단하는 등용문의 역할까지 담당했다. 무크적 성격의 동인지도 무수하게 탄생했다. 이들은 기성 문단의 흐름과 관계없이 자기 나름대로 독자적인 목소리를 구축해 나갔다. 지방에서도 무크 형태의 동인지가 여러 개나 나왔다. 이렇게 1980년대는 문학 담당층이 확산되고 있었다. 이런 점에서 1980년대는 질풍노도의 시대였다.

이러한 변화는 문학 개념 자체를 수정하라고 요구하기에 이르렀다. 운동성을 강조하는 실천문학, 현장성을 반영하는 생활문학론이 대두되었다. 이 무렵 매체의 다양성과 함께 르포와 수기가 생활문학으로 새롭게 떠오르기 시작했다. 석정남의 「불타는 눈물」, 유동우의 「어느 돌멩이의 외침」, 야학 노동자의 글을 모은 『비바람 속에 피어난 꽃』, 송효순의 「서울로 가는 길」, 나보순 등의 『우리들 가진 것 비록 적어도』 등은 그 대표적인 것들이었다.

그 밖에도 민담, 재담, 속담, 수수께끼, 노래 가사 바꿔 부르기, 유언비어, 벽시, 벽소설 등 생활감정을 반영하는 민중 차원의 장르가 무수히 나타나고 있었다. 그뿐만 아니라 민주화투쟁과 민중문화운동 과정에서 수많은 호소문, 진정서, 선언문, 성명서 등도 하나의 장르를 형성하고 있었다.

이러한 민중적인 문화를 성찰하면서 김도연은 문제의 논문 「장르 확산을 위하여」를 통해, 시, 소설, 희곡, 수필 등 전통 장르보다 르포, 수기, 일기, 자서전, 진정서, 성명서 등 그동안 열등하고 비문학적이라고 여겨져 온 주변 장르들에 더 큰 중요성을 부여해야 한다고 주장했다. "문학에 있어서 일상성과 운동성을 확보하는 일이야말로 1980년대 민중문학이 완수할 과제다"라는 취지의 이 글은 그 후 진보적 문학계를 뒤흔든 이른바 '장르 논쟁'의 시발점이 되었다.

낭송론에서는 "낭송을 통해 시는 시인의 것만이 아닌, 낭송자의 것, 나아가서는 민족 공유의 것으로 된다. 훌륭한 시인을 둔 것이 독자의 영광이 아니라 훌륭한 낭송자가 있는 것이 시인의 영광이 될 수 있다"라고 했다.

'보도지침' 폭로의 숨은 주역

김도연을 이야기할 때 빼놓을 수 없는 것이 저 유명한 '보도지침' 사건이다. 김도연은 1985년 해직기자들의 모임인 민주언론운동협의회(민언협)에 출판계 대표(그는 '공동체'라는 출판사를 운영하고 있었다)로 참여하여 실행위원으로 선임되었고, 곧이어 민언협 기관지《말》의 초대 편집국장을 맡아 실무를 총괄했다. 이 잡지는 운동권 기관지들 가운데 내용과 형식에서 두루 대중성을 획득한 성공적인 매체로 호평을 받았다.

김도연은 이 잡지를 만들면서 실제로 언론 현장에서 어떤 일이 일어나고 있는지를 알기 위해 그의 대학 친구로《한국일보》기자였던 김주언을 찾아가 정보를 얻고자 했다. 그 과정에서 김도연은 전두환 정권이 당시 언론을 통제할 목적으로 매일매일 내려 보내는 '홍보조정지침(보도지침)'이 있다는 사실을 알게 되었다.《한국일보》편집국에 철해져 있던 보도지침이 조심스럽게《말》에 넘겨졌다. 민언협 제2대 사무차장 이석원과 김도연, 김주언은 모두 다 서울대학교 72학번으로, 보도지침의 폭로는 이들 세 사람에 의해 이렇게 일찍부터 준비되고 있었다.

1986년 여름, 민언협 사무국장 김태홍이 나를 찾아와 보도지침과 관련한 저간의 사정과 경과를 들려주면서, 보도지침의 공개 문제를 상의했다. 공개할 때, 무엇보다 보도지침 자료를 건네준 김주언을 어떻게 보호해 줄 수 있을까 하는 것이 가장 중요한 문제였다. 그리고 보도지침을《말》의 별책부록 형태로 대량으로 찍어 살포하는 것이 중요한데, 그 비용도 문제였다. 나는 천주교정의구현전국사제단 측과 상의해, 김주언이 양심선언과 함께 보도지침을 사제단에 전달한 것으로 틀을 짜고 입을 맞추었다. 그에 따라 사제단이 민언협과 공동으로 기자회견을 통해 보도지침을 폭로하기로 했고, 실제로 또 그렇게 했다. 기자회견 성명은 내가 썼다. 제목을《말》특집호로 하고 부제(副題)를 '보도지침—권력과 언론의 유도, 권력이 언론에 보내는 비밀통신문'으로 해서 나온《보도지침》간행비의 상당 부분은 사제단이 제공했다. 이미 앞서 김주언은 사제단 앞으로 간단한 내용의 양심선언을 써서 맡겼다. 사제단은 제공자의 이름은 절대로 밝힐 수 없다고 비티기로 했다. 어떠한 일이 있어도 김주언은 철저하게 보호되어야 한다는 것이 모두의 판단이었다.

이렇게 해서 1986년 9월 9일 명동성당 소강당(사도회관)에서 사제단 신부들과 민언협 간부들에 의해 보도지침이 세상에 공개되었다. 하지만 모든 것을 책임지기로 한 김태홍이 체포되면서, 제공자가 김주언이라는 사실은 매우 쉽게 밝혀지고 말았다. 이리하여 신홍범과 김주언도 뒤따라 구속되었다. 이렇게 김주언이 구속된 이상, 김주언의 입을 통해 보도지침의 공개를 결심하게 된 이유를 밝히는 일이 중요하다고 나는 생각했다. 자신에게 닥쳐올 위험을 무릅쓰고 보도지침을 건네준 김주언의 용기를 세상에 알려야 했다.

나는 김주언이 어떠한 형태로든 자신이 왜 보도지침을 빼돌릴 수밖에 없는지를 설명해야 한다고 생각했다. 기왕에 사제단에 맡긴 양심선언을 다시 쓸 필요가 있었다. 김주언을 보호하기 위해 작성된 앞서의 양심선언은 이제 쓸모가 없게 되었기 때문이다. 이리하여 나는 내 자신이 김주언이 되어 이른바 김주언의 양심선언을 쓰게 되었다. 나는 이것을 비밀통로로 감옥의 김주언에게 보여 주었고, 만약의 사태 또는 적절한 시기에 발표하겠다는 뜻을 전했다. 이 양심선언에는 당시의 언론 상황에 대한 시대의 증언이 들어 있으며, 보도지침을 세상에 공개할 수밖에 없었던 한 언론인의 양심고백이 담겨 있다.

이렇게 해서 "지난 9월 초순 민주언론협의회와 천주교정의구현전국사제단이 이른바 '보도지침'의 구체적 자료를 공개한 이래 나는 시시각각으로 내게 다가오는 신변에의 위협을 절감하고 있다"로 시작하는 김주언의 양심선언이 작성되었다. 이 글은 두레출판사에서 발간한 『보도지침』이라는 책에 수록되어 있다.

내가 김도연을 처음 만난 것은 1980년대 초, 그가 이부영과 함께 재야 민주화투쟁 단체를 만들 무렵이 아니었나 싶다. 그 단체의 기관지 《민중의 소리》 창간호에 내가 창간사를 썼던 기억이 있다. 김도연은 늘 얼굴에 소박한 웃음을 띠면서 뒷전에 있었다. 반갑다는 마음도 그는 씩 웃는 것으로 표현하길 잘했다. 1986년 말에 나는 이부영을 범인은닉했다는 이유로, 그는 민통련의 간부로 지명수배되어 도피다니던 때 여기저기서 함께 보낸 일도 있었고, 도봉산에 함께 오른 적도 있었다. 눈이 쌓인 도봉산에 올랐다가 하산하면서 우리는 우리의 사진이 붙여진 수배벽보를 보고 다 같이 찔끔했다. 그는 언제나 조용했으나, 꼭 있어야 할 데 있었고 그 자리에서 꼭 해야 할 일을 묵묵히 해냈던 사람이다. 시대가 그의 운명을 바꾸어 놓은 데다가, 그는 너무 빨리, 너무 쉽게, 너무 어이없이 갔다. 그가 만약 살아 있다면, 적어도 세상은 조금은 더 따뜻하리라는 생각을 나는 가끔 한다. 그의 웃는 모습이 지금도 그립다.

16

맑은 영혼

홍성엽

홍성엽 군과 윤정민 양이 여러 어른과 친지를 모시고
혼례를 올리게 됨을 알려 드립니다.
즐거운 자리에 함께해 주시면 고맙겠습니다.
1979년 11월 24일 오후 5시 30분
YWCA 1층 강당(명동성당 앞)

명함 크기만 한 청첩장은 차라리 전단이었다. 정중한 청첩장의 형태로 앞앞이 배달된 것이 아니라 손에서 손으로 전달되었다. 이 전단을 전하는 사람들은 "부조금을 꼭 가지고 오십시오," "시골에서 올라오는 동동주로 준비된 피로연도 있습니다"라는 말도 잊지 않았다. 신랑 쪽의 접수대는 최열이, 신부 쪽은 강구철이 맡아, 들어오는 하객을 맞이했다. 신랑 홍성엽도 흰 장갑에 가슴에는 꽃을 달고 의젓하게, 들어오는 손님들에게 인사했다. 주례는 길고 아름다운 수염에 한복을 입은 함석헌 옹이, 사회는 기독교청년협의회 회장 김정택이 맡았다.

하객이 좌석 300개를 꽉 채우고도 남을 만큼 들어왔을 때, 예정 시간보다 15분 늦게 결혼식이 시작되었다. 신랑 입장과 동시에 사회자는 결혼식 대신 '통일주체국민회의 대의원에 의한 대통령 보궐선거 저지를 위한 국민대회'의 시작을 알렸다. 결혼식이 국민대회로 바뀐 것이다. 이 무렵 장내에는 여러 종류의 유인물이 배포되고 있었다. 국민대회 취지문, 국민대회 선언문, 거국민주내각 구성을 위한 성명, 그 해 11월 13일에 발표된 5개 단체 성명서 등이었다.

이어서 국민대회 준비위원장의 한 사람이요, 전 국회의원이었던 박종태가 취지문을 낭독했다. 그것은 "더 이상의 (최규하 대통령 권한대행 체제에 대한) 어설픈 기대와 관망은 버려야 할 때다. 부패자의 손으로 새 시대를 열 수는 없으며, 유신의 청산을 위한 유신의 연장이란 결코 용납될 수 없다. 우리 모두의 분노를 다시 한번 확인하며 저 녹슨 쇠사슬의 마지막 쇠사슬을 끊어 버리자"는 내용이었다.

결혼식이 통대선거저지를 위한 국민대회로 바뀐 사실만 가지고도 장내는 긴장하고 또 술렁였다. 사회자의 '통대선출 반대', '거국민주내각 구성하라'라는 구호 선창에 따라 참석자들이 복창할 때는 대회의 분위기가 한껏 고조되었다. 1979년 박정희가 살해된 10 · 26 사태 이후, 처음으로 이 나라의 민주화에 대한 응축된 요구를 한꺼번에 극적으로 또 공개적으로 폭발시킨 집회였다.

이처럼 분위기가 터질 듯 부풀어 오르고 있을 때, 대회장 출입구 쪽에서부터 의자를 넘어뜨리는 소리가 들렸다. 이윽고 비명소리가 들리기 시작하더니 대회장은 삽시간에 아수라장이 되었다. 이시영은 이때의 상황을 〈역사의 눈〉이라는 시에서 "수백 명의 날렵한 쥐색 잠바들이 뛰어들어 단상을 점거하고 대회장을 덮쳤다. 의자가 날고, 비명이 들리고, 유리창이 깨지고, 곤봉에 피가 튀었다"라고 표현했다. '쥐색 잠바'는 백골단이었다. 이번에는 대회장을 둘러싸고 있던 계엄군들이 닥치는 대로 참석자들을 두들겨 패며 끌어냈다.

가까스로 대회장을 빠져나온 일부 참석자들은 하나둘씩 명동의 코스모스백화점 앞으로 모여들었다. 그곳에는 주최 측이라 할 민청협의 양관수, 이상익 등이 확성기로 '유신철폐'와 '통대선거 반대'를 외치며 재집결을 호소하고 있었다. 150여 명으로 불어난 시위대는 대오를 정비해 스크럼을 짜고 구호를 외치며 조흥은행 앞까지 가두시위를 벌였다. 그러나 이들 역시 뒤쫓아 온 계엄군에 의해 무참히 끌려가서 이내 닭장차에 실렸다. 이때 중부경찰서로 연행된 사람은 140여 명이나 되었다.

경찰서에서 받은 대접은 그런대로 온건했다. 그 이튿날, 연행된 사람들은 주동 여부와 가담의 정도에 따라 분류되어 일부는 훈방, 67명은 즉결에 넘겨져 구류처분을 받았다. 그러나 주모자로 분류된 사람들은 보안사 서빙고 분실(일명 빙고호텔)로 끌려갔다.

이들 보안사에 끌려간 사람들은 조사 과정에서 일찍이 유신시대에도 볼 수 없었던 난폭한 구타와 고문, 그리고 사람으로서는 차마 당할 수 없는 인간적인 능욕을 당했다. 여러 날 동안 보안사는 몽둥이 찜질과 군화 발길질, 빈대 붙어 있기, 원산폭격, 꼴아박기 등 군대식 고문 수법을 총동원했다. 보안사에서 받은 고문과 구타로 김병걸, 백기완 등은 뒷날 엄청난 후유증을 겪어야 했다. 계엄군은 이처럼 잔인한 고문과 구타를 동원한 장기간의 수사 끝에 주동자급 14명을 수도경비사령부 계엄군법회의에 구속으로 송치하고, 윤보선 전 대통령을 비롯한 3명은 불구속으로 송치했다. 그리고 10명을 전국에 지명수배했다. 수배된 10명 중에는 신랑 홍성엽도 끼여 있었다. 그러나 홍성엽은 며칠 뒤, 우연히 타게 된 택시의 합승 손님이 공교롭게도 담당 정보과 형사여서, 그에게 체포 · 구속되었다. 이것이 세칭 'YWCA 위장결혼 사건', 그리고 정식 명칭으로는 '통대선거저지 국민대회' 사건의 시말(始末)이다.

영원한 신랑, 홍성엽

청첩 전단에 나와 있는 신랑 홍성엽은 실제 인물이었다. 그러나 신부 윤정민은 가상의 인물이었다. 이 결혼식이 신부 없는 결혼식임을 안 사람은 주최 측의 핵심 멤버들과 홍성엽의 어머니와 누이동생 등 극소수였다. 홍성엽은 연세대학교 사학과 73학번으로 대학 2학년이던 1974년 4월 민청학련 사건으로 구속되었다가 1975년 2월에 2 · 15 조치로 석방되었다. 석방된 뒤에는 청년학생들의 민주화투쟁 결집체인 '민주화운동청년협의회'에서 활동했다.

김재규의 말처럼 김재규가 유신의 원천 박정희를 두들겨 무너뜨린 10·26 사태 이후, 국민은 처음의 어리둥절했던 시간이 지나면서 이제는 민주화가 이루어지겠거니 기대하고 있었다. 그래서 박정희의 장례식(11월 3일)이 치러질 때까지는 "독재의 한 시대를 조용히 장송하면서 민주주의의 새 시대를 맞기 위한 다짐의 자세"로 침묵 속에 기다렸다. 그러나 11월 10일 대통령 권한대행 최규하가 "유신헌법에 규정된 대로 3개월 이내에 통일주체국민회의에서 새 대통령을 선출하고, 새 대통령이 잔여 임기 전 빠른 시일 내에 헌법을 개정한다"는 내용의 시국담화를 발표하면서, "이건 아니지 않느냐"는 거부와 항의의 몸짓이 일어나기 시작했다. 11월 12일에는 '민주주의와 민족통일을 위한 국민연합'이, 13일에는 동아·조선투위, 해직교수협의회, 자유실천문인협의회, 민청협 등 5개 단체가 체육관 선거를 반대한다는 분명한 입장의 성명을 발표한다.

긴급조치 1~9호 위반으로 젊음을 감옥에서 보낸 청년학생들이 그 누구보다 격렬히 반발하는 것은 지극히 당연한 일이었다. 유신의 원천은 무너졌는데 유신의 망령은 살아 체육관 선거로 또다시 대통령을 뽑는다니, 이것은 그들에게는 말도 안 되는 소리였다. 이들은 어떻게든 통대선거를 저지해야 한다고 확신했고, 이를 위해 국민대회를 열기로 결정했다. 그러나 당시는 계엄령이 내려진 상태였기 때문에 모든 집회는 신고해야 했다. 그것을 피할 수 있는 길이 위장결혼이었다. 11월 10일의 민청협 8인 운영위원회에서 홍성엽은 신랑 역을 자청했다. 그것은 결혼을 앞둔 청년으로서, 또 당시의 상황에서 위장결혼의 신랑이 된다는 것이 얼마나 위험한 일인지를 감안할 때 엄청난 모험이요, 결단이었다.

이 사건으로 계엄군부의 정체가 명백해졌다. 'YWCA 통대선거저지 국민대회'는 신군부의 정체를 드러내는 리트머스 시험지였다. 이 사건 이후, 전두환이 신군부를 장악하는 12 · 12 사태가 일어났지만, 전두환은 이전부터 철저하게 반민주 군부독재의 집권 계획을 하나씩 하나씩 집행해 나가고 있었다. 빙고호텔에서의 잔인한 고문도, 전두환 군부의 이러한 성격에서 연유했다.

홍성엽은 이 사건으로 보안사에서 참혹한 고문을 당하고 구속되어 5년형을 선고받았다. 그러던 중 1981년 3월, 전두환의 대통령 취임 특사로 대전교도소에서 1년 3개월 만에 석방되었다. 이후 1980년대 내내 민청련, 민통련 등의 민주화운동의 핵심 단체에서 열심히 활동했다.

그것이 시참(詩讖)이었던가. 홍성엽은 많은 동료, 선후배, 그리고 여성들로부터도 깊은 사랑을 받았지만, 죽는 날까지 가정을 꾸리지는 못했다. 그래서 사람들은 그를 '민주주의와 결혼한 남자'였다고 생각한다. 순수하고 준수한 얼굴, 그리고 맑은 영혼을 가지고 살았던 홍성엽은 어쩌면 우리 시대의 영원한 신랑이었는지도 모른다.

맑은 영혼, 홍성엽

영웅이 회두(回頭)하면 성현이 된다고 했던가. 그 어려운 시기, 섶을 지고 불길에 뛰어드는 일처럼 두려웠던 위장결혼식의 신랑 역을 자청했던 그는 한편으로는 도인(道人)이었다. 1970, 80년대 그 투쟁의 한가운데에서도 그는 어떻게 살 것인가를 놓고 고뇌했고, 기독교와 불교를 넘나들더니 1988년부터는 동학에 심취해 수련과 연구 활동에 정진했다. 하지만 1997년 백혈병이 발병해 힘겨운 투병생활을 하다가 2005년 10월 5일, 52세의 나이로 생을 마감했다. 나는 살아생전 그와 가까이서 지내지는 못했지만, 변발지서 밝고 깨끗한 귀공자풍의 그의 모습에 매료되었다. 그와 그의 가족에 관한 이야기는 김한림 선생을 통해서 가끔 들을 수 있었는데, 삶 또한 그렇게 청정하고 투명했다.

그가 이 세상에 남긴 것으로는 『경전으로 본 세계 종교』의 한 부분으로 그 자신이 집필한 「동학」과, 1977년부터 2005년 세상을 뜰 때까지 쓰다 말다를 반복한 일기가 있다. 「동학」은 원고지 1천 매 가까운 분량으로, 천도교의 모든 경전의 원리와 그 내용을 알기 쉽게 풀어서 정리한 문건이다. 천도교에 대해서 이처럼 간결하면서도 일목요연하게 정리된 책은 일찍이 없었다. 그는 2001년에 쓴 이 책을 보완해서 새로 쓰고 싶은 뜻을 가지고 있었지만, 끝내 그 뜻을 이루지 못했다.

그가 남긴 일기는, 그가 살아 있다면 당연히 공개되지 않았을 테지만, 그를 사랑하고 기억하는 친지들에 의해 「동학」과 함께 묶여져 한 권의 책(『맑은 영혼, 홍성엽』, 학민사, 2006)으로 되어 나왔다. 그의 일기는 그의 내밀한 사생활의 일부와 투병생활뿐만 아니라, 그의 기품과 향기를 절절히 느낄 수 있는 사유 또한 담겨져 있다.

이 책의 서문을 쓴 친구 김시형은 홍성엽이 살아남은 사람들에게 진정으로 하고 싶었던 이야기는 인내천(人乃天) 석 자였다고 한다. 홍성엽은 자신만의 진솔한 내면적 기록인 일기에 줄곧 사람이 곧 하늘임을 잊지 말자고 여러 번 거듭해 썼다. 그는 1977년 스물넷, 운동권 시절에 이미 "사회체제의 변화를 단행함과 동시에 인간 자체의 변화가 있어야만 근본적으로 인간 사회의 새로운 형성이 가능한 것이다"라고 쓰고 있다.

YWCA 통대선거저지 국민대회의 주모자 중 한 사람으로 구속된 홍성엽은 누구보다도 더 혹심한 구타와 고문을 당했다. 그런데도 그는 법정에서 이렇게 말했다. "보안사에서 조사를 받는 과정에서 엄청난 폭행을 당했다. 이는 군의 신망을 추락시키는 행위이다. 폭행당한 내용을 전부 말한다는 것은 군의 체면을 위해 그만두기로 하겠다." 엉뚱한 것 같지만, 그의 생각이 얼마나 깊은지를 말해 주는 대목이다.

홍성엽은 그의 준수한 용모처럼 언제나 정좌, 단정했다. 남을 대할 때는 봄날의 따뜻함[春和]으로 맞았고, 자신에게는 가을날의 서릿발[秋霜]처럼 엄격했다. 동료이건 선배이건 그의 앞에서는 허튼소리를 하기가 어려웠다.

언젠가 김시형이 그와 이런저런 이야기를 나누던 끝에 그가 "너는 죽어서 무엇이 되고 싶으냐"고 물었다고 한다. 김시형은 이에 "새가 되고 싶다"고 했더니, 홍성엽은 "나는 텅 빈 공간, 우주 속으로 없어졌으면 좋겠다"고 했다고 한다. 그가 한 말의 진정한 뜻을 헤아리기는 어렵지만, 그는 없어져 버리기에는 너무도 많은 흔적과 기억을 이 세상에 남겨 놓고 갔다. 그의 일기에 남겨진, 그의 체온, 생각, 사유를 주마간산(走馬看山)으로라도 살펴보자는 뜻에서 그의 일기에서 몇 개를 추려 보았다.

오늘 이 시간 지금이 바로 나의 생일, 나의 과거는 어떤 것이었을까? 아름다워라! 아름다워라! 세상은 참으로 아름다워라! (1977. 11. 3)

이번 크리스마스 특사로 풀리게 된 죄수들이 교도소의 문을 나오던 아침에 그들 어머니의 순박하고 진지한 모습은 나를 슬프게 한다. 삶에 시달린 얼굴에, 보기에도 딱한 그 얼굴에 자식에 대한 근심과 염려로 주름이 더욱 깊게 파였다. 세상의 모든 자식들이여! 부모님을 편하고 기쁘게 하라. (1977. 12. 26)

1월 1일이라고 해도 그것은 전날의 연속일 뿐 시간의 단층을 의미하는 것은 아니나, 인간이 지혜로운 탓일까, 아니면 어리석은 탓일까, 똑같은 시간에다 뚜렷이 선을 그어 놓았다.…… 올해는 분명코 나를 완성시키리라. (1978. 1. 1)

상대방이 내게 이익을 주어야 나도 그에게 베풀어 주는 사회, 이 얼마나 끔찍스러운가! 괜히 서글퍼지고 피곤해진다. (1978. 1. 18)

유신체제여! 빨리 무르익어라! 그래야만 희망이 있는 것이다. 만물은 생겨나서 자라고 무르익은 시기를 지나서는 결국 없어지게 되는 것이 아닌가! 나 자신마저의 초월이 진정한 초월로서 보편적 진리를 말할 수 있는 경지가 되는 것을 알게 되었다. (1978. 4. 9)

사랑을 확인한다는 것은 희망을 잉태하는 것. 우리는 암만 멀리 떨어져 있어도, 암만 세월이 가더라도 사랑의 끈은 여전하다. 사랑은 영원한 아름다움, 사랑은 온갖 것을 다 희생시킬 수 있는 것, 사랑은 그리움의 모태이자 극치. (1978. 5. 19)

신촌장에서의 하룻밤도 편안히 보냈다.…… 그녀와의 동침은 언제나 행복하고 편안한 것이었다. K의 입장을 생각하면 도저히 나의 욕심을 채울 생각이 나지 않는다. 나의 자제력을 믿기 때문에 K 자신도 마음이 편한지 모른다. (1978. 8. 11)

9대 대통령으로 박정희가 취임하는 날, 새벽부터 겨울비가 내린다. 나에게는 국가적인 행사가 있는 날이면 귀찮은 사람들(형사들—편집자 주)이 찾아온다. 나에게만 경축일이 우울한 날이고, 민중의 아우성 소리가 들리는 날이 기쁜 날이다. (1978. 12. 27)

평화, 평화는 비폭력 상태가 아니다. 그것은 폭력과 비폭력의 완전한 균형 상태이다. 꼭 필요한 때에 쓰이는 폭력이라면, 그것은 평화의

경지이다. 그 상황에서 반드시 요구되는 행위, 그것은 평화의 창조이다. (1988. 11. 21)

통일의 길은 중용이다. 중용은 양측의 한가운데가 아니라, 양측을 다 감싸 안으면서도 참된 것을 지향해 가는 모순의 길이다. (1989. 4. 9)

능력 있는 자는 쌓아 두지 않는다. 재물과 지식이 창고와 머리에 언제나 채워져 있어야 안심하는 자들은 열등한 무능력자들이다. 능력자는 필요할 때는 언제든지 행할 수 있다. 가질수록 번거롭다. 언제나 누구든지 사랑으로 만나는 기쁨뿐이다. (1989. 10. 19)

그 사나이(老子 — 편집자 주)는 시간이 있을 때면 자식들과 강으로 나갔다네. 그의 삶의 철학은 물에서 배운 거라네. 물은 스스로 낮은 곳을 향하네. 위쪽으로 오르기 위해 다투는 법이 없다네. 더러운 곳이라도 피해 가는 법이 없네. 모든 생명에 혜택을 주어 이로움이 된다네. 크고 작고 깨끗하고 더러운 것을 가리지 않고 모든 것을 다 받아들이네. (1989. 10. 28)

인간과 세계는 본래 이미 구원되어 있는 것. 개벽의 대상은 세계가 아니라, 인간 자신의 눈이 아닌가. 내 마음의 본성을 지키면 그것이 곧 불생불사의 영원한 한울님 나라가 아닌가. (1988. 11. 11)

제대로 공부한 자는 세상과 함께 있되, 세상 밖의 즐거움을 산다. 공부의 목표는 세상을 벗어나 살 수 있는 능력을 키우는 것이다. (1989. 12. 15)

후천개벽 문화의 혁명적 반질서 규범이랄 수 있는 것은 무엇보다도 향아설위(向我設位)의 선언이다. 얼마나 통쾌한 뒤집기인가. (1990. 11. 22)

주문(呪文) 공부는 내가 나를 위하는 공부[爲天主]이며, 내가 본래의 나 되는 공부[待天主]이며, 내가 나를 성장, 진화, 완성시키는 공부[養天主]이며, 내가 나를 완전히 아는 공부[覺天主]이다. (1990. 11. 25)

나의 육신은 죽었다. 나는 없다. 오직 깨어 있는 의식만 있을 뿐 무엇을 욕망하고 집착할 것인가. 본래 빈 마음뿐인걸. 의식은 우주 의식으로 남고, 호흡은 우주의 기운과 하나 되며, 순수한 자연의 상태로 우주 영혼이 되어, 무념무심(無念無心)으로 남고 싶다. (1998. 2. 25)

인생은 여행의 길이다. 나는 여행하는 우주의 나그네다. 나그네는 머물러 있지 않는다. 수많은 차원의 삶을 체험하기 위해 여행한다. 한 인생에서 육체적, 감각적 차원에서의 삶을 경험하느라 대부분의 시간을 보내는 나그네는 드넓은 다른 차원의 삶을 누리지 못하리라. (2004. 2. 17)

수행은 혁명이다. 수행은 나의 본질, 즉 신을 찾아 떠나는 자아혁명의 길이다. 자기혁명을 통해 행복의 충만감, 영원한 기쁨을 체험한다. (2004. 2. 20)

이 사람을 느끼고 싶다
이 사람이 머물며 사는 이 집과 이 도시가 성전이기를.
이 사람이 가는 곳곳마다 성지를 순례하는 발걸음이기를.
이 사람이 하는 모든 일마다 한울님께 비치는 성사(聖事)이기를. (2004. 4. 21)

무지는 탐욕을 낳고 탐욕은 신화를 낳는다. 무지의 힘은 더 많은 소유와 행복을 추구한다. 무지는 환상을 사실로 믿게 만든다. 선천문명(先天文明)은 신화문명이다. (2005. 1. 20)

종교의 계율 지키기 가르침과 국가의 법 지키기 교육은 동질(同質)이다. 금기를 어기지 않는 인간 되기를 훈육하는 동일한 의도를 가지고 있다. 금기는 신성한 기준이 되어 인간이 정상적인 생활을 하기 위한 기본조건으로 부과된다. 거기에 반대하거나 저항하는 자들은 이교도, 이단자, 범죄자로서 그 사회에서 단절되어 배제된 채 유배인이 된다. (2005. 1. 25)

17

불꽃 그리고 풀꽃의 시인

조태일

시인 신경림은 정지용이 윤동주 시집 『하늘과 바람과 별과 시』의 서문에서 "청년 윤동주는 의지가 약했을 것이다. 그렇기에 서정시에 우수한 것이겠고, 그러나 뼈에 강했던 것이리라. 그러기에 일적(日敵)에게 살을 내던지고 뼈를 차지한 것이 아니었던가"라고 한 구절을 인용하면서, 윤동주에 조태일(1941~99)을 비유했다.

특히 조태일의 초기 시 〈나의 처녀막〉이나 〈식칼론〉 같은 비시적(非詩的) 제목은 남성적인 배포와 뚝심을 가지지 않고서는 감히 쓰지 못하는 제목이라고 했다.

정상적인 사람이라면 듣기에 민망한 제목이 〈나의 처녀막〉이요, 거칠다 못해 살벌하기까지 한 제목이 〈식칼론〉이다. 앞의 것은 회복되

조태일.

지 않으면 안 될 시대의 순결성을, 뒤의 것은 그 방법론을 상징한다. 혁명에 의해 파열된 그 시대의 순결성을 식칼이 되어서 회복하겠다는 메시지를 이들 연작시는 담고 있다. 유신독재로 엄혹했던 시절, 처녀막이라는 상황 인식과 식칼이라는 방법론은 조태일이 아니면 감히 부르지 못할 노래였다. 또한 이로써 조태일은 선이 굵고 남성적인 시인의 이미지를 얻었다.

조태일의 시는 1970년대 중반으로 들어서면서 거친 분노와 저항의 몸짓에서 사랑과 포옹의 몸짓으로 바뀌면서 그 세계가 깊어진다. 그의 연작시 〈국토〉를 통해 그는 이제 '국토의 시인'으로 다듬어진 자신의 모습을 드러냈다. 그의 세 번째 시집 『국토』는 1975년에 창작과비평사에서 간행되었으나 긴급조치 9호에 저촉되어 판매금지 조치를 당했다. 그러나 〈국토〉는 1970년대를 대표하는 시로, 당시 저항성이 강하던 대학가에서 널리 애송되면서 조태일의 이름을 크게 드높였다. 그 무렵 출간된 박태순의 기행문집 『국토기행』과 더불어 그의 연작시 〈국토〉는 우리의 국토에 대한 관심과 애정을 새삼 불러일으키는 신호탄이 되기도 했다.

발바닥이 다 닳아 새 살이 돋도록 우리는
우리의 땅을 밟을 수밖에 없는 일이다.
숨결이 다 타올라 새 숨결이 열리도록 우리는
우리의 하늘밑을 서성일 수밖에 없는 일이다.
야윈 팔다리일망정 한껏 휘저어
슬픔도 기쁨도 한껏 가슴으로 맞대며 우리는
우리의 가락 속을 거닐 수밖에 없는 일이다.
버려진 땅에 돋아난 풀잎 하나에서부터
조용히 발버둥치는 돌멩이 하나에까지
이름도 없이 빈 벌판 빈 하늘에 뿌려진
저 혼에까지 저 숨결에까지 닿도록

우리는 우리의 삶을 불 지필 일이다.
우리는 우리의 숨결을 보탤 일이다.
일렁이는 피와 다 닳아진 살결과

허연 뼈까지를 통째로 보탤 일이다.

— (〈국토서시〉 전문)

그러나 만년에 쓴 그의 시편들은 큰 체구에 완강했던 1970년대의 조태일을 기억하는 사람들을 놀라게 할 만큼 섬세하고 아름다운 서정을 담고 있다. 대체로 조태일의 시를 초기의 격정, 중기의 조식(調息)을 거쳐, 후기에는 관조(觀照)로 구분하는 것이 일반적이다. 시에 문외한인 내가 감히 왈가왈부하기엔 부끄럽지만, 이 같은 변화는, 그에게 없던 것이 어느 날 갑자기 나타났다기보다는 그에게 원래 있던 것이 시대 상황의 변화에 따라 자연스럽게 드러났다고 나는 생각한다. 원래부터 그는 따뜻한 정서와 선한 마음, 풍부한 감성을 지닌 사람이었다. 우리들의 1970년대는 가장 착하고 온순한 사람들을 강인한 투사로 만들어 내는 시대였다. 격정을 강요했던 시대가 가고 난 뒤, 그의 시는 천성대로 평화롭고 따뜻할 수밖에 없었다. 물론 원숙해진 그의 연륜과도 무관하지 않다.

풀씨가 날아다니다 멈추는 곳.

그 곳이 나의 고향.

그 곳에 묻히리.

햇볕 하염없이 뛰노는 언덕배기면 어떻고

소나기 쏜살같이 꽂히는 시냇가면 어떠리.

광주의 너릿재 시비공원에 세워진 〈풀씨〉 시비.

온갖 짐승 제 멋에 뛰노는 산 속이면 어떻고

노오란 미꾸라지 꾸물대는 진흙밭이면 어떠리.

풀씨가 날아다니다

멈출 곳 없어 언제까지나 떠다니는 길목.

그 곳이면 어떠리

그 곳이 나의 고향.

그 곳에 묻히리

— (〈풀씨〉 전문)

* 2001년 광주 너릿재 시비공원에 〈풀씨〉 시비가 건립되었다.

민주화의 길: 앞에서 끌고 뒤에서 밀고

내가 조태일을 처음 만난 것은 1970년대 초 창작과비평사에서였을 것이다. 그때 그는 계간지《창작과비평》을 인쇄하던 창재인쇄공사를 맡아서 운영하고 있었다. 그때 인쇄소가 오장동 박형규 목사의 제일교회 아래층에 있었다. 1973년 11월 말인가 12월 초에, 백범사상연구소(소장 백기완) 주관으로 명동의 대성회관에서 '민족문학의 밤' 행사를 연 적이 있었다. 연구소가『항일민족시집』을 간행하고 난 뒤라 참석자가 대부분 시집 속에 있는 항일 시를 낭독했는데, 유독 조태일만이 자신의 시를 낭독하던 모습을 나는 지금도 기억한다. 그날 '민족문학의 밤'의 열기도 매우 뜨거웠다.

박정희 군사정권이 3선개헌을 무리하게 관철하면서부터, 그것이 영구집권으로 가는 길이라는 사실을 모르는 사람은 없었다. 이를 저지하기 위해 1971년 대통령 선거를 앞두고 '민주수호국민협의회'가 결성되었는데, 이것이 재야 민주화운동 단체의 효시였다. 여기에 김지하, 이호철, 한남철, 조태일, 박태순 등의 문인이 일찍부터 참여하고 있었다. 그런 점에서 조태일이 민주화운동에 참여한 역사는 길다면 길다고 할 수 있다.

1973년 12월 24일, 장준하와 백기완 등이 '개헌청원 1백만인 서명운동'을 발기하자, 1974년 1월 7일, 문인 61명은 연명으로 개헌청원 서명운동에 동참한다고 선언했다. 물론 여기에서 조태일은 주도적인 역할을 했다. 문인간첩단 사건으로 이호철이, 긴급조치 4호 위반으로 김지하가 구속되자 조태일은 재판 방청, 구명운동과 옥바라지 등 온갖 궂은일을 제 발로 찾아서 했다.

1974년 10월 24일, 《동아일보》 기자들의 자유언론실천을 기점으로 자유언론운동이 전국으로 번져 나가는 것과 궤를 같이하여, 그해 11월 18일, 역사와 사회에서의 문학의 책임을 강조하는 일단의 문인들은 광화문 네거리에서 '문학인 101인 선언'을 발표하고 가두시위를 벌였다. 이때 조태일은 고은, 이문구, 박태순, 윤흥길, 송기원, 이시영과 함께 경찰서로 연행되기까지 했다. 이렇게 해서 민족문학작가회의의 전신인 '자유실천문인협의회'가 탄생했다. 문인들의 민주화운동에서 키도 나이도 비슷했던 조태일, 박태순, 이문구가 언제나 그 중심 역할을 했다. 조태일은 자유실천문인협의회의 창립 간사, 1991년에는 민족문학작가회의의 부이사장을 맡아서 활동했다.

조태일의 투쟁과 수난은 이후에도 계속되었다. 1977년에는 양성우가 그의 시 〈겨울공화국〉과 관련해 필화 사건으로 구속되자 조태일은 양성우 옥바라지 경비를 염출하기 위해 고은과 함께 양성우 시집 『겨울공화국』을 편집, 제작, 배포했다. 하지만 이것이 긴급조치 9호 위반이라 해서 투옥되었다. 1979년에는 술을 마시고 자택 장독대 위에 올라가 "유신독재 물러가라," "박정희는 물러가라"며 큰 소리로 연설한 것이 문제가 되어 29일간이나 구속되기도 했다. 1980년 7월에는 자유실천문인협의회 임시총회를 연 것이 계엄법 및 포고령 위반이라 하여 신경림, 구중서와 함께 구속되었다가 징역 2년에 집행유예 3년을 선고받았다.

송기숙 교수가 1978년 「우리의 교육지표」 사건으로 구속되자, 조태일은 한 번도 거르지 않고 광주까지 내려가 그 모든 재판을 다 방청했다. 문인이나 친지가 구속되면 쌀 한 가마니를 차에 싣고 그 집으로 달려가기 일쑤였다. 1978년에 가톨릭문화회관에서 '오늘의 나의 문학을 말한다'는 제목으로 강연할 때도, 그는 김지하 서울 구치소 수번 5085, 양성우 청주교도소 수번 18, 송기숙 광주교도소 수번 1419를 일일이 알려 주면서 구속 문인들에 관심을 갖고 지원해 달라고 호소했다.

민중 속의 시인: 그의 시론

또한 조태일은 이 가톨릭문화회관 강연에서 문학인이란 "그 시대의 핵심체인 민중과 함께 (진실을) 파헤쳐야 하고, 함께 점검해야 하고, 함께 고민해야 하고, 함께 울어야 하고, 함께 (불의를) 고발해야 하는 실천적이고 능동적인 민주시민으로부터 출발해야 한다"고 말했다. 그는 또한 다산 정약용이 그 아들들에게 보낸 편지에서 밝힌 시론을 즐겨 인용했다.

"임금을 사랑하고 나라를 근심하는 내용이 아니면 시인이 아니다. 시대를 아파하고 퇴폐한 세속을 분개하지 않는 내용은 시가 될 수 없다. 대도(大道)를 알지 못하고 민중에게 혜택을 주려는 마음가짐을 지니지 못하는 사람은 시를 지을 수 없다. 세상을 걱정하고, 백성을 긍휼히 여기며, 항상 무력한 사람을 들어 올려 주고, 없는 사람을 구제하고 싶어 방황하고, 안타까워서 그냥 두지 못하는 그런 간절한 뜻이 있어야 시가 되는 것이다. 자기 자신의 이해에 연연하는 것은 시가 아닙니다."

조태일은 1975년에 세 번째 시집 『국토』를 펴낸 뒤 상당한 기간 동안 시를 쓰지 않았다. 어쩌면 쓰지 못한 것이었을지도 모른다. 그는 자신이 시를 쓰지 않는 것에 대해, 1982년에 그의 산문 「전직 시인이란 괴로움」이라는 글에서 이렇게 말한다.

"물은 흘러야 하고, 바람은 불어야 하고, 나무는 푸르게 흔들려야 하고, 새는 노래를 불러야 하고, 동물은 네 다리로 힘껏 달려야 하고, 학생은 진리를 탐구해야 하고, 교수는 부지런히 연구해야 하고, 어린이는 잡념 없이 무럭무럭 자라야 하고, 시인은 시를 써야 비로소 시인인 것을 뻔히 알면서도 수 년 동안 단 한 편의 시도 쓰지 못한 채 아까운 세월을 축내고 있어 심히 부끄러울 뿐이다.…… 우리 역사상 가장 괴롭고 어두웠던 시기는 일제하 36년이 아니었던가 생각한다. 가장 괴로웠고 캄캄했던 이 시기에 우리들의 노래는 가장 뜨거웠고, 가장 절실했었다.…… 나는 이제부터라도 시 쓰는 일에 게으름을 피우지 않겠다고 다짐해 본다. 노래는 희망이요, 절필은 절망일 뿐이니까."

이런 그의 시론 탓이었을까. 앞서 말한 그의 시집 『국토』 외에도 네 번째 시집 『가거도』(창작과비평사, 1983)와 시론집 『고여 있는 시와 움직이는 시』(전예원, 1980)가 판매금지되는 시련을 겪어야 했다. 그러나 그의 시에 대한 정열은 꺼질 줄 몰랐다. 『아침선박』(1965), 『식칼론』(1970), 『국토』(1975), 『가거도』(1983), 『자유가 시인더러』(1987), 『산 속에서 꽃 속에서』(1991), 『풀꽃은 꺾이지 않는다』(1995), 『혼자 타오르고 있었네』(1999) 등 8권의 시집을 남겼다.

조태일의 시에 대한 열정은 일찍이 나이 29살 때인 1969년 그가 주재해서 월간 시 전문지 《시인》을 창간한 데서 드러난다. 그는 이 《시인》을 통해 김지하, 김준태, 양성우 등 걸출한 이 시대의 시인들을 시단에 등단시켰다. 이들 세 사람은 이러한 인연으로 조태일과는 물론 자기들끼리 갖는 자부심과 연대감도 각별했다. 조태일은 1980년대에 시인사(詩人社)라는 출판사를 운영하면서 폐간되었던 《시인》을 1983년에 무크지 형태로 복간했다. 이 무크지를 통해 박남준과 이도윤이 시인으로 탄생했다. 《시인》은 1980년대 후반 다시 폐간되었다.

이도윤은 조태일이 작고한 뒤 2003년 9월, 통일을 지향하는 전문지로 《시인》을 다시 복간했다[반연간(半年間)]. 조태일의 《시인》은 그가 죽은 뒤에도 대를 이어 의연히 계속되어 나오고 있다. 이 땅에 많은 걸출한 시인을 등단시켰던 조태일의 작업은 이렇게 이어지고 있다.

원달리의 아버지와 어머니

조태일의 표정이나 행동에 크게 어두운 구석이라곤 없었지만, 그의 가족사는 파란만장한 데다 민족사와 그 궤적을 같이하고 있다. 조태일은 자신의 시선집에 쓴 서문에서 이렇게 말한다.

> "나의 시는 내가 태어난 전남 곡성군 죽곡면 원달리의 동리산 품안에 안겨 있는 태안사에서 출발한다. 그곳에서 겪었던 체험들은 원초적 생명력을 형성하여 내 시의 골격을 이루고 있다.…… 내 시의 끝도 그 고향에서 멈추리라."

과연 조태일의 시와 생각은 그 모두가 고향과 그리고 자신을 낳아준 아버지와 어머니에 닿아 있다. 아버지 조봉호는 옥천 조씨 절제공파 후손으로 일찍이 어려서 부모를 잃은 뒤, 전남 곡성군 삼기면 원등에서 자라다가 8살 때 오삼면 관음사에 동자승으로 들어갔다. 절에서 마음씨 좋은 보살을 만나 그의 도움으로 광주에서 보통소학교를 다녔다. 그리고 서울의 불교전문학교를 거쳐 순천사범학교 교사로 있을 때, 18살 연하의 어린 신부와 결혼했다. 이 어린 신부가 조태일의 어머니다. 아버지는 결혼 뒤 태고종의 스님으로 들어가 태안사의 주지 스님까지 지냈다. 조태일은 아버지가 태안사의 주지였음을 아주 자랑스럽게 말하곤 했다.

모든 소리들 죽은 듯 잠든
전남 곡성군 죽곡면 원달1리
九山의 하나인 동리산속
태안사의 중으로
서른다섯 나이에 열일곱 나이 처녀를 얻어
깊은 산골의 바람이나 구름
멧돼지나 노루 사슴 곰 따위
혹은 호랑이 이리 날짐승들과 함께
오순도순 놀며 살아가라고
칠남매를 낳으시고
난세를 느꼈는지
산 넘고 물 건너 마을 돌며
젊은이들 모아 야학하시느라
처자식을 돌보지 않고
여순 사건 때는
죽을 고비 수십 번 넘기시더니
땅뙈기 세간 살이 고스란히 놓아둔 채
처자식 주렁주렁 달고
새벽에 고향을 버리시던 아버지
—(〈원달리의 아버지〉 부분)

그 아버지는 54살로 돌아가시고 38살 어머니는 과부가 되어 3남 4

녀를 키웠다. 전남도지사를 지낸, 조태일의 친구 박태영에 따르면, 조태일의 어머니는 조태일이 서울로 진학하자 아들을 따라 서울로 올라와 장사를 했다고 한다. 청량리 시장에서 커다란 양푼에 된장과 새우젓을 받아다가 그것을 머리에 이고, 날마다 그 넓은 홍릉과 청량리, 제기동 일대를 발이 부르트도록 누비며 행상을 했다고 한다. 그러던 어머니는 조태일이 박사가 되고, 며느리가 교장선생님이 된 것도 다 보고 79살에 돌아가셨다. 만년에는 광주, 조태일의 형 집에 살면서 고향인 곡성 원등까지 내려가 가족 묘지를 가꾸셨다고 한다. 조태일은 만년의 어머니를 이렇게 회고했다.

"가을이 되면 어머니는 어김없이 팔도강산에 흩어져 있는 자식들을 찾아 나선다. 손수 가꾸신 고추로 고춧가루를 빻고, 들깨기름, 참기름을 짜고, 콩나물콩, 메주콩을 구분하고, 선영 근방의 산 속에서 뜯은 온갖 산나물을 말려서 자식들 식솔만큼 요량해서 꾸린 다음, 손에 들고 머리에 이고 위태롭게만 보이는 노구를 이끌면서도 가을의 총화인 양 여왕인 양 오셔서 대문 앞에서 오십이 다 된 아들을 향해 '태일아 에미 왔다. 짐 받아라' 하신다."

이승의
진달래 꽃
한 묶음 꺾어서
저승 앞에 놓았다.

조태일 시문학 기념관.

어머님

편안하시죠?

오냐, 오냐

편안타, 편안타

―(〈어머니를 찾아서〉 전문)

그 고향 땅, 그 태안사에 2003년 '조태일 시문학기념관'이 문을 열었다. 그의 친구이자 곡성군수였던 고현석의 주선과 배려에 힘입은 바 크다. 고현석은 "20세기 후반, 한국의 고뇌를 뜨거운 열정으로 노래한 위대한 시인이기에, 곡성군민이 한국인 앞에 자랑하는 것이고, 그래서 마땅히 받는 대접"이라면서 "《시인》지의 편집자로서, 수많은 제자들을 문단에 배출한 교수로서, 민주화투쟁에 앞장선 시민운동가로서, '원달리의 아버지'와 '어머니를 찾아서' 떠나간 지극히 시인다운 착한 아들, 다정하고 선한 인간으로서 조태일 그는 영원히 추억될 것"이라고 말한다.

너무 싱겁게 가 버린 사람

조태일이 1983년경부터 '거시기 산우회'에 나오면서 나도 일주일에 한 번 꼴로 그를 만났다. 그는 여간만 해서는 산우회 모임에 빠지지 않았다. 그때는 산우회에 나오는 사람들 가운데, 조태일과 내가 가장 젊은 축이어서 내가 형이라거니 네가 아우라거니 실없는 말싸움도 많이 했다.

그는 넘어지기 전에 얼른 발을 빼면 넘어지지 않는다는, 하나 마나 한 싱거운 소리도 곧잘 했다. 그는 언제나 잡곡밥, 현미밥을 싸 가지고 와 함께 나누어 먹었다. 그는 술, 그 가운데 특히 맥주를 무척 좋아했고, 또 많이 마셨다. 그는 어울려 놀 때 노래하기를 꺼려했는데, 이시영이 2000년대에 나온 《시인》 제1권에 쓴 산문시 〈시인의 노래〉가 그걸 잘 말해 준다.

"시인 조태일의 노래를 들어 본 사람이 별로 없을 때였다. 올림픽이 있던 해였던가, 그다음 해였던가, 어떤 행사인가로 전라도에 갔나가 밤늦게 올라오는 길이었을 것이다. 평소엔 아무리 청해도 끄떡도 하지 않던 조 시인이 그날은 무슨 마음이 동했는지 군인처럼 자리에서 벌떡 일어나 한 손은 허리에 얹고 창밖을 향해 비스듬히 선 뒤 그 큰 덩치를 앞뒤로 젖히며 '저 달은 알고 있다. 어머님의 얼굴……'을 부르는데, 그 모습이 하도 구성져서 좌중이 다 숙연해했다."

조태일은 이호철에 이어 거시기 산우회의 회장을 맡은 적이 있는데, 회원이 줄어들 때 젊은 사람들을 산우회에 많이 끌어들였다. 박석무, 고광헌, 이도윤, 이정룡 부부 등을 합류시켜 산우회의 평균연령을 훨씬 젊게 만들었다. 그는 한 번도 지각하는 일이 없이 언제나 가장 먼저 약속 장소에 도착해서는 담배를 연속으로 피워 물었다. 담배 피우는 모습도 독특했다. 그는 돌계단 같은 데 앉아 꼭 오른쪽 무릎을 세우고, 그 위에 오른쪽 팔꿈치를 얹고 피우는데, 보기에 따라서는 청승맞고 엉뚱해 보일 때가 많았다. 그의 손은 유난하게도 여자 손처럼 부드럽고 통통했다. 나는 그의 손이 꼭 부처님 손을 닮은 게 아닌가 생각했다. 그는 9월에 죽으면서 산우회 회비를 그해 12월치까지 다 내고 갔다.

그는 1991년에 경희대학교 대학원에서 「김현승 시정신 연구」로 문학박사 학위를 받았다. 그는 김현승의 청교도적 인격주의에 경도되어 있었다. 그가 자신의 아호를 죽형(竹兄)이라 한 것도, 김현승의 아호 다형(茶兄)에서 따온 것이 아닌가 싶다.

그가 광주대학교에 출강했을 때에는 그와 가장 친했던 이문구조차

"조태일이가 대학에서 애들을 가르친다니 별꼴"이라고 했다. 하지만 그의 강의를 들은 제자들이 신춘문예에 시, 소설로 여러 사람이 당선돼 대학에 경사가 났고, 조태일은 문과대학장의 보직까지 맡았다. 그는 자신을 따르는 후배나 제자들에게 "시보다는 사람이다," "시인이 되고 싶은 사내자식이 좀스럽게 취직 따위에 연연하지 말라"는 말을 하곤 했다.

조태일은 1999년 여름, 곡성군수 고현석과 함께 전국의 문학을 좋아하는 이들에게 곡성도 알리고 고향의 문학도도 발굴해 보자고 곡성에 '섬진강 여름 문화학교'를 열고 스스로 교장을 맡았다. 하지만 갑자기 몸이 아파 서울로 급히 올라가 병상에 눕더니 끝내 다시는 일어나지 못했다. 그가 병석에 누워 있을 때 찾아간 신경림과 나눈 대화는 그가 그때 이미 얼마나 달관해 있었는지를 잘 말해 준다.

"찾아간 나를 그는 몹시 반가워하며 링거 따위를 팔에 꽂고 누운 자리에서 '참 신기한 일이지요. 지구상의 60억 인구 중 하필 암이란 놈이 나한테 와서 붙다니요. 저도 살겠다고 들어온 걸 괄시할 순 없고, 그래서 살살 달래서 내보내야 할 것 같아요' 하고 남의 얘기하듯 했다. 얼굴은 무척 상해 있었으나 말할 때마다 눈은 아기처럼 웃고 있었다. 또 그는 담담하게 말했다. '수의도 만들어 놨어요. 입어 보니까 잘 맞데요. 영정도 예전에 찍은 사진이 마음에 드는 게 있어 아이들 시켜 확대해 놨는데 아주 잘 나왔어요. 한번 보실래요?' 내가 눈물이 나올 것 같은 걸 참으며 가까스로 '이 사람아 살 생각을 해야지 무슨 죽는 얘기야' 하니까, 웃으며 '옛날부터 수의 입었다 벗었다, 널 속에 들어갔다 나왔다 하면서 몇십 년 산다잖아요?' 하고 나를 위로했다. 닷새 뒤 그는 저세상 사람이 되었다."

58살. 요새 기준으로 보면 분명 요절이다. 키 크고 싱겁지 않은 사람 없다더니 그는 지나치게 싱겁게 갔다. 불의한 시대에는 식칼 들고 불꽃처럼 일어나 세상을 응시하더니, 풀꽃처럼 풀씨가 날아다니다 멈춘 거기에 묻혔다. 아내 진정순 여사, 그리고 천중, 형준 두 아들과 딸 현정을 두고.

18

진실의 힘

강용주

2013년 6월 26일 오후, 서울의 충무아트홀에서 '2013 유엔 고문 생존자 지원의 날 기념대회' 겸 제3회 '진실의 힘' 인권상 시상식이 있었다. 인권상 수상자는 홍성우 변호사였다. 그의 수상을 축하하기 위해 모두 함께 시상식에 모이자는 쪽으로 사발통문이 돌아 나도 그 자리에 참석하게 되었다.

나는 6월 26일이 유엔이 정한 '고문 생존자 지원의 날(United Nations Day in Support of Victims of Torture)'이라는 사실을 그날 처음 알았다. 솔직히 고백하면, 그런 날이 있는지조차도 몰랐다. 자료에 따르면, 1997년 12월 유엔총회는 고문방지협약이 발효된 6월 26일을 '고문 생존자 지원의 날'로 선포하고, 1998년 6월 26일 첫 번째 기념행사를

2013년 '진실의 힘' 인권상 시상식에서.

열었다.

코피 아난 당시 유엔 사무총장은 이날, "오늘은 차마 말할 수 없던 사실들을 말하게 된 날"이라며 "상상조차 힘든 고통을 인내해 온 이들에게 우리의 존경을 표하는 날"이라고 역설했다. 이미 100여 개 이상의 나라가 고문방지협약을 비준했고, 수많은 나라들이 법적으로 고문을 금지했지만 고문은 여전히 사라지지 않은 채 인간의 존엄과 가치를 해치고 있는 현실에 주목하여 단 하루만이라도 고문 피해자들을 기억하고 지원하는 일에 온전히 바치자는 취지에서 이 날이 지정되었다.

'재단법인 진실의 힘' 역시 나에겐 생소했다. 어디선가 한두 번 그런 이름의 인권 단체가 있다는 이야기는 들었지만, 그것이 어떠한 실체를 가지고 있는지는 미처 몰랐다. 그날 박동운 이사장의 대회 인사

말을 듣고서야 비로소 '진실의 힘'이 어떤 단체인지를 알게 되었다. 피눈물과 한(恨)으로 만들어진 모임, 바로 그것이었다.

"'진실의 힘'을 만든 우리 고문 생존자들은 1970년대와 1980년대 군사독재정권 시절 중앙정보부와 안기부, 보안사와 경찰에 끌려가 두세 달씩 고문을 당한 끝에 간첩으로 조작되었습니다. 우리만 당한 것이 아닙니다. 어머니와 아들, 남편과 아내, 형과 동생, 삼촌과 숙모와 고모와 고모부…… 일가친척까지 끌려가 고문을 당하고 서로를 간첩으로 얽어매는 허위자백을 강요당했습니다. 재판에 넘겨졌지만 요식 절차에 지나지 않았습니다.

고문으로 조작된 사건이라고, 진실을 밝혀 달라고 호소해 보았지만 소용이 없었습니다. 판사들은 말할 것도 없고 어느 누구도 귀 기울여 주지 않았습니다. 그리고 10년, 20년씩 징역살이를 했습니다. 김정인 선생처럼 끝내 목숨을 빼앗긴 분도 있습니다. 간첩의 딱지를 달고 하는 징역살이는 참으로 암담했습니다. 내가 다시 세상으로 나갈 수 있을 것이라는 생각조차 하기 힘들었습니다. 그런데 전혀 모르는 분들로부터 영치금과 영치물, 그리고 편지가 왔습니다. 국제 앰네스티 회원들이 머나먼 나라에서 보내 준 것도 있었습니다. 희망이 완전히 꺼져 버린 것 같은 곳으로 이 세상에서 보내 온 한 줄기 빛이었습니다.

출소해서 보니 차라리 감옥이 그리워질 때가 한두 번이 아니었습니다. 경찰의 감시와 핍박, 이웃의 적대와 배척으로 도무지 사람대접을 받을 수 없었습니다. 가족들은 고사하고 우리 몸 하나 지탱하기도 힘들었습니다. 10년, 20년을 그렇게 견디다가, 조금 정신을 차리게 되어 그 억울함을 풀어 보려고 여기저기 수소문해 보았지만, 배운 것도 없고 가진 것도 없는 데다가 간첩 딱지까지 달고 있는 우리를 반겨 주는 사람은 거의 없었습니다.

그래도 세상이 바뀌고, 고마운 분들을 만나서 재심 재판을 하고, 무죄판결을 받았습니다. 그리고 국가를 상대로 재판을 해서 부족하나마 배상금도 받을 수 있게 되었습니다. 길고 긴 재심 재판을 거치면서 우리는 많은 생각을 했습니다. 동지들과 도와주시는 분들과 많은 이야기를 했습니다. 그 과정에서 태어난 것이 '재단법인 진실의 힘'입니다.

'진실의 힘'은 우리 고문 생존자들, 그리고 우리보다 더한 고통을 당한 우리 가족들의 고통과 피눈물과 한(恨)으로 만든 것입니다. 우리가 고통과 절망의 늪에 빠져 있을 때 누군가가 내민 손길에서 희망을 찾았듯이, 우리는 '진실의 힘'을 통해 여전히 진실이 밝혀지지 않고, 또 고문과 감옥살이의 후유증에서 벗어나지 못하고 있는 동지들에게, 그리고 지금도 계속되고 있는 국가폭력으로 고통받는 분들에게 작으나마 위로와 격려의 손길을 내밀고자 합니다. 비록 우리가 가진 것은 없지만 인간의 삶은 폭력보다 강하며 국가권력보다 귀하다는 사실을 보여 드리고 싶은 것입니다."

'진실의 힘'은 재심 재판에서 무죄를 받은 '조작간첩' 사건의 피해당사자인 김성규, 김양기, 김철, 박근홍, 박동운(이수례), 박춘환, 송석

민, 안교도, 오주석, 유명록, 이준호, 임봉택, 최양준, 한등자(박경준), 한화자(김정인) 씨 등이 참여하고 있다.

다른 한쪽에는 '조작간첩' 사건의 변론을 맡아 온 조용환 변호사 등이 있다. 오늘날 진정한 의미의 인권변론은 이런 것이며, 또 이런 것이어야 한다는 생각이 들게 하는 이들이다. 보이지 않는 곳에서, '조작간첩'의 눈물을 닦아 주는 이런 사람들이 있었구나 하는 감격을 나는 그 자리에서 느끼지 않을 수 없었다. 아픈 역사의 상처를 치유해 주는 소임을 그들은 자청해서 맡고 있었다.

그 밖에도 고문피해자의 심리치유를 도맡아 온 정신과 전문의 정혜신, 구미유학생간첩단조작 사건으로 14년 감옥살이 끝에 풀려나 '고문피해자 치유 모임'을 이끌어 온 가정의학과 전문의 강용주, 조작간첩 사건의 진상규명을 위한 실태조사와 사회 의제화를 위해 활동해 온 인권활동가 송소연 씨 등이 이사로 참여하고 있다.

땅을 딛고 일어선 사람들

'진실의 힘'이 고문과 국가폭력의 생존자들에게 존경을 표하고, 고문과 국가폭력을 막는 데 헌신한 분들에게 감사를 드리고, 그렇게 함으로써 다시는 그런 일이 일어나지 않도록 하는 데 작은 힘을 보태고자 하는 뜻을 모아 제정한 것이 바로 '진실의 힘 인권상'이다. 2011년 첫 수상자는 재일동포로 '조작간첩'의 누명을 썼던 서승, 2012년 제2회

수상자는 작고한 김근태와 그의 아내 인재근이었다. 두 사람 모두 죽음 같은 고문을 견뎌 내고 인간의 삶이 폭력보다 강하고 국가권력보다 고귀하다는 사실을 증명한 사람들이다. 그리고 제3회 수상자로 제1세대 인권변호사의 대표 격인 홍성우 변호사가 선정된 것이다(제4회 수상자는 버마의 우원틴과 한타와디 우원틴 재단, 제5회 수상자는 유서대필 조작 사건의 피해자 강기훈이었다).

어떻게 보면 이 상은 그늘에 가려진 보잘것없는 작은 상처럼 보인다. 그러나 이 상이야말로 피와 눈물이 배어 있는, 진실로 값지고 거룩한 상이 아닐까. 이처럼 인간의 진정과 진실이 담겨 있는 고귀한 상이 이 세상에 또 어디 있을까. 이는 '진실의 힘' 관계자들의 피와 땀과 눈물과 한, 그리고 마음에서 우러나오는 감사와 정성이 담긴 상이다.

홍성우 변호사가 1970년대와 80년대에 인권변론에 바친 정열과 수난, 그 모든 것에 비추어 보면 그 상은 너무 늦었거나, 너무 작아 보일 수도 있다. 그러나 국가폭력에 희생된 사람들이 자신들의 일생을 들어 바치는 이 상이야말로 무엇보다 값지고 보람 있는 상이 아닐까 싶다. '진실의 힘'에 관계하고 있는 조작간첩 피해자들은 대부분 제대로 인권변론의 혜택을 받아보기는커녕 당시 사회로부터 버림받은 사람들이었다. 구미유학생간첩단 사건의 강용주만 하더라도 인권변론의 혜택조차 받지 못했다. 그런 사람들이 변호사에게 상을 준 것이다. 이 상은 주고받는 사람이 뒤바뀌어야 하지 않나 하는 생각마저 들었다.

나는 그 행사 때 나누어 준 자료들을 가지고 와서 처음부터 끝까지 다 읽었다. '진실의 힘'에 대해서 무엇이든 좀 더 알고 싶었기 때

제4회 '진실의 힘' 인권상 시상식(버마 우윈틴과 한타와디 우윈틴 재단 수상).

문이다. 그 가운데는 '마이데이 맘풀이' 자료집이 있었는데, 이는 '진실의 힘'에서 진행하고 있는 독특한 형태의 '치유모임'의 내용을 담은 것이다. 그 자료에 따르면, '마이데이'는 첫째로는 고통을 떠나보내는 치유의식이며, 둘째로는 공개적으로 비인간적인 권력을 폭로하고 어두운 역사를 증언하는 기록무대의 성격을 갖고 있다. 고문 생존자가 주인공이 되어 진행자와 함께 고문과 간첩조작으로 고통받았던 지난날의 삶과 오늘, 그리고 앞으로의 삶을 관객들 앞에서 이야기하는 것이 '마이데이 맘풀이'라는 의식이다. 그들이 겪은 고통은 대개는 다 알거나 미루어 짐작하기 어렵지 않은 내용이었다. 그러나 그 자료집을 읽으면서, 그들이 겪었던 고통에 눈물이 나기 일쑤였고, 저들이 저지른 만행에 치를 떨지 않을 수 없었다. 조작간첩으로 몰려 감옥생활을 하는 형에게 동생이 찾아와 한다는 소리가 "형님이 뭔가를 했기 때문에 징역 15년을 받은 것 아닙니까" 하는가 하면, "아버지가 간첩죄로 징역을 사는데 공부를 해서 뭐 하겠느냐"며 공부를 안 하고 저항하고 방황하는 아들도 있었다.

아버지가 조작간첩으로 잡혀 들어가자 화장실 벽이나 담벼락에 아들 친구들이 "간첩아들 임정환, 임정환 아버지 간첩"이라 써 놓았더라는 이야기를 들었을 때의 비참함과 억울함, 감옥에서 나온 아버지를 보고 "아버지는 우리들이 클 동안 어디서 뭘 하다가 나타났냐"고 대들 때의 절망감과 막막함, "그리고 도둑놈도 좋고 살인마도 좋지만 간첩만은 안 된다"며 등을 돌린 아내, 찾아간 아버지에게 "아버지가 간첩이라는 것을 시집 식구가 알면 나는 이혼당해야 한다"면서 내쫓는 딸……. 이처럼 그들이 겪었던 사연은 우리를 지금도 아프고 또 슬프게 한다. 그런 모든 눈물과 비탄을 딛고 그들은 '진실의 힘'으로 다시 일어선 것이다. 누군가 땅에서 넘어지면 그 땅을 딛고 일어서야 한다고 했지만 이들이야말로 자신들이 넘어진 그 땅에서 땅을 딛고 다시 일어선 것이다.

강용주 – 14년의 투쟁

1985년 세칭 구미유학생간첩단 사건이 터졌을 때 고영구 변호사가 김성만의 변론을 맡았던 탓에 나는 그 사건을 비교적 소상히 알고 있었다. 특히 사형을 선고받았던 양동화, 김성만의 안위가 걱정되어 어떻게 하면 그들의 생명이나마 건질 수 있을까 나름대로 고심도 많이 했던 기억이 새롭다.

그때 나는 김성만이 그의 여동생에게 보낸 편지를 보고 어떻게 하든 그를 살려 냈으면 하는 간절한 바람을 가지고 있었다. 앰네스티와 구속자가족협의회(민가협)와 이들이 연결된 것은 그나마 다행스러운 일이었다. 편지는 이렇게 이어진다.

> "내가 있어야만 우리 민족의 현실이 바로잡히는 것은 아니겠지만 이 현실을 누고 눈을 감자니 차마 숙을 수가 없다. 단지 생명이 귀중한 것이라서 내가 살고자 하는가를 몇 번이나 다시 생각해 보았지만 그저 산다는 것에의 미련은 진하지도 끈끈하지도 않다. 이 현실을 이대로 두고 떠나기가, 한 발짝도 움직이기 싫은 것이다. 나는 세상에 충성하고 싶다."

"나는 세상에 충성하고 싶다"는 이 한마디가 가슴을 울렸다. 이 사건 관련자 중의 한 사람이 그날(2013년 6월 26일) 행사에서 사회를 본 강용주였다. 당시 재판 과정에서는 이들 사형수들에게 가려 그는 크게 드러나지 않았지만, 수형 과정에서 그가 전향서와 준법서약서를 쓰지 않아 남보다 훨씬 더 오래 감옥생활을 한 사실이 뒤에 많은 사람들의 관심과 주목을 불러일으켰다. 나 역시 그 많은 사람 가운데 하나다.

1998년이던가, 나는 그가 어머니에게 쓴 편지를 우연히 보고 깊은 감명을 받았다. 그 글이 실린 양심수후원회의 소식지를 지금도 소중히 간직하고 있다. 그가 왜 준법서약서를 안 쓰는지를 어머니한테 진정을 다해 말씀드리는 내용이다.

그는 수형생활에서 강요되는 전향을 단호히 거부했을 뿐만 아니라 전향제도의 폐지를 위해 끊임없이 투쟁했다. 편지에서 그는 이렇게 말한다.

> "그러나 사실 저도 전향제도가 두려웠습니다. 1986년 무기형으로 확정되어 대전교도소 15사로 이감 갔을 때, 전향하지 않는다고 30년, 40년 감옥살이하던 장기수 할아버지들, 산송장과 같은 그들과 맞닥뜨렸을 때, 전향하지 않으면 나 역시 저렇게 될 수밖에 없겠구나 하는 생각이 들어 너무나도 무서웠습니다. 암에 걸린 장기수 한 분이 비전향수라는 이유로 치료도 못 받고, 죽어가는 것을 무력하게 지켜보면서 이 억울한 감옥살이, 전향제도 없어지는 날을 위해 살아야겠다고 결심했습니다. 그동안 전향제도 폐지하라고 단식했던 날을 세어 보니 200일이 넘었더군요.…… 그리고 5월 말, 2년여 동안 준비했던 사상전향제도에 대한 개인 통보권 행사를 했습니다. 유엔 인권위에 전향제도를 시행하는 한국 정부를 상대로 제소를 한 것이지요. 국제사회에서 사상전향제가 양심의 자유를 침해한다는 논란이 크게 일었고, 특히 유엔 인권위에서의 폐지 권고가 수차례 있었기에 저의 제소가 승리할 것이라는 확신이 있었습니다."

이러한 투쟁의 결과로 그해 7월 1일, 사상전향제도가 폐지되고 준법서약제도가 도입되었다. 그러나 그 준법서약서마저 강용주는 거부했다.

나는 사상전향과 준법서약서를 끝까지 거부한 강용주라면 강인한 투사의 모습에 저음(低音)의 사나이일 줄 알았다. 그러나 그는 날렵한 몸매에 경쾌한 목소리를 가진 사람이었다. 어쨌든 그날 나는 강용주를 처음으로 생면했다. 너무도 늦은 만남이었다. 나는 우연하게 그의 옥중서신을 모은 책 『깊은 물에 큰 배 뜬다』(도서출판 전원, 1996)를 읽어서 먼발치서라도 조금은 그를 알고 있었다고 말할 수 있다. 이 책과 그와 관련된 이러저러한 글들을 읽고, 그 사람 강용주를 이야기하고자 한다.

강용주는 1962년 광주 월산동에서 6남 3녀 가운데 다섯째로 태어났다. 밑으로 여동생 둘과 남동생 둘이 있다. 둘째가 누나인데, 그 누나는 강용주가 구속되고 난 뒤 전남대 의대 앞에 '해방촌'이라는 음식점을 차려, 대학과 강용주의 끈을 이어 주었다. 이제 그는 누구인가, 그를 찾는 여정에 나서고자 한다. 그러나 이는 그에 관련된 글(내가 읽어 본)을 조립, 재편집한 것에 지나지 않는다. '진실의 힘'에 관계하고 있는 모든 사람들의 살아온 역정 하나하나가 역사요, 대하드라마감이지만 우선 강용주의 삶을 살펴본다.

평생 잊지 못할 두 가지

1980년 5월 26일 저녁, 광주 동신고등학교 3학년생 강용주는 어머니가 차려 준 저녁을 먹으면서 어쩌면 이것이 당신과 함께할 마지막 밥상이 될지도 모른다고 생각하면서도 저녁밥 한 그릇을 다 비웠다. 설거지를 하시겠다고 부엌으로 내려가신 어머니를 방으로 들어오시라 청해 놓고 말했다.

"오늘 밤 계엄군이 쳐들어온대요. 도청 지키러 갈라요."

"가지 마라. 거기가 어딘데 갈려고 그러냐."

"어머니, 모두들 자기 자식 죽을까 봐 못 가게 한다면 우리나라 민주주의는 누가 지키겠습니까. 오늘 밤만 이겨 내면 미국이 우리를 도우러 온대요. 저라도 가서 도청을 지켜야 광주가 삽니다. 어머니, 갈랍니다."

이미 교련복으로 갈아입고서 도청으로 갈 준비를 다 해 버린 자식을 앞에 두고 어머니는 자식의 손만 꽉 쥐며 놀라고 두려운 마음을 어쩔 줄 몰라 했다. 강용주는 어머니께 마지막 큰절을 올렸다. 어머니는 "용주야!" 부르시다가 용주를 껴안았고, 강용주는 자꾸 손에 힘이 들어가는 어머니 손을 풀고서 마치 밤마실이라도 나가듯 밝은 목소리로 "엄마, 갔다 올께라" 하고는 여운을 뒤로한 채 도청 앞 YMCA로 갔다.

자정을 넘어 계엄군의 공격이 시작되었다는 전달을 받고서 강용주는 수협 앞으로 배치되어 갔다. 칼빈 소총을 쥐고서 사격명령만 떨어지길 기다리는데, 도청 안에서 콩 볶는 듯한 총소리가 들려왔다. 얼마나 지났을까. 날은 밝아오고 어느덧 총소리는 멈추고 물을 끼얹은 듯 한 정적이 흘렀다. 도청 옥상으로 계엄군 모습이 언뜻 보이는가 싶더니 도청 앞으로 계엄군 척후가 왔다 갔다 했다.

정적 같은 시간이 지나고 난 뒤 도청 안에서 포로로 잡힌 시민군들이 두 손을 머리 위로 치켜들고서 나오기 시작했고, 주위에는 계엄군들이 무장한 채 지키고 있었다. "끝났구나"라는 생각이 스치고 지나가자마자 두려워지기 시작했고 어머니가 보고 싶어졌다. 살아야겠다는 욕구가 머리를 쳐들고 어머니 얼굴이 자꾸 떠올랐다. 이때부터 총을 버리고 도망을 쳤다.

높은 담을 몇 개나 넘고 넘어서 충장로 1가의 어떤 빌딩 지하에 숨어 있자니까 사람들이 도청 근처로 다니는 소리가 들려왔다. 한참을 살피다가 셔터를 열고 거리로 나서자마자 어머니가 거짓말처럼 그 앞에 서 계셨다. 어머니 품 안으로 달려가 안긴 그 순간에 "아! 살았다"라는 안도의 환성을 속으로 질렀고, 어머니도 죽은 줄 알았던 자식이 살아 왔음에 기뻐하셨지만 혹시라도 '폭도'라고 들킬까 봐 그저 두 손만 서로 꽉 잡고 계엄군 사이를 지나 집으로 돌아왔다.

그는 뒷날 이때의 일과 관련해서 이렇게 말한다.

"내가 평생을 두고도 잊지 못할 것이 두 가지 있다. 하나는 1980년 5월, 계엄군과의 총격전 당시 바로 내 옆에서 계엄군의 총탄에 맞아 피 흘리며 죽어가던 내 나이 또래의 시민 동지의 모습과 또 하나는 1980년 5월 27일 새벽, 도청이 함락될 때 총을 버리고 수협 도지부 옆

일본식 목조가옥 담을 넘어 도망치던 비겁한 내 뒷모습이다."

어머니와 함께 집으로 돌아왔지만, 상무대로 끌려간 사람들에 의해 자신의 이름이 밝혀져 금세라도 군인이 잡으러 올 듯싶어 집에서는 도저히 불안해서 있을 수 없었다. 친구 집에 가서 며칠을 보내다가 6월 초순 학교가 개학을 해서 학교에 갔다. 그러나 이미 예전의 자신이 아니었다. 열흘간의 항쟁을 경험해 버린 나! 죽음의 문턱에서 비겁하게 도망쳐 온 나! 수많은 사람들이 죽어갔는데도 살아 있는 부끄러움! 일주일 남짓 학교를 다니다가 자퇴서를 내고 말았다. 그리고 친구를 따라서 서울로 갔다.

허무와 좌절의 늪에 빠진 사람처럼 절에도 들어가고 여기저기 떠돌기도 하고 포장마차도 하면서 세월을 보냈다. 이렇게 정처 없는 생활을 하던 어느 겨울날, 점심 먹으러 집에 들른 강용주에게 어머니는 없는 반찬이지만 따뜻한 밥 새로 지어 먹이면서 내내 옆에 앉아 계셨다. 밥 한 그릇을 비운 뒤 어머니는 "부탁이 하나 있는데 들어 달라"면서 아들의 손을 잡았다. 어머니는 이윽고 강용주더러 고등학교 졸업장만 받아다 달라고 했다.

"대학교야 올해 검정고시 보고도 얼마든지 갈 수 있으니까 아무 염려 마시라구, 창피하게 친구들 다 졸업했는데 후배들과 어찌 함께 학교를 다니느냐"고 강용주는 단호하게 "못 하겠다"고 말씀드렸다. 그러자 어머니는 "네게 하는 마지막 부탁이다. 다시는 이런 부탁 안 할 테니 이것만은 들어다오. 나머지는 네 하고 싶은 대로 해라" 하셨지만 그는 요지부동이었다.

얼마 쯤 시간이 지난 뒤 어머니가 미닫이문을 열고 다시 건너왔는데 여전히 소리 없는 눈물만 흘리고 계셨다. 이를 보고 가슴이 찢어지고 아픈 마음을 어쩔 수 없어 아들은 어머니 등을 토닥거리면서 "제가 학교 갈게요. 그만 우세요"라고 말씀드릴 수밖에 없었다. 어머니는 언제 눈물 바람이었느냐는 듯이 환히 웃으며 아들의 손을 잡고 "고맙다. 용주야"를 연발하셨다.

강용주가 웃으면서 "그런데 책이나 교복이 있어야 다니죠" 했더니만 어머니는 장롱 문을 열고 이전에 입던 교복, 쓰던 책들, 들고 다니던 가방까지 다 꺼내 놓으시며, "꼭 다시 쓸 날이 있을 것 같아서 다 챙겨 두었다"고 하셨다. 그러나 학교에 다니겠다고 해서 끝나는 문제가 아니었다. 1980년에 시위를 계획하고 폭도처럼 총을 들고 다녔다고 교육위원회에서 복학을 안 시켜 주려고 해서 겨우 이듬해 4월이 되어서야 학교에 다닐 수 있게 되었다. 그것도 고3 때 담임선생님이 다른 학교로 전근가면서 교장선생님과 자신의 명예를 걸고 담판을 한 덕분이었다.

1982년 대학에 진학할 때 강용주는 서울로 가고 싶었다. 하지만 성적이 제대로 안 나와서 특차 진학은 불가능하고, 그렇다고 비싼 하숙비 부담하며 서울로 공부하러 갈 처지도 안 되어서 마음에 갈등이 많았다. 형님들은 사범대학에 가면 어떻겠느냐고 지나가는 소리로 권유했다. 우선 납부금이 싸고 졸업하면 임용이 보장되니, 가정 형편이 넉넉하지 못한 사람이 나니기엔 안성맞춤이랄 수도 있었다. 그러나 상용주가 사범대를 포기했던 이유는 1980년 5월을 겪으면서 이른바 민주화의 봄 때 보였던 선생님들의 모습과 피의 살육 뒤 폐허에서 바라본 선생님들의 모습이 너무도 달랐기 때문이었다.

원서 마감 전날, 진로를 결정지어 준 것은 담임선생님이었다. 뒤늦게 나타난 강용주를 보고 반가운 얼굴로 책망을 하던 선생님은 강용주에게 전남대 의대로 진학하라고 권했다. 강용주의 점수로 지방대에선 의대밖에 낼 데가 없다면서, 사실은 네가 안 오면 자신이 대신 원서를 낼 생각까지 했었노라고 말했다. 광주에서 학교 다니는 것 자체가 껄끄러웠지만, 그래도 의대는 그런대로 괜찮을 듯싶어서 선생님의 권유대로 따랐다.

전남대에 가서 합격을 확인하고 온 날 저녁, 밥상을 물리고 합격 소식을 전하는 강용주에게 어머니는 하실 말씀이 있다면서 이렇게 당부했다.

> "용주야, 네가 의대를 졸업해서 의사가 되더라도 돈 없다고 치료해 주지 않는 의사는 되지 말아라. 입원비 없다고 병원 문도 안 열어 주는 사람은 의사가 아니다. 의대에 들어간 너에게 이것 하나만은 꼭 얘기하고 싶다."

그는 자신이 뒷날 의대에 입학할 때의 심경을 이렇게 토로한 적이 있다.

“내가 처음 의예과에 입학할 때는 돈보다 사람의 생명과 건강을 소중히 여기는 의사가 되고 싶었습니다. 무의촌이나 시골에서 인술을 베푸는 양심적인 의사상이 내 꿈이었지만 1980년 광주항쟁의 기억은 결코 나를 그대로 내버려 두지 않았지요. 프란츠 파농이나 체 게바라가 되지 않고서는 아무것도 할 수 없었고, 오히려 손문(쑨원)이나 노신(루쉰)처럼 의학의 길 대신 변혁의 길을 걷도록 만들었고요. 물론 그 길도 사회의 질병을 고치고 해악을 털어 내는 길이니까 변함없는 ‘보건일꾼’이라 생각하지만요”(1994년 4월 10일자 옥중편지).

의학의 길이냐, 변혁의 길이냐

의대에 입학한 강용주는 오랫동안 학교를 떠나 있었다. 의예과 1년을 다니던 중 ‘지금 상태로는 나의 꿈(의사가 되어 무의촌 진료활동을 하는 것)을 실현시키기 어렵다. 민중적인 삶을 경험하겠다’라는 이유로 휴학계를 내고 탄광, 복사집 점원, 공장을 전전했다. 그때만 하더라도 민중 속으로 들어가는 것이 학생들 사이에 하나의 풍조였으니, 새삼스러운 것만은 아니었다. 대학에 들어온 강용주에게 1980년 5월은 늘 계속되고 있었던 것이다.

오랜 시간을 그렇게 보냈던 강용주가 다시 학교에 돌아와서는 이제 자신의 목표를 분명히 했다. 불모의 자연대와 의대에 학생운동의 씨앗을 뿌려 보자는 것이었다. 아주 짧은 시간에 의대에 탈춤반이 생겨났고, 의대, 치대, 약대, 자연대에 학술연구 동아리가 만들어졌다. 황무지와 다름없는 자연대에서 누가 시키지도 않았고, 지원하지도 않았던 일을 아주 성공적으로 이루어 냈다. 예전에 농활 갔던 시골에 다녀오는 등 일을 스스로 만들어서 했다.

경찰의 정보과 형사들이 강용주를 처음 잡으러 오던 날은 1983년 4·19 날이었다. 그가 의예과 2학년 때였다. 그때는 시위에 참여하기만 해도 강제징집을 당할 때라 4·19 기념식을 주동자 없는 자발적 집회로 만들기 위해 선배 한 명과 '페인팅 작업'을 하러 다닌 것이 들통 난 것이다. 그날 밤은 지산동 친구 집에서 자고, 한 달 넘도록 집에도 못 들어가며 밖에서 생활을 했다. 그러나 누군가의 중재로 조사만 받고 나오기로 합의가 되어 사건은 무마되었다. 군의관으로 가기로 했기 때문에 강제징집을 못 한 것이다.

1984년 11월, 학교에서 다음 해 초에 있을 총선에 대비해 총선 승리를 위한 '민주화투쟁위원회(민투)'가 발족되었는데, 강용주는 그 위원장이 된다. 1985년 초 12대 총선에서 신민당 돌풍이 일어나면서, 1980년 광주민주항쟁에 대한 재평가와 해석이 새롭게 나오고 미국의 본질에 대한 의문도 공개적으로 제기되기 시작했다. 광주에서도 3월 27일, 민투의 후신인 민주쟁취 민중해방 민족통일 투쟁위원회(삼민투)가 결성되었다. 그리고 그해 6월, 서울에서 미문화원 점거농성 사건이 일어났다.

이 무렵부터 강용주는 아주 불길한 신변의 위협을 느끼고 있었다. 안기부(현 국정원)에서 벌건 눈으로 그를 잡으러 다니기 시작했기 때문이다. 수도 서울은 권력 중추가 집중되어 있는 반면 1천만 인구가 모여 있는 곳이라 그 속으로 잠수를 타면 모래사장의 모래알이 될 것이라 찾아내기 어렵다고 믿고 그는 서울로 왔다. 딴에는 이전에 남민전 도피술을 읽어 둔 기억이 있어서 교통수단을 이용할 때면 나중에 타고 나중에 내리고, 앉을 때는 운전사 뒤쪽 자리에 앉고, 길을 걸을 때는 차선방향으로 걸었다. 그러나 그는 아무래도 아마추어를 벗어나지 못했다. 연락을 해서는 안 되는 줄 알면서도 의대생이 잘 다니는 맥줏집에 전화를 했는데 그곳이 도청당하고 있었던 것이다. 결국 그를 향해 시시각각 동심원으로 포위망이 좁혀 오고 있었다. 조여드는 압박감을 느끼고 도망치려 했으니 지친 육신과 전의를 상실한 마음이 도망칠 수 없게 만들었다. 있던 집에서 나와 다른 곳으로 옮기긴 했지만 돈도 없고 갈 곳도 없어서 먼저 있던 곳과 완전히 선을 끊지 못하고 있다가 잡히고 말았다. 남산으로 끌려갈 때에는 수중에 동전 몇 개밖에 없었다. 그렇지만 그동안 매우 많은 사람들의 도움을 받았는데, 뒷날 그들은 엄청난 고통을 겪어야 했다.

'조작간첩'이 되어

1985년 9월 9일, 국가안전기획부와 국군보안사령부는 이른바 '구미유학생간첩단 사건'의 수사 전모를 발표했다. 바로 다음 날, MBC는 보도특집을 통해 〈학원에 뻗친 붉은 손길—학원 침투 유학생간첩단 사건〉을 대대적으로 편성, 보도했다. 이 보도특집은 사건이 공식 발표되기 훨씬 전인 9월 1일에 제작되었다. 이는 이 사건이 철저하게 정치적으로 조작, 이용되고 있음을 말해 준다. 말하자면 이 사건의 조작과 발표가 철저하게 국면전환용, 정치공작용이었던 셈이다.

이 사건으로 사형선고를 받은 사람들 가운데 하나였던 김성만의 상고이유서는 이 점을 명백히 하고 있다.

> "1980년 이후 학생운동은 독재정권 타도만을 주장하던 한계를 넘어 한미관계에 비판을 가하며 미국을 제국주의 세력으로 인식했습니다. 급기야는 1985년 6월 서울 미문화원을 점거 · 농성하는 등 의식화된 학생운동에 위기의식을 느껴 정부가 학생운동 탄압을 실행해 옮기려 할 즈음 포착된 것이 바로 구미유학생간첩단 사건입니다."

이 사건에 강용주가 연루되었다. 안전기획부는 간첩 양동화에게 포섭되어 전남대에 민주화투쟁위원회를 결성하고, 그 위원장으로 학원가의 폭력시위를 주도했을 뿐만 아니라 광주 미문화원 방화계획 등을 수립했다는 것이 그의 죄목이었다. 강용주는 하루아침에 양동화의 간첩 하부망으로 조작간첩이 되어 버렸다.

한편 양동화의 혐의 내용은 "미국 웨스턴 일리노이 대학에 유학차 도미한 후 1984년 8월 재미 북괴공작책 서정균과 함께 뉴욕, 빈, 모스크바, 북경(베이징)을 통해 입북, 간첩 밀봉초대소에서 세뇌교육을 받고 노동당에 입당, 1984년 9월 중순 국내에 잠입, 전남대생 강용주 등으로 간첩 하부망을 조직하고 학생시위 배후조종 및 제2 광주사태 유발을 기도했다"라는 것이었다. 이 사건에는 앞서 말한 김성만과 훗날 『야생초 편지』로 유명해진 황대권도 각기 별도의 혐의로 기소되어 함께 재판을 받았다.

강용주는 자신이 간첩인 줄을 공소장을 받기 전에는 몰랐다. 그가 양동화를 만나서 조국의 반쪽인 북의 이야기를 한 적은 있다. 당시 그는 나라의 민주화와 민족의 자주화를 위해서는 민족대단결 의식으로 옳게 무장하고 북한 바로 알기를 해야 한다는 절박한 필요성을 느끼고 있었다. 그렇기 때문에 한국보다는 좀 더 사상의 자유가 보장된 미국에서 생활하고 온 양동화에게 북한에 대해 궁금한 것을 물어보았다.

그러나 양동화에게 들은 이야기는 별로 색다른 것이 없었다. 양동화는 재판과정에서 그가 북한에 간 것은 단지 잃어버린 민족의 나머지, 조국의 반쪽을 자신의 눈으로 보고 싶어서였다고 말했다. 강용주는 안기부에서 두 달 가까이 있으면서 폭력과 고문에 못 이겨 그들이 불러 주는 대로 썼지만, 거기에도 강용주가 무슨 군사기밀을 수집했다든지 또는 국가적으로 중요한 내용을 탐지한 사실은 없었다. 단지 「민주화의 길」, 「민주노동」 등 공개단체에서 나오는 자료와 「아방타방(我方他方)」 등 학생운동의 내부자료를 가방 속에 넣고 양동화의 집에 놀러 갔다가 양동화가 한국의 민주화운동에 대해 궁금히 여기기에 읽어 보라고 주고 온 것이 전부였다.

1985년 9월 9일, 구미유학생간첩단 사건에 대한 당국의 발표를 보고, 광주의 시인 문병란은 《민족문학》이라는 무크지에 〈특보 앞에서〉

라는 시를 써서 발표했다. 문병란은 운동권 학생들의 모임터 등에서 강용주를 두어 번 생면한 기억을 갖고 있었다.

평소에 잘 아는 제자가
간첩이 되었다는 특보를 보고
나는 깜짝 놀란다.……
네가 짊어진 십자가는 너무도 무겁구나
너를 묶은 오랏줄은 너무도 잔혹하구나
제자야, 간첩이 된 제자야
잘 못 가르치고 잘 못 배운
오늘의 슬픈 교단 위에서
너와 내가 주고받은 눈물
내 눈과 네 눈 속에 흐르는
그 진하디 진한 피눈물을 나는 안다
아, 진정 너의 죄목이 무엇인가 나는 안다.

양심 지키기

재판이 시작되었다. 그런 처지에 있는 사람들이 모두 그렇듯이 그도 자신을 도와줄 손길을 원했다. 말 한마디도 못 하게 하는 재판놀음에서 진실을 말하고 싶었고, 그런 기회만이라도 가질 수 있게 변호사가 있었으면 했다. 그러나 수임료를 정식으로 주고 변호사를 선임하는 것은 집안의 형편이 허락하지 않았다. 그때는 지금처럼 민변(民弁)이 있는 시절이 아니라, 신 · 구교회 인권기구에서 선별하는 사건만 제1세대 인권변호사들이 맡아서 변론하던 때였다. 어쨌든 강용주는 변호사의 조력조차도 받지 못한 채 재판을 온몸으로 감당했다.

결국 양동화 · 김성만은 사형, 황대권 · 강용주는 무기형이라는 중형을 선고받았다. 강용주는 끝이 보이지 않는 수형생활에 들어갔다. 1986년 그의 누나가 어머니와 함께 대전교도소에 면회 갔을 때의 일이다. 갑자기 교도관이 두 사람을 불러 "강용주가 전향을 하기만 하면 3년만 살고 출감할 수 있다"며 강용주를 설득해 달라고 부탁했다. 어머니와 누나는 전향이 무슨 말인지는 몰라도 설득하리라 마음먹고 면회장에 들어갔다.

"용주야, 전향이 뭐다냐. 너 전향하면 3년 후에는 나올 수 있다더라. 그걸 해야 빨리……."

용주가 재빨리 어머니 말씀을 가로막았다.

"아니, 제가 간첩입니까? 빨갱이입니까? 전향은 잘못을 시인하고 반성한다는 것인데, 그럼 제가 간첩질을 했다고 거짓말이라도 하라는 겁니까? 제가 간첩이에요? 네? 그런 말씀 하시려면 면회도 오지 마세요!"

이 일 이후로 어머니와 누나는 전향 이야기는 꺼내지도 못했다. 그러나 전향 문제는 수시로 그를 괴롭혔고, 그때마다 그는 단호하게 거부했다. 그래서 1988년 12월 21일 공범이었던 양동화와 김성만이 무기로, 황대권이 20년형으로 감형되었을 때도 강용주는 전향 거부로 감형 조치에서 제외되었다. 강용주는 1993년 3월 6일에 비로소 비전향 상태에서 20년형으로 감형되었다.

1990년 광주민주항쟁 10주기를 맞았을 때 그가 밖으로 써 보낸 편지에서 강용주는 사상전향제도에 관한 자신의 의견을 이렇게 피력했다.

"내가 전향을 하지 않는 것은 세 가지 이유 때문입니다.

첫째, 학생운동을 탄압하기 위해 날조된 간첩죄를 들씌운 구미유학생간첩단 사건 자체를 인정하지 않기 때문에 사상전향할 이유가 없다는 것입니다. 진리만이 우리를 자유케 할 수 있습니다. 거짓에 굴복할 수 없습니다.

둘째, 누구도 범할 수 없는 인간 양심의 자유를 유린하기 때문에 사상전향제도 자체를 반대합니다. 사람은 자연적 동물과 달리 사회적 존재로서 그 삶됨의 중요한 징표의 하나는 사상의식을 가지고 있다는 것입니다. 나는 사람으로서 인간답게 살고 싶습니다. 사람답기를 포기하라고 강요하는 사상전향제도에 반대하는 것은 너무도 당연한 것입니다.

셋째, 내가 가지고 있는 생각과 내가 한 행동은 모두 갈라진 조국이 통일되고, 민족이 외세의 군홧발에서 해방되고, 이 땅의 진정한 민주화가 이루어지기를 바라는 마음에서, 2,000 광주민중을 학살한 미국, 군부독재를 반대하고 같은 민족의 나머지 반쪽에 대해서 바로 알기를 원했을 뿐입니다. 또한 그것은 이 시대의 절박한 요구임과 동시에 6

천만 민중의 절절한 염원이기도 합니다.

나더러 전향을 하라고 강요하는 것은 시대의 요구와 민중의 염원을 배반하라는 소리입니다. 어떻게 그것이 전향할 내용이 될 수 있습니까? 전향 문제는 나에게 있어서 좌(左)와 우(右)의 문제가 아니라 진실과 거짓, 인간다움과 비인간화, 애국적인 것과 매국적인 것의 시금석입니다. 제아무리 예속정권이 나에게 비전향이라는 딱지를 붙여 놓아도 나는 다만 불의가 판치는 시대에 진리의 편에 서고자 하는 사람으로 노력할 뿐입니다."

강용주의 전향 거부는 서준식의 그것과 서로 상통하면서도 성격을 달리하는 측면을 갖고 있다. 사상의 자유를 몸으로 지켜 내야 한다는 점에서는 같지만 서준식의 그것이 순수한 양심과 사상의 자유에 더 집착하고 있는 데 반해, 강용주의 그것은 자기가 올바르다고 살아온 삶은 결코 훼손될 수 없다는 신념이 굳게 자리 잡고 있다는 점에서 미묘한 차이를 드러내고 있다.

강용주의 '양심 지키기'는 처연한 고행이었다. 어느 시인의 표현대로 '총구가 머리를 헤집었을 때 그들이 시키는 대로 하는 개'가 되었던 자신, 선배와 동료들은 물론 자신을 숨겨 주고 아껴 주었던 사람들마저 불어 범아가리로 몰아넣었다는 자책감과 망가질 대로 망가져서 쓰레기통에 처박혀 버린 영혼을 일으켜 세우고 싶다는 간절함을 '양심 지키기'라는 싸움에 걸고 있었다. 어머니는 첫 면회 때 텔레비전에 나온 강용주 이야기를 하면서 "매 앞에 장사 있다냐? 시켜서 그런 건

줄 다 안다"라고 하셨지만 강용주에게는 그것이 오히려 부끄러움만 키워 주었을 뿐이었다. 더구나 그가 6년 넘게 생활했던 대전교도소에는 58명의 비전향수들이 있었다. 그들은 대개 복역기간이 20년, 30년, 또는 40년 이상인 사람도 있었다. 이들 대부분이 60세 이상 고령인데다 오랜 옥고와 교도소 안의 비인간적 처우 때문에 심장병, 고혈압, 반신불수 등의 병을 앓고 있었다. 교도소 안에서 가장 젊은 강용주는 병약한 장기수 노인들의 손발이 되어 청소와 빨래 등 궂은일을 도맡아 하면서 그들과 함께 민주화와 전향제도 폐지, 양심수 석방을 위한 옥중투쟁을 전개했다.

1998년 7월 1일, 양심의 자유를 침해한다는 이유로 사상전향제도가 폐지되고 준법서약제도가 도입되었다. 그해 8월 15일 대통령의 특별사면 때 김대중정부는 "죄 짓고 들어온 사람을 내보낼 때 서약서는 최소한의 요구"라면서 석방 대상자들에게 준법서약서를 요구했다. 그러나 강용주는 이를 단호하게 거부했다. 그와 함께 재판을 받은 사람들은, 사형을 선고받았던 사람까지도 13년 2개월 만에 모두 석방되고 그만 남았다. 이렇게 하여 그는 전향서나 준법서약서 같은 것을 쓰지 않고 14년간을 복역함으로써 세계 최연소 장기수가 되었다.

준법서약서를 쓰고 나오기를 바라는 어머니는 접견 때마다 내내 울고만 있었고, 그 역시 울고 말았지만, 그는 다른 사람이 석방되던 8월 15일, 바로 그날 어머니에게 이런 편지를 썼다.

"서약서를 쓰면 나갈 수 있고, 어머니 고통도 끝날 수 있는데 저는 도무지 그것을 할 수가 없습니다. 왜 준법서약서는 쓸 수 없는가? 그것은 양심의 자유를 침해당할 수 없다는 생각 때문입니다.…… 마음 속으로 어떤 생각을 갖고 있든 간에 그것은 나의 자유이고, 국가 권력은 간섭할 수도 없고 간섭해서도 안 될 것입니다. 차라리 서약서에 불복종하여 계속 갇혀 있는 편이 제 양심의 법정에서 떳떳한 일이라는 생각이 들었습니다……. 하지만 일흔셋의 당신을 생각하면 아려 오는 아픈 가슴은 어쩔 수가 없네요."

광주를 끌어안고, 광주와 함께

1999년, 14년의 감옥생활을 끝내고 세상에 나온 강용주는 전남대 의대에 복학한다. 늦깎이 의학도로 출발할 수 있도록 도와준 사람은 선배와 동료들이었다. 그들은 학비와 생활비를 대신 내 줬고, 함께 공부한 98학번 후배들도 필기노트를 빌려 주는 등 많은 도움을 주었다. 300명 들어가는 계단식 강의실에서 교수의 침이 튀기는 앞자리를 고정석처럼 맡아 놓고 거기서 졸며 공부했다. 어떤 교수는 "절대 안 봐준다. 제대로 올라가나 보자"라고 했지만, 다행히 유급 없이 5년 만에 대학을 졸업했다.

그는 인턴, 레지던트를 거쳐 2008년 가정의학 전문의가 되었다. 2009년 5월, 서울 중랑구 면목동 동부시장 안에 개인병원 '아나파의원'을 열었다. 수련의 동기로 1년 먼저 대전에서 개업한 친구 병원의

와락센터에서 '진실의 힘' 독감예방접종을 마치고(책상 앞에 앉은 사람 중 맨 오른쪽이 강용주).

이름을 베껴 썼다.

사실, 그의 의사로서의 소양과 지향은 이미 그가 고등학교를 졸업하고 의대를 지망할 때 닦여져 있었다고 볼 수 있다. 감옥 안에서도 끊임없이 의학 또는 의학 관련 서적을 읽고 탐구했으며, 감옥 안에서 의학 관계 서적을 번역하기도 했다. 감옥 안에서 써서 밖으로 내보낸 편지글 가운데는 그가 얼마나 의사로서의 소명에 다가가고 있는지, 더 나아가 이 사회의 모순과 질곡을 고치는 의사가 되기 위해 고뇌하고 있는지를 깨닫게 해 주는 글이 적지 않다.

그가 의사가 되고서 한 첫 번째 사업이 민가협과 함께 '고문치유모임'을 만드는 일이었다. 그에 따르면, 양심수도 재야 단체, 학생운동 등 출신에 따라 계급이 있는데, 조작간첩은 그 서열에도 끼지 못하는

'불가촉천민'이라고 한다. 신념을 갖고 투쟁하다 잡혀간 게 아니라는 이유에서다. 그 자신도 조작간첩 사건으로 재야 단체나 인권변호사들의 도움조차 받지 못했다. 납북 어부, 힘없는 납북 또는 월북 가족 등이 조작간첩 사건으로 겪은 고난은 누구보다 컸으나, 그들은 어디에 호소할 데도 없었고, 알아주는 사람도 없었다. 치유모임에 참여했던 조작간첩 피해자들은 재심에서 무죄를 선고받고 배상금의 일부를 추렴해 2009년 '진실의 힘'을 설립했다. 이들은 정기적으로 가슴에 맺힌 한을 풀어내는 '마이데이 맘풀이' 등을 통해 정신적 트라우마를 치유하면서 서로를 보듬는다.

강용주의 어머니에게도 가슴에 떡 닿는, 비수로 찔린 것 같은 상처가 있었다. 강용주가 잡혀서 재판을 받고 있는데, 어느 날 어머니가 길을 가다가 강용주의 고등학교 때 친구를 만났다. 하도 반가워서 'OO야!' 하고 부르려고 하는데, 그는 아무 말 없이 타고 오던 자전거를 되돌려 갔다고 한다. 이것이 어머니한테 큰 상처가 되었다.

'5 · 18 광주'는 강용주에게 굴레이자 풀어 나가야 할 영원한 숙제다. 그 굴레에서 그는 벗어날 수가 없는 사람이다. 이제 의사가 된 그에게 남겨진 또 하나의 과제는 5 · 18 광주의 트라우마를 치유하는 일이다. 그는 말한다.

> "5 · 18은 광주 시민이라고 하는 공동체가 함께 싸우고, 함께 상처를 입은 사건이다. 광주는 공동체 자체가 국가로부터 폭력을 당했기 때문에 공동체가 같이 치유받아야 한다. 우리가 5 · 18 때 경험한 대동

세상이 해방의 공동체였다면 또 한편에서는 트라우마 공동체라고 할 수 있다."

2012년 10월, 늦었지만 '5 · 18 광주'로 상처받은 영혼들의 치유캠프인 '광주트라우마센터'가 문을 열자 강용주는 그 센터장을 맡게 된다. 하지만 어쩌면 그것은 예정된 운명이었는지 모른다. 그 자신이 희생자요 피해자였으니, 그만 한 적임자가 없다고 할 수 있다. 그는 광주에 가서 "이 땅의 민주주의를 위해 싸우다 상처투성이가 된 여러분의 가슴에 달린 녹슨 훈장을 깨끗이 닦아서 빛이 나도록 해 드리고 싶다"라고 말했다.

그에 따르면, 국가폭력에 의한 상처의 치유는 먼저, 화해와 용서가 선행되어야 한다. 그리고 화해와 용서를 말하려면 정의의 실현, 즉 진실 규명과 가해자 처벌이 전제되어야 한다. 정의 실현 없는 용서와 화해는 진정성도 없으려니와 지속 가능하지 않기 때문이다. 게다가 이제까지 있어 온 과거 청산은 집단 배상이 아니라 재심과 무죄를 전제로 개별 배상만 하는 데다, 그나마 김대중 내란음모 사건이 제일 먼저 무죄를 받고, 그다음은 방귀깨나 뀌는 운동권 인사들이 받고, 가장 고통받고 힘없는 사람들은 그 혜택을 거의 보지 못하고 있다.

5 · 18기념재단이 2008년에 조사한 자료에 따르면, 5 · 18 참가자 자살 비율은 10.4%로 일반인의 500배에 이른다. 10명 가운데 8명은 직접적인 고문과 학대를 받았으며, 9명은 자살 직전까지 기도원이나 정신병동에서 보냈다. 이런 점에 비추어 볼 때 5 · 18 광주 참가자들의

광주트라우마센터 개소식에서(2012).

트라우마 치료는 시급한 시대적 과제가 아닐 수 없다. 상당한 전문성과 치밀한 치유과정이 필요한 이 사업이 30여 년이 지난 뒤에야 시작된 것은 만시지탄이 아닐 수 없다. 그러나 강용주는 5 · 18에 참여했던 한 사람으로서 그 트라우마를 치유하기 위해 1주일에 한 번 광주를 오가며 그 아픔을 같이하고 있다.

그 자신이 환자이면서 의사로 그 누구보다 바쁘게 살고 있다.

19

민주화운동의 보이지 않는 손

강은기

아! 김재규, 그리고 강은기

졸저 『진실, 광장에 서다: 민주화운동 30여 년의 역정』을 출간했을 때, 서평을 통해 뼈아픈 충고와 질정은 물론 따뜻하고 고마운 의견을 들려준 사람들이 많았다. 그것들은 커다란 위안과 힘이 되기도 했으며, 어설픈 책을 냈다는 자책과 부끄러움을 적지 않게 덜어 주었다.

그 가운데 《창작과비평》에 서강대 손호철 교수가 쓴 서평이 기억에 남는다. 그는 이 책이 "딱 필요한 때에, 딱 필요한 저자가 쓴, 딱 필요한 책," "민주 시민으로서 모든 국민들이 의무적으로 읽어야 하는 국민교과서"라는 과분한 찬사와 함께 이런 지적도 했다.

"이 책은 학술적인 저작이 아니다. 그럼에도 불구하고, 저자는 자신의 생생한 체험과 온갖 자료, 그리고 건전한 상식을 통해 주요 사건들을 객관적으로 그려 내고 있다. 그 대표적인 예가 10·26과 김재규에 대한 분석이다. 저자는 김재규가 유신 이후 박정희를 여러 차례 암살하려 했다고 기술하고 있다(312면). 개인적으로 이러한 주장을 읽는 순간, 저자가 객관성을 잃고 검증되지 않은 김재규의 주장을 일방적으로 서술하는 게 아니냐는 생각이 들어 고개가 갸우뚱해졌다. 그러나 한 변호사가 녹음한 김재규의 육성을 들어 보고, 그것이 거짓인지 아닌지 알 수 있었다는 말(323면)에 상당 부분 의구심이 풀렸다. 때로는 엄격한 학문적 검증 방법보다 건전한 상식과 영혼의 울림에 기초한 판단이 더 설득력이 있는 것이다.……"

서평을 읽고 나서 손호철 교수에게 과분한 서평에 감사하다는 인사와 함께 1980년 봄에 김재규 구명운동을 위해 편집해서 펴냈던 '김재규와 10·26'에 관한 자료집 한 권을 부쳤다. 그 책은 따로 제목을 달지 않았다. 그가 지적한 대로, 나는 그때 김재규의 육성 녹음을 듣고 그의 당당한 사나이다움에 반했고, 그의 남자다운 의리에 감탄했으며, 그의 애국적 충정과 진실의 토로에 감복했었다. 다른 사람들도 그의 육성을 직접 듣는다면 같은 느낌을 가질 수밖에 없을 것이라고 지금도 확신한다. 손호철 교수에게 그 책을 보낸 것은 비록 육성 녹음은 아니지만, 그 자료집을 읽으면 '김재규와 10·26'에 대해 어느 정도는 같은 느낌을 공유할 수 있으리라 판단했기 때문이다. 또 지금은

강은기.

희귀본이 된 그 자료집을 이 나라의 유수한 정치학 교수가 한 권쯤 가지고 있는 것도 나쁘지 않을 것이라 생각했다.

그러면서 이 책을 내게 된 전후 사정과 그 배경을 연상하지 않을 수 없었다. 그때는 김재규를 살려 낼 수 있느냐 없느냐에 따라 박정희 죽음 이후 이 나라 민주화의 성취 여부가 달려 있다고 보았다. 어떻게든 김재규를 살려 내야 한다고 생각했다. 모든 언론이 전두환 군부에 의해 철저히 통제되고 있는 상황에서, 무엇보다 김재규의 진실을 알리는 것이 시급했다. 김재규 구명운동을 위해서는 김재규의 진면목, 즉 그가 누구이며 왜 10·26 사태를 일으켰는지를 진실 그대로 알리는 것이 급선무였다. 특히 재판 과정에서 드러난 10·26 거사의 동기와 목적을 알려야 한다고 생각했다. 김재규가 어머니에게 바친 시, 재판 과정, 1·2심 최후진술, 항소이유서, 보충서, 강신옥 변호사가 쓴 항소이유서를 바탕으로 내가 작성한 김재규의 경력과 인품, 이돈명 변호사가 쓴 변호인단의 상고이유서, 그리고 수녀장상연합회의 기도문 등 구명운동 관계 자료를 한 권의 책으로 묶었다. 그러나 그것을 어떻게 펴내느냐 하는 것이, 특히 인쇄가 문제였다.

마침, 구속자가족협의회 일을 도맡아 하던 김한림 여사가 이를 인쇄해 줄 데가 있다고 했다. 우리는 김한림 여사를 통해 인쇄를 맡겼고, 약속된 시간에 상당한 분량의 책을 건네받았다. 인쇄 비용은 천주교정의구현전국사제단의 도움을 받았다. 우리가 인쇄된 책을 넘겨받고 난 바로 몇 시간 뒤 인쇄소에 기관원들이 들이닥쳐 나머지 책들을 압수해 갔고, 인쇄소 주인은 연행된 뒤 구속되었다는 이야기를 들었다. 그리고 김한림 여사는 노령에 수배자가 되어 2~3년 동안 거리를 방황해야 했다. 그 인쇄소 주인의 이름이 강은기라는 것은 뒤에 알았다. 강은기는 계엄사 군법회의에서 3년형인가를 받아 복역하고 나왔다. 그리고 세월은 흘렀다.

민주화운동의 보이지 않는 손

2002년 12월경, 민주화운동기념사업회에서 나오는 월간지 《희망세상》을 뒤적이다가 화들짝 놀랐다. 거기에는 강은기가 그해 11월 9일

지병으로 타계해 보라매병원에 빈소가 차려졌다가, 11월 12일 민주사회장으로 장례가 치러지고, 마석 모란공원 민족민주열사묘역에 묻혔다는 기사가 실려 있었다. 그를 단 한 번도 만나 보지 못했는데, 그가 가 버리다니 황당한 느낌이 먼저 들었다. 사실 항상 그에게 진 빚을 의식하지 않을 수 없었다. 언젠가는 그를 만나 1980년, 전두환 군부의 살벌한 분위기 아래서 그 어렵고 힘든 일을 해 준 것에 대해 감사를 표시하고, 그로 하여금 감옥까지 가게 한 데 대해 진심으로 사죄하고 싶었는데, 그가 서둘러 가 버렸다. 이제는 사죄할 기회를 영원히 잃어버렸다. 그동안의 무심과 게으름이 그렇게 후회스러울 수가 없었다. 그때부터 어떠한 형태로든 그와 드러나지 않게 맺어진 인연을 세상에 밝히고, 살아생전에 미처 하지 못했던 사과도 해야 한다고 생각하고 있었다. 그리고 이참에 미처 몰랐던 그의 생애를 더듬어 보는 것이 예의가 아닐까 싶다.

그의 죽음 소식을 들으면서 먼저 다행스러웠던 것은 그의 죽음이 결코 초라하지 않았다는 사실이다. 나만 몰랐지, 그때는 이미 많은 사람들이 인쇄를 통해 혁혁하게 민주화운동에 기여한 사람으로 그를 기억하고 있었다. 그의 장례가 민주사회장으로 치러지고, 그의 유해가 모란공원 민족민주열사묘역에 묻혔다는 사실이 그것을 말해 준다. 그것마저도 최근에야 뒤늦게 찾아 읽었지만, 그때 《한겨레신문》에는 그의 죽음을 안타까워하는 조사가 실렸는데, 조사에는 이런 내용이 담겨 있었다.

"당시 서슬 퍼렇던 긴급조치 9호는 막걸리 마신 김에 높은 사람 험담 한마디만 해도, 감옥에 잡아넣곤 했다. 특히 유별난 건 '유언비어' 다스리기였다. 인쇄 시설이 영세하던 그 시절에는 등사판으로 유인물을 긁기 일쑤여서 어엿한 활판인쇄기로 찍어 내는 문건은 금세 그 제작처가 드러나기 마련이었다. 그 많은 불온 문서와 책자들이 '세진문화사'라는 인쇄소에서 쏟아져 나온다는 것이 드러났고, 그 사장 강은기 청년은 당시 중앙정보부나 경찰에 잡혀 가서 고문과 매질을 당하곤 했다"(김종철의 조사 중에서).

《희망세상》(2005년 5월호와 6월호)에 그의 일생이 소개된 바 있다. 그런데 1979년 YH 여성 노동자들의 유인물, 5 · 18 광주민중항쟁 관련 화보집 등 유인물, 청계피복노조 합법화투쟁 관련 유인물, 민청련 · 민통련 기관지와 관련 유인물, 서울대 김세진 자료집 등이 모두 강은기의 인쇄소에서 제작되었다고 했다. 나도 그 유인물들을 받아 보기도 했고, 어떤 유인물에는 창간사 등 글을 쓰기도 했다. 그렇지만 그 모든 것이 강은기의 '세진문화사'에서 찍혀 나왔다는 사실은 미처 몰랐다. 다만 이제는 이런 유인물도 나올 수 있구나 하고 민주화운동 역량이 강화된 사실에 고무되었을 뿐이었다. 사실 모두 지난 다음 민주화운동의 전 과정을 돌이켜 보면, 어떠한 일이 꼭 필요할 때 그때마다 반드시 그 일을 맡아 주는 사람이 있었다. 어떻게 보면 기적 같은 일이었다. 사람이 하는 일이 아니라, 보이지 않는 손이 이끌어 주는 것만 같았다. 그렇지 않았다면 민주화운동, 그 30년의 역정이 그때마다 그렇게 연면하게 이어지고 발전해 나올 수 없었을 것이다. 우리가 뒤늦게 알았지만, 그 '보이지 않는 손'의 하나가 바로 강은기였다.

'무(無)'를 아는 사람

강은기를 민주화운동과 연결시키는 촉매 역할을 했던 이는 이해학 목사다. 이 목사에 따르면, 강은기는 1972년에 이미 민주화운동과 인연을 맺기 시작한다. 1972년, 빈민선교 단체인 수도권특수지역 선교위원회에서 '유신 직후에 크리스천으로서 이 독재의 시대를 어떻게 살 것인가' 하는 문제를 정리한 「72년 신앙고백서」라는 선언문을 발표했다. 이 단체는 박형규 목사가 주축이 되어 활동하고 있었는데, 이 단체의 총무인 권호경 목사는 이 선언을 소책자로 제작하려 했다. 그때 이해학 목사가 강은기를 데려왔다. 이 소책자의 제작을 부탁받은 강은기는 직원들을 다 퇴근시킨 뒤, 문을 걸어 잠그고 활판인쇄의 전 공정을 혼자서 다 처리해 냈다. 그 추운 밤 꽁꽁 언 손으로 혼자서 활자를 뽑고, 조판을 하고, 교정을 보고, 인쇄를 걸고, 제본까지 해서, 그 다음 날 아침 종로5가에 납품했다. 이때부터 종로5가, 그리고 민주화운동과 인연을 맺기 시작했다. 강은기를 김한림 여사가 알게 된 것도 이 무렵부터의 일이 아니었던가 싶다.

인쇄 작업을 할 때는 유격전까지 폈던 그였지만, 그의 행동은 늘 혼자였고 뒷전이었다고 한다.

"그는 늘 구석에 앉거나 서 있었다. '긴급조치시대'로 불리던 1970년대 후반부터 6·10 항쟁의 열기가 전국을 후끈 달구던 1980년대 중반까지 서울 종로5가 기독교회관 강당에서 매주 열리던 기도회에서도, 승리의 함성이 드높던 6월의 거리에서도 그의 자리는 언제나 그늘진 곳 아니면 구석이었다.…… 늘 허름한 점퍼 차림인 30대 초반의 그 청년은 '운동권'에 알려진 사람이 아니었다. 그래서 그는 인권기도회나 민주화운동 집회에서 형사나 기관원으로 몰릴 수도 있었다. 그러나 그는 자기에게 쏠리는 의심의 눈초리들을 아랑곳하지 않고, 그런 모임에 거의 빠지지 않고 참석했다"(《한겨레신문》, 김종철의 조사 중에서).

생전에 그를 만나 보지 못했지만, 그의 일생은 투사라기보다는 도인이나 이인의 삶이 아니었나 싶다. 우선 그가 살아온 인생역정이 그렇다. 한때는 산문에 들기도 했고, 한때는 류영모, 함석헌 선생을 따라다녔으며, 사람들과 공동생활을 할 때는 거리낌 없이 말을 툭툭 내뱉어 남을 곤혹스럽게 하기 일쑤였다. 그래서 그에게 붙은 별명이 도인, 또는 스님이었다. 이해학 목사의 「함석헌과 나, 그리고 생명공동체」라는 글에는 강은기와 관련된 구절이 이렇게 나온다.

"1970년 4월 19일 《사상계》가 폐간되자 《사상계》의 정신적 맥을 이어가는 《씨알의 소리》가 4·19 학생혁명 10주기를 기념하여 창간된 후 폐간과 복간을 거듭했다.…… 그 잡지가 급기야 탄압을 받아서 인쇄소에서 재단을 못한 채 접지로 된 책을 장준하 선생이 몇 권씩 책가방으로 빼내서 발송하고 있을 때, 인쇄업을 하는 고향 선배 강은기 선생이 그 책을 버스에서 팔았다는 말을 듣고, 달려가 나도 팔겠다고 했을 때는 이미 팔 책이 없었다."

아무 거리낌 없는 무애의 면모가 그에게는 있었던 듯하다. 시속(時俗)에 초연했던 모습이 사람들의 기억으로 조금씩 드러나고 있다. 예컨대 그는 공부에 목말라하지도 않았으며, 사회적인 욕심도 없었다. 외상값을 달라고도 하지 않았으며, 돈에 목을 매지도 않았다. 1988년 9월 3일, 조판, 오프셋 인쇄, 라미네이팅, 표지, 장정, 도안, 기획 분야 종사자 24명으로 더불어 '인쇄문화운동협의회'라는 것을 만들어 초대 회장이 된 것이 그의 공식적인 사회 활동의 전부였지만, 그 동지들이 1990년대에 흩어질 때도 그는 담담했다고 한다. 그는 인쇄문화운동협의회의 발족 취지를 "긴급조치, 포고령, 계엄령 때 유인물, 선언문, 성명서 등을 찍어 낸 인쇄인은 영락없이 연행되거나 구류를 살았는데, 이런 문제들이 생길 때 수수방관하지 않고, 서로 연대해 나가자는 것"이라고 밝혔지만 정작 그는 잡혀 들어가지 않은 경찰서나 정보기관이 없었다. 아마도 남영동에까지 잡혀가 곤욕을 치른 인쇄인은 강은기밖에 없을 것이다.

어쩌면 그는 연행과 구류, 구속 같은 것들에조차 초연해 있었는지 모른다. 언젠가 누가 그더러 왜 공부할 생각을 하지 아니하냐고 묻자, "공부해 봤자 유식한 놈밖에 더 되겠느냐. 나는 차라리 '무(無)'를 아는 사람이 되겠다"고 했다 한다. 치열했던 1970, 80년대를 허허 웃으면서 살다 간 것이 강은기의 참모습이다. 이렇게 말하면 내가 강은기를 잘못 보는 것인가. 아마도 지금쯤 강은기는 연행과 감시, 구류와 구속이 없는 세상에서 유유히 소요유(逍遙遊)하고 있을 것이다. 강은기 선생이여, 이 사람의 불찰과 비례도 허허 웃으며 용서하시라.

20

민족과 문명의 대사상가

정수일

위공 정수일 하면 다산 정약용을 연상하지 않을 수 없다. 이는 비단 나뿐만이 아닐 것이다. 다산이 18년 유배생활을 하면서 500여 권의 저작을 남긴 것이나, 위공이 감옥생활을 하면서 2만 5천 매의 글을 쓴 것은, 그 고난의 역정이 비슷하고, 또한 두 사람의 저작이 모두 다 학문적 성과에서 역사에 길이 빛날 것이라는 점에서도 그러하다.

다산이 정쟁의 소용돌이 속에서 "겨울 시내를 건너듯 신중하게 하고(與兮 若冬涉川) 사방을 두려워하듯 경계하라(猶兮 若畏四隣)"라는 노자의 말을 빌려 여유당(與猶堂)으로 당호를 짓고 항상 조심스럽게 살았던 것이나, 위공이 한국에 스스로 걸어 들어와 불안한 신분으로 항상 노심초사했을 것도 닮아 있다.

다산이 신유추안(辛酉推案)에서 형님의 죄상을 묻는 대목에 이르자 "위로는 임금을 속일 수 없으나, 또한 아래로는 아우가 형의 죄를 증언할 수도 없습니다"라고 한 것은 분명 명답이기는 하지만, 이럴 수도 없고 저럴 수도 없는 다산의 처연한 처지에 저절로 숙연해지는 것이나, 위공이 국가보안법 위반으로 법정에 섰을 때의 상황에 연민하지 않을 수 없었던 것 또한 비슷하다.

어디 이뿐이랴. 아들에게 보낸 편지에서 "이제 너희들은 망한 집안의 자손이다." "폐족으로 잘 처신하는 방법은 오직 독서하는 일 한 가지밖에는 없다." "내 책이 후세에 전해지지 않는다면 후세 사람들은 단지 사헌부의 계문과 옥안만을 믿고 나를 평가할 것 아니냐"라는 다산의 학문적 열정과 나라를 사랑하는 절규는 정수일의 옥중편지 『소걸음으로 천리를 가다』(창비, 2004)에도 절절이 담겨 있다.

쓰는 과정의 고난 또한 비슷했다. "말 그대로 한증탕 같은 여름철, 더덕더덕 땀띠 돋아난 엉덩이를 마룻바닥에 붙이고 하루 열댓 시간씩 뭉개면서 내가 내내 생각한 것은 유배생활 18년간, 500여 권의 저서를 남긴 다산 정약용 선생이었다. 선생은 줄곧 앉아서 너무 오래 글을 쓰다 보니, 엉덩이가 짓뭉개져 벽에 선반을 매고 일어서서 썼다고 한다. 실감 나는 이야기다. 어떤 역경 속에서도 절차탁마(切磋琢磨)하고 마부위침(磨斧爲針)하는 선현들의 불요불굴의 의지와 실천은 이 책의 번역 과정에서도 내내 옮긴이의 귀감이었다"(『이븐 바투타의 여행기』, '번역 후기', 창비, 2001).

2013년 8월, 나는 다산연구소와 실학박물관이 주관했던 '실학기행

정수일.

2013'을 다녀왔다. 그때 성호(星湖) 이익(李瀷, 1681~1763)의 묘소를 둘러보았는데, 묘소는 매우 검소하고 아담했다. 묘소 앞에는 당대의 학자이자 정치가였던 영의정 채제공이 지은 묘갈명이 새겨진 비 하나가 서 있었다. 강석 박석무가 일깨워 줘서 알았지, 그렇지 않았다면 까막눈으로 그냥 지나쳤을 것이다. 그 내용이 참으로 아름답고 명문이어서, 성호 이익은 결코 역사 속에서 외롭지 않겠구나 여겨졌다.

抱道而莫能致澤 一世之不幸	포도이막능치택 일세지불행
著書而亦足嘉惠 百世之幸	저서이역족가혜 백세지행
天之意無乃在是歟 一世短而百世永	천지의무내재시여 일세단이백세영
銘先生而勉吳黨盍 與讀先生書	명선생이면오낭합 여독선생서

傳統由己而由人乎　　　　　　　　　전통유기이유인호

도(道)를 알고서도 혜택을 끼치지 못했으니 일세의 불행이로다
책을 저술해 아름다운 혜택이 넉넉했으니 백세의 다행이로다
하늘의 뜻은 아마도 거기에 있었지 않을까, 한 세대야 짧지만 백세는 길도다
선생의 명문을 지으며 우리 후학들에게 권면하노니 왜 선생의 저서를 읽지 않으려 하는가
학통을 전해 가는 일 자기가 해야지 남이 해 줄 것인가?

저서를 통한 혜택이 백세토록 영원하리라는 그 글 속에 성호의 일생이 헛된 것이 아니었음을 위안 웅변하거니와 그것은 다산 정약용에게도 그리고 위공 정수일에게도 적용되어야 할 내용이 아닌가 싶다. 이제는 성호전서가 완간되어, 그의 위대한 학문을 접할 수 있게 되었고, 다산 정약용의 저작 또한 겨레의 자랑이자 세계의 기록이 되었으며 머잖아 위공 정수일의 저작물 역시 그 혜택이 백세에 영원하리라고 나는 믿는다.

검사와 판사도 인정한 학문 연구

정수일은 1996년 11월 28일, 국가보안법 위반으로 사형을 구형받았

다. 그리고 2주 뒤 15년형을 선고받았다. 그의 표현대로, 그 2주 동안 정수일은 생의 인위조작적 유한에서 자연순환적 유한으로 복귀한다. 정수일은 생과 사를 넘나들던 그 2주일을 '마(魔)의 2주'라고 이름 붙였다. 그러나 그는 이 기간에도 번역에 전념해, 문명교류사의 제1호 고전 격인 영국 동양학자 헨리 율(Henry Yule, 1820~1889)의 저서『중국으로 가는 길』의 26절부터 39절까지를 엮어 냈다.

판사는 선고하면서 "피고인은 소설 같은 인생을 살아온 사람"이라고 서두를 뗐다. 판결문에서는 "개인적으로 정세분석 보고 이상으로 학문 연구에 가치를 두었고, 이러한 피고인의 행위가 단순히 자신의 신분을 위장하기 위해서라기보다는 학문적 열정에 따른 것임을 알 수 있다"라고 하여, 그의 학문에 대한 열정을 인정, 평가하고 있다.

선고를 받기 바로 전날 오후 정수일은 검찰청에 출두했다. 선고를 앞두고 있는 만큼 가슴은 좀처럼 누그러들지 않았다. 오랜만에 나타난 검사와 사무관은 정수일이 구속되기 전 몇 년간 심혈을 기울여 집필한『고대문명사』원고가 입력된 컴퓨터와 일부 복사된 원고를 정수일 앞에 내놓았다.

어느 날 법정 신문에서 우연히 이 미완의 책 문제가 제기되었다. 정수일은 서슴없이 학계와 후학들을 위해 필요한 이 책만은 건져 보고 싶다는 간절한 소망을 토로했다. 비록 법정에선 피고인이지만, 학문에 웃고 우는 한 학자의 절규에 가까운 심경을 듣고 검사의 마음이 움직인 것이다.

그 원고에 수갑이 채워진 손길이 닿는 순간 정수일은 짜릿한 전율을 느꼈다. 가슴속 깊은 곳에서는 뜨거운 것이 뭉클했다. 증발된 것으로만 여겨 왔던, 그 땀이 배고 손때 묻은 작품이 되살아난다는 감격으로, 그리고 학문이 귀히 여겨져야 한다는 그 예지 앞에서 종시 흥분을 가라앉힐 수가 없었다. 몇 시간 동안 뒤죽박죽이 된 원고를 정리해 놓고 왔다. 검사는 형이 확정되면 담당 변호사를 통해 집으로 돌려보내겠다고 했다. 정수일은 자신에게 남아 있는 밑천이라고는 학문밖에 없다는 것을 절감하고, 감옥 안에서 학문에 몰두한다.

1996년 12월 30일, 정수일은 면회 온 아내한테서 단국대 대학원에서 자신의 박사 학위를 취소했다는 소식을 듣는다. 처음 들었을 때 그는 학문은 어디까지나 학문인데 설마 그럴 수가 있겠는가 반신반의했다. 하지만 그것이 사실임을 확인하고는 자신의 학문에 관한 한 취소나 박탈은 있을 수 없다고 자위했다. 왜냐하면 그만큼 당당하게 학문을 해 왔기 때문이었다. 그러면서 그는 학위 논문만은 학자적 양식을 가진 자신의 피나는 노력의 결실로 학문적인 하자는 결코 없다는 자긍심으로 그 슬픔을 달랬다.

1997년 여름, 감옥에서 그는 분초를 아껴 가며 책 수십 권을 독파했고, 문명교류학의 영문 고전『중국으로 가는 길』한 권의 번역을 완료했다. 그리고 그 무렵부터 14세기의 세계적 대여행가 이븐 바투타가 쓴 여행기의 아랍 어 원전을 우리말로 완역하고 거기에 역주(譯註)를 다는 메모 작업에 매달린다. 그리고 8개월 남짓한 기간(1998. 4. 20~12. 25)에 완역 메모 작업을 마친다. 1998년 들어 엄동설한의 인고 속에서 묵묵히 하나의 학문적 구상이 정수일의 머릿속에서 무르익어

옥중에서 작성한 '실크로드학 메모' 원고.

가고 있었다. 그 구상이란 한마디로 '실크로드학'의 학문적 정립이었다. 감옥에 들어가지 않았을 때의 원래 계획으로는 2000년 초까지 '문명교류사'에 대한 개설서 3권(고대편, 중세편, 근현대편)을 마무리한 후 그 내용을 응축해서 이론적 원리를 밝힌 '실크로드학'이라는 전혀 새로운 학문을 정립해 보려고 했다.

120여 년 전 실크로드의 실체가 추인된 이래 꾸준한 연구가 진행되어 적지 않은 성과가 쌓였지만, 지침이 될 만한 이론과 학문적 규범 및 과학적 연구 방법이 결여된 탓으로 아직은 유사 접근에만 머물고 있었다. 정수일은 문명교류의 통로인 '실크로드학'이라는 새로운 국제적 학문을 정립, 창출하는 것이 자신의 사명이라고 일찍부터 생각하고 있었다.

명실상부하게 문명교류사나 실크로드를 연구하려면 서양이나 동양뿐만 아니라, 양쪽의 교량 역할을 해 온 중근동(中近東) 아랍을 제대로 알아야 하는데, 이제까지는 서양의 동양학 연구자들에 의해서만 연구가 진행되다 보니 연구에서 기형화나 편파성을 면치 못하고 있었다. 그러나 정수일은 이 세 쪽을 모두 섭렵한 사람이면서 필요한 학문적 자질을 갖추고 있기 때문에, 그와 같은 야심찬 도전이 가능하다고 믿고 있었다. 정수일은 실크로드학에 대한 학문적 얼거리를 총 7장으로 얽어 내고 곧이어 연구 메모 작업에 들어갔다.

그러나 그의 공부는 수행에 가까웠다. 책상을 놓고 글을 쓰는 것도 아니요, 자료를 쉽게 찾아보거나 열람할 수 있는 것도 아니었다. 그는 아내에게 보낸 편지에서 그가 어떻게 글을 썼는지를 이렇게 말하고 있다.

"얼마 전에 자그마한 앉은뱅이 상(약 45×35×25cm)을 하나 얻었소. 어떤 독지가의 배려라고 하오.…… 이곳에서는 소반이니 책상이니 평상이니 하는 '상(床)' 개념이 없소. 무엇을 받쳐 놓고 식사를 하거나 글을 쓴다는 것은 애당초 '호강'에 속하기 때문에 이곳에서도 허용이 만무했었나 보오. 밥은 바닥에 놓고 허리를 80도 각으로 굽혀 가면서 먹어도 괜찮은데, 쉴 새 없이 글을 써 대는 나에게 받치고 쓸 것이 없다는 것은 큰 곤욕이 아닐 수 없었소. 더구나 무릎인대가 늘어나고 슬관절에 이상(정확한 진단은 못 받음)이 생겨 다리가 부석부석 부어 있는 상태에서 두 다리를 포갠 채 바닥에 엉덩이를 붙이고 앉아 아무데나 대고 쓴다는 것은 고문과 별반 다를 바 없는 고통의 연속이었소. 그렇게 두세 시간 쓰고 나면 다리에 피가 통하지 않아 발등은 희끄무레하게 변색되고, 하체는 거의 마비상태여서 고목처럼 꼬집어도 별 감각이 없소. 그럴 때면 가까스로 일어서서 어정어정 걸음마를 떼면서 다리에 생기가 감돌기를 기다렸다가 다시 앉아서 쓰곤 하지. 시간이 갈수록 이런 일을 자주 반복해야만 했소.

그렇다고 가중되는 고통을 그대로 감내하면서 쓰기 작업을 계속할 수는 없었소. 왜냐하면 인고에도 한계가 있고, 더구나 쓰기가 점점 막막해지기 때문이었소. 막다른 골목에서는 꼼수도 수인가 보오. 궁리 끝에 이른바 '삼궤(三机)', 즉 세 가지 책상을 만들어 쓰는 발상이었소. 애벌 밥상은 무릎 위에 넓적한 책을 고여 놓고 쓰는 '궤궤(무릎상)'였으나 오래 지탱할 수 없는 결함이 있었소. 그리하여 화장용수 물통(20cm)을 뒤집어 놓고 쓰는 '통궤(桶机, 물통상)'나 임시로 책을 쌓아 놓고 쓰는 퇴궤(堆机, 책무지상)로 발상이 진일보했던 것이오. 이제까지는 이 삼궤를 엇바꾸어 가면서 효용했던 것이오. 말이 좋아 궤요 효용이지, 그 불편함이란 이루 다 형언할 수가 없었소."

감옥 안에서도 정수일은 학문으로 이 나라, 이 겨레를 위해 봉사해야겠다는 사명감과, 비록 영어의 몸이 되었지만 학문의 총림에서 결코 무위의 낙과가 될 수 없다는 분발심, 뒤처진 우리의 학문을 추켜세워야 한다는 사명감과 오기에서 감옥이라는 처절한 환경에도 아랑곳없이 학문연구에 잠심 몰두했다. 그에게는 정말 할 일에 날짜가 부족

정수일이 옥중에서 집필한 원고들.

(惟日不足也)했다. 그간 감옥 안에서 써 낸 집필물의 양을 합치면 어림잡아 2만 5천 매가 넘는다.

정수일이 감옥 안에서 집필할 수 있었다는 것은 우리나라 행형사상 일찍이 없었던 행운이었다. 사형을 구형했을지언정 학문을 이해하고 귀히 여겨 준 검사의 배려는 실로 두고두고 감사해야 할 일이다. 그가 감옥 안에서도 문명교류사와 관련된 책을 번역하고 또 메모 작업을 할 수 있게 배려해 준 것은 대한민국 사법사상 가장 놀라운 일이다. 그런 점에서 나는 대한민국 국민의 한 사람으로 이 사건을 맡았던 검·판사 모두에게 감사와 함께 경의를 표하고 싶다.

수의환향(囚衣還鄕)

2000년 5월, 대한민국 언론은 중국정치협상회의 부주석 자오난치(조남기)에 대해 대서특필하고 있었다. 조선족 가운데서 중국 내 최고위급 인사이자 온 조선족의 우상인 그가 62년 만에 고향인 충북 청원으로 금의환향했기 때문이다. 이에 정수일은 자신은 '수의환향'에 자족한다는 심경을 담담히 피력했다. 그가 옥중편지에서 쓴 수의환향의 과정은 이렇다.

"내가 걸어온 길을 냉정하게 돌이켜 보면, 내가 감히 떳떳하게 단언할 수 있는 것은 겨레 사랑의 민족주의가 그 근원적인 칸막이이자 나의 심령이었다는 사실이오.

이러한 심령은 애당초 망국의 설움에서 비롯된 것이오. 우리 집안은 선친이 일곱 살 때인 기미년(1919) 독립운동의 와중에 일본 놈들에게 쫓겨 함경도 명천(明川)의 고향땅을 등지고 설한풍 휘몰아치는 북간도로 건너가 백두산 자락의 깊은 오지에서 화전민으로 극빈한 타향살이를 해 왔소.……

다름 아닌 내 마을 내 집에서 일어나는 세찬 항일의 기운은 어린 마음에도 나라와 민족의 소중함을 깨닫게 했지. 광복 후 1950년대 초반(중·고등학교 시절)까지 연변에 살던 우리는 한국(조선) 국적을 가지고 한민족으로 살아왔소. 그런데 어느 날 갑자기 동북 지방에 거주하는 한국인(조선인)만 중국 국적으로 이적(移籍)시킨다는 중국 측의 일방적인 조치가 취해져서 결국 그때(베이징 대학 시절)부터 중국의 한 소수민족인 '조선족'으로 되어 버렸던 것이오. 이것은 '중화사상'의 현대판인 '한화(漢化)정책'의 산물이라고 봐야 마땅할 것이오.……

이역 땅 중국에서 살아가는 30년간 나는 한시도 내가 당당한 한국인이라는 것을 잊어 본 적이 없었으며, 종당에는 고국에 돌아가 헌신하고야 말겠다는 심지를 굳혀 왔소. 나는 중화인민공화국이 성립된 후 실시한 제1회 '전국통일시험'에 합격해 최고학부인 베이징 대학에 입학했으며, 중국 국비장학생 제1호로 카이로 대학에 유학하기도 했소. 그리고 여러 가지 특전을 누리면서 5년간 중국 외교부와 모로코 주재 중국대사관에서 열의를 다해 봉직했소. 당시 중국 외교부 안에는 나만큼 여러 개의 외국어를 구사하는 외교관이 별로 없어서 촉망을 한 몸에 모은 바도 있었소.

그러다가 기회가 오자 1963년에 드디어 조상의 뼈가 묻혀 있는 고국 땅 북한에 돌아왔소. 시대와 역사 앞에 민족적 사명을 다하기 위해서 나는 환국을 신청했소. 나의 순수한 마음과 결백한 의지를 중국 당국이 이해 못 할 바도 아니었지만, 그들의 거듭된 만류는 '협애한 민족주의자'니 해직이니, '하방(下放)'이니 하는 위협으로까지 이어졌소.

나는 환국의 당위성과 절박성을 설파하면서 석 달 동안 중국 국무원 및 외교부 고위 당국자들과 10여 차례 면담을 했소. 말이 면담이지 실은 치열한 설전이고 투쟁이었소. 그러던 끝에 당시 제1부총리 겸 외교부장인 천이(陳毅, 진의)와 나눈 최후담판에서 마침내 합법적으로 중국 국적을 탈퇴하고 환국할 수 있다는 승인을 얻어 내는 데 성공했소.……

1963년 4월, 오매에도 그리던 조국의 품, 겨레의 품에 안겼소. 파릇파릇 봄기운이 감도는 조국의 산천은 나를 반겨 주었소. 북녘에 들어와서도 애국애족의 초지(初志)는 변함이 없었소.…… 도약하던 1960년대 초의 북녘은 나의 지적 기여를 절실히 필요로 했소. 개인의 전도(前途) 같은 것은 아예 묵살하고 떠나온 터라서 초지만 실천할 수 있는 일자리라면 가리지 않았소.

평양에 도착한 후, 환국자들을 관리하는 '교포사업총국'에 제출한 나의 사업지망란에는 "첫째도, 둘째도, 셋째도 조국통일성업에 이바지하는 어떠한 일"이라고 내가 하고 싶은 일을 밝히고, 또 요정했소. 그것은 1천여 년 통일민족사에 오점으로 남아 있는 이 국토 분단과 민족 분열의 비극을 우리 세대에 꼭 종언하고자 하는 일관된 초지에서였소.

이러한 나의 뜻에는 남과 북이 따로 없었소. 남(南)도 내 나라이며 남녘 동포들도 나와 같은 핏줄을 이어받은 한겨레요. 내 나라, 내 겨레를 통틀어 아는 데는 북(北)만으로는 모자랐소. 반드시 남(南)도 함께 알아야 했소. 교육가치관을 비롯해 우리 겨레에 대한 나의 바른 앎은 남녘에서의 삶이 있음으로 하여 비로소 그 성숙이 가능했다고 나는 감히 말하오. 그리고 통일운동으로의 차출은 나의 일관된 초지와도 부합되었소. 드디어 나는 남에 왔소. 평양에서 서울까지 오는 데는 근 10년 2개월(3,700여 일)이란 오랜 세월이 걸렸소. 그것도 돌고 돌아서 말이오. 두 곳 사이의 거리를 200km로 치면 매일 약 54m의 거리를 주파한 셈이오. 승용차로 두세 시간 달릴 거리를 말이오. 이것이 바로 오늘의 서글픈 분단 현실이오.

남녘에 와서 나의 이러한 겨레 사랑의 마음은 더욱 절절해졌다고 역설적으로 말할 수 있소. 외국인으로 위장행세하면서도 언제 어디서나 이곳도 바로 내 사랑하는 모국의 품이라는 일념을 저버린 적이 없었소.…… 낙동강 철길을 지날 때면 중학 시절 조명희 소설 『낙동강』을 읽을 때의 그 격정이 마냥 새로워지곤 했소.…… 길가는 사람 저마다가 나의 부모형제자매였소.…… 나는 대학에서 강의하면서 한국에 관해 이야기할 때면 '한국'이라는 제3인칭을 쓰지 않고 꼭 '우리나라'라는 제1인칭을 쓰곤 했소.

누가 뭐라고 해도 내 심령의 근본은 나라 사랑과 겨레 사랑, 나라 위함과 겨레 위함이오. 나는 모든 면에서 민족우선주의를 지향했소. 이것은 나의 신념이고, 이 신념은 예나 지금이나 변함이 없소. 그렇다고 나는 민족배타주의자나 협애한 민족주의자는 절대 아니오. 여러 민족이 창조한 각이한 문명들 간의 교류사를 전공하는 학자로서 나는 그 누구보다도 민족이나 문명에 관해 그 외연성과 원심력뿐만 아니라 그 내재성과 구심력까지 이론적 · 실천적으로 천착하고 있다고 감히 자부하오. 내가 시종일관 추구하는 신념은 이러한 민족의 내재성과 외연성을 유기적으로 조화한 건전한 민족주의요, 이것은 시대의 소명과 정신에 부합하는 합리적인 민족주의이기도 하오."

감옥으로부터의 성찰 3제(題)

(1) 옥중 좌우명: 수류화개

다산이 말한 것처럼 '감옥이란 지상의 지옥(獄者陽界之魂府)'이라, 일단 그 속에 갇히면 어떻게 나 자신을 지탱해 나갈 것인가를 고뇌하지 않을 수 없다. 정수일은 처음 얼마 동안은 매일같이 이리 불려 다니고 저리 끌려 다니다 보니 제대로 된 사색이나 고민을 할 겨를이 없었다. 그러다가 '나들이'가 뜸해지고 감옥생활에도 적응되어 가면서 그 환경에 맞는 일상을 설계하기 시작했다.

그러자면 절체절명의 정신적 지주와 행동의 나침반이 필요했다. 그러한 지주와 나침반을 일상의 좌우명에 대입시켜 봤다. 그것은 늘 자리 옆에 갖추어 두고 독려와 지성의 잣대와 채찍으로 삼는 격언을 말함이다. 감옥은 특수한 환경이니만큼 그에 걸맞은 구체적이고 실천적인 좌우명이어야 했다. 궁리 끝에, 그리고 몇 달 동안의 검증을 거쳐 마침내 좌우명으로 찾아낸 것이 바로 '수류화개(水流花開)'다.

정수일은 그 상징적인 뜻을, 삶이란 언제 어디서나 늘 물이 흐르고 꽃이 피듯이 팍팍하지 않고 싱싱하게 이어져서 알찬 열매를 맺어야 한다고 보았다. 그러한 영감은 중국 송대의 시인 황산곡(黃山谷)의 다음과 같은 유명한 시구에서 얻었다.

萬里靑天　만리청천
雲起雨來　운기우래

空山無人　　공산무인
水流花開　　수류화개

구만 리 푸른 하늘에
구름 일고 비 내리네
빈 산에 사람 하나 없어도
물은 흐르고 꽃은 피네

그는 여기에 심오한 시의(詩意)가 온축되어 있다고 보았다. 세상이 비바람으로 난세가 되거나, 인적이 없는 적막한 곳에 격세되어도 인생은 흐르는 물처럼 맑고 깨끗하며, 피는 꽃처럼 낙천(樂天)하고 결실하여야 한다는 멋진 인생철학과 슬기가 담겨 있다고 했다. 그래서 자신은 공산무인일망정 '수류화개'를 감히 자신의 좌우명으로 삼았다고 한다.

(2) 삶의 화두와 시대의 소명

불가에는 화두가 있고, 최고의 화두는 "세존이 꽃을 들자 가섭이 미소를 지은 뜻"이 무엇인가를 증득하는 화두라고 한다. 정수일 역시 삶의 화두를 일찍부터 거듭 사색해 왔다. 기구한 인생역정에서 스스로 터득하고 가려내서 꼭 붙잡고 깨치며 실천하고 또 실천하며 깨치려던 제재가 바로 그것이었다.

1960년대 초 그가 환국하면서 그의 삶은 일대 전환을 맞는다. 이후 그의 '삶의 화두'는 "시대의 소명에 따라 지성의 양식으로 겨레에 헌신한다"라는 것이었다.

가파른 삶의 오르막길을 숨 가쁘게 달려 오르면서 '문명의 여신'과 이래저래 숨바꼭질해 온 그의 '소설 같은 인생'은 이 화두로서만 설명과 이해가 가능하다. 요컨대 이 화두야말로 삶에 대한 그의 인식이고 지향이며 이상이었다. 그것은 그 어떤 역경 속에서도 삶의 버팀목이 되고 활력소가 되어 그에게 힘과 용기, 지혜와 신심을 안겨 주었다. 이 화두가 있어 그의 삶이 궤도에서 이탈하지 않을 수 있었다.

시대에는 그 시대만이 갖는 소명이 있다. 시대의 소명에 부응하는 사람이 시대의 선구자로서 그 시대에 기여할 수 있으나, 그것을 거역하는 자는 시대의 낙오자로서 폐물이 되어 버리고 만다. 이렇게 시대의 부름에 따르는 것이 그 시대를 사는 인간의 사명이고, 이러한 부름에 따라야겠다고 생각하는 것이 사명감이며, 그러한 생각을 하는 사람이 곧 사명인이다. 또 사명인만이 진정한 시대인이 될 수 있다.

소명과 사명의 조화야말로 세상에서 가장 값진 조화이다. 정수일의 삶의 화두에서 "지성의 양식으로 겨레에 헌신한다"는 것은 시대의 소명에 따라 자각한 자신의 사명이다. 삶의 화두는 곧 삶의 신념이다. 정수일은 법정의 최후진술에서, 이역 땅에서 망국의 설움이 채 가시기도 전에 분단이라는 또 다른 민족의 수난에 조우하여 오로지 통일을 실현하는 것이 이 시대의 소명이라는 일념을 안고 돌아왔다고 말했다. 5천 년 민족사에서 이 시대가 요구하는 것은 분단의 비극을 끝장내고 다시 하나가 되는 것, 바로 그것이야말로 이 시대가 내려 주는 지상명령이라는 것이다.

(3) 위공(爲公)이라는 호

베이징(북경) 대학에 들어가서부터 학생 신분이지만 격변기의 여러 가지 사회운동에도 몸을 담았고, 세상사도 읽기 시작했다. 특히 겨레 사랑에서 뜻을 같이하는 지인학우들과 나눈 인생담론은 서로의 눈을 크게 뜨게 했다. 정수일은 대학 3학년 설 때 지인들에게 보내는 연하장에 '위국헌기위지고(爲國獻己爲至高)'라는 칠언구(七言句)를 적어 보냈다. "나라를 위해 자기를 바치는 것이야말로 가장 숭고한 일"이라는 뜻이다. 이때부터 '위국헌기위지고'는 정수일의 넋과 얼에 무쇠기둥으로 버텨 선 인생관의 좌표였다. "시대의 소명에 따라 지성의 양식으로 겨레를 위해 헌신한다"라는 그 삶의 화두도 결국은 이 좌표를 축으로 삼고 받침대로 한 것이었다.

정수일은 감옥 안에서 지체 있는 요수(僚囚) 몇 분이 호가 무엇이냐고 다그쳐 묻거나 이것저것 호를 지어 주기도 해서 호를 만들 생각이 났다. 궁리 끝에 젊은 시절 인생의 좌표로 삼아 왔던 그 칠언구에서 찾아보기로 했다. 처음 찾은 것은 '위국'이었다. 그러나 지나치게 거창하고 직설적이며 딱딱한 느낌이어서 은은하고 부드러우면서도 그 '위함'의 대상이 시대정신에 걸맞게 넓혀져서 좀 더 보편성을 띠어야겠다는 생각이 들었다. 그래서 '위공(爲公)'으로 바꾸기로 했다.

'공(公)' 자에는 10여 가지 뜻이 있지만 그 첫째는 『중용(中庸)』에서 언급하듯이 '평분무사(平分無私)', 즉 공변되어 사사로움을 버린다는 의미로, 요컨대 '공'은 '사(私)'의 대칭 개념으로서 '나'나 '개인'이 아닌 '남'이나 '여럿'이란 뜻이다. 『서경(書經)』에도 '이공멸사(以公滅私)', 즉 '공으로 사를 멸하라' 했으니, 말인즉 '공을 위해 사를 버리라'는 것이다. 이것은 '위국헌기'와 꼭 같은 맥락의 말이다. 결국 '공'은 '불사(不私)'이니 여기에는 나라나 민족도 당연히 포함된다. 더욱이 나라와 겨레 문제를 우선 과제로 풀어 나가면서 글로벌 시대의 남의 나라와 민족 문제도 함께 풀어 주어야 할 것이기 때문에 '공'의 개념도 이러한 시대정신에 걸맞게 확대되어야 한다는 것이 그의 변(辯)이다.

실크로드학, 문명교류학의 창발

지난 한 세기 동안 실크로드에 관한 연구가 이어져 왔지만 아직까지 학문적 정립은 미완의 과제로 남아 있다. 그 주된 원인은 연구자들의 자질 미흡이다. 이 학문을 위해서는 우선 동서문헌을 섭렵할 수 있는 다양한 언어수단을 소유해야 하고, 동서양의 역사문화에 대한 폭넓은 지식을 두루 갖추어야 한다. 그러나 이러한 소양과 능력을 갖춘 연구자들은 어느 나라에서나, 또 세계적으로도 많지 않다. 특히 동서양의 중간에서 가교 역할을 하는 아랍·이슬람 문명까지 완벽하게 파악해야 연구의 완결성을 기할 수 있는데, 현실적으로 동서양을 통틀어 이러한 복합적 자질을 갖춘 연구자는 오직 한국의 정수일뿐이다. 어쩌면 정수일과 문명교류학은 숙명적으로 맺어진 관계라고 할 수 있다.

학문은 늘 새로워져야 한다. 새것으로 도전하고 새것으로 보충해야 한다. 그러자면 늘 제 머리로 사고하고 제 힘으로 만들어 내며 써 내야 한다. 이렇게 해서 군데군데 학문의 초야(草野)를 일구어 낸 개척자들의 푯말에 한국인의 이름 석 자가 당당히 찍혔을 때, 우리는 비로소 이 시대의 소명에 부응하는 학문을 가꾸어 냈다고 말할 수 있으며, 우리의 학자들은 비로소 이 시대가 부여한 사명을 다했다고 자부할 수 있다.

정수일은 학문에 뜻을 두기 시작한 때부터 무언가 인류의 보편가치로 인정받을 수 있는 분야, 이 시대의 소명에 부응하는 분야, 그래서 시대인으로서의 사명을 다할 수 있는 분야를 개척해 볼 꿈과 야망을 품었다. 그래서 '문명교류학'이라는 전인미답의 길을 자진해서 선택했다. 이처럼 그는 시대의 부름에 따라 이 시대가 필요로 하는 새 학문의 개척에 나섰다.

그는 21세기를 미증유의 교류확산시대라고 그 시대상을 일찍부터 내다보고 있었다. 정보화, 세계화, 국제화, 지구촌 시대라는 것도 그 실현의 전제는 부단한 교류일 수밖에 없다. 21세기에 대한 진단에서 구두선(口頭禪)처럼 나돌던 충돌이니 화해니 협력이니 하는 것들도 궁극적으로는 서로의 만남과 나눔, 교류 속에서 일어나고 해소되며 융합될 것이라는 것이 그의 생각이었다.

인류의 역사는 인간 사회가 제기하는 갖가지 문제의 해법을 모색하고 그것을 실천해 나가는 과정이다. 선(善), 정의, 자유, 평등, 복리 같은 인간의 보편적 가치를 이상으로 추구해 왔다. 그러나 그 어느 것

정수일이 집필한 책들.

하나도 보편타당한 해법으로 가능하지 못했다. 정수일은 그 대안의 하나가 바로 문명과 그 교류라고 생각했다. 문명과 교류만이 모든 문제 해결의 공통분모로 작용해 인류의 보편적 가치를 창출하고 인류의 공생공영을 보장할 수 있다는 것이다. 정수일은 여기서 인류의 비전을 찾고 있다. 이것이 이른바 정수일의 문명대안론이다.

그러나 그의 실크로드학, 문명교류학에서도 그는 결코 민족을 떠나지 않는다. 이러한 그의 민족우선주의는 일단 그가 태어나고 자란 환경과 무관치 않다. 앞서 살펴본 바와 같이 그의 일생은 파란만장하고 소설 같은 삶이었다. 그러한 속에서 그를 지탱해 준 것은 민족이라는 끈이었다. 그것을 붙잡고 그는 여기까지 왔다.

또 다른 한 측면은 그가 문명교류학이라는 학문을 연구하면서 이론적으로 확인한 결과이다. 학문적 탐구와 답사와 탐방을 통해서 그가 거듭 확인한 것이 역사와 문명 창조의 주체는 민족이라는 사실이었다. 이러한 학문적 연구와 천착의 결과이기 때문에 그의 민족주의는 결코 국수적이거나 협애하지 않다.

법정진술에서 정수일은 "민족이 계급이나 이념, 권력에 우선하고 남북 간의 화해를 가능케 하는 접점과 공통분모는 무엇보다도 민족의 일체성이며, 통일은 어디까지나 겨레 모두가 공생 공영하는 범민족적 문제"라고 자신의 민족우선주의를 밝혔다. 세계화니 국제화니 하는 광풍 속에서 민족이나 국가는 고루하고 진부한 근대적 유물로 단죄되고, 그것은 조금만 언급해도 '시대착오적 발상'이라고 매도하는 것을 그는 단연코 반대한다.

그에게 세계화는 단일화가 아니라 다양화다. 세계화가 자칫 문화적 단일성으로 치달아 문화의 황폐화로 이어질 수 있는 것을 그는 우려한다. 다양한 문명과 가치관이 활짝 꽃 필 때만이 진정한 보편사적 세계화가 이루어질 수 있기 때문이다.

그 자신이 문명교류학을 학문적으로 탐구하고 세계 여러 지역을 두루 탐방하면서도 그는 민족은 역사와 문명 창조의 주체라는 것을 확신한다. 가장 민족적인 것이 가장 세계적이라는 것을 실감한다는 것이다. 그는 백범의 다음과 같은 탁견에 공감과 찬사를 보낸다.

> "세계 인류가 네요 내요 없이 한 집이 되어 사는 것은 좋은 일이요, 인류의 최고요 최후인 희망이요 이상이다. 그러나 이것은 멀고 먼 장래에 바랄 것이요, 현실의 일은 아니다. 사해동포의 크고 아름다운 목

표를 향하여 인류가 향상하고 전진하는 노력을 하는 것은 좋은 일이요, 마땅한 일이나, 이것도 현실을 떠나서는 안 되는 일이니, 현실의 진리는 민족마다 최선의 국가를 이루어 최선의 문화를 낳아 길러서 다른 민족과 서로 바꾸고 서로 돕는 일이다. 이것이 내가 믿고 있는 민족주의요, 이것이 인류의 현 단계에서는 확실한 진리다"(「나의 소원」 중에서).

정수일은 일군의 연구자들과 함께 '21세기민족주의포럼'을 결성하고, 그 결과물로 2010년에 논문집 『재생의 담론 21세기 민족주의』를 발간했다. 그는 이 책의 서문과 더불어 논문 「민족과 민족주의, 그 재생적 담론」을 실었다. 지난 50여 년간 민족론(민족과 민족주의)에 관해 품어 오던 생각을 일차적으로 엮은 내용으로, 대한민국에서의 민족론에 대한 분석에 초점을 맞췄다. 이 논문의 요점을 정수일은 다음과 같이 소개한다.

1) 민족과 민족주의 개념 정립을 시도한 것이다. 민족 개념(별책 p.35)은 대저 기존 설들을 종합 분석하는 데 그쳤으나, 민족주의 개념(별책 p.57)에 한해서 저로서는 새로운 개념을 정립하려 했다, 즉 속성에서 종래의 '연대의식'이나 '수호의지' 말고도 '발전지향성'이란 본래의 속성을 복원함으로써 민족주의를 진부하고 배타적인 이념이 아닌, 역사의 보편가치, 보편 진보주의로 새로이 밝혔다.

2) 남북한 민족론에서 남북한 간의 '이질성', 특히 경제적 '이질성'

을 이유로 제기되고 있는 '타민족론'이나 '분족론(分族論)', '친구론' 같은 유설(謬說)을 배격하고, 동족론을 주장하며, 통일의 근원적 당위성은 동족에 있음을 강조한다.

3) 민족주의 담론에서는 민족주의에 대한 무지와 오해, 남용과 악용에서 오는 여러 가지 부당한 주장, 특히 민족주의 기능론에 관한 오해와 왜곡을 해부하고, 이러한 오해와 왜곡에서 오는 민족주의 폐기론과 해체론, 탈민족주의론 등이 어불성설임을 지적한다.

4) 고려의 '내자불거(來者不拒)'(오는 자를 거절하지 않는다)의 귀화책을 실례로 우리나라가 다민족국가(275개 성씨 중 136개 외래 성)에서 단일민족국가로 전환한 역사적 경험을 근거로, 우리나라는 민족문제 해결에서 세계의 수범이 되었음을 언명했다.

5) 서구 학계에서는 '내용이 빈약'하고 '일관성이 결여'된 민족주의의 학문적 정립이 불가능하며, 대사상가나 대이론가가 배출될 수 없다고 주장하는데, 이것은 민족주의 경험이 일천하고 당초부터 이데올로기화, 정치화한 서구에서는 당연지사라고 하겠다. 이제 공은 우리 동양으로 넘어왔다. 오랜 역사 속에서 민족주의 실천 경험이 풍부하고 바탕이 두터운 우리 동양에서 갈피를 잡을 수 없는 서양학계를 맹종하는 추미주의를 버리고 제 머리로 사고하는 대사상가, 대이론가가 나와야 할 것이다.

문명교류학과 언어

앞서도 말한 것처럼 문명교류학을 연구하는 데 꼭 필요한 것은 다양한 언어수단을 소유하는 일이다. 이 학문을 위해서는 우선 동서문헌을 섭렵할 수 있는 언어능력이 있어야 한다. 그런 점에서 정수일은 천부의 언어능력을 타고났고, 또 살아온 역정이 그것을 섭렵하게 했으며, 그의 각고의 노력이 그것을 더 한층 키웠다.

정수일이 중국에서 태어나 자랐지만 그가 처음으로 접한 외국어는 중국어가 아니라 일본어였다. 광복 전 소학교에 입학하면서부터 일본어로 교육을 받았고, 광복 후 고등학교와 대학 시절에도 일본어 서적을 늘 곁에 두고 읽었다.

고급중학교에 들어가면서 중국어와 러시아 어를 동시에 배우게 되었고, 특히 졸업을 1년 앞두고 '전국통일시험'을 통해 중국 대학에 진학할 수 있는 전망이 열리면서 그야말로 사활을 걸고 중국어 학습에 집중했다. 낯선 중국어 교과서들을 통째로 외워 댔는데, 다행히 중국어로 치러진 시험에 합격해 베이징 대학에 진학했고, 그 후 중국 외교부와 재외공관에 봉직하면서 중국어는 익힐 만큼 익혔다.

그가 처음 만난 서양어는 러시아 어였는데, 고급중학교 때부터 배우기 시작해 대학 때는 러시아 교재를 채택할 정도였다. 1960년대에 북한에 돌아오니 러시아 어가 중국어보다 훨씬 더 보편화되어 교수 참고서의 대부분이 러시아 어 원전이었다. 그때 정수일 등이 편찬한 『아조사전』(아랍어 · 조선어 사전)도 아랍 어 · 러시아 어 사전을 저본(底本)으

모교인 광동초급중학교 터 앞에서.

로 삼았다.

영어는 고급중학교를 졸업할 무렵 베이징 대학에 진학하기 위해 자습하면서 인연을 맺기 시작했는데, 대학에 들어가서는 수업을 들으며 기초를 닦았다. 정수일이 다니던 베이징 대학은 그가 입학하던 해(1952)에 옌징(연경) 대학과 합쳤는데, 옌징 대학은 국민당 상층 자녀들을 위해 세운 미국식 대학이었다. 그래서 대학에서는 영어가 통용되고 있었다.

그 후 유학을 간 이집트는 장기간 영국의 식민지로 있던 나라여서 그때까지만 해도 대학교육 제도는 영국의 것을 그대로 따르고 있었으며, 영어가 거의 공용어로 쓰이고 있었다. 남한에 오니, 남한에서는 학위 취득과 교수 및 학문 연구에서 영어가 필수였다. 이러저러한 환경이 영어를 가까이 할 수밖에 없게 했다.

아랍 어는 대학 시절 필수 수강 과목이었다. 그 덕분에 중국의 첫 국비장학생으로 카이로 대학 인문학부에 유학하게 되었고, 유학 전후 세 차례에 걸쳐 10년간 아랍 땅에 몸을 담아야 했다. 중국 외교사상 해외파견대사(모로코 주재 중국대사)의 신임장을 아랍 어로 작성하고 통역하기로는 정수일이 처음이었다고 한다.

북한에 돌아와서는 대학에서 아랍 어 교육을 담당하면서 국가적으로 제기되는 아랍 어 통역이나 출판사업에도 깊숙이 관여했다. 남한에 와서는 몇 년간 KBS 국제방송국 아랍어반에서 아랍 어 방송원고를 작성했다. 그리고 부산 외국어대 아랍어과와 한국외국어대 통역대학원 아랍어과, 명지대 아랍어과에 출강하고, 단국대에서 『기초 아랍어』를 출간해 교양과목으로 아랍 어를 가르쳤다.

카이로 대학 유학 시절에 아랍 · 이슬람학 고전을 공부하는데, 알고 보니 그 분야의 고전 연구의 선구자는 독일 학자들이었다. 그래서 독일어 교수로부터 독일어를 수강하면서 동시에 많은 고전 연구 자료를 넘겨받았다. 향학열에 불타던 유학 시절에는 아랍 어와 어족은 다르지만 많이 뒤섞인 페르시아 어에도 도전했다. 페르시아 어 단어의 약 4할은 아랍 어와 어근이 같아서 몇 달간 이란 친구들과 어울리다 보면 웬만한 말들은 주고받을 수가 있었다.

유학을 마치고 중국 외교부에 돌아와서는 서아시아 및 아프리카사(司)에 연구관으로 발령을 받았는데, 담당 지역은 알제리를 비롯한 북아프리카였다. 이 지역은 오랫동안 프랑스의 식민지였기 때문에 프랑스 어가 거의 공용어로 통용되고 있었다. 프랑스 어 습득이 급선무였다. 그래서 외교부가 주관하는 야간 외국어 연수반에서 1년간 프랑스 어를 열심히 배웠다.

1960년대 초, 북아프리카에서 활동할 때 에스파냐 어와 접촉하지 않을 수 없었던 것은 행운이었다. 당시 톼자(탕헤르)를 중심으로 한 모로코 북부는 여전히 스페인 통치구역으로 지중해나 알제리로 가려면 이곳을 지나가야 했기 때문에 스페인 사람들과 접촉하는 것이 불가피했다.

1982년 말레이 대학 이슬람아카데미 교수로 임명되니 말레이 어를 멀리할 수가 없었다. 주변 천지가 말레이 인들이라 귀동냥이 충분했다. 거의 때를 같이하여 필리핀의 공식어인 타갈로그 어를 배웠다. 필리핀 국적을 얻자면 타갈로그 어를 얼마쯤은 알아야 한다는 것이 법으로 규정되어 있었기 때문이었다.

이렇게 그는 한국어를 포함해 동양어 7종과 서양어 5종 등 모두 12종의 언어와 씨름을 해 왔다. 어떤 것은 스스로 배우기도 했지만 어떤 것은 상황이 그 언어를 배우지 않을 수 없게 했다. 자의반 타의반으로 선택이 강요된 것도 있다. 그런데도 그는 아직도 외국어에 배고파하고 있다. 문명교류사의 학문적 정립에 천착하기 위해서 산스크리트 어를 비롯해 두세 개의 고전어와 한글과 어순이 같은 인도의 타밀 어를 또 공부하고 있다.

그가 외국어 학습에서 얻는 몇 가지 경험은, 첫째로, 외국어를 알면 아는 만큼 유익하다는 것을 자각해 취미를 가지고 꾸준히 해야 하고,

둘째로, 배울 기회와 환경을 능동적으로 적극 활용해야 하며, 셋째로, 정독과 다독의 결합 등 유효한 학습방법을 터득해야 한다는 것이다.

어디 외국어뿐이랴. 감옥 안에서 정수일은 한국어 단어 공부도 열심히 했다. 그의 글이 아름답고 우리에게 익숙한 데는 그의 한글 공부가 밑받침이 되어 있기 때문일 것이다. 그는 1997년 2월 말에 아내가 감옥으로 넣어 준 『국어대사전』(총 2,349쪽)을 1998년 6월 4일자로 처음부터 마지막까지 완벽하게 섭렵했다. 그냥 훑어만 본 것이 아니었다. 도대체 자신이 우리말을 얼마나 아는지를 시험해 보고도 싶고, 또 좋은 글이나 책을 쓰자면 우리말을 더 많이 잘 알아야 하기 때문에 1997년 3월 26일부터 약 433일간 표제어를 중심으로 매일 아침 첫 일과로 약 40분간, 5~6면씩 한자 한자 체크하면서 읽었다. 생소하거나 필요한 어휘들은 꼭꼭 점을 찍어 표시하거나 다른 책 행간에 메모했다가 밤에 취침하기 전 한 번씩 복습하곤 했다. 말하자면 대사전을 통째로 외운 셈이다. 그의 우리말 어휘력은 결코 우연이 아니다.

위공이 깨우쳐 준 것들

어릴 적 나는 반도로 되어 있는 이 나라 국토는 대륙 세력이 해양으로, 해양 세력이 대륙으로 진출할 때 그 길목이 되기 때문에 그때마다 양쪽으로부터 침략을 받을 수밖에 없는 숙명을 지니고 있다고 배웠다. 개국 이래 1,100여 회에 이르는 외적의 침입을 받았던 것도 모두 그 때문이었다는 것이다. 일제 식민사관의 영향을 받은 이 같은 반도론을 나는 진실이라고 믿었다. 우리 민족의 고달픈 삶은 회피할 수 없는 운명이었기에 '은근은 한국의 미(美)요, 끈기는 한국의 힘'이 되었다는 도담 조윤제의 주장이 매우 그럴듯하게 들렸다.

나는 또 우리나라는 생리적으로 '조용한 아침의 나라'요, '은둔국'이요 '은자(隱者)의 나라'인 줄 알았다. 우리나라를 고고한 은둔국으로 보는 것이 매우 당연해 보였고, 나에게는 그것이 자랑스럽기까지 했다. 적어도 위공 정수일을 배우기 전까지는 그랬다. 그를 만나기 전까지는 왜 그런 것들을 미처 깨닫지 못했을까.

나는 그가 '조선 역사상 1천 년래 제1대사건'을 쓴 신채호보다 더 올바로 민족사를 복원하고 있다고 생각한다. 그에 의하면 '세계 속의 한국'은 단순히 오늘의 캐치프레이즈가 아니라 역사 속에 엄존하는 사실이다. 일찍이 통일신라 시대부터 저 멀리 아랍과 내왕했고, 고려시대에는 그 규모가 더욱 확대되어 적지 않은 무슬림들이 우리와 이웃하면서 이 땅에서 함께 살았다는 사실도 그를 통해서 읽었다.

『왕오천축국전』을 쓴 혜초에 대해서도 새롭게 알게 해 준 사람이 그였다. 한국의 첫 세계인으로 그는 8세기 중엽 동양 사람으로는 처음으로 오늘의 이란 지방까지 역방하고 쓴 『왕오천축국전』이 세계 4대 여행기의 하나라는 사실도 비로소 알았다. 같은 시기 고구려인의 후예인 고선지(高仙芝)는 그런 사람이 있었다는 것이야 알았지만, 그가 전쟁사상 나폴레옹보다 더 위대한 전적을 쌓은 희세의 맹장으로 우리 겨레의 기상을 떨친 실크로드의 영웅이었다는 사실은 미처 몰랐다.

그가 또 우리에게 깨우쳐 준 것은 아랍·이슬람에 대한 무지와 편견이었다. 그는 1952년에 베이징 대학 동방학부에 입학해서 아랍 어를 배우기 시작했고, 1955년에 이집트 카이로 대학 인문학부에 유학을 갔으니, 한국 사람으로는 가장 먼저 아랍 어를 배우고 아랍 세계에 유학한 사람이다. 1963년 북한에 돌아와 국제관계 대학과 평양외국어대학 동방학부를 이끌어 간 것은 북한에서의 일이라고 치자.

남한에 와서 한국외국어대 통역대학원 아랍어과와 명지대 대학원 아랍어과, 부산대 아랍어과에서의 강의는 물론 단국대에서는 교양과목으로 아랍어 강좌를 개설해 6년간 가르쳤다. 한국에서는 처음으로 컴퓨터(매킨토시)를 이용한 아랍 어 문자로 『기초 아랍어』(단국대출판부, 1995)를 집필, 출간한 것도 그였다.

이렇게 아랍·이슬람을 한국 사회에 소개하고 알린 것도 물론 높이 평가해야 하지만, 이러한 기초 작업에 못지않게 정수일은 아랍·이슬람에 대한 한국 사회의 무지와 오해 그리고 편견을 해소해 주는 데 상당한 역할을 했다. 아랍·이슬람에 대한 한국 사회의 이해가 나름대로 오늘날처럼 되기까지에는 이와 같은 정수일의 고군분투가 있었다.

문명교류학에 자신의 모든 것을 던지고 있는 위공 정수일을 보면 어쩌면 그는 오직 이 학문을 위해서 태어난 사람이 아닌가 하는 생각이 든다. 그 자신의 파란만장한 삶 자체가 문명교류의 과정이었고, 그를 마지막으로 한반도의 남쪽에 정착하게 한 것도 문명교류학을 이 땅에서 활짝 꽃피게 하려는 보이지 않는 손길이 있는 것이 아닌가 싶다.

실크로드 역시 마찬가지다. 그는 이집트 카이로 대학으로 유학 갈 때 처음으로 실크로드를 밟았지만, 그 이후 실크로드는 정수일의 삶을 싣고 다닌 길이 되었다. 세계에 눈 뜨게 한 길이었고, 문명교류학이라는 학문의 세계로 이끈 길이었다.

나는 그가 단순히 탁월한 문명교류학자에 머물지 않고 이미 세계적인 문명사상가의 반열에 올라 있다고 생각한다. 우리가 너무 가까이 있어서 몰라볼 뿐, 그는 문명교류론, 문명대안론으로 이미 우리 시대 세계적인 사상가의 한 사람으로 우뚝 서 있다. 그리고 그의 작업은 지금도 계속되고 있다.

우리 시대 세계적인 사상가로 우뚝 서다

사실 그가 그동안 문명교류학자로서 이룬 업적도 적지 않다. 세계 4대 기행문이라 할 신라 혜초(704~787)의 『왕오천축국전』, 이탈리아 마르코 폴로(1254~1324)의 『동방견문록』, 모로코 이븐 바투타(1304~1368)의 『이븐 바투타 여행기』, 그리고 이탈리아의 프란체스코회 수사 오도릭(1265?~1331)의 『동방기행』 중 마르코 폴로의 『동방견문록』을 제외한 나머지 세 권이 정수일의 역주본으로 모두 한국에서 번역, 출판되었다. 정수일이 아니면 감히 엄두도 낼 수 없는 일이었다. 특히 『왕오천축국전』의 완역은 세계 최초가 아닌가 싶고, 『이븐 바투타 여행기』의 완역은 프랑스에 이은 두 번째이다.

실크로드 탐사와 그 기행문도 이미 오아시스로(육로)와 초원로의 기행문은 나왔고, 해로는 기행문을 완성하기까지는 2~3년이 더 걸릴 것으로 예상되지만, 1차 탐사는 이미 마친 상태다. 그가 3부작으로 계획하고 있는 문명교류사도 머지않아 완간될 듯하다. 만약 정수일이 오로지 저작 작업에만 매달리거나 어느 한 가지에만 전념할 수 있었다면 이러한 작업은 훨씬 이전에 마쳤을 것이다. 이 일을 하다가 저 일에 손을 대야 하고, 이 작업을 하는 중에 갑자기 저쪽 작업을 해야 하는 등 그의 연구 작업은 하루도 쉴 틈이 없다. 그가 끝까지 학문적으로 규명하고 싶었던 실크로드의 한반도 연장론은 아직 그 끝을 보지는 못했으나 나름대로 진전되고 있다.

1996년 2월 25일, 정수일은 중국 상해 푸단(복단) 대학에서 열린 탄지샹(담기양) 선생 탄생 85주년 기념 국제학술대회에서 「고대 한·중 육로 초탐」이라는 논문을 발표했다. 여기서 그는 실크로드 육로가 중국까지만 와 닿았다는 지금까지의 통념을 깨고 우리 한반도까지 이어졌으며, 따라서 경주가 실크로드 육로의 동쪽 끝이라는 주장을 폈다. 실크로드의 한반도 연장설을 국제학술대회에 상정하고 학계의 동조를 얻은 것은 이때가 처음이었다.

지금까지의 통념은 동서 문명교류의 대동맥인 실크로드(오아시스 육로, 해로, 초원로)가 동쪽으로는 중국까지 와서 멎은 것으로 되어 있었다. 이렇게 되면 한반도는 문명세계와 동떨어진 곳이 되며, '세계 속의 한국'이 아니라 '세계 밖의 한국'으로 남게 된다. 실크로드의 연장 문제에 관한 한 우리나라는 그것을 입증할 수 있는 매장유물이나 지상유물이 수두룩하다. 그해 5월에 정수일은 '장보고 대사 해양경영사 연구 국제학술대회'에서 「남해로의 동단(東端)—고대한중해로」를 발표해, 실크로드 해로의 한반도 연장 문제를 언급해서 국제 학술계의 일정한 공인을 얻었다.

본래 계획대로라면 1998년쯤 미제(未濟)로 남아 있는 초원로의 한반도 연장 문제를 가지고 국제 학술모임에서 일견식(一見識)을 피력할 예정이었다. 그러나 그가 투옥되면서 부득이 늦춰졌다.

2013년 8월 31일에서부터 9월 22일까지 터키의 이스탄불에서 열린 '이스탄불 · 경주세계문화엑스포'의 개막식에서 레제프 타이이프 에르도안 터키 총리는 "경주는 실크로드의 시작점이고 이스탄불은 실크로드의 끝 지점이다. 이 두 지역이 문화로 만나 새로운 실크로드 시대를 여는 것"이라고 선언했다. 비록 정수일의 실크로드 한반도 연장론이 학계에서는 아직 완전한 공인을 받지는 못하지만 각기 동단과 서단에 있는 터키와 한국 사이에 그것이 확인되었다는 점에서 쾌재가 아닐 수 없었다. 또한 이 행사의 뒤안길에는 정수일과 그가 이끄는 한국문명교류연구소의 역할이 컸다.

2000년 정초에 정수일은 감옥에서 『문명교류 사전』의 메모 작업에 착수했다. 아직 어느 나라에서도 이런 유(類)의 사전은 나온 적이 없다. 그것은 정수일에게 평생의 학문적 표적인 '문명교류학'의 학문적 정립을 위한 하나의 정초(定礎)작업이다.

정수일은 그동안 23회의 실크로드 답사과정을 엮어 낸 두 권의 문명기행기와 3대 세계여행기의 역주(譯註), 그리고 다섯 권의 문명교

한국문명교류연구소 학술대회에서.

류와 실크로드 관련 논저를 통해 나름의 실크로드관과 문명교류론의 확립을 위한 토대를 마련했다. 그 결과 전망적으로 펴낼 『문명교류 사전』(가칭)에 실릴 표제어 총 5,148개 항목을 골라 놓았다. 그중 1,900여 개 항목으로 『실크로드 사전』(창비, 2013)을 펴냈고, 그 이듬해에는 『실크로드 사전』의 자매편인 『해상 실크로드 사전』(창비, 2014)을 펴냈다. 『문명교류 사전』은 이 사전들에서 틀린 곳을 고치고 모자란 점을 보탠 완결판이 될 것이라고 한다. 또한 『실크로드 도록 - 육로편』(창비, 2013)과 『실크로드 도록 - 해로편』(창비, 2014)을 펴냄으로써 실크로드 3대 간선(초원로, 오아시스로, 해로)을 다 아우른 명실상부한 '실크로드 도록'을 완결했다.

그가 혼자의 힘으로 개척하고 이루어 낸 것은 이렇게 눈부시고 또 많다. 이제 더 많은 업적은 그의 건강에 달려 있다. 우리가 그의 만수무강을 있는 힘을 다해 비는 까닭이 여기에 있다.

나는 그의 파란만장한 생애, 중국에서 태어나 25년, 북한에서 15년, 해외에서 10년 그리고 한국에서 31년(2015년 현재)을 살고 있는 삶이 한국에서 대미(大尾)를 아름답게 장식할 수 있기를 바라며, 그가 한국에 정착되게 된, 보이지 않는 뜻이 그의 문명교류학의 만개로 이어지기를 간절히 기대한다. 또한 나는 그와 더불어 2009년에 사단법인 한국문명교류연구소를 창립한 것을 영예롭게 생각하지만, 실제로 아무런 기여를 하지 못해서 늘 부끄럽고 죄송할 따름이다. 그의 팔순을, 그동안 그가 이룩한 성취와 함께 진심으로 축하한다.

암흑 속의 횃불

천주교정의구현전국사제단

민주화에 역주행하고 있는 이 나라, 겨레에 큰 위안이 되다

2014년 9월 26일, 천주교정의구현전국사제단(이후 '사제단'이라고도 부름)이 창립 40주년을 맞았다. 민주화운동 과정에서 수많은 단체들이 생겼다가는 없어지고, 연합했다가는 흩어지기를 수도 없이 반복했다. 그것은 민주화의 과정이 그만큼 길고 험난했음을 말해 주는 것이기도 하다. 한때 그 시대에 꼭 필요한 조직으로 우리의 열정을 다 바쳐 만든 단체 중에서도 지금은 없어진 단체가 많다. 인권회복과 민주화를 위하여, 또 민주화 과정에서 자생적으로 결성되어 활동해 오면서 오늘에 이르기까지 당당하게 자기 모습을 지니고 있는 단체는 그렇게 흔치 않다. 더욱이 천주교정의구현전국사제단처럼 민주화의 중요한 고비 고비마다 결정적인 역할을 스스로 떠맡아 오면서 같은 걸음걸이로 제자리를 지켜 온 단체는 매우 드물다.

천주교회사 안에서는 사제단의 활동을 어떻게 평가할 수 있는가. 1984년 한국 천주교 200주년을 맞이해 서강대에서 열린 세미나에서, 참석자들은 대부분 사제단을 비롯한 천주교회의 1970년대 민주회복 활동에 대해 '한국 교회가 박해시대에 한국 민중, 한국 역사와 만난 이래, 오랜 침체 끝에 비로소 제2의 만남을 이루었다'는 데 견해를 같이했다.

『한국 천주교 200년』을 쓴 고려대학교 조광 교수는 "1970년 이후의 한국 교회는 제2의 성령강림을 맞이했다고 볼 수 있으며, 이 당시 우리 교회는 새로운 개혁을 위한 몸부림을 하게 되었던 것이고, 또한 민족을 위해서 봉사할 수 있는 자세를 가다듬어 보고자 했던 것"이라고 말해 '나'를 찾기 위한 중요한 각성의 시기로 보고 있다.

역사가 '나'의 정체성을 찾아 나가는 과정이라면, 초기 박해시대 이래 다시 '나'를 찾는 노력을 시작했다는 것이다. 초기 박해시대에 신앙의 선조들이 자발적으로 천주교를 수용하고 그 가르침을 실천하며 박해 속에 흩어지고 쫓기면서까지 이웃에게 변화를 준 것이 한국 천주교회로서의 '나'를 처음 세운 것이라 한다면, 그로부터 장장 200년을 기다려 1970년대에 비로소 한국 민족과 현실 속에서 다시 '나는 누구인가'를 확인하고 자각하기 시작했다고 말할 수 있다. 그것은 1970년대 후반 이후, 그 이전과 비교해 비약적으로 높아진 신자 증가

율이 말해 준다. 이러한 점에서 사제단의 탄생은 단순한 한 사건이 아니라, 한국의 민주화운동사에서, 그리고 한국 교회사에서 중요한 한 획을 긋는 사건이라고 할 수 있다.

사제단이 나오기까지

그러나 사제단이 교회 안팎으로부터 이러한 평가를 받기까지의 역정은, 그렇게 순탄하지만은 않았다. 안팎으로부터 시련이 만만치 않았다. 영광은 언제나 그렇듯이 고난 뒤에 찾아오기 마련이다. 그 탄생 과정을 되돌아보면, 우선 1974년 7월 지학순 주교의 구속 이후, 명동성당 입구에 있었던 가톨릭출판사와 그 안의 성가수녀원 분원은 사제단 탄생의 보이지 않는 뒷바라지 역할을 톡톡히 했다. 그때 가톨릭출판사는 교회 관련 서적은 물론 명동성당 주보 등 인쇄물을 찍고 있었는데, 사장은 김병도 신부가, 그 실무책임은 김발라바, 최분도 수녀 등 성가정수녀회 수녀들이 맡고 있었다. 천주교정의구현전국사제단의 산실 가운데 하나가 여기 가톨릭출판사였다.

1974년 7월 6일 오후 4시 50분, 천주교 원주교구장 지학순 주교는 그해 4월 22일 출국했다가 귀국하는 참이었다. 김포공항에서 그는 기관원들에게 연행되었다. 지 주교가 비행기에서 내리는 것까지는 눈으로 확인했으나, 이후 지학순 주교는 행방이 묘연해졌다. 원주교구는 발칵 뒤집혔다.

지학순 주교가 중앙정보부에 연행되어 있는 것이 그 이튿날 확인되었고, 김수환 추기경과 주한 교황청 대사가 중앙정보부로 찾아가 지 주교와 면담했다. 뒤이은 김수환 추기경과 대통령의 면담으로 지 주교의 신병이 일단 풀려난 듯했으나, 7월 23일 지학순 주교의 양심선언으로 지학순 주교는 끝내 구속되었다. 그리고 지학순 주교는 비상군법회의에서 징역 15년, 자격정지 15년을 선고받았다. 주교의 구속은 한국 천주교회로서는 박해시대 이후로는 초유의 일이었다. 한편으로 놀라고 또 다른 한편으로 당황할 수밖에 없는 일이었다.

사실 그때까지의 한국 천주교회는 "사회는 교회의 담 안으로 들어오지 마라, 우리 또한 교회 담장 밖으로 나가지 않겠다"는 입장에 머물러 있었다. 그러나 유신정치권력이 교회의 담장을 밀고 들어와 주교를 연행, 구속하는 사태가 벌어진 것이다. 신도들을 중심으로 산발적인 기도회가 열렸다. 그러나 한국 천주교회의 최고기관이라 할 주교회의는 어정쩡한 입장이었다. 7월 25일에 주교회의의 이름으로, 8월 6일에는 주교회의 상임위원회 이름으로 지학순 주교의 고통에 동참한다는 정도의 입장 표명이 전부였다. 주교의 구속이라는 비상사태에 어떻게 대처해야 한다는 지침 같은 것을 제시하지도, 또는 그에 상응하는 자신들의 노력도 없었다.

이런 상황에서 주교를 잃어버린 원주교구는 지학순 주교의 구명을 위해서 스스로 나서지 않을 수 없었다. 우선 신현봉 신부가 전국의 각 교구를 돌아다니며 구명운동을 호소했다. 여기에 서울에 올라와 독일 유학 준비 중이던 최기식 신부가 가세했다. 구명운동을 위해서는, 서울에 그 구심처가 있어야 했다. 명동성당의 구내에 있던 가톨릭출판사는 신현봉, 최기식 신부의 상주처 내지 연락처가 되었다. 더욱이 김병도 신부는 신현봉 신부와 신학교 동기생이었다.

이러한 구명운동의 초기 단계에 적극적으로 참여한 일단의 젊은 신부들이 있었다. 그들은 대개가 제2차 바티칸 공의회 이후에 서품된 신부들이었다. 로마의 올바노 대학교에서 학위를 마치고 돌아온 함세웅 신부를 비롯, 그의 동기생들인 김택암, 양홍, 안충석 신부, 그보다 조금 아래인 오태순, 장덕필 신부, 그리고 연배인 김승훈 신부가 그들이었다.

지방에서도 지학순 주교의 석방을 요구하는 시국기도회가 열렸는데, 이런 기도회를 개최하는 과정에서 인천교구의 김병상, 황상근 신부, 전주교구의 문정현, 대전교구의 박상래, 이계창, 윤주병 부산교구의 송기인, 안동교구의 류강하, 정호경 신부 등이 특히 적극적이었다. 이들이 사제단 결성 과정에서 중심이 되었다. 여기에 신현봉 신부와 신학교 동기생들이었던 박상래, 김병도 신부의 협조가 이론적으로나 현실적으로 커다란 힘이 되었다. 그리고 메리놀회, 골롬반회, 파리외방선교회 소속 외국인 신부들이 솔선하여 합류했다. 그들은 누구보다 자유롭게 사제단의 활동에 동참했으며, 해외 정보를 국내에, 국내 활동을 해외에 알렸다. 천주교정의구현전국사제단은 제2차 바티칸 공의회를 거친 교회의 흐름과 그 가르침, 그리고 지학순 주교의 구속으로 나타난 한국 사회의 현실이 빚어낸 역사적 산물이었다. 아무래도 기도회의 중심에 명동성당이 있고 보니, 기도회가 열리면 열릴수록 명동성당은 한국 교회의 중심으로서뿐만 아니라, 한국 민주화운동의 중심이자 상징으로 떠오르기 시작했다. 게다가 제2차 바티칸 공의회의 정신을 그 누구보다 일찍 체득하고, 한국 사회의 현실을 놓고 고뇌하던 서울대교구장 김수환 추기경의 존재와 그 정신적 응원은 사제단 탄생의 큰 밑받침이 되었다.

사제단의 탄생

비록 창립선언 같은 것은 없었다 하더라도, '천주교정의구현전국사제단'이라는 공식 명칭을 쓰기 시작하면서 「제1시국선언」을 발표한 1974년 9월 26일을 사제단 탄생의 기점으로 잡는 것이 일반적이다. 지학순 주교의 구속 이후 여러 차례에 걸쳐 다양한 단체 명의로 기도회와 성명 발표가 있었지만, 그것들은 모두 사제단 탄생을 위한 준비과정으로 보아야 할 것이다. 다만 9월 23일 원주에서 개최된 성직자 세미나에 참석한 300여 명의 사제들이 사제단의 결성과 공식 명칭에 합의한 것과 그다음 날(9월 24일) 그들이 모두 참석하는 기도회를 원주의 원동성당에서 개최하고, 이어 가두시위를 벌인 것은 특별히 빼놓을 수 없는 사항이다. 당시 한국인 사제가 모두 639명이었던 점에 비추어 보면 당시 사제들의 관심과 참여가 얼마나 높았는지 알 수 있다. 그리고 앞서 말한 것처럼 초기 사제단의 탄생과 활동에서 핵심적 역할을 한 사제들이 대부분 제2차 바티칸 공의회 이후 서품된 사제들이었다는 점도 주목할 만한 일이다.

9월 26일 기도회는 그 명칭이 '순교자 찬미기도회'였는데, 사제단은 이 기도회를 "조국을 위하여, 정의와 민주회복을 위하여, 옥중에 계신 지 주교님과 고통받는 이들을 위하여 이 기도회를 바칩니다"라고 하여 그 지향을 분명히 밝히고 있다. 이제 지학순 주교의 구속에 대한 항의와 구명운동의 차원을 넘어 나라의 민주화와 인권과 정의를 향한 기도와 투쟁으로 나아가기 시작한 것이다. 이후 사제단은 기도회를 계속하면서 「제2시국선언」(1974. 11. 6), 「사회정의 실천선언」(1974. 11. 20), 「제3시국선언」(1975. 2. 6), 「민주 · 민생을 위한 복음운동을 선포한다」(1975. 3. 10) 등을 통해서 시국에 대한 견해와 지향을 계속적으로 확인해 나갔다.

> 민주제도는 정치 질서에 있어서 국가 공동체가 그 본연의 사명을 완수할 수 있는 가장 적절한 정치제도임을 믿는다. 교회는 이와 같은 인간의 존엄성과 소명, 그의 생존 권리, 기본권을 선포하고 일깨우고 수호할 의무와 권리를 가진다. 그러기에 교회는 이 기본권이 짓밟히고 침해당할 때면, 언제 어디서나 피해자나 가해자가 누구이든 그의 편에 서서 그를 대변하면서 유린당한 그의 권리를 회복해 주기 위하여, 그를 거슬러 항변하고 저항하고 투쟁할 권리와 의무를 가진다.
> (「제1시국선언」)

> 정치권력의 비대와 남용을 통제하고, 이를 방지하려는 민중의 편

에 서서 그들을 대변하여 인간의 기본권과 생존권에 대한 복음의 가르침을 재천명하고, 집권자와 국민의 상호의무와 권리를 다시 한 번 각성시키는 것이 우리의 사명임을 확신한다. (「제2시국선언」)

하느님 나라는 인간의 영혼만을 위한 것이 아니라 묵은 세상과 구질서의 모든 구조를 뒤엎고, 새 세상과 새 질서를 마련하는 결정적 전기요, 하나의 위력이다. 그러기에 하느님 나라는 다가올 내세만이 아니고 철저하게 인간화된 현세, 그 구조가 변혁되고 그 면모가 일신된 현세까지를 포함한다. (「사회정의 실천선언」)

우리는 우리의 기도에서 이 땅의 인권회복, 민주회복을 하느님의 소명으로 확인했다. 인권회복은 정치권력의 무한한 횡포로부터 우리의 기본적 인권을 찾자는 것이다. 이 땅의 인간회복은 인간다운 삶을 보장받자는 것이며, 이 땅의 민주회복은 독재정치의 굴레로부터 해방되자는 것이다. 이것은 정치적 요구가 아니라 인간적 요구이다. (「제3시국선언」)

여기 우리는 우리 교회의 사명에 따라 우리 사회에 누적된 비극을 청산하기 위해 민주·민생을 위한 복음운동을 선포한다. 우리가 선포하는 복음은 죽은 자를 천당으로 인도하기만 하는 복음이 아니며, 구호물자의 도착을 알리는 자선냄비의 복음도 아니다. 고통받는 이웃을 하느님이 창조하신 인간다운 모습으로 되살리기 위한 복음이다. 가난하고 억눌린 자를 위해 우리 교회가 해방의 요람이 되기 위한 복음이 다. (「민주 · 민생을 위한 복음운동을 선포한다」)

이 선언문들을 통해서 사제단은 인권회복, 민주회복, 인간회복, 사회정의, 가난하고 억눌린 사람을 위해 교회가 그 보호막이 되고 대변자가 되고자 한다는 것을 명백히 했다. 이들 선언문은 지금까지도 국내외에서 민중신학 논의의 텍스트로 원용되는 핵심 문건으로 자리잡고 있다. 제1시국선언은 당시 가톨릭 신학대학 교수였던 박상래 신부가 썼고, 그 이후에 발표된 선언이나 성명의 상당한 부분은 공교롭게도 내게 맡겨진 일이었다.

말씀의 폭풍

십자가를 앞세우고 100여 명의 사제가(많을 때는 300여 명이 넘을 때도 있었다) 제의를 입고 장엄한 행렬을 이루며 입당한다. 이미 성당에는 중앙통로를 제외하고는 수도자들을 비롯해 많은 사람들로 입추의 여지없이 꽉 차 있다. 밖에도 역시 미처 들어오지 못한 사람들이 군중을 이루어 기대와 흥분으로 다소 들떠 있다. 제1부 미사가 진행된다. 그리고 이어서 제2부 기도회가 시작된다. 신자이건 아니건 벅찬 감동과 엄숙으로 누구 한 사람 자리를 뜰 수가 없다. 불의에 짓밟히고서도 호소할 데 없는 사람들의 기도가 있고, 어제오늘 있었던 독재권력의 만행을 고발하기도 한다. 그리고 선언문이 낭독될 때도 있었다. 기도회가 끝나고 난 후 이미 어둠이 내린 가운데 진행된 성모동굴까지의 촛불행진은 얼마나 숙연했던가.

서울, 전주, 대전, 원주 등 전국 12개 교구에서 동시에 인권회복 기도회를 개최할 때도 많았다. 그것은 가히 '말씀의 폭풍'이었다. 이 엄숙한 의식을 독재권력도 감히 어쩔 수 없었다. 명동성당에서 기도회를 개최할 때면 보통 3,000여 명이 참석하는 데다가, 동시다발로 전국에서 개최되는 것에 유신권력 당국도 기가 질렸을 것이다. 그것이 억압받고 무거운 짐에 눌려 신음하고 있는 사람들에게는 얼마나 큰 위안이며, 또한 격려와 힘이 되었는지 모른다. 1975년 5월 김지하는 감옥에서 그의 양심선언을 밖으로 내보내면서 사제들에게 다음과 같은 편지를 썼다.

> 칼날 위를 걷는 바로 이 어려움이야말로 사제단의 정의구현활동을 범속한 정치운동이 아닌 집단적인 기도요, 고행이며, 십자가의 아픔이요, 하늘에로의 성스러운 행진이도록 하는 것은 아닐는지요? 부디 저들의 이언(利言)과 모략을 뚫고, 이 침묵의 세계를 말씀의 폭풍으로 뒤흔들어 주십시오. 사제단만이 구원의 불빛입니다. 저와 제 이웃의 작은 형제들에게 빛이 비추이도록 해 주십시오. 부디 천주의 능력이 폭포수처럼 사제단의 활동에 내리쏟아져 이 주림과 슬픔뿐인 세상에 정의가 강물처럼 흘러넘치게 해 주십시오.

이 땅의 많은 사람들이 그때 사제단의 기도회에 얼마나 큰 기대를 갖고 있었는지 말해 주는 대목이다. 어디 감옥에 있는 사람들뿐이랴. 달리 위로받을 데 없고 호소할 데 없는 사람들, 가장 처절하게 짓밟히고 있는 가장 작은 형제들에게는 더욱 그랬다. 사제단의 등장과 활동은 폭압에 찌든 모든 사람들에게 탁류 속의 청수요 암야의 횃불로 받아들여졌다. 사람들의 눈에 사제단 신부들은 인간해방과 인류 구원을 위해 자신의 안위를 돌보지 않고 헌신하는 '우리들의 신부님', '시대의 사제'들로 비쳐졌다. 그러기에 그때 사형선고까지 받았으면서도 다른 구속자 가족들에게 따돌림을 받고 있던 인혁당 사건 가족들이 찾아갈 데라고는 사제단밖에 없었다. 명동성당만이 그들을 감싸 안고 돌봐 주는 유일한 안식처였다. 이 무렵 언론자유실천운동으로 신문사에서 쫓겨나 거리를 방황하던 동아 · 조선일보의 해직기자들도 명동성당에 와서 그들의 억울함을 호소했다. 똥물 세례를 받고 후미진 쓰레기더미에 내던져진 여성 노동자들도, 판잣집에서 쫓겨난 도시 철거민들도, 이 땅에서 뿌리 뽑힌 모든 사람들이 그때 마지막으로 찾아갈 곳은 명동성당이었고 그들을 보살펴야 했던 것은 이들 사제들이었다.

이러한 과정을 하나하나 거치면서 명동성당은 점차 이 나라 민주화의 성지로 자리매김하고 있었다. 누가 그렇게 부르짖은 것도 아니요, 그렇게 되기를 바란 것도 아니다. 어느덧 국민의 마음속에 명동성당은 민주화의 성지요, 요람으로, 정의와 양심의 목소리가 울려 퍼지는 곳, 사랑과 위안을 받을 수 있는 곳으로 자리 잡았다. 그러하기에 김수환 추기경이 집전하는 성탄 자정미사는 언제나 초만원이었고, 명동성당 주변은 고난 속에서도 성탄을 축복하는 사람들로 가득 찼다.

1875년, 명례방의 김범우(金範禹) 집에서 이벽(李檗), 이승훈(李承薰), 정약전(丁若銓) 등의 신앙집회가 발각되어, 양반들은 방면되고 중인이었던 김범우만 단양으로 유배되던 도중 고문의 상처로 죽어 이 나라 최초의 순교자가 되었다. 그 신앙집회 터에 세워진 명동성당이 200년 뒤 이 나라 이 국민 앞에 시대의 등대 역할을 다하고 '어머니와 교사'로 진실을 증언하게 된 것은 결코 우연만은 아닐 것이다.

무거운 짐을 진 사람들은 물론, 불의에 짓밟히면서도 어디 호소할 데 없는 사람들, 권력에 의하여 부당하게 인권이 유린당한 사람들이 마지막으로 찾아가는 곳이 명동성당이었고, 그들의 호소를 들어주는 사람들은 이제 사제들이었다. 힘들고 고된 일일수록, 두렵고 위험한 일일수록, 그 모든 궂은일, 힘든 일, 위험한 일을 떠맡은 것이 사제단이었다. 1970, 80년대 민주화운동의 과정에서 사제단의 보호와 도움의 손길이 닿지 않은 곳이 어디 있으랴. 그러나 그 많은 일들을 일일이 다 나열할 수는 없고, 중요한 몇 가지만을 골라볼 수밖에 없다. 그러나 이는 사제단 활동 전반에 비추어 볼 때는 '빙산의 일각'에 불과할 것이다.

불의에 짓밟힌 사람들을 위하여

사제단이 출범할 무렵 그때 기도회나 성명서에서 가장 많이 인용하던 성경 구절은 이런 것이었다.

"주님의 성령이 나에게 내리셨다. 주께서 나에게 기름을 부으시어 가난한 이들에게 복음을 전하게 하셨다. 주께서 나를 보내시어 묶인 사람들에게는 해방을 알려 주고, 눈 먼 사람들은 보게 하고, 억눌린 사람들에게는 자유를 주며, 주님의 은총의 해를 선포하게 하셨다"(누가 4:18~19).

이와 함께 "가장 보잘것없는 형제에게 해 준 것이 곧 내게 해 준 것"이라는 구절 또한 그 무렵 자주 인용되던 성경의 말씀이었다. 보잘것없는 형제, 그들과 같이 있으려는 마음이 그만큼 간절했던 것이다. 그리고 이제 막 유신정권의 실체가 어떤 것인지를 깨닫기 시작한 사제단으로서는 세상에 차마 이런 일이 있으리라고는 생각지도 못했던 일들이 많았다. 모르면 용감하다고 했던가. 사제단은 아무도 그 입을 열기를 두려워했던 사건에 대하여 대담하게 입을 연다. 그때로서는 참으로 어려웠던 일이다. 최종길 교수의 죽음에 대한 의문의 제기, 인혁당 사건 조작에 대한 최초의 폭로 같은 것들이 바로 그것이다.

천주교정의구현전국사제단은 1974년 12월 18일, 1년 전에 중앙정보부에서 고문 끝에 숨진 최종길 교수에 대한 추모미사를 올린다. 최종길 교수는 1973년 10월 16일 중앙정보부에 연행되어 19일에 의문의 죽음을 당했고, 당국은 10월 25일, 최종길 교수가 간첩 혐의로 구속되었으며 죄를 자백한 후 양심의 가책을 못 이겨 7층에 있는 화장실 창문에서 뛰어내려 자살했다고 발표했다. 간첩의 누명까지 들씌운 것이다. 그러나 얼마 후 긴급조치가 발표되는 등 엄중한 시대상황 속에서 아무도 최종길 교수의 죽음에 항의하거나 의혹을 제기하지 못했다. '법과 정의'를 내세우는, 서울법대의 동료 교수나 제자, 그 누구도 입을 열지 못할 때, 사제단만이 공개적으로 최종길 교수가 자살이 아니라 고문치사당했다는 의혹을 정면으로 제기했다. 1988년에도 사제단은 아직은 공소시효가 남아 있는 상태에서, 「최종길 교수의 사인 진상의 규명을 요구한다」는 성명과 함께 일단의 관련자들을 검찰에 고발했다. 당시의 검찰은 사제단의 고발을 유야무야시켰다. 최종길 교수의 동생, 최종선의 양심선언이 공개된 것도 이 무렵 사제단에 의해서였다.

그러나 이러한 일련의 활동이 단초가 되고 근거가 되어 최종길 교수는 2002년 의문사진상조사위원회에서 "최 교수는 모진 고문을 당했으며, 민주화운동과 관련하여 국가 공권력에 의하여 사망했음"이 최종적으로 확인되었다. 그리고 2006년 민사소송을 통해서, 공권력에 의한 살인행위는 국가가 반드시 보상해 줘야 한다는 고귀한 판결을 얻어 냈다.

사제단은 또 1975년 2월 24일, 명동성당에서 국내외 기자회견을 갖고, 인혁당 사건의 공동조사를 정부 당국에 제의하면서 가족들의 방청기록과 양심선언, 피고인들의 법정진술 등을 토대로 「인혁당 사건의 진상은 이렇다」는 1차 진상보고서를 발표했다. 여기서 사제단은 조사과정에서의 가혹한 고문행위, 검찰조서가 중앙정보부원 입회하에 위협적인 상황에서 작성된 경위, 재판 과정에서의 형사소송 절차 위배 사실, 심지어 재판기록의 변조까지 있었다는 구체적 예증을 들어 인혁당 사건 자체가 처음부터 끝까지 조작되었다는 사실을 입증하면서, 정면으로 유신정권에 공개재판과 공동조사를 요구했다. 그것은 당시로서는 엄청난 모험이요 도전이었다. 유신정권의 아킬레스건을 건드리는 일이었다. 4월 8일, 대법원의 확정판결에 이어 이튿날 새벽 8명의 인혁당 관련자가 처형되고, 이들의 시신을 일방적으로 유신당국이 탈취하려 하자, 문정현 신부 등이 차바퀴 밑에 들어가 저지하는 등, 처절하게 짓밟히고도 호소할 데 없는 인혁당 사건 관계 가족들이 어울함을 처음부터 대변해 왔다. 이때부터 시작해서 최근까지 인혁당 사건의 진상을 밝히기 위해 노력해 왔으며, 마침내 2007년 1월 23일, 재심판결을 통해서 사형수 8명에 대한 무죄를 이끌어 냈다.

1975년 4월 9일, 8명의 인혁당 관계자를 처형하는 것을 보면서 서울농대 축산과 4학년 김상진은 사실상 자신의 유언이라고 할 「대통령께 드리는 공개장」을 쓴다. 여기서 그는 "인간이 느껴야 할 기본적 양심이 무엇이고, 사회가 추구해야 할 정의가 무엇이며, 민족이 획득해야 할 진정한 자유가 무엇인가를 우리 국민은 알고 있다"면서, 대통령의 퇴진을 요구한다. "탄압과 기만의 검은 바람이 불어오는 것을 보라.…… 이 보잘것없는 생명을 바치기에 아까움이 없노라"고 하는 그의 양심선언은 그 내용이 절절하고 비장하기 짝이 없다. 사제단은 4월 24일, 명동성당에서 김상진을 추모하는 기도회를 개최한다. 대통령의 퇴진을 요구하며 죽은 학생을 공개적으로 추모하다니, 이 역시 사제단이 아니면, 당시로서는 엄두도 내지 못할 일이었다.

어머니와 교사의 역할

제2차 바티칸 공의회 이후에 나온 교황의 가르침 가운데는 교회는 항상 그 시대, 공동체를 살아가고 있는 형제들에게 어머니와 교사가 되어 그 아픔을 함께하고, 정의와 사랑의 정신에 입각하여 비폭력, 평화적으로 공동선에의 길로 인도해야 된다고 가르치는 '어머니와 교사'라는 회칙이 있다. 사제단의 활동 가운데는 그 자신이 어머니와 교사가 되려고 노력한 흔적이 곳곳에서 발견된다. 특히 명동성당으로 찾아왔던 노동자, 농민, 도시빈민, 철거민들에게 그랬다.

1970년대의 노동운동이나 농민운동은 아직은 미미한 상태였다. 그도 그럴 것이 역대의 독재정권이 노동운동이나 농민운동을 사회주의운동인 것처럼 사시(斜視)로 보았기 때문에 반공이데올로기 아래서는 위축될 수밖에 없었다. 그렇기 때문에 초기의 노동운동이나 농민운동은 교회의 품 안에서 교회의 보호 속에서 이루어졌다. 가톨릭노동청년회와 가톨릭농민회의 활동이 그것이었다. 역대 교황의 사회 교리의 가르침에 힘입어, 이 두 단체의 활동은 그 영역을 넓혀 갈 수 있었다. 그러나 여전히 유신권력 당국의 용공음해에 시달려야 했다. 이런 가운데, 썩은 고구마를 보상받은 함평 고구마 사건(1976)이 일어났고, 오원춘 사건(1979)이 터졌으며, 곳곳에서 가톨릭농민회와 가톨릭노동청년회 활동이 저지되었다. 이들 노동운동과 농민운동을 보호하고 밑받침할 최종적인 책임은 언제나 사제단의 몫이었다. 함평 고구마 사건에서, 그 보상을 받아 내기까지의 투쟁은 사제단의 밑받침 없이는 불가능한 일이었다. 감자 피해보상을 받아낸 오원춘을 울릉도로 강제 납치한 유신정권의 행태를 더 이상 좌시할 수 없어, 오원춘 사건을 세상에 알린 것도 사제들이었다.

1978년 2월 21일에는 이른바 동일방직 사태가 일어났다. "현재의 노조집행부는 빨갱이 단체인 신 · 구교 산업선교회의 마수 아래 있다"면서, 회사 측 남성 노동자들이 방화수통에 똥을 담아 가지고 와서 이 총가 든 여성 조합인들에게 이를 뿌리고 먹였다. 이들은 "아무리 가난하지만 우리도 인간이다. 우리는 똥을 먹고 살 수는 없다"며 울부짖었다. 이들이 찾아갈 수 있는 곳은 명동성당이었고, 그들이 호소할 데는 사제단이었다. 이 같은 일은 1970년대와 80년대를 통틀어 수도 없이 일어났다. 유신권력은 신 · 구교회의 산업선교활동마저 용공으로 몰았다. 노동자와 농민들이 교회로 찾아오면 찾아올수록 교회 역시 탄압을 받아야 했다. 그러나 그것을 결코 외면할 수 없었다. 이처럼 교회와 사제들은 1970년대와 80년대에, 가난이 제 탓만이 아닌 사람들, 불의에 짓밟히면서도 어디 호소할 데 없는 사람들에게 따뜻한 이웃이었으며, 스스로 그들의 '어머니와 교사'가 되어 주었다.

1974년 10월 24일, 동아일보에서 기자들의 '자유언론실천선언'이 발표된 뒤, 곧이어 각 언론사마다 자유언론실천운동이 활발히 전개되기 시작했다. 이에 대해 유신권력 당국은 광고탄압으로 동아일보를 고사시키려 했다. 이때 국민들의 자발적인 격려광고가 줄을 잇는다. 사제단은 '암흑 속의 횃불'이라는 제목의 전면광고를 게재, 격려광고 운동을 선도하면서 동아일보와 기자들에게 커다란 용기를 주었다. 그러나 회사 측은 결국 정치권력에 굴복, 자유언론을 실천하는 기자들 160여 명을 해고한다. 조선일보도 구실을 붙여 30여 명의 기자들을 쫓아냈는데, 사제단은 이들 붓을 빼앗긴 기자들의 정당성을 기도회를 통해서 세상에 알렸다. 또 그들이 실직상태에서 거리를 헤맬 때는 그들의 가장 가까운 이웃 형제가 되었다. 이들에게 명동성당에서의 기도회는 유일하게 그들의 주장과 처지를 호소할 수 있는 장이었다. 또한 거기서 위안을 받을 수 있었다.

민주회복운동의 중심에 서다

사제단이 중심이 되어 민주회복, 인간회복, 인권회복 기도회를 명동성당은 물론 전국의 각 교구에서 열어 나가자, 국민들은 이제 천주교회와 사제들을 새로운 눈으로 보게 되었다. 무엇인가 사제단에 대한 신뢰와 기대도 모아지고 있었다. 이런 가운데 1974년 12월, 재야 민주화운동의 결집체로 '민주회복국민회의'가 결성되는데, 천주교회 측이 상임대표(윤형중 신부)와 대변인(함세웅 신부)직을 맡아 민주회복국민회의를 실질적으로 주도한다. 양심선언운동을 제창하고, 2·12 국민투표의 거부투쟁을 선도하는 등 당시 재야 민주 진영의 중심으로 우뚝 서기 시작했다. 1974~75년 민주회복국민운동, 그리고 그 이후 재야 민주화운동의 결집체였던 인권운동협의회, 민주주의와 민족통일을 위한 국민연합 등의 결성과 활동에 사제단은 그 중심적 역할을 하게 된다.

'원주선언'의 막전막후는 세상에 아직은 널리 알려진 이야기가 아니다. 그러나 알 만한 사람은 다 알고 있다. 가톨릭 교회력에는 일치주간이 있다. 그것이 1976년에는 1월 18일에서 25일까지의 일주일이었다. 일치주간을 계기로 그해 1월 23일, 원주교구 원동성당에서 신·구교 합동으로 '인권과 민주회복을 위한 기도회'를 가졌다. 이 자리에는 개신교 목사들도 초청되었다. 강론은 신현봉 신부가 맡았다. 기도회가 끝나고 신·구교회의 성직자들은 원주교구 교육원에 모여 그동안의 신·구교회 활동을 점검, 반성하는 시간을 가졌고, 이어 시국에 대한 견해를 밝히기로 결정했다. 성명서는 미리 가톨릭 측에서 준비했다.

이 선언문에 그날 교육원 모임에 참석했던 대부분의 사제들은 물론, 개신교의 문익환, 문동환, 서남동, 조화순 목사와 함석헌 선생이 서명했다. 이것이 3·1절 명동성당에서의 '민주구국선언'의 모태가 되고, 해외에서는 '원주선언'으로 알려진 문건이다. 이는 유신체제를 정면으로, 그리고 논리적으로 부정한, 당시로서는 그 기조가 매우 명료한 내용으로 되어 있다.

원주선언에 참여한 개신교 목사들은 개신교 측에서도 유신체제에 대한 개신교 목사들만의 명백한 입장을 밝힐 필요를 느끼게 되었다. 서울로 돌아와 그런 움직임을 추진하던 중 3·1절이 다가왔고, 3·1

절에 즈음한 성명으로 발표하다 보니 성직자들만으로 하기보다는 더욱 광범한 재야 인사들의 서명을 받게 되었다. 여러 갈래에서 추진되던 3·1절 성명이 윤보선 전 대통령에게로 모아져 '민주구국선언' 하나로 정리되었다. 그러나 당시가 아주 살벌한 시기였기 때문에 발표할 장소가 마땅치 않았다.

이들이 발표 장소를 모색하던 중 마침 사제단이 마련한 3·1절 기념미사의 제2부 행사 때 발표하게 된 것이다. 사제들은 원주선언에 이미 서명하여 그것을 외신에 발표했기 때문에 이번의 선언에는 서명하지 않고 다만 개신교 측에 '민주구국선언'을 발표할 장소와 기회를 마련해 준 것이다. 이것이 유신정권에 의해 정부를 변란할 목적으로 신·구교 성직자들이 주도한 '3·1 민주구국선언 사건'으로 발표된다. 유신정권은 이를 계기로 그 이전에 있었던 원주선언, 김지하에 대한 구명운동 그리고 사제단의 모임에서 있었던 일까지를 모두 들추어내어 함세웅, 문정현, 신현봉 신부를 구속하고, 장덕필, 김승훈 신부를 불구속기소했다. 3·1 민주구국선언 사건은 당시 중심적으로 활동하던 재야의 신·구교 성직자들을 한데 묶어 감옥으로 처넣으려는 유신정권의 계획된 음모였다.

그러나 그것이 오히려 신·구교회의 일치와 결속을 다지는 결과로 되었다. 3·1절 명동성당 민주구국선언 사건이 대법원에서 최종판결이 날 무렵 사제단은 각자가 서 있는 자리에서 민주회복운동을 전개하자는 이른바 '민주구국헌장'운동을 전개한다.

1979년 10월 26일, 독재자 박정희가 김재규가 쏜 총탄에 맞아 쓰러졌다. 김재규는 유신의 심장을 향해 총을 쏜 것이었고, 마침내 유신 독재는 숨을 멈추었다. 국민의 더 큰 희생을 막고, 이 나라의 민주회복을 위해서는 박정희 한 사람의 희생은 불가피했노라고, 자신은 야차와 같은 마음으로 박정희를 쏘았노라고 김재규는 법정에서 절규했다. 그러나 아무도 그를 위한 구명운동에 나서지 않았다. 오직 사제단만이 김재규를 살릴 수 있다면 민주화를 이룰 수 있을 것이요, 그렇지 못하면 또다시 군부독재가 온다고 믿고, 있는 힘을 다하여 구명운동을 폈다. 그의 진술과 생전의 증언을 모아 자료집을 내고 구명위원회를 꾸리는 등 구명 청원을 주도했다. 유신을 무너뜨리고도, 그 유신체제와 유신잔당에 의해서 김재규가 사형당했다는 것은 민주화운동 진영의 방관, 특히 김영삼, 김대중을 중심으로 한 정치권의 외면과 깊은 관련이 있다. 민주화 이후에도 사제단은 김재규의 명예회복을 위해서 노력해 왔지만 갈수록 그 전망은 밝지 않다.

1980년 5 · 18 광주민주화운동이 일어나 광주시민들이 계엄군들에 의해 무참하게 찔리고 짓밟히고 있을 때 광주 지역 지도급 인사들로 수습대책위원회를 구성하는데, 광주교구의 윤공희 대주교와 김성용, 조철현 신부 등이 그 주도적 역할을 담당했다. 이때 그들은 계엄군에 무력진압의 빌미를 주지 않기 위해 발이 부르트도록 무기 회수에 나섰다. 회수된 무기를 지키는 것도 사제들에게 주어진 책무였다. 5월 26일, 계엄군이 다시 시내로 들어오고 있다는 전갈이 왔을 때 김성용 신부 등은 "우리(수습위원들)가 총알받이로 나섭시다. 탱크 앞에 나서도 죽는 것이요, 여기 있어도 죽을 것입니다" 하고 죽음의 행진을 제안하고, 그것을 결행한다. 금남로에 일렬횡대로 서서 계엄군과 탱크가 포진해 있는 농촌진흥청까지 4km를 걸어갔다. 그러나 계엄 당국으로부터는 무조건 26일 밤 12시까지 무기를 회수 반납하라는 최후 통첩을 받았을 뿐이었다. 이제 현지에서는 더 이상의 희망이 없자, 김성용 신부는 광주의 처절하고도 절박한 사정을 서울에 알리고 도움을 청하기 위해 그날 밤 광주를 탈출, 광주의 급박하고도 위험한 상황을 서울의 추기경에게 전했다. 그 자신의 '광주민주화운동의 기록'이라 할 「분노보다 슬픔이」는 이렇게 끝난다.

> "27일 새벽 2시에 작전을 개시한 계엄군은 6시경에 도청을 접수했다고 하니 그동안 얼마나 많은 피가 또 흘렀을 것인가.…… 주님, 아벨의 피가 부르짖는 소리를 들어주신 주님! 광주시민이 흘린 피의 부르짖음도 들어주소서!…… 끊일 줄 모르고 하염없이 흐르는 눈물을 이 답답하고 무거운 가슴을 어떻게 하면 좋을 것인가. 아…… 분노보다 슬픔이……!!"

광주민주화운동의 과정을 정리, 이 나라 국민은 물론 세계에 맨 처음 알린 것은 광주교구사제단이었다. 사제단이 광주민주화운동 한 달 뒤인 6월에 「광주사태의 진상」이라는 현장 르포를 정리, 발표한 것이다. 시민 기록자들에 의해 광주민주화운동에 관한 기록들이 정리되어 쏟아져 나온 것은 훨씬 뒤의 일이었다. 사제단의 발표는 광주민주화운동의 경위, 무장 상황, 도청 철수 이후의 거리 표정 등을 날짜별로 기록하고 있다. 물론 이 보고서는 전국으로 퍼져 나갔고, 해외에서도 발표되었다. 그것은 광주민주화운동 최초의 기록이었다.

광주민주화운동이 일어나고 이어서 광주가 완전히 고립되자, 광주의 상황을 릴레이식으로 전달, 그것을 세계에 알린 것도 사제단이었다. 광주의 소식을 듣고, 전주교구사제단도 비장한 결의와 함께 마지막 호소를 전한다. "이제야말로 전 국민이 궐기하지 않으면 이 호남의 초토화와 대살육을 저지하지 못할 것이며, 침묵과 방관은 최후의 죄악이 될 것이다. 우리를 위하여 기도해 달라."

전두환 군부의 철저한 검색과 탄압에도 불구하고, 해외에서 광주의 참상이 계속 폭로되자, 천주교정의구현전국사제단을 주목하고 있던 계엄사령부는 7월 8일, 서울대교구의 오태순, 양홍, 김택암, 안충석, 장덕필 신부 등을 연행했다. 그러고는 광주교구사제단의 「광주사태의 진상」 등 일련의 기록들 모두를 유언비어로 몰아, 신부들이 계엄포고령을 위반했다고 대대적으로 발표했다.

부산 미문화원 방화 사건

1982년 3월 18일, 부산에서 미문화원 방화 사건이 일어났다. 동시에 부산 시내 몇 곳에 '살인마 전두환 북침준비완료', '미국은 더 이상 한국을 속국으로 만들지 말고, 이 땅에서 물러가라'는 제목의 유인물이 살포되었다. 그러나 범인들은 오리무중이었고, 상당 기간 잡히지 않고 있었다. 전국에 수배가 내려지고 곳곳에서 검문검색이 강화되었다. 범인 가운데 주범이라 할 문부식, 김은숙이 김현장을 찾아 원주교구 교육원으로 피신해 와 있다는 것을 최기식 신부와 함세웅 신부가 안 것은 3월 30일이었다. 그리고 그들은 사제단에 자수를 주선해 줄 것을 부탁해 왔다. 이튿날, 함세웅 신부는 청와대 측에 자수 주선 의사를 통보했다. 청와대 측으로부터도 교회 측이 자수를 주선해 주는 데 대하여 감사의 뜻을 표해 왔다. 그리고 4월 1일, 이들을 자수시켰다. 그러나 당국은 두 사람의 조사 과정에서 광주민주화운동과 관련해서 수배 중이던 김현장이 원주교육원에 와 있다는 사실을 확인하고는 김현장의 신병 인도를 요구했다. 그런 뒤 당국은 김현장을 부산 미문화원 방화 사건의 배후 조종자 겸 주범으로 몰아가기 시작했다.

이때부터 당국의 태도는 돌변한다. 천주교회가 범인을 은닉했다는 것이었다. 그리하여 최기식 신부를 연행, 구속시켰다. 그해 부활 주간은 온통 정부와 언론의 가톨릭교회에 대한 음해 모략으로 얼룩졌다. 어쨌든 이 사건은 한국에서 일어난 최초의 반미 사건이었던 만큼, 내외의 주목을 받기에 충분했고, 가톨릭은 항상 그 중심에 있었다. 교회는 의연하게 대처했다.

자수까지 주선한, 오히려 사태 해결에 도움을 준 교회를 정치권력이 왜 이토록까지 음해하고 박해하는지 처음에는 황당하기만 했다. 정부와 언론의 공세에 당황하기도 했지만, 점차 냉정을 되찾아 민족의 긍지와 존엄성을 가지고 재판 과정에 임했다. 시대의 징표를 읽으면서 묵묵히 그 모든 수모와 모략을 감내했다. 1, 2심이 끝나고 사형

선고를 받았던 김현장, 문부식이 감형조치를 통해 사형의 굴레를 최종적으로 벗어났을 때 그때서야 알았다. 그것(교회에 대한 탄압)이 두 젊은이를 죽음에서 건져 내기 위한 하느님의 오묘한 섭리였음을.

한편 이 사건을 통하여, 민주화운동 과정에서 독재권력에 쫓기는 많은 사람들이 교회의 보호를 받으며 수배생활을 했다는 것이 조금씩 드러나기 시작했다. 금강회 사건으로 쫓기던 공주대 학생이 원주교구의 보호를 받고 있었다는 사실도 드러났다. 사실 이들 말고도 1970, 80년대에 많은 수의 수배자들이 교회의 보호를 받으며 구속사태를 일단 피할 수 있었다. 나도 1970년대, 서울대 5 · 22(오둘둘) 사건으로 쫓기던 신동수와, 김관식 · 박형규의 선교자금 사건으로 쫓기던 손학규를 원주교구로 피신시켜 구속의 위기를 벗어나게 한 경험이 있다.

보도지침을 세상에 폭로

1980년 권력을 장악한 전두환 군부는 무엇보다 먼저 언론을 통제하려 했다. 그들은 문화공보부 안에 홍보정책실이라는 것을 새로 만들어 언론통제의 실무를 담당케 했다. 이들은 매일같이 주요 사안에 대해 언론사에 보도지침을 내렸다. 예컨대 "농촌이 파멸 직전이라는 기사는 절대 불가," "부천서 성고문 사건은 성고문이란 말은 빼고 부천서 사건으로만 쓸 것," "필리핀의 민주화운동 기사는 가급적 작게 보도하고, 민주화의 시각에서는 보도하지 말 것," "한미통상 협상 기사는 미국의 압력에 굴복했다고 쓰지 말고 우리의 능동적 대처로 쓸 것" 등으로 기사의 방향과 제목까지 정해 주었다. "어떤 사건은 어떤 방향, 어떤 내용으로 보도하라, 아예 보도하지 마라, 1단으로 하라, 해설 기사로 실어라, 사진을 써라, 쓰지 말라" 등 이렇게 보도 기사의 위치, 크기, 편집 방향까지 일일이 지시하고 있었다.

1986년 9월, 사제단은 민주언론운동협의회(민언협)와 공동으로, 그때까지 그 존재 자체가 은밀히 사람들의 입에 회자되기만 하던 '보도지침'의 실체를 세상에 공개했다. 사제단과 민주언론운동협의회가 입수한 보도지침의 내용을 월간《말》의 특집호 형식으로 '권력이 언론에 보내는 비밀통신문'을 세상에 알린 것이다. 이 자리에는 민주언론운동협의회 관계자와 김승훈, 함세웅, 정호경, 김택암 신부가 참석해 기자회견에 임했다. 이 '보도지침'의 공개로 언론은 물론 세상은 온통 놀라움으로 뒤집혔다. 말로만 듣던 '보도지침'의 실체를 보게 된 국민은 다시 한번 독재권력의 형태에 치를 떨었다. '보도지침'이 실려 있는《말》특집호 2만 5천 부는 금방 동났다. '보도지침'의 공개는 전두환정권의 도덕성의 수준이 어느 정도인지를 국민에게 새삼 일깨워 주었다.

6월항쟁의 중심에 사제단이……

1987년 4월 13일, 박종철 고문치사 사건을 잘 넘겨 한숨 돌렸다고 판단한 전두환정권은 이른바 4·13 호헌조치라는 것을 발표한다. 체육관 선거에 7년 임기의 대통령 간선제를 계속하겠다는 것이었다. 그들은 호헌조치의 명분으로 평화적 정권이양과 88올림픽의 성공적 개최를 들었다. 그러면서 호헌반대에는 철퇴를 들었다. 김수환 추기경의 강론대로 이제 이 땅에 "국민은 있어도 주권은 없고, 신문·방송은 있어도 언론은 없으며, 국회나 정당은 이름뿐이요 힘만이 있고 정치는 없는 공허" 속에 살게 되었으며 "다시금 최루탄이 그칠 줄 모르고, 국민의 눈과 마음 속 깊은 곳에는 눈물이 마를 날이 없게" 되었던 것이다.

이런 상황 속에서 사제단은 전두환의 호헌조치에 정면으로 맞서고, 민주화운동 진영의 패배주의를 흔들어 깨우기 위한 투쟁의 한 방편으로 단식투쟁을 선언한다. 4월 21일 광주교구 사제들이 단식에 들어간 것을 시작으로 전주, 서울, 안동, 원주, 인천, 마산, 부산, 대전, 수원, 춘천 등 14개 교구로 단식투쟁이 확대되었으며, 연인원 300여 명이 이 시대의 아픔에 동참했다.

맨 처음 단식에 돌입한 광주교구사제단은 「직선제 개헌을 위한 단식기도를 드리며」라는 성명에서 자신들의 단식투쟁은 "동장에서 대통령까지 우리 손으로, 유신 이래 빼앗긴 정부를 선택할 국민의 권리 회복을 위해, 집권 시와 집권 이래 자행한 모든 죄과를 속죄할 수 있는 현 집권세력의 명예로운 퇴진을 위해"라고 그 지향을 명백히 했다.

사제단의 단식투쟁은 민주화투쟁의 소강상태를 끌어올려 6월항쟁으로 연결시키는 가교 역할을 했다. 단식투쟁과 뒤이은 5·18 성명을 통해 사제단은 6월항쟁에 불을 붙였던 것이다.

박종철 고문치사 사건의 진상이 조작되었다

1987년 5월 18일, "박종철 군을 고문치사시킨 3명의 범인이 더 있다"고 발표한 천주교정의구현전국사제단의 성명은 말 그대로 '말씀의 폭풍'이었다. 호헌조치로 기세등등하게 나가던 전두환정권의 도덕성을 하루아침에 무너뜨렸고, 자신의 정부를 자신의 손으로 선택할 수 있는 개헌은 요원한 것처럼 보이던 이 나라 민주 국민에게는 다시 떨쳐 일어날 수 있는 힘과 용기를 주었다. 그것은 전두환정권의 정치 지형을 바꾸게 했으며, 민주 진영에는 하나의 복음이 되었다.

이 박종철 고문치사 사건 축소조작의 진실은 1986년의 5·3 인천사태로 구속 중이던 이부영이 영등포교도소에서 교도관들을 통하여 수소문해 취재한 결과로 알게 된 것이었다. 이부영은 자신이 취재한 내용을 편지로 써서, 교도관 한재동을 통해 수배 중이던 옛 동료 전병용에게 전하게 했고, 그것의 최종 수신자는 역시 수배 중이던 나였다. 나는 이를 기초로 신문보도를 종합, 하나의 문건으로 정리해서 사제단의 함세웅 신부에게 발표를 부탁했다. 함세웅 신부는 5·18 광주민주항쟁 7주기 기념미사를 명동성당에서 열고 그 자리에서 김승훈 신부로 하여금 발표케 했다. 그 일련의 과정은 매우 극적이었고, 그 파장 또한 엄청났다.

사제단이 박종철 군 고문치사 사건의 진상이 조작되었다는 사실을 알게 된 그 과정도 중요하지만, 그보다 더욱 극적이었던 것은 사제단의 발표, 그 자체였다.

당시로서는 그것을 발표한다는 것은 엄청난 결단과 용기가 필요한 일이었다. 자신을 내던지고 하느님께 운명을 맡긴다는 겸허한 의탁의 신앙이 없이는 결행할 수 없는 일이었다. 그것은 오직 사제단만이 할 수 있는 일이었다. 나는 그 일련의 과정을 『이 사람을 보라 1』의 「당신께서 다 아십니다—김승훈」 편을 통해 자세히 밝힌 바 있다. 그 성명의 마지막에서 사제단이 지적하고 있는 것처럼, 그것은 이 나라의 방향과 운명을 바꾸겠다는 신념과 결단이 없이는 불가능한 일이었다. 그리고 최종 결과 역시 사제단 성명의 지적대로 되었다.

> "이 사건 범인 조작의 진실이 박종철 군의 고문살인 진상과 함께 밝혀질 수 있느냐 없느냐에 따라 과연 우리나라에서 공권력의 도덕성이 회복되느냐 되지 않느냐 하는 결말이 날 것이다. 또한 우리 사회가 진실과 양심 그리고 인간화와 민주화의 길을 걸을 수 있느냐 없느냐 하는 중대한 관건이 이 사건에 걸려 있다."

사제단의 발표를 계기로 6월항쟁은 시작되었다. 이 성명 하나로 하여 민주헌법쟁취국민운동본부를 결성하는 것이 가능해졌으며, 6·10 국민대회, 6·18 최루탄 추방대회, 6·26 민주대행진이 이루어질 수 있었다. 그 과정에서 있었던 명동성당 농성투쟁은 6월항쟁을 승리로 연결시키는 중요한 도정이었다.

사제의 양심으로 학생들 앞에 사제와 수녀가 서고, 그 뒤에 김수환 추기경이 섬으로써 농성자들을 끝까지 지켜 냈고, 평화적으로 농성투쟁을 마무리함으로써 학생도, 사제단도, 경찰도 모두 승자가 되는 이른바 명동성당 식 해결 방식을 창출해 냈다. 6월항쟁은 5·18 사제단 성명이 직접적인 도화선이 되고, 6월 10일에서 15일에 걸쳐 있었던 명동성당 농성투쟁이 결정적인 도정이 되어 마침내 민주대장정의 승리로 귀결되었던 것이다. 한국의 민주화는 이처럼 사제단에 힘입은 바가 크다.

사제단에 대한 박해

권력은 한편으로는 물리적인 힘을 통해 사제단의 활동을 제어했고, 또 다른 한편으로는 교회를 분열·이간시키는 작업을 했으며, 다른 한편으로는 교회 활동에 대한 계획된 음해를 계속했다. 1975년 초, 당시 총리이던 김종필은 "카이사르 것은 카이사르에게," "합법적인 정부를 비판하는 그리스도 신앙인을 하느님 이름으로 심판해야 한다," "일부 종교인이 정치활동을 하고 있는데, 정치활동을 하려거든 정당을 만들어 정강정책을 내걸고 하라"라고 사제단의 활동을 공개적으로 성토하고 나섰다. 이는 은근히 교회를 음해하고 교회 안의 이간과 분열을 획책하는 계산된 발언이었다.

이렇게 권력 당국은 마치 교회가 정치활동을 하고 있는 것처럼 데마고기(demagogy)를 퍼뜨리는 한편으로 갖은 수단과 방법을 동원하여 기도회를 방해하고 탄압하기 시작한다. 1975년 2월 6일의 인권회복기도회에서 발효된 '현실 고발'을 보면 그 실태가 얼마나 심각했는지를 알 수 있다. "명동성당 주교관은 정보원으로 들끓고 있으며, 서울시 경찰국은 기도회에 대한 방해와 탄압을 공문으로 지시 내리고 있다. 사제들은 그 일거수일투족이 정보기관원에 체크되고, 전화는 도청되며, 행동은 미행된다. 심지어는 위장 교우까지 투입해서 감시한다. 사제들의 학적부까지 뒤져 사제의 사생활과 인적사항을 조사하고 있다."

한편 1970년대부터 이미 교회의 선교활동에 대한 용공음해는 일반화되고 있었다. 1975년 3~4월, 구로공단에서 천주교 신자인 노동자 11명이 이유 없이 해고되었다. 이런 일은 이후에도 비일비재하게 일어났다. 이 무렵 경찰서에서는 반공교육이란 걸 통해 '가톨릭의 교리는 공산당에서 흘러나온 것', '산업선교활동은 간첩활동', '노동조합의 개선을 주장하는 사람은 간첩'이라는 따위의 말을 서슴지 않았다. 교회를 용공으로 모는 것이야말로, '뜨거운 얼음'이 있다는 말처럼 모순된 것이었지만, 그때 군사독재권력은 그들에게 반대되거나 비판하는 세력에게는 거침없이 용공의 굴레를 씌워 음해했다.

사제단의 활동에 대한 탄압의 대표적인 사례는 1976년 3·1 민주구국선언 사건에 이어 김병상 신부 구속과 1978년 전주에서 있었던 7·6 사태, 사제들의 활동에 재갈을 물리기 위해 처음에는 정호경 신부 등을, 뒤에는 함세웅, 문정현 신부까지 구속시켰던 1979년의 오원춘 사건, 그리고 1982년 최기식 신부를 구속시켰던 부산 미문화원 방화 사건 등이었다. 그러나 사제단은 그 모든 난관을 몸으로 헤치면서 1970년대와 80년대를 견뎌 왔다.

시노트 신부의 추방

인혁당 사건(인민혁명당 재건위 사건)의 조작설을 감히 들먹이고, 그 가족들을 돌보던 외국 선교사들이 추방되었다. 그 가운데는 사제단 활동에 누구보다 열성적이던 제임스 시노트 신부도 있었다. 개신교의 죠지 오글 목사는 1974년 10월 10일, 목요기도회에서 설교를 통해 '인혁당에 대한 관심과 기도'를 호소한 것이 빌미가 되어 그해 12월 14일 강제추방되었다. 시노트 신부는 그 무렵 막 발족한 구속자가족협의회의 후원회장직을 맡으면서, 특히 인혁당 사건 가족들을 지극정성으로 돌보았다. 1975년 2월 24일의 「인혁당 사건의 진상은 이렇다」는 사제단 조사 결과를 발표하는 기자회견에 배석했고, 인혁당 가족들의 활동을 대외에 알렸다는 등의 이유로, 그해 4월로 만기된 체류허가연장신청이 받아들여지지 않아 마침내 4월 30일, 강제 출국해야 했다. 시노트 신부는 이 나라가 민주화되기까지는 다시는 한국에 들어오지 못했다.

시노트 신부는 2007년 1월 23일, 인혁당 재건위 사건과 관련해서 사형을 선고받고 처형된 8명(김용원, 도예종, 서도원, 송상진, 여정남, 우홍선, 이수병, 하재완)이 재심에서 무죄를 선고받던 날, 그 법정에 나와서 그 가족들과 함께 있었다. 진실은 밝혀지고 정의는 마침내 승리하고 만다는 것을 이 사건의 전말이 잘 말해 주고 있다.

교회 안의 불일치

사제단의 활동에 장애가 되고, 그 활동을 하지 못하게 가로막는 것은 비단 정치권력만이 아니었다. 교회 안의 불일치와 발목 잡기가 어쩌면 더 아프고 고통스러운 일이었는지 모른다. 사제단의 활동이 두려움 없이 타오르던 1975년, 서울대 백낙청 교수는 교회 잡지에 기고한 글에서 "나는 최근 활발해진 사제단의 정의구현활동이 제2차 바티칸 공의회에 의해 강력하게 밑받침되고 있다는 사실을 최근에야 알았다. 그러나 내가 그것을 덜 미안하게 생각할 수 있도록 해 주는 것이 있다면, 한국 가톨릭 내부에 아직도 제2차 바티칸 공의회가 없었던 것처럼 생각하고 행동하는 사람들이 있다는 사실이다"라고 말했다. 과연 그랬다.

교회를 사랑하고 걱정하는 탓에 그런 것이었다고 애써 이해하고 싶지만, 1975년 2월 28일, 주교회의는 사제단의 활동에 제동을 건다. 주교회의는 메시지를 통해 "이제 정부가 긴급조치를 해제하고 구속인사들을 석방하고 폭넓은 대화를 모색"하고 있으니 "교회는 교회 나름대로 그동안의 행동을 반성하고 앞으로 유사한 사태에 대처할 자세를 정립함으로써 교회 안의 일치를 도모하고, 외부로부터의 오해를 제지해야 할 필요가 있다"고 했다. 사제단이 주최하는 기도회는 앞으로 자제하고, 오직 정의평화위원회를 통해서만 행해야 한다는 것이 이 메시지의 핵심이었다. 이 메시지는 오직 사제단의 활동을 제어하기 위한 것이었다. 그러나 발목을 잡는 것은 주교회의만이 아니었다.

지학순 주교가 아직도 구속 중이던 1975년 1월, 한국천주교정의신자단이라는 단체가 《횃불》이라는 유인물을 통해 '시국기도회는 위장 정치 집회'라고 매도하고 나섰고, 1976년 민주구국선언 사건 때는 노장 사제를 중심으로 천주교구국사제단이 공개적으로 사제단의 활동에 찬물에 끼얹고 나섰다. 천주교구국위원회 같은 정체불명의 위장 단체는 줄곧 사제단의 활동을 방해하고 모략하고 음해했다. 적은 밖에만 있는 것이 아니었다. 그때를 방불케 할 만큼 사제단 활동을 모략 음해하는 활동이 지금 또다시 나타나고 있는 것은 매우 안타까운 일이다.

여전히 가난하고 짓밟히는 이들과 함께 수난을 겪다

사제단의 1970년대와 80년대 활동은 엄청 광범하고 또 양적으로나 질적으로나 그 족적이 매우 뚜렷하기 때문에 그것을 모두 다 정리한다는 것은 무지 어려운 일이다. 시대의 징표를 읽고 또 그 시대를 이끌어 나간 일련의 활동, 특히 통일운동 같은 것은 미처 여기에 소개조차 하지 못했다. 한마디로 사제단은 대접 받기보다는 봉사했고, 이 사회로부터 받기보다는 훨씬 많은 것을 베풀었다.

제2차 바티칸 공의회의 사목헌장은, 오늘을 사는 사람들의 기쁨과 슬픔은 곧 교회와 성직자들의 기쁨과 슬픔이 되어야 한다고 가르치고 있다. 교회는 "모든 시대를 통하여 그 시대의 특징을 탐구하고 복음의 빛으로 그것을 해명해 줄 의무"가 있다고 했다. 한국 교회에서 이러한 제2차 바티칸 공의회의 가르침을 누구보다 성실하게 실천한 사람들이 천주교정의구현전국사제단의 신부들이었다고 말할 수 있다. 그리고 이들 사제들로 하여금 그렇게 자신들을 투신할 수 있게 한 것은 1970년대와 80년대, 한국의 정치 · 경제적 현실이었다. 그 어려웠던 시절 사제단이 있었다는 것은 한국 국민에게는 커다란 위안이자 보람이었다.

그때 한국의 사제들은 라틴 아메리카의 해방신학자 구티에레즈의 다음과 같은 질문에 직면해 있었다. 그 질문에, 그 부름에 답하고 나선 것이 곧 그들의 행동이었다.

> "우리가 성서에서 찾는 하느님은 해방시키는 하느님이다. 조작된 신화와 발호하는 세도를 쳐부수는 하느님이다. 역사 속에 개입하여 불의의 체계를 파괴하는 하느님이며 정의와 자비의 길을 가르치고 예언자들을 불러일으키는 하느님이다. 우리가 성서에서 뵙는 하느님은 노예를 해방하는 하느님이요, 제국들을 거꾸러뜨리고 압제받는 이들을 들어 높이는 하느님이다. 가난한 사람들의 권리를 끊임없이 내세우면서 그들의 하소연에 귀를 기울이고, 사회에서 그들이 우선적으로 배려되어야 한다는 요구가 복음 전편에 흐르고 있다. 경제적 측면에서도 빈궁한 이들에게 관심을 표해야 한다는 요구가 성서 전편에 가득 차 있다. 그리스도의 첫 번째 설교가 압제받는 이들에게 해방을 선포하라는 말씀이 아니었던가."

그때 유신정권은 해를 보고 달이라고 하면서, 해를 보고 해라고 진실을 말하는 사람들을 긴급조치위반이라는 죄목으로 감옥에 가뒀다. 사제단은 해를 보고 달이라고 해야 하는 현실에 결연히 맞섰다. 그들은 세상을 아직은 몰랐고 몰랐던 만큼 순진했다. 순진했던 것만큼 용감했다. 그때는 의로운 용기가 그 어느 때보다 절실한 시기였다.

그때 가난이 제 탓만이 아닌 사람들, 저 짐에 눌려 신음하는 사람들, 불의에 짓밟히면서도 호소할 데 없는 사람들, 시키는 대로 일하고 주는 대로 받아야 하는, 그래서 "나도 인간이고 싶다"고 절규하는 노동자들, 농민들, 도시빈민들, 수배되어 쫓기는 사람들, 이 땅에서 뿌리 뽑힌 사람들이 교회로, 교회로 찾아왔다. 명동성당은 그들을 감싸서 받아 주는 보호막이었다. 그들이 마지막으로 찾아갈 수 있는 곳이었다. 사제들은 이들 가장 보잘것없는 이웃 형제들의 어머니와 교사가 되어 주었다. 그러한 활동은 지금까지도 계속되고 있다. 그렇게 해서 명동성당은 이 나라 민주화의 성지가 되었고, 그들 형제가 보호받으며 편히 쉴 곳이 되었다.

사제단, 명동성당, 김수환 추기경은 삼위일체가 되어 이 나라의 민주화, 인간화의 상징이 되고, 국민의 신뢰와 존경을 모았다. 아마도 한국 천주교 200년사에서 이 나라의 민중들로부터 그만큼 사랑과 존경을 받았던 적은 일찍이 없었을 것이다.

사제단은 창립 40주년을 거리에서 맞았다. 용산참사가, 제주도 강정마을이, 밀양 송전탑이, 쌍용차 해고가 그들을 거리에 나서게 하고 있다. 사제단에 대한 모략과 음해도 여전히 계속되고 있다. '용공'이 '종북'으로 바뀌었을 뿐이다. 그러나 사제단이 40년을 버텨 온 것이 자랑스럽다. 그리고 오늘도 여전히 가난하고 짓밟히고 있는 이들의 편에 서서 그들과 함께 수난을 겪고 있는 것이, 민주화에 대한 역주행이 이루어지고 있는 상황에서 이 나라와 겨레에 얼마나 큰 위안이 되는지 모른다.

한국 현대사 연표(1960~87)

1960년	3월 15일	정부통령 선거(3·15 부정선거)
	4월 19일	4·19 혁명
	4월 26일	이승만 대통령 하야
	8월 12일	윤보선 대통령 선출
1961년	5월 16일	5·16 쿠데타
	5월 19일	《민족일보》 폐간
	7월 4일	반공법 공포
	10월 20일	제6차 한일회담 시작
1962년	3월 22일	윤보선 대통령 하야
	3월 24일	박정희, 대통령 권한대행 됨
	11월 12일	김종필·오히라 메모
	12월 17일	개헌안에 대한 국민투표
1963년	2월 27일	박정희, 민정 불참 선서
	3월 16일	박정희, 군정 4년 연장 제의
	10월 15일	박정희, 제5대 대통령 당선
1964년	6월 3일	6·3 시위(한일회담반대시위), 비상계엄 선포
	7월 29일	비상계엄 해제

	8월 14일	인민혁명당 사건(1차 인혁당 사건)
	11월 21일	리영희《조선일보》필화 사건
	12월 3일	제7차 한일회담 시작
1965년	2월 15일	한일기본조약 합의
	6월 22일	한일협정 정식 조인
	6월 23일	한일협정비준반대투쟁(~8월 13일)
	8월 14일	한일협정비준동의안 국회 통과
	8월 26일	위수령 선포
1966년	1월 18일	《창작과비평》창간
1967년	5월 3일	박정희, 제6대 대통령 당선
	6월 8일	제7대 국회의원 선거(6·8 부정선거)
	7월 8일	동백림 사건(동베를린 사건)
1968년	1월 21일	김신조 등 무장공비 침투 사건(1·21 사태)
	8월 24일	통혁당 지하 간첩단 사건
	12월 3일	《신동아》필화 사건
1969년	1월 8일	공화당, 3선개헌 공식 검토 발표
	9월 14일	3선개헌안 및 국민투표법 국회 날치기 통과
	10월 17일	3선개헌안 국민투표
1970년	4월 19일	《씨알의 소리》창간
	5월 28일	《씨알의 소리》등록 취소
	6월 2일	김지하「오적」사건
	9월 29일	《사상계》등록 취소
	11월 13일	전태일 분신

1971년	4월 15일	《동아일보》 언론자유수호선언 발표
	4월 19일	민주수호국민협의회 발족
	4월 27일	박정희, 제8대 대통령 당선
	5월 25일	제8대 국회의원 선거
	7월 17일	광주대단지 사건
	10월 5일	천주교 원주교구 부정부패규탄시위
	10월 15일	서울시에 위수령 발포
	11월 12일	서울대생 내란음모 사건
	12월 6일	국가비상사태 선포
	12월 27일	국가안보에 관한 특별조치법(국가보위특별법) 국회 통과
1972년	4월 12일	김지하 「비어」 사건
	7월 4일	7·4 남북공동성명 발표
	8월 3일	8·3 조치
	10월 17일	박정희, 유신 및 비상계엄령 선포
	11월 21일	개헌안 찬반 국민투표
	12월 13일	비상계엄령 해제
	12월 23일	통일주체국민회의, 제8대 대통령 선출(박정희)
1973년	2월 27일	제9대 국회의원 선거
	3월 30일	전남대 《함성》지 사건
	4월 22일	남산 야외음악당 부활절예배 사건
	8월 8일	김대중 납치 사건
	10월 19일	최종길 교수 치사 사건
	10월 25일	유럽 거점 대규모 간첩단 사건
	12월 24일	개헌청원 1백만인 서명운동 시작
1974년	1월 8일	긴급조치 1호와 2호 선포
	1월 14일	긴급조치 3호 선포

	4월 3일	긴급조치 4호 선포
	4월 25일	민청학련 사건
	5월 27일	인혁당 재건위 사건(2차 인혁당 사건)
	7월 23일	지학순 주교, 양심선언 발표
	8월 23일	긴급조치 5호 선포, 긴급조치 1호와 4호 해제
	9월 26일	천주교정의구현전국사제단 창립
	10월 24일	《동아일보》 자유언론실천선언 발표
1975년	2월 12일	유신체제 신임 묻는 국민투표
	2월 15일	긴급조치 1·4호 위반자 중 형 확정자(56명) 석방, 김지하 석방
	3월 13일	김지하, 반공법 위반 구속
	4월 3일	수도권 특수지역 선교자금 사건
	4월 8일	긴급조치 7호 선포
	4월 9일	2차 인혁당 사건 피고인 7명과 민청학련 관련자 여정남 처형
	4월 11일	서울대생 김상진, 양심선언 발표 후 할복 자살
	5월 13일	긴급조치 8·9호 선포, 긴급조치 7호 해제
	5월 22일	5·22 시위(김상진 추모집회)
	7월 16일	사회안전법 통과
	8월 14일	장준하, 북한산 등반 중 의문사
1976년	1월 23일	원주선언
	3월 1일	3·1 민주구국선언 사건
1977년	6월 13일	양성우 〈노예수첩〉 필화 사건
	11월 23일	리영희 필화 사건
1978년	2월 21일	동일방직노조 사건
	6월 27일	전남대 교수 「우리의 교육지표」 사건

	7월 6일	통일주체국민회의, 제9대 대통령 선출(박정희)
	12월 12일	제10대 국회의원 선거
1979년	3월 9일	크리스챤아카데미 사건
	4월 20일	통혁당 재건기도 사건
	5월 5일	오원춘 사건(안동농민회 사건)
	8월 11일	YH 사건(김경숙 사망)
	10월 4일	김영삼, 의원직 제명
	10월 9일	남조선민족해방전선(남민전) 사건
	10월 16일	부마항쟁 발발
	10월 26일	10 · 26 정변
	10월 27일	전국 비상계엄 선포(제주 제외)
	11월 24일	YWCA 위장결혼 사건(YWCA 통대선거저지 국민대회)
	12월 6일	통일주체국민회의, 제10대 대통령 선출(최규하)
	12월 7일	긴급조치 9호 해제
	12월 12일	12 · 12 군사쿠데타
1980년	5월 17일	5 · 17 쿠데타
	5월 18일	5 · 18 광주민주항쟁
	5월 31일	국가보위비상대책위원회(국보위) 발족
	7월 4일	김대중 내란음모 사건
	8월 16일	최규하 대통령 하야
	8월 27일	통일주체국민회의, 제11대 대통령 선출(전두환)
	10월 22일	헌법개정안 찬반 국민투표
	11월 12일	정치규제 대상자 835명 발표
	12월 9일	광주 미문화원 방화 사건
1981년	2월 25일	대통령선거인단, 제12대 대통령 선출(전두환)
	3월 25일	제11대 국회의원 선거
	7월 7일	부림 사건

	10월 13일	재일교포 유학생 간첩단 사건
1982년	3월 18일	부산 미문화원 방화 사건
	4월 1일	문부식 · 김은숙 자수
	4월 5일	최기식 신부 구속
1983년	8월 15일	김영삼 · 김대중, 8 · 15 공동선언 발표
	12월 21일	학원자율화 조치 발표
1984년	6월 9일	대우어패럴노동조합 탄압 사건
	9월 17일	서울대 학원프락치 사건
1985년	2월 12일	제12대 국회의원 선거
	5월 23일	서울 미문화원 점거 농성
	6월 24일	구로동맹파업
	6월 28일	민언협 월간지《말》창간호 압수
	7월 18일	삼민투위 사건
	9월 9일	구미유학생간첩단 사건
	12월 9일	《창작과비평》등록 취소
	12월 19일	김근태, 법정에서 고문 진상 폭로
1986년	1월 16일	전두환, 국정연설(개헌 논의 1989년까지 유보 입장)
	2월 12일	신민당과 민추협, 대통령 직선제 개헌 1,000만명 서명운동 시작
	3월 9일	김수환 추기경, 직선제 개헌 촉구
	5월 3일	5 · 3 인천사태
	6월 4일	부천서 권인숙 양 성고문 사건
	9월 6일	보도지침 사건
1987년	1월 14일	서울대생 박종철 고문치사

2월 7일	박종철 국민추도회
3월 3일	박종철 49재 및 고문추방민주화대행진
4월 13일	4 · 13 호헌조치
5월 18일	광주민주항쟁 7주기 기념미사, 천주교정의구현전국사제단의 성명 「박종철 군의 고문치사 사건의 진상이 조작되었다」 발표
6월 9일	연세대생 이한열 시위 도중 부상(7월 5일 사망)
6월 10일	6 · 10 민주항쟁
6월 29일	6 · 29 선언
9월 29일	김대중 · 김영삼 대통령 후보 단일화회담 결렬
12월 16일	노태우, 제13대 대통령 당선

찾아보기

ㄱ

ㅅ

ㅇ

ㅈ

ㅊ

기타

지은이 **김정남**

서울대 문리대 정치학과를 나왔다. 1964년 6·3 한일회담반대투쟁의 배후 인물로 구속된 이래 30여 년 동안 민주화운동에 헌신했다. '민주회복국민회의'의 결성을 주도하고, '민주주의와 민족통일을 위한 국민연합'의 활동도 지원했다. 각종 성명서 작성, 구속 인사에 대한 변론자료 준비와 구명운동, 구속자 가족들에 대한 지원, 한국 민주화운동 해외 지원세력과의 연대, 수배자들을 위한 은신처 마련과 수발 등으로 민주화운동을 막후에서 뒷받침하고 도왔다.
양심선언운동의 제창, 최종길 교수 고문치사 사건과 인혁당 사건의 진상조사 및 폭로, 김지하 양심선언 발표, '민주구국헌장'의 작성과 발표, '보도지침' 폭로도 그의 주도와 지원 속에 이루어졌다. 그는 민주화와 인권을 요구하는 수많은 성명서를 막후에서 작성했는데, 그 가운데는 김영삼의 무기한 단식투쟁(1983) 때 발표한 「국민에게 드리는 글」과 「김대중, 김영삼 8·15 공동성명」도 들어 있다. 1987년에는 이부영과 함께 박종철 고문치사 사건이 조작되었다는 사실을 천주교정의구현전국사제단에 알리고, 이를 고발하는 사제단의 성명서를 작성해 6월항쟁이 폭발적으로 전개되는 데 기여했다.
1987년에는《평화신문》의 창간에 적극 참여해 편집국장을 지냈으며, 김영삼정부 때 대통령 교육문화사회수석비서관을 지냈다. 김수환 추기경은 민주화운동에 대한 그의 헌신을 기리면서 "그의 발길이 미치지 않고 그의 손길이 닿지 않은 민주화운동이 없었다고 해도 과언이 아니다"라고 말했다. 그가 지은 책으로 『진실, 광장에 서다』(창비), 『이 사람을 보라 1·2』가 있다.

이 사람을 보라 2

인물로 보는 한국 민주화운동사

1판 1쇄 발행 2016년 1월 20일
1판 2쇄 발행 2019년 10월 10일

지은이 김정남 | 펴낸이 조추자 | 펴낸곳 도서출판 두레
등록 1978년 8월 17일 제1-101호 | 주소 서울시 마포구 마포대로 14가길 4-11
이메일 dourei@chol.com | 전화 02)702-2119, 703-8781 | 팩스 02)715-9420

ISBN 978-89-7443-106-8 04910
ISBN 978-89-7443-107-5 (세트)